Rudolf Hrbek | Martin Große Hüttmann
Carmen Thamm [Hrsg.]

Autonomieforderungen und Sezessionsbestrebungen in Europa und der Welt

Beweggründe – Entwicklungen – Perspektiven

 Nomos

Onlineversion
Nomos eLibrary

Die Deutsche Nationalbibliothek verzeichnet diese Publikation in
der Deutschen Nationalbibliografie; detaillierte bibliografische
Daten sind im Internet über http://dnb.d-nb.de abrufbar.

ISBN 978-3-8487-6528-7 (Print)
ISBN 978-3-7489-0614-8 (ePDF)

1. Auflage 2020

Vorwort

Mit der Durchführung eines bereits einen Monat zuvor vom spanischen Verfassungsgericht als verfassungswidrig erklärten Unabhängigkeitsreferendums Kataloniens im Oktober 2017 erreichte der Konflikt zwischen katalanischen Sezessionsbefürwortern und dem spanischen Zentralstaat einen neuen Höhepunkt. Die aus der Volksabstimmung (bei geringer Beteiligung) hervorgegangene Mehrheit für ein unabhängiges Katalonien, die nur wenige Wochen später vom katalanischen Parlament einseitig erklärte Unabhängigkeit, sowie die darauf erfolgte Absetzung der katalanischen Regierung von Carles Puigdemont und die Aussetzung der Eigenwaltung der Autonomen Gemeinschaft Katalonien durch die spanische Regierung löste eine politische Krise aus, die bis heute anhält.

Anlässlich seines 25-jährigen Bestehens nahm das Europäische Zentrum für Föderalismus-Forschung (EZFF) auch diesen Vorgang zum Anlass, sich in einer Ringvorlesung im Rahmen des Studium-Generale-Programms der Universität Tübingen im Wintersemester 2018/19 dem Phänomen von Autonomieforderungen und Sezessionsbestrebungen zu widmen; ein Phänomen, das nicht nur in Europa, sondern auch in anderen Teilen der Welt anzutreffen ist. Im Rahmen einer Ringvorlesung konnte nur eine geringe Zahl von Beispielfällen behandelt werden. Die Beispiele aus Europa überwiegen; sie wurden ergänzt um Beispiele aus Asien, Nordamerika und dem Vorderen Orient.

In der Summe zeigen die behandelten Fälle, dass wir es mit einem globalen Phänomen zu tun haben; sodann, dass jeder Fall für sich zu verstehen ist. Was Beweggründe für Autonomieforderungen und Sezessionsbestrebungen betrifft, so haben wir es meist mit einem Bündel von Faktoren aus verschiedenen Bereichen – wie Ethnie, Religion, Sprache und Kultur, sozioökonomische Gegebenheiten, rechtlicher Rahmen, Vorzeichen des politischen Prozesses – zu tun. Aber welche dieser Faktoren, in welcher Mischung und in welchem Kontext eine Rolle spielen, das ist für jeden Einzelfall gesondert zu ermitteln und erklärt die Vielfalt beim Auftreten dieses Phänomens. Gleiches gilt für die Ziele solcher Bestrebungen, die von ihren Verfechtern verfolgten Strategien und die Rolle des internationalen Umfelds. Die für unser Projekt ausgewählten Fallbeispiele sollen, neben der Präsentation des jeweiligen Einzelfalls, einen Eindruck von der Vielfalt vermitteln, mit der wir es insgesamt zu tun haben.

Es war unser Anliegen, den Ertrag der Vorlesungsreihe, die eine sehr positive Resonanz erfahren hat, im Rahmen eines Sammelbandes einem größeren Kreis von an dieser Thematik Interessierten zur Verfügung zu stellen. Der Band enthält neben Beiträgen aus der Ringvorlesung drei zusätzliche Beiträge, die das thematische Spektrum erweitern. Wir danken den Autorinnen und Autoren, dass sie auf Grundlage ihres Vortrags ein Manuskript zur Verfügung gestellt, bzw. unserer Bitte um einen ergänzenden Beitrag entsprochen haben. Der Vereinigung der Freunde der Universität Tübingen (Universitätsbund) e.V. danken wir sehr für die Gewährung eines Druckkostenzuschusses, der die Veröffentlichung möglich gemacht hat. Der Band erscheint in der Schriftenreihe des EZFF beim Nomos-Verlag, dem wir auch diesmal für die bewährte gute und verlässliche Zusammenarbeit danken.

Tübingen, im Mai 2020   Rudolf Hrbek, Martin Große Hüttmann und Carmen Thamm

Inhaltsverzeichnis

Autonomieforderungen und Sezessionsbestrebungen in Europa und der Welt: zur Einführung

Rudolf Hrbek/Martin Große Hüttmann

Die Forderung nach Gewährung von Autonomierechten findet sich in etlichen Staaten als ein sehr wichtiger Punkt auf der politischen Agenda. Dabei kann es um (mehr) Autonomie für eine Gruppe von Menschen mit bestimmten Merkmalen, die sie von anderen – vielfach der Mehrheit der Bevölkerung – unterscheidet, gehen; es kann sich aber auch um (mehr) Autonomie für ein bestimmtes und klar abgegrenztes Gebiet innerhalb des Staatsgebiets handeln. Autonomieforderungen können sich in ihrer Reichweite und in ihrem Umfang erheblich unterscheiden: Sie können sich auf bestimmte Politikbereiche (wie etwa Schulwesen oder Kultur) oder auf Einzelpunkte solcher Bereiche beziehen; sie können aber auch viel weitreichender, umfassender sein. Und: Sie können entweder die förmliche Kodifizierung neuer Bestimmungen (sei es im Rahmen der Verfassung, sei es durch einfach-gesetzliche Regelungen) oder – was aber nur selten der Fall sein dürfte – lediglich die politische Zusicherung, dass den erhobenen Forderungen künftig durch eine neue Praxis entsprochen wird, anstreben. All diese Forderungen zielen auf Veränderungen, die im Rahmen des jeweiligen Staatsverbandes herbeigeführt werden sollen. Davon unterscheiden sich ganz grundlegend Sezessionsbestrebungen. Bei diesen geht es um die Herauslösung eines bestimmten Gebiets aus dem Staatsverband, wobei dieses Gebiet nach dem *exit* entweder als eigenständiger neuer Staatsverband existieren oder sich einem anderen Staatsverband anschließen würde.

Die Zahl der Fälle von Autonomieforderungen und Sezessionsbestrebungen ist beträchtlich. Auch wenn und wo diese Fälle gewisse Ähnlichkeiten aufweisen: Was ihre Beweggründe, Ziele und Strategien betrifft, hat jeder Einzelfall seine ganz eigenen Merkmale, die ihn von anderen Fällen unterscheiden. Aus diesem Umstand folgt, dass man für die Beschäftigung mit diesen Fällen zwar versuchen kann und soll, sich die Liste von Beweggründen, Zielen und Strategien in einem eher allgemeinen Sinn zu vergegenwärtigen. Es geht aber dann darum, eine Auswahl ganz individueller Einzelfälle zu treffen und bei ihrer Analyse auf die Elemente der eben genannten Liste zurückzugreifen, um das Spezifikum des Einzelfalls herauszuarbeiten. Das gilt für die in diesem Sammelband versammelten Einzelfälle, von denen die meisten – wie im Vorwort erwähnt – in der vorangegangenen Vorlesungsreihe behandelt worden sind.

Das einführende Kapitel ist deshalb in zwei Abschnitte gegliedert. Im ersten Abschnitt (1) geht es darum, sich eine allgemeine Übersicht über mögliche Beweggründe für Autonomieforderungen und Sezessionsbestrebungen zu verschaffen (1.1), mögliche Ziele entsprechender Aktivitäten zu identifizieren (1.2) und sich das Spektrum von Strategien zur Erreichung der Ziele zu vergegenwärtigen (1.3). Im zweiten Abschnitt (2) soll dann eine kurze zusammenfassende Charakterisierung der in diesem Band behandelten Einzelfälle vorgenommen werden, wobei das Hauptaugenmerk jeweils auf die besonderen Merkmale des Einzelfalls gerichtet wird.

1 Autonomieforderungen und Sezessionsbestrebungen: Beweggründe, Ziele und Strategien

Für das Vorhaben, Antworten auf die drei im Titel dieses Abschnitts genannten Fragestellungen zu geben, kann auf den reichen Schatz an Erfahrungen mit und Kenntnissen über Aktivitäten, die auf die Gewinnung von mehr Autonomie oder gar auf Sezession ausgerichtet sind, zurückgegriffen werden.[1] Bei diesen Antworten handelt es sich um eine Vergegenwärtigung, Auflistung und Erläuterung von Faktoren, die erklären, warum es zu solchen Aktivitäten kommt, sowie um einen Überblick über das breite Spektrum von Zielen solcher Aktivitäten und um die dabei verfolgten Strategien.

1.1 Beweggründe

Ein erster und besonders wichtiger Grund ist die fehlende oder mangelnde Homogenität der in einem Staatsverband lebenden Menschen hinsichtlich wichtiger Merkmale, die die Identität der Menschen bestimmen oder mindestens stark beeinflussen. Solche Merkmale sind in erster Linie die Sprache, die Zugehörigkeit zu einer Religionsgemeinschaft, kulturelle Besonderheiten, die Herkunft sowie die historische Tradition. Das Vorhandensein deutlicher Unterschiede bei diesen Merkmalen, also das bloße Faktum einer hinsichtlich solcher Merkmale fragmentierten Gesellschaft, erklärt – für sich genommen – sicherlich nicht, dass Forderungen nach Gewährung von mehr Autonomie erhoben werden. Das ist erst dann der Fall, wenn eine hinsichtlich eines bestimmten Merkmals homogene Personengruppe – dabei muss es sich keineswegs immer um eine zahlenmäßige Minderheit handeln – argumentiert, sie würde wegen dieses Merkmals diskriminiert.

Das gilt beispielsweise, was das Merkmal Sprache bei sprachlicher Diversität einer Gesellschaft betrifft, für die Bestimmung einer der vorhandenen Sprachen als Amtssprache, also dem Zwang auch für Angehörige anderer Sprachgruppen, sich bei amtlichen Vorgängen, im Umgang mit Behörden oder vor Gericht, dieser Amtssprache (gegebenenfalls sogar ohne die Bereitstellung geeigneter Hilfen) zu bedienen. Oder: Wenn der Zugang zur Ausübung öffentlicher Ämter oder zur Wahrnehmung bestimmter (Leitungs-)Funktionen in Wirtschaft und Gesellschaft nur für Angehörige einer bestimmten Sprachgruppe möglich wäre. Eine solche Diskriminierung könnte sich auch auf die Zugehörigkeit zu einer bestimmten Religionsgemeinschaft beziehen. Und ein anderer Aspekt von Diskriminierung liegt vor, wenn einzelne Bevölkerungsgruppen erfahren, dass ihre kulturellen Besonderheiten und historischen Traditionen im Unterschied zu denen anderer Gruppen nicht nur keine Förderung erfahren, sondern auch nicht respektiert werden.

Ein zweiter Grund liegt in wirtschaftlichen und sozialen Disparitäten zwischen verschiedenen Teilen des Staatsgebiets. Wenn die in weniger prosperierenden – meist peripher gelegenen – Regionen lebenden Menschen erfahren, dass ihrem Anliegen nach besonderer För-

---

1 Hierzu sei auf einen sehr umfangreichen neueren Sammelband verwiesen: *Belser, Eva-Maria /Fang-Bär, Alexandra/Massüger, Nina /Oleschek-Pillai, Rekha (Hrsg.)* 2015: States Falling Apart? Autonomy and Secessionist Moments in Europe, Bern.

derung, nach einer Beseitigung und Überwindung solcher Disparitäten und nach Sicherstellung gleichwertiger Lebensbedingungen nicht Rechnung getragen wird; wenn sie sich also abgehängt fühlen und darin gar ein bewusstes Handeln der politisch Verantwortlichen sehen, ist das Aufkommen von Autonomieforderungen eine verständliche Reaktion. Sie sind zugleich ein Protest gegen Dominanzstrukturen, mit denen ungerechte und nicht tolerierbare Diskriminierungen verbunden sind.

Ein dritter Grund liegt in bestimmten Merkmalen des politischen Systems des betreffenden Staates. Dazu gehören insbesondere unzureichende rechtliche und politische Möglichkeiten für Minderheiten – was nicht notwendig quantitativ gemeint sein muss –, ihre Belange und Anliegen wirkungsvoll in den politischen Prozess einzubringen. Anders gesagt: Ein politisches System mit einer politischen Kultur, die kein (oder viel zu wenig) Bemühen um die Herstellung von Einvernehmen kennt; das auf Majorz statt auf Rücksichtnahme und gegebenenfalls auf förmlichen Proporz setzt, ist insofern das Gegenteil eines für fragmentierte Gesellschaften viel angemesseneren Konkordanzsystems.

1.2   Ziele

Im Kern zielen Autonomieforderungen auf die Einführung und Gewährleistung von Strukturen und Regeln, die einer bestimmten Personengruppe, einer bestimmten Region oder den Regionen ganz generell das Recht auf *self- rule* innerhalb des Staatsverbandes geben, wobei sich dieses Recht jeweils auf einzelne und als solche klar bestimmte Angelegenheiten und Politikbereiche bezieht. Bei Angehörigen einer Sprachgruppe könnte es sich also beispielsweise um das Recht handeln, über die Ausgestaltung der schulischen Bildung für diese Sprachgruppe eigenständig zu entscheiden und nicht Vorgaben einer zentralen Entscheidungsinstanz des Staates unterworfen zu sein, die spezifische Anliegen der Sprachgruppe nicht berücksichtigen. Bei einer Region oder Regionen insgesamt könnte es sich darum handeln, ihr bzw. ihnen gemeinsam alleinige Entscheidungsbefugnisse für bestimmte Aufgaben und Politikbereiche zu geben.

In beiden Fällen haben wir es mit einer besonderen Form der politischen Organisation zu tun, die typisch für föderale politische Systeme ist. Im Unterschied zu unitarischen Systemen, charakterisiert durch eine einzige zentrale Quelle politischer und rechtlicher Autorität, ist diese bei föderalen Systemen auf zwei Ebenen angesiedelt: Dabei werden Elemente von *regional self-rule* (diese liegt bei den Institutionen der regionalen Einheiten) mit Elementen von *shared-rule* (diese liegt bei den Institutionen des Gesamtstaats, an denen Vertreter der regionalen Ebene in aller Regel – etwa durch eine Zweite Kammer – beteiligt sind) verbunden.[2] Autonomieforderungen zielen mit ihrer Kritik an unitarischen Strukturen auf eine konstitutionelle Architektur, die einem normativen Verständnis von Föderalismus verpflichtet ist, nämlich der unbedingten Befürwortung von zwei Ebenen und der Kombination von Elementen von *regional self-rule* und *shared-rule*. Die organisatorische Ausgestaltung dieser Architektur kann dabei sehr vielfältig sein, wie die große Zahl ganz unterschiedlicher föderaler Arrangements illustriert. Stets wird es aber um ihre rechtliche Kodifizierung gehen; sei es in der Verfassung, sei es in ergänzenden gesetzlichen Regelungen.

---

2   Vgl. dazu *Watts, Ronald L.* 2008: Comparing Federal Systems, Montreal, Kingston, London, 3. Aufl., S. 8 f.

Autonomieforderungen zielen damit vorrangig auf eine Neuverteilung von Kompetenzen, die *self-rule* auf eindeutig bestimmten Feldern erlauben. Damit ist aber zugleich die Frage nach der Ausstattung mit Ressourcen als Voraussetzung dafür, dass eine Personengruppe oder eine Region (bzw. Regionen ganz generell) von ihren neuen Kompetenzen Gebrauch machen können, verbunden. Die Anpassung der Finanzverfassung des Staatsverbandes wird somit notwendig auch Gegenstand von Autonomieforderungen sein. Weil die Frage der Finanzordnung erfahrungsgemäß immer sehr konfliktträchtig ist, wird die Behandlung dieses Themenkomplexes die Suche nach Lösungen bei Autonomieforderungen nochmals erschweren. Gleiches gilt, wenn sich die Forderungen zusätzlich auf die Einführung von Regeln für *shared-rule*, also die institutionalisierte Mitwirkung von Regionen, also ihrer Repräsentanten, an gesamtstaatlichen Entscheidungen beziehen würden. Ein besonderes Problem würde sich hier mit Blick auf eine solche Mitwirkung bei Verfassungsänderungen stellen.

Um sehr viel weniger weit reichende „Autonomie"-Forderungen würde es sich handeln, wenn als ihr Ziel nicht die Einführung eines konstitutionellen Regelwerks, wie vorstehend skizziert, bezeichnet würde, sondern wenn es um politische Maßnahmen zur Beseitigung von Diskriminierungen oder zur Verringerung vor allem ökonomischer Disparitäten gehen würde. Ein Erfolg dieser Strategien könnte weiter reichende Autonomieforderungen entbehrlich machen, mindestens für einen gewissen Zeitraum. Umgekehrt wäre ein Misserfolg dieser Strategien zugleich ein starkes Argument dafür, Autonomieforderungen im oben genannten Sinn zu stellen.

Den bisher im Abschnitt „Ziele" behandelten Maßnahmen war gemeinsam, dass sie im vorgegebenen Rahmen des Gesamtstaats, der zunächst nicht in Frage gestellt wird, sondern stattdessen in seiner insbesondere institutionellen Organisation und Ausgestaltung zu verändern wäre, erfolgen sollten. Sehr viel weiter reichend wären Autonomieforderungen, die *self-rule* nicht nur für einzelne oder sehr wenige Angelegenheiten anstreben, sondern (fast) die Gesamtheit der Politikbereiche in die Kompetenz einer oder mehrerer Teileinheiten des Gesamtstaates geben und diesen damit in ein konföderales Gebilde, also einen lockeren Rahmen für die dann weitgehend souveränen Teileinheiten, umwandeln wollen. Dem so radikal umgewandelten Gesamtstaat würden in diesem Fall nur ganz wenige Kompetenzen bleiben, beispielsweise auf dem Gebiet der Währungspolitik oder in Fragen der Landesverteidigung.

Von wiederum anderer Qualität wären in unserem Zusammenhang Sezessionsbestrebungen. In diese Kategorie würde die Zielsetzung einer Bevölkerungsgruppe eines Staatsverbandes fallen, nicht länger der Jurisdiktion dieses Staates anzugehören, sondern entweder einen eigenen neuen Staatsverband zu konstituieren und für diesen staatliche Unabhängigkeit zu verlangen; oder sich einem anderen – bereits bestehenden oder neu zu bildenden – Staat einzugliedern. Gleiches würde für die Sezession einer Teileinheit des Staatsverbandes gelten: Die entsprechende Region würde für sich staatliche Unabhängigkeit anstreben oder sich einem anderen – bereits bestehenden oder neu zu bildenden – Staat eingliedern wollen.

1.3 Strategien

Autonomieforderungen und Sezessionsbestrebungen sind Ausdruck großer Unzufriedenheit mit der gegebenen Situation; sei es einer Personen- und Bevölkerungsgruppe, die bestimmte Merkmale aufweist und sich deshalb – wie unter Ziffer 1.1. skizziert – innerhalb des Staatsverbands diskriminiert fühlt; sei es eines Gebietsteils, der mit seinem Status im Staatsverband und den Auswirkungen der Politik des Staates auf die eigene Region unzufrieden ist. Zu einer solchen Grundstimmung von Unzufriedenheit gehört auch die Forderung nach durchgreifenden Änderungen. Damit diese eingeleitet werden, ist es erforderlich, dass diese Grundstimmung im öffentlichen Diskurs einen bevorzugten Platz hat und dauerhaft erkennbar ist. Dafür ist das Engagement von Wortführern, die die Thematik und das damit verbundene Anliegen hörbar und wirksam in der Öffentlichkeit vertreten und sich um eine möglichst breite Resonanz bemühen, wichtig. Vor allem aber sind Aufbau und Wirken organisatorischer Strukturen – als Träger und „Motoren" entsprechender Bestrebungen und Forderungen – erforderlich.

Das sind soziale und politische Bewegungen, die über feste organisatorische Strukturen verfügen und im politischen Prozess professionell agieren. Je nach Ausprägung des jeweiligen politischen Systems kann es sich dabei auch – auf der Grundlage solcher Bewegungen – um politische Parteien handeln, deren Hauptmerkmal und vorrangiges Ziel der Gewinn von Autonomierechten ist. Sie würden, als neue politische Akteure, das Spektrum des jeweiligen nationalen Parteiengefüges erweitern und ihr spezifisches Anliegen im Rahmen des Parteienwettbewerbs durch Wahrnehmung der Funktionen, die politischen Parteien ganz generell zugewiesen werden, voran zu bringen versuchen. Diese Funktionen lassen sich stichwortartig wie folgt auflisten[3]: Artikulation und Aggregation gesellschaftlicher Interessen und Forderungen; Mobilisierung und Sozialisierung der Bürger; Rekrutierung von Angehörigen der politischen Elite und von Trägern politischer Ämter; Formulierung politischer (Grundsatz-)Programme; maßgebliche Mitwirkung bei der Vorbereitung und Durchführung von Wahlen (Formulierung von Wahlprogrammen, Auswahl und Bestimmung von Kandidaten, Organisation und Durchführung der Wahlkampagne); Bildung einer handlungsfähigen Regierung und Besetzung entsprechender öffentlicher Ämter; maßgeblicher Beitrag zur politischen Kommunikation im Rahmen des Gemeinwesens; Beschaffung von Legitimität für den politischen Prozess, für politische Entscheidungen und damit für das politische System insgesamt.

Solche „Regionalparteien"[4] werden bei ihren Aktivitäten einzelnen der oben aufgelisteten Funktionen besonderes Augenmerk zuwenden, während andere nur eine geringe Bedeutung haben. Dafür ist vor allem die spezifische Zielsetzung und Stoßrichtung dieser Parteien, die sie im Kontext eines mehr oder weniger etablierten und von traditionellen politischen

---

3   Die folgende Auflistung findet sich in *Hrbek, Rudolf* 2018: Auf dem Weg zu einem europäischen Parteiensystem?, in: *Hilz, Wolfram/Nötzold, Antje (Hrsg.)*: Die Zukunft Europas in einer Welt im Umbruch. Festschrift zum 65. Geburtstag von Prof. Dr. Beate Neuss, Wiesbaden, S.131–161 (132).

4   Ausprägung und Profil von Parteien, die recht pauschal als „Regionalparteien" bezeichnet werden, unterscheiden sich im europäischen Kontext ganz erheblich voneinander; vgl. dazu *Hrbek, Rudolf/Große Hüttmann, Martin (Hrsg.)* 2016: Regionalparteien in Europa. Selbstverständnis, Handlungsspielräume und Bedeutung. Occasional Papers Nr. 41, Tübingen.

Konfliktlinien („cleavages") bestimmten nationalen Parteiensystems vielfach zu Außenseitern macht, verantwortlich. So werden sie bestrebt sein, ihr Anliegen fest und ganz prominent auf der Agenda des gesamtstaatlichen politischen Diskurses zu verankern und zu einem Gegenstand des Parteienwettbewerbs zu machen. Weil für den Erfolg ihrer Autonomieforderungen mittels Einführung eines neuen (rechtlichen) Regelwerks die Unterstützung anderer politischer Kräfte erforderlich ist, werden sie im Verhältnis zu anderen politischen Parteien nicht nur auf konfrontative Strategien und die Durchsetzung von Maximalforderungen setzen können, sondern bereit sein müssen, sich im Rahmen einvernehmlicher Lösungen auf Teilerfolge – wie etwa auch schrittweisen Wandel – also auf das Aushandeln von Kompromissen einzulassen.

Zur Strategie der Verfechter von Autonomieforderungen kann es auch gehören, sich um externe Unterstützung zu bemühen; sei es bei Personengruppen anderer Staaten mit gleichen oder stark verwandten Merkmalen (wie Sprache oder Religion), sei es bei starken politischen Kräften in Nachbarstaaten. Für die Gewährung externer Unterstützung kommt unter Umständen auch eine internationale Organisation wie die Vereinten Nationen in Frage, in deren Rahmen und mit deren Begleitung und Ermutigung ein auf die Herbeiführung einer Lösung bei Autonomieforderungen ausgerichteter Verhandlungs- und Aushandlungsprozess auf den Weg gebracht und durchgeführt wird.[5] Eine vergleichbare Rolle könnte auch eine regionale Assoziation mehrerer Staaten spielen, wie sie auf dem afrikanischen Kontinent, für arabische Staaten, in Lateinamerika und in Südostasien bestehen. Und nicht zuletzt kann dafür eine internationale Organisation wie der Europarat in Frage kommen oder die Europäische Union als besonders hoch entwickelter Staatenverbund. Solche externen Arenen und Akteure dienen als Resonanzboden für Autonomieforderungen. Sie können Vermittlungsfunktionen bei der Lösungssuche wahrnehmen, also zur Aufnahme von Verhandlungen drängen, diese begleiten und Verhandlungsergebnisse als neutrale Instanz beglaubigen und ihre Geltung garantieren.

2   Zu den Einzelfällen in diesem Sammelband

Wer Autonomieforderungen und Sezessionsbestrebungen beobachtet, findet – was ihre Beweggründe, ihre Ziele und die zur Erreichung der Ziele genutzten Strategien angeht – eine große Vielfalt vor. Jeder Einzelfall hat diesbezüglich seine ganz eigenen Merkmale und erfordert eine individuelle Würdigung. Die in diesem Band versammelten Einzelfälle sollen einen Eindruck dieser Vielfalt vermitteln. Dabei gilt es, die Besonderheiten jedes Einzelfalls herauszuarbeiten.

Das 1830 als Einheitsstaat begründete Königreich Belgien mit seiner sprachlich scharf gespaltenen Gesellschaft (mehrheitlich Niederländischsprachige im Norden versus Französischsprachige im Süden) ist der erste Beispielfall. *Rudolf Hrbek* erinnert in seinem Beitrag an die Entwicklung der „Flämischen Bewegung" als Reaktion auf die Dominanz der französischsprachigen Eliten und die Diskriminierung der niederländischsprachigen Bevölkerung;

---

5   Die Lösung des Südtirol-Problems gilt als erfolgreiches Beispiel einer solchen Strategie.

und er erläutert, warum die schrittweise erfolgte rechtliche Aufwertung des Niederländischen(Flämischen) die gesellschaftliche Spaltung nicht beenden konnte: Dieser liegen nicht nur ein Sprachenkonflikt zugrunde, sondern Gegensätze in anderen Dimensionen, wie vor allem der sozioökonomischen Struktur, der Dynamik der wirtschaftlichen Entwicklung, von kulturellen Attributen sowie von Mentalitäten der Angehörigen der zwei Sprachgruppen, ihren politischen Grundeinstellungen und ihren Beurteilungen des Verhaltens der Angehörigen der jeweils anderen Sprachgruppe in historischen Ausnahmesituationen (beide Weltkriege). Nicht nur diese Gegensätze verlaufen entlang der Sprachgrenze zwischen Flamen und Frankophonen und können einander verstärken; auch die Entwicklung des Parteiensystems – mit dem Aufkommen von Regionalparteien und der Spaltung der drei traditionellen Parteiströmungen (zusätzlich auch der Grünen) – wird von der Zweispaltung der Gesellschaft bestimmt. In der Summe gab und gibt es keinen Konsens über die Grundlagen, die Ausgestaltung und die Legitimation der politischen Ordnung des Staates. Der Beitrag erläutert die auf diesem Hintergrund erfolgte Entscheidung zum Umbau des Einheitsstaates zu einem Bundesstaat, der den Teileinheiten ein hohes Mass autonomer Politikgestaltung garantieren sollte. Er beschreibt die überaus komplizierte föderale Grundstruktur, die Belgien zu einem Sonderfall im Kreis der Föderalstaaten macht; und er gibt einen Überblick über die Ergebnisse der bisherigen sechs Staatsreformen, deren Inhalte und Zustandekommen – als Paketlösungen, nach meist sehr langwierigen Aushandlungsprozessen – die Merkmale konkordanzdemokratischer Entscheidungen aufweisen. Im politischen Diskurs wird die Perspektive einer Sezession – also der Unabhängigkeit Flanderns – zwar immer wieder thematisiert, aber weil die Entwicklung des belgischen Föderalstaats stets einer zentrifugalen Dynamik gefolgt ist, die den Teileinheiten jeweils ein Mehr an Autonomie gebracht hat, wird – so das Fazit des Beitrags – ein solcher Schritt als unwahrscheinlich angesehen; vor allem auch deshalb, weil mit der Sezession neue Probleme und Unwägbarkeiten verbunden wären, wie etwa die finanziellen Implikationen für alle Beteiligten, die Frage der EU-Mitgliedschaft eines neuen unabhängigen Staates und die Zukunft der Hauptstadt Brüssel.

Die Geschichte bzw. die Erinnerung daran und politische Gewalt sind häufig treibende Kräfte für Autonomieforderungen und Sezessionsbestrebungen. Das zeigt auch der Beitrag über Korsika von *Frédéric Falkenhagen* im vorliegenden Band. Die Mittelmeer-Insel wurde im Jahr der Revolution Frankreich eingegliedert; die britischen Versuche, das Königreich Korsika wieder auferstehen zu lassen, schlugen fehl. Im Zuge der Dekolonisierung in der zweiten Hälfte des 20. Jahrhunderts erfuhr der korsische Nationalismus dann eine Renaissance. Die Gründung der „Korsischen Befreiungsbewegung" FLNC 1976 orientierte sich ausdrücklich an der algerischen FLN. Politische Anschläge, die auch vor Mord nicht zurückschreckten, lieferten die Bilder, die die öffentlichen Debatten bestimmten. Die Bemühungen einer französischen Verwaltungsreform 1982 schufen dann die Grundlage für die Errichtung von eigenständigen korsischen Institutionen, wie etwa der „Assemblée de Corse". Dies führte in der Folge zu einer zaghaften Öffnung in Richtung einer administrativen und legislativen Selbstbestimmung („self-rule"), die im Zusammenhang mit den französischen Verwaltungsreformen erfolgt ist. Diese Schritte in Richtung einer Dezentralisierung haben jedoch eine eindeutige Grenze, die vom republikanischen Staatsverständnis mit der Idee der „einen und unteilbaren Nation" markiert wird. Ein weiterer Aspekt, der die Lage auf Korsika prägt, ist die besondere politische Kultur, die durch traditionelle Familienstrukturen gekennzeichnet ist und in der politische Parteien eine untergeordnete Rolle spielen.

Auch am Beispiel von Südtirol wird deutlich, dass Geschichte und Gewalt bzw. die Erinnerung daran bis heute eine wichtige Rolle spielen. Die Sonderstellung, die Südtirol mit seinem ganz besonderen Modell eines Autonomiestatuts im Regionalstaat Italien einnimmt, macht diesen Fall zu einem Musterfall. Viele Beobachter sehen in der Region Trentino-Südtirol ein gelungenes Modell für ein Höchstmaß an politischer, wirtschaftlicher, finanzpolitischer und vor allem auch soziokultureller Autonomie, das regelmäßig als Vorbild herangezogen wird, wenn sich andere Regionen in ähnlicher Weise politisch und wirtschaftlich von ihren Zentralstaaten emanzipieren wollen. Und gleichzeitig gehört die Lösung, die in Südtirol gefunden wurde, auch deshalb zu den Modellen, die in der Wissenschaft am besten aufgearbeitet sind. *Elisabeth Alber* und *Lukas Mariacher* zeigen in ihrem Beitrag die verfassungsrechtlichen und politischen Wegmarken, die seit Inkrafttreten der italienischen Verfassung im Jahre 1948 über viele Einzelschritte (und auch von politischer Gewalt begleitet) zu einer im internationalen Vergleich einmaligen Form der Autonomie geführt haben. Deutlich wird in ihrer Analyse auch, welche Rolle der sich ändernden Sozialstruktur und der ethnischen Differenzierung im heutigen Südtirol zukommt; dies prägt zum Beispiel die Schulpolitik und das (angespannte) Verhältnis zwischen den Sprachgruppen, hat aber auch Auswirkungen auf das gesamte politische System und nicht zuletzt auf das Parteiensystem, das von einer dominanten politischen Kraft, der Südtiroler Volkspartei (SVP), geprägt ist.

Der Fall Katalonien gehört zu den Beispielen, die europaweit und international in den letzten Jahren – vor allem seit 2017 – sehr große Aufmerksamt in Politik und Wissenschaft erregt haben. Der Konflikt zwischen der Regierung in Madrid und der Bewegung in Katalonien, die sich für mehr Autonomie bzw. eine Trennung vom Zentralstaat einsetzt, verweist auf die jüngere spanische Geschichte des Übergangs vom Franco-Regime zur Demokratie in den 1970er Jahren. Die historische Begründung für die Schaffung eines eigenen katalanischen Staates verweist freilich sehr viel weiter zurück in die Geschichte. Auch in diesem Fall, den *Sabine Riedel* vorstellt, lässt sich eine Reihe von Besonderheiten entdecken, wenn man sich die Motive, Entwicklungen und Perspektiven der katalanischen Unabhängigkeitsbewegung vor Augen führt. Die Herausforderungen der europäischen Finanzkrise seit 2008 für den Gesamtstaat Spanien und die Versuche der Separatisten, den innerspanischen Konflikt zu europäisieren bzw. zu internationalisieren, haben den Fall zu einer „europäischen" Angelegenheit gemacht. Damit hängt zusammen, dass immer wieder Forderungen laut wurden, die Europäische Union oder EU-Kommission möge sich als Vermittler einbringen. Eine solche „Einmischung" wurde von vielen, nicht nur von der Regierung in Madrid, strikt abgelehnt. Auch der Wechsel im Amt des Ministerpräsidenten, von Rajoy zu Sánchez, hatte zunächst – trotz mancher Anläufe der Kompromissversuche und einer gewissen Entschärfung des Konflikts – keine politische oder rechtliche Lösung gebracht, so dass die politischen Fronten weiterhin als verhärtet gelten müssen.

Eine besondere Form der „Trennung" von Teilen eines Landes analysiert *Horst Förster*. Er beschreibt den Weg der Tschechoslowakei vom „Prager Frühling" zur „sanften Trennung". Als „sanft" wird das Auseinandergehen von Tschechen und Slowaken im Jahr 1993

beschrieben, weil deren Trennung im Unterschied zu den Umwälzungen in anderen realso-
zialistischen Systemen – man denke etwa an den blutigen Umsturz in Rumänien – nahezu
gewaltfrei verlief. Der Autor blickt zurück auf den Prager Frühling im Jahre 1968 und die
Versuche der damaligen Partei- und Staatsspitzen unter Alexander Dubcek und Ludvik Svoboda, politische und ökonomische Reformen einzuführen, um den Unmut in der Bevölkerung abzufedern. Die Prager Versuche wurden von der Führung in Moskau und von den
anderen sozialistischen „Bruderstaaten" als Konterrevolution wahrgenommen und mit Gewalt unterdrückt und niedergeschlagen. Auch die Bemühungen einzelner Reformkräfte in
den 1970er Jahren („Charta 77"), das System zu verändern, sind Teil der Vorgeschichte, die
Anfang der 1990er Jahre die Trennung, die maßgeblich von den politischen Eliten gesteuert
wurde, herbeiführten. Auch die unterschiedlichen politischen Kulturen in den beiden, seit
1993 getrennten Teilen, führt Horst Förster auf die besondere Geschichte der Tschechoslowakei zurück, die 1918 gegründet wurde.

Schottland wurde 1707 Teil des Vereinigten Königreichs. Trotz dieser langen „gemeinsamen" Geschichte oder gerade deshalb waren politische Bestrebungen für (mehr) Autonomie und Sezession immer wieder ein Thema auf der schottischen Tagesordnung. Die Selbstbestimmung („home rule") war für die schottische Politik immer auch eine Frage der eigenen, vor allem historisch definierten Identität. *Simon Meisch* zeigt in seinem Beitrag, dass
das Ringen um Selbstbestimmung auch als staatliche Unabhängigkeit bzw. als Trennung
vom Vereinigten Königreich verstanden wurde. Diese Bewegung geht zurück auf die 1930
Jahre und wird aber sehr viel später, vor allem seit 2007 politisch wirklich relevant. Die
Scottish National Party (SNP) hat einen ganz wesentlichen Anteil an dieser politischen Dynamik. iIhr Wahlsieg 2007 ist hier als eine wichtige Wegmarke zu verstehen, die 2014 das
Unabhängigkeitsreferendum erst möglich gemacht hat – auch wenn sich keine Mehrheit der
schottischen Wähler für die Unabhängigkeit gefunden hat, war damit der Geist aus der Fla-
sche. Das Referendum um die Zukunft der EU-Mitgliedschaft Großbritanniens im Juni 2016
hat der Debatte um die schottische Unabhängigkeit neuen Auftrieb gegeben: Da die Mehrzahl der schottischen Wahlbevölkerung, im Unterschied zur britischen Gesamtwählerschaft,
einen „Brexit" abgelehnt hat, stellt sich die bis heute nicht gelöste Frage, ob das Projekt
„Scotland in Europe" noch Zukunftschancen hat. Dass die Debatten um ein zweites schottisches Referendum durch den Brexit angefacht wurden, dürfte deshalb die wenigsten überrascht haben.

Ein in vielerlei Hinsicht interessanter Fall ist Zypern. Das, was als Volksgruppenkonflikt
zwischen dem türkischen und griechischen Bevölkerungsteil auf der Insel beschrieben wird,
lässt sich unter unterschiedlichen theoretischen Perspektiven betrachten. *Heinz-Jürgen Axt*
untersucht seinen Fall erstens mit der „Brille" der Konfliktforschung, zweitens unter der
Perspektive des Föderalismus und schließlich, drittens, mit Rückgriff auf das in der politik-
wissenschaftlichen EU-Forschung seit einiger Zeit diskutierte Konzept der „Europäisierung". Im Falle von Zypern wird auch deutlich, welche Rolle internationalen Organisationen
wie den Vereinten Nationen oder auch der Europäischen Union zukommt. Nachdem die UN
sich zunächst vergeblich um eine Lösung bzw. Befriedung des Konfliktes bemüht hatte,
weckte der UN-Generalsekretär Boutros Boutros-Ghali 1992 mit seinen Vorschlägen („set

of ideas") neue Hoffnungen. Die föderalen Strukturen, die der Plan vorsah, konnten die bestehenden Konflikte zwischen den Volksgruppen jedoch nicht schlichten; unterschiedliche Vorstellungen über institutionelle Lösungen der Repräsentation und die Besetzung von Spitzenämtern konnten nicht überbrückt werden. Neue Hoffnungen, dass die Vereinten Nationen eine Lösung herbeiführen könnten, kamen mit dem sogenannten Annan-Plan auf. Die Perspektive der EU-Mitgliedschaft, die zum 1. Mai 2004 erreicht war, war eng verknüpft mit dem Annan-Plan. Der nach dem UN-Generalsekretär benannte Plan wurde den Volksgruppen am 24. April 2004, also kurz vor dem Beitrittsdatum, in zwei getrennten Referenden zur Abstimmung vorgelegt – und scheiterte. Die griechischen Zyprer hatten sich mehrheitlich gegen den Plan ausgesprochen. Die Rechnung, die in Brüssel und in den europäischen Hauptstädten gemacht wurde, man werde den Konflikt im Zuge des EU-Beitrittsprozesses lösen können, ging also nicht auf. Der Autor präsentiert in seinem Fazit eine Reihe von Faktoren, die seiner Ansicht nach erklären können, weshalb es auch seither zu keiner Beilegung des Zypernkonfliktes gekommen ist. Dazu gehören unter anderem der Umstand, dass die Konfliktparteien die Wurzeln des Konflikts ganz unterschiedlich wahrnehmen und dass die vorgeschlagenen institutionellen Lösungen (zum Beispiel Proporzregeln) aus Sicht der griechisch-zyprischen Seite nicht attraktiv sind, weil sie damit ihre „Mehrheitsposition" verlieren würden.

Dass Autonomieforderungen nicht nur im „Westen" eine Rolle spielen, sondern auch im Vorderen Orient sichtbar werden, zeigt *Peter Pawelka* am Beispiel der Kurden, die nach mehr Autonomie und Selbständigkeit streben. Pawelka nennt dafür drei Gründe: (1) Sie können ihre ethnische und kulturelle Identität nicht ausleben; (2) sie werden in sozioökonomischer Hinsicht diskriminiert und (3) sie haben keine Möglichkeit, ihre Interessen im politischen System so einzubringen, wie sie es wünschen. Die Besonderheit des Falles der Kurden ist, dass ihre Bevölkerung auf vier verschiedene Staaten (Türkei, Iran, Irak und Syrien) verteilt ist und dass alle Staaten keine Demokratien nach westlichem Modell sind, sondern autoritäre Systeme. Mit der Frage, ob und inwiefern Autonomie im traditionalen Patrimonialismus politisch überhaupt möglich und wie sie sozialwissenschaftlich zu analysieren ist, beschäftigt sich Peter Pawelka in seinem Beitrag. Unter Rückgriff auf soziologische Theorien über soziale Systeme und ihre autonomen Subsysteme präsentiert er eine vergleichende Analyse der politischen, rechtlichen und sozialen Dimensionen der „Kurdenkonflikte" in den vier genannten Staaten. Aus dieser Matrix werden dann verschiedene Thesen abgeleitet.

Ein weiterer Fall, der international breite Aufmerksamkeit erregt hat, ist Hongkong und die dortigen politischen Proteste in der jüngeren Vergangenheit. Die ehemalige britische Kolonie hat als Sonderverwaltungsregion nach der Übergabe im Jahre 1997 einen prekären Autonomiestatus erlangt, wie *Gunter Schubert* in seiner Analyse zeigt. Diese spezifische Form der auf 50 Jahre angelegten Autonomie in politischer und wirtschaftlicher Hinsicht ist deshalb prekär, weil sich seit 2014 die Auseinandersetzung zwischen der studentisch geprägten, aber bis in die Mitte der Gesellschaft hineinreichenden Protestbewegung und der Führung in Beijing verschärft hat. Die weit verbreitete Sorge ist, dass die Staats- und Parteiführung eine „geräuschlose Inkorporierung Hongkongs in das politische System" der Volksrepublik China verfolgt. Die Proteste haben gezeigt, dass sich in den letzten Jahren eine Form der auf Hongkong und seine koloniale Geschichte gestützten Identität herausgebildet

18

hat, die als „Lokalismus" beschrieben wird und die Ansätze eines „sezessionistischen Bewusstseins" erkennen lässt – beide Dynamiken haben auch im Parteiensystem schon Eingang gefunden.

Das Beispiel Kanada und die Debatten um eine Unabhängigkeit Québecs zeigen, dass Bestrebungen um Autonomie und Sezession auch Konjunkturen unterworfen sein können. Während die „nationale Frage" in den 1990er Jahren breite Resonanz in der Öffentlichkeit erfahren und zu Wahlerfolgen des souveränistischen „Bloc québécois" geführt hat, spielte das Thema, wie *Helga Bories Sawala* zeigt, inzwischen keine vergleichbar große Rolle mehr. Ein Blick zurück in die Vorgeschichte des Konfliktes zeigt jedoch, wie tief verwurzelt der Streit ist und welche Streitpunkte den Konflikt immer wieder haben aufflammen lassen. Vor allem der Sprachenstreit zwischen Québec und Ottawa steht hier im Zentrum des Konfliktes. Bilingualismus und Bikulturalismus sind hier die einschlägigen Begriffe, um die gestritten wird; aber auch andere Politikfelder wie Einwanderung, Wirtschafts- und Sozialpolitik sowie konkurrierende Geschichtsbilder waren immer wieder ein Stein des Anstoßes und bildeten die Hintergrundfolie für die Idee eines dann freilich gescheiterten Unabhängigkeitsreferendums.

Einen im engen Sinne historischen Fall untersucht *Georg Schild* in seinem Beitrag. Er beschäftigt sich mit dem Amerikanischen Bürgerkrieg als Sezessionskrieg. Drei Fragen untersucht der Autor: Erstens geht er den Gründen der Sezessionsentscheidung der Südstaaten nach; zweitens fragt er, welche Folgen die Tatsache, dass der Krieg ein Sezessionskrieg war, für den Verlauf der Auseinandersetzungen hatte und schließlich drittens geht er den Gründen für das Scheitern nach. Eine These, die er entwickelt, lautet, dass ein Scheitern der Sezession keineswegs ausgeschlossen war. Der Erfolg des amerikanischen Unabhängigkeitskrieges von 1775 bis 1783 war nicht zuletzt deshalb möglich, weil die Amerikaner die Kosten des Krieges für Großbritannien soweit in die Höhe treiben konnten, dass sie am Ende, wie Georg Schild schreibt, „in keinem akzeptablen Verhältnis zum Nutzen einer Wiederherstellung der kolonialen Herrschaft" standen. Die Lincoln-Regierung war im Unterschied zur Krone jedoch bereit, die Kosten eines Krieges zu tragen, um am Ende die „Union" wiederherzustellen. Dieser Fall zeigt, wie weit ein Sezessionskonflikt im Extremfall gehen kann, wenn die Protagonisten den bewaffneten Konflikt als Instrument einer „Lösung" des Konflikts nicht (mehr) ausschließen.

Eingangs wurde darauf verwiesen, dass Internationale Organisationen wie die Vereinten Nationen oder auch ein hoch integrierter Staatenverbund wie die Europäische Union in Fragen von Autonomie und Sezession eine wichtige Rolle spielen können. In den Beiträgen zu Katalonien, Schottland und Zypern wird dieser Aspekt am Rande gestreift. Weil die Sezession eines territorialen Teils eines Gesamtstaates, der Mitglied in der EU ist, eine Reihe von komplexen europa- und völkerrechtlichen wie auch verfassungsrechtlichen Fragen aufwirft, beschäftigt sich *Markus Stoffels* in einem eigenen Beitrag mit diesem Thema. Im In-/Out-Referendum vom Juni 2016 hatte sich eine knappe Mehrheit der Wähler in Großbritannien für den Austritt ihres Landes aus der EU entschieden – nicht jedoch in Schottland, wo eine Mehrheit von 62 Prozent für „Remain" gestimmt hat. Der Brexit, der formal zum 31. Januar 2020 wirksam geworden ist, hat also viele Fragen zur demokratischen Legitimation der Entscheidung und zu den Auswirkungen auf das Vereinigte Königreich, das sich auch als territorial gespaltenes Land erwiesen hat, aufgeworfen. Auch im Falle Kataloniens stellen sich ähnliche Fragen; etwa die nach der Gestaltung einer EU-Mitgliedschaft des abgespaltenen „Neustaats" und sein Verhältnis zum „Reststaat", der natürlich weiterhin Mitglied in der EU bliebe. Nach einer systematischen (europa-)rechtlichen Analyse kommt der Autor zu einer Bewertung und Einschätzung dieser beiden Fälle und der grundsätzlichen Konflikte, die sich dahinter verbergen.

Mit der Frage, wie internationale Organisationen und Akteure mit De facto-Staaten umgehen, die das Ergebnis einer unilateralen Sezession sind, beschäftigt sich das letzte Kapitel dieses Bandes. *Sebastian Relitz* zeigt anhand eines Vergleichs einzelner Fälle seit dem Ende des Zweiten Weltkriegs, wie groß die „Überlebenschancen" solcher Staaten sind. Im Extremfall können sie von anderen Staaten gewissermaßen geschluckt werden, weil ihnen die im internationalen System üblichen Garantien, die an die rechtmäßige Anerkennung als Staat gebunden sind, fehlen. Auf der anderen Seite zeigt sich, dass viele Staaten, die aus einer unilateralen Sezession hervorgegangen sind, über Jahrzehnte hinweg bestehen – sofern ihre Legitimation innerstaatlich abgesichert ist.

In einem kurzen Resümee können wir Folgendes festhalten: Die eingangs erwähnte empirische Vielfalt von Autonomieforderungen und Sezessionsbestrebungen hat sich in den Beispielen, die hier nur kurz referiert werden konnten, gespiegelt. Die Lektüre der einzelnen Kapitel im vorliegenden Band wird diesen Eindruck unterstreichen. Diese Vielfalt zeigt sich in den Beweggründen, den Zielen und Strategien der einzelnen Bewegungen. Deutlich wurde auch, dass in vielen Fällen politische Akteure und Parteien – unter bestimmten Bedingungen – sehr erfolgreich zum Wortführer und zur treibenden Kraft von Bestrebungen in Richtung von (mehr) Autonomie oder Sezession werden konnten. Kontroversen um Sprache, Kultur, Identität oder politische Mitwirkung, der Abbau sozialer und wirtschaftlicher Disparitäten waren und sind häufig der Stoff bzw. Zündstoff, um entsprechende politische Prozesse anzustoßen und Forderungen auf der innenpolitischen oder auch europäischen bzw. internationalen Tagesordnung strategisch zu platzieren. Diese Themen, auch das haben die Fallstudien gezeigt, werden die Politik, die Politikwissenschaft wie ebenso viele andere Disziplinen auch in den nächsten Jahren noch sehr beschäftigen.

Kann das belgische Föderalismus-Modell vor einer Sezession Flanderns schützen?

Rudolf Hrbek

Seit Jahrzehnten schon ist das Königreich Belgien das Beispiel eines Staates, in dem Autonomieforderungen und auch Sezessionsbestrebungen die beherrschenden Themen des öffentlichen Diskurses sind. Im 1830 als Einheitsstaat konzipierten Königreich existierte von allem Anfang an „eine haarscharfe Sprachgrenze", die die niederländisch sprechende Bevölkerung im Norden von der französisch sprechenden Bevölkerung im Süden trennte; hinzu kam „eine Französisierung der führenden Kreise sowie der ‚Bourgeosie' im allgemeinen".[1] Diese Konstellation war die Grundlage für das, was unter dem Kürzel „Sprachenkonflikt" für das Aufkommen von Autonomieforderungen verantwortlich gemacht wurde.[2] Die Diskriminierung des Niederländischen und der niederländisch-sprachigen Bevölkerung war umso problematischer, als dieser Teil der Bevölkerung im Königreich die Mehrheit darstellte, aber erst mit der Einführung des allgemeinen und gleichen Wahlrechts für Männer im Jahr 1919 (Frauen erhielten dieses Recht erst 1948) politisch entsprechend repräsentiert war.

Auch wenn die Diskriminierung der niederländisch-sprachigen Bevölkerung durch eine Reihe von Maßnahmen, beginnend im letzten Drittel des 19. Jahrhunderts, schrittweise abgebaut und beseitigt wurde, blieb der Dualismus der zwei Sprachgruppen der zentrale Faktor in Politik und Gesellschaft des Königreichs. Die in mehreren Etappen seit den sechziger Jahren des 20. Jahrhunderts erfolgte Umgestaltung des Einheitsstaates in einen Föderalstaat[3] wurde als Mittel zur Lösung des Sprachenkonflikts verstanden. Der Konflikt sollte gemildert, ein Auseinanderbrechen des Staates verhindert, ein Modus Vivendi im Verhältnis der beiden Sprachgruppen ermöglicht werden. Doch auch heute, ein Vierteljahrhundert nach Inkrafttreten der neuen Verfassung, ist der Konflikt unverändert virulent; es werden Forderungen nach Einführung weiterer Autonomierechte – durch entsprechende Anpassungen der Föderalstruktur – erhoben und auch die Perspektive einer Sezession Flanderns bleibt auf der politischen Tagesordnung.

Die von der Einführung und Geltung föderaler Strukturen ganz generell erwartete Konflikte lösende oder wenigstens abmildernde Wirkung ist im Fall Belgiens offensichtlich nicht erfolgt. Das kann auf zu unterschiedliche, letztlich kaum oder gar nicht zu vereinbarende Vorstellungen der Konfliktparteien darüber, was das föderale Arrangement bewirken und leisten soll, zurückzuführen sein. Die für Belgien eingeführte, außerordentlich komplizierte Föderalstruktur – nicht zuletzt auch der Umgang mit ihr seitens der politischen Akteure –

---

1 *Delmartino, Frank* 1991: Föderalstaatliche Entwicklung in Belgien, in: *Hesse, Joachim Jens/Renzsch, Wolfgang (Hrsg.)*: Föderalstaatliche Entwicklung in Europa, Baden-Baden, S. 49–62 (50).

2 *Delmartino* (Fn. 1) beschreibt die Grundlage des Sprachkonflikts wie folgt: „In den Mittel- und höheren Schulen sowie in den weiteren Bildungsinstitutionen wurde Französisch gesprochen; ebenso in der Verwaltung, im Geschäftsleben und beim Militär [zu ergänzen ist: im Gerichtswesen, R.H.]. Das Niederländische wurde zur Haus- und Umgangssprache des kleinen Mannes degradiert" (S. 50).

3 Artikel 1 der am 17. Februar 1994 in Kraft getretenen neuen belgischen Verfassung lautet: „Belgien ist ein Föderalstaat, der sich aus den Gemeinschaften und den Regionen zusammensetzt."

spiegelt denn auch die ganz unterschiedlichen Erwartungen, die die beiden Seiten mit diesem Lösungsversuch verbunden hatten und immer noch verbinden; das wird im Einzelnen zu erläutern sein. Und es ist zu fragen, was das alles für die politische Zukunft des Königreichs Belgien bedeutet. Die Antwort auf die im Titel dieses Beitrags zugespitzte Frage, ob der belgische Föderalismus vor einer Sezession Flanderns schützt, könnte nämlich lauten, dass sich die Frage einer Sezession deshalb gar nicht stellt, weil es sich um einen Föderalismus mit zentrifugaler Dynamik handelt. Dieser gibt den Teileinheiten des Staates ein so hohes Maß an Autonomie, dass die weiter reichende Forderung nach Sezession, also staatlicher Unabhängigkeit, gar nicht erhoben werden muss[4]; insbesondere dann nicht, wenn mit der Sezession eine Reihe anderer Fragen und Probleme neu bzw. verstärkt aufgeworfen würden, deren Lösung als sehr schwer, also unsicher erscheinen.

Die nachfolgenden Ausführungen sollen zu einem besseren Verständnis der Besonderheiten des Fallbeispiels Belgien im Rahmen des Oberthemas dieses Sammelbandes beitragen und damit auch Faktoren ins Blickfeld rücken, die die Beantwortung der im Titel gestellten Frage ermöglichen. Zunächst soll die Konstituierung des Königreichs Belgien im Jahr 1830 in Erinnerung gerufen und die mit dieser Weichenstellung verbundenen Geburtsfehler, die sich als schwerwiegende Hypothek für den neuen Staat erweisen sollten, identifiziert werden (1). Daran schließt sich eine Skizzierung der Auswirkungen dieser Hypothek an; eine Reihe ganz unterschiedlicher Begebenheiten und Vorgänge über einen Zeitraum von mehr als einem Jahrhundert kann als Indikator für die Intensivierung und Politisierung eines in der Gesellschaft im Königreich Belgien dominierenden Konflikts, der mehr ist als lediglich ein Sprachenkonflikt, verstanden werden (2). Der folgende Abschnitt beschreibt die Etappen der Umwandlung des Einheitsstaats in einen Föderalstaat und stellt das Föderalismus-Modell Belgiens dar; mit seinen grundlegenden Merkmalen, der Weiterentwicklung des Modells und seinen Auswirkungen in der Praxis, also vor allem dem Verhalten der verschiedenen Akteure im Kontext des Modells (3). Den Abschluss bildet eine Momentaufnahme des belgischen Föderalstaats an der Jahreswende 2019/20 mit einem Ausblick, der gleichzeitig die im Titel formulierte Leitfrage zu beantworten versucht (4).

1   Die Konstituierung des Königreichs Belgien als unabhängiger Staat und seine Geburtsfehler

Das Gebiet, das heute Belgien und die Niederlande umfasst, stand 1515 unter der Herrschaft des spanischen Throns (Kaiser Karl V.) und war in 17 Provinzen unterteilt. Als Reaktion auf das im Zuge der Gegenreformation vom katholischen Spanien betriebene sehr harte Vorgehen gegen die Protestanten im Norden des Gebiets, erklärten sieben im Norden gelegene Provinzen 1579 ihre Unabhängigkeit und konstituierten sich als Republik der Vereinigten Provinzen (Niederlande). Die im Süden des Gebiets gelegenen zehn Provinzen blieben als

---

4   So sieht es offensichtlich auch *Michael Burgess* (2015: Divided We Stand: Autonomy or Secession in Federation?, in: *Belser, Eva Maria/Fang-Bär, Alexandra/Massüger, Nina /Pillai, Rekha O. (Hrsg.)*: States Falling Apart? Secessionist and Autonomy Movements in Europe, Bern, S. 15–35), wenn er an folgende Aussage („[...] the following dictum") erinnert: „[...] if you choose to go, you achieve independence; but if you choose to stay you obtain more autonomy. But what is the difference?" (S. 34).

„Spanische Niederlande" unter der Herrschaft Spaniens; nach dem Spanischen Erbfolge-krieg kamen diese Provinzen 1713 unter dem Namen „Österreichische Niederlande" unter die Herrschaft der Habsburger. Die Ablehnung dieser Fremdherrschaft kulminierte 1790 in einer Revolte: Eine repräsentative Versammlung der zehn Provinzen proklamierte, nach Vertreibung des österreichischen Gesandten und seiner Verwaltung, die Gründung der „Vereinigten Belgischen Staaten"[5]. Die Proklamation blieb folgenlos: Zunächst kehrten die österreichischen Herrscher für kurze Zeit zurück, bis dann 1792 Frankreich unter Napoleon die Kontrolle über das Gebiet übernahm, allerdings zusicherte, sich nicht in die inneren Angelegenheiten des jetzt als „Belgische Provinzen" bezeichneten Gebiets einzumischen. Nach der endgültigen Niederlage Napoleons wurde auf dem Wiener Kongress 1815 eine Neuordnung Europas vorgenommen. Dabei wurden die „belgischen Provinzen", auch als „Belgien" bezeichnet, an die vereinigten Provinzen im Norden angegliedert und das Gesamtgebiet als Königreich der Niederlande unter der Regentschaft von Wilhelm von Oranien konstituiert.

Die Belgier opponierten aus mehreren Gründen gegen diese von den Großmächten verfügte Lösung: Erstens stand sie im Widerspruch zu dem in der Proklamation von 1790 erhobenen Anspruch auf Unabhängigkeit eines belgischen Staates. Zweitens sahen sich die katholischen Belgier in der Ausübung ihrer Religion angesichts des dominant protestantischen Charakters im Norden des Königreichs der Niederlande bedroht. Ausschlaggebend aber war, drittens, der Faktor Sprache: Die Eliten, aber auch weite Teile des Bürgertums, sprachen französisch und fürchteten die Zurückdrängung ihrer Sprache durch das Niederländische. Diese Furcht wurde angesichts der Privilegierung des Niederländischen durch den Monarchen zusätzlich verstärkt.

1830 kam es zur Auflehnung der Belgier gegen die niederländische Herrschaft: Sie bildeten eine provisorische Regierung, die Belgien zu einem unabhängigen Staat erklärte und Wahlen zu einer parlamentarischen Versammlung – dem Nationalkongress – organisierte. Diese sollte die Verfassung des neuen Staates, eine konstitutionelle Monarchie, ausarbeiten. Die fünf Großmächte erkannten den neuen Staat schließlich auf einer Zusammenkunft in London an und der Nationalkongress entschied sich für Leopold von Sachsen-Coburg-Gotha als König[6], der dann im Juli 1831 seinen Amtseid auf die neue Verfassung des Königreichs Belgien ablegte.

Stellung und Rolle des Königs waren, dem Charakter einer konstitutionellen Monarchie entsprechend, begrenzt. Der politische Prozess wurde von der französisch sprechenden Bourgeoisie, aus der sich die Eliten in Verwaltung, Justiz, Wirtschaft und Armee rekrutierten,

---

5   Die Bezeichnung „Belgien" geht auf den Namen der im Nordosten von Gallien gelegenen Provinz „Gallia Belgica" des Römischen Reiches zurück; dort ansässige keltische Stämme wurden als „Belger" bezeichnet. Ende des 18. Jahrhunderts wurde die Bezeichnung reaktiviert, nämlich für das Gebiet der südlichen Niederlande verwendet, also für die früher als „Spanische Niederlande", etwas später als „Österreichische Niederlande" bezeichneten zehn Provinzen.

6   Der Volkskongress hatte zunächst den Sohn des französischen Königs Louis-Philippe zum König gewählt. Dieser hatte das Amt aber mit Blick auf die Sorgen im Kreis der Großmächte vor einem zu starken Einfluss Frankreichs und in Absprache mit ihnen abgelehnt. Das war die Grundlage für die Anerkennung Belgiens als unabhängiger Staat durch die fünf Großmächte. Für diese war Leopold von Sachsen-Coburg-Gotha „der ideale Kandidat" für das Amt des belgischen Königs; denn: „Er war Deutscher, hatte in der russischen Armee gedient, war mit der inzwischen verstorbenen Tochter des englischen Königs verheiratet gewesen und hatte längere Zeit in Paris gelebt," vgl. *Bund der Familien (Hrsg.)* 2006: Belgien Verstehen, 3. Aufl., Brüssel, S. 7.

bestimmt. Das Französische wurde alleinige Amtssprache, auch im Erziehungs- und Schulwesen. Eine knappe Mehrheit der Bevölkerung des neuen Staates allerdings, die im agrarisch geprägten und wirtschaftlich weniger entwickelten Norden des Staates lebte, sprach nicht französisch, sondern niederländisch. Dieser Teil der Bevölkerung war wegen des Status der französischen Sprache und der darauf beruhenden kulturellen und sozialen Dominanz der französisch sprechenden Bourgeoisie in vieler Hinsicht benachteiligt.[7] Ein Zensus-Wahlrecht, das die Wohlhabenden privilegierte, verstärkte ihre Benachteiligung noch.

Der unitarische Charakter des neuen Staates trug der Spaltung der Gesellschaft hinsichtlich von Sprache und Kultur in keiner Weise Rechnung. Vielmehr förderte er die Dominanz des einen – dabei zahlenmäßig kleineren – Teils und entsprechend die Benachteiligung des anderen Teils der Gesellschaft. Dieser Geburtsfehler des neuen Staates sollte sich als eine schwere Hypothek für seine künftige Entwicklung erweisen. Der Umstand, dass fast 100 Prozent der Bevölkerung katholisch getauft waren, konnte die Spaltung der Gesellschaft nicht abmildern. Das Land war zwar konfessionell auf den ersten Blick homogen, aber bei näherer Betrachtung war der Gegensatz zwischen Liberalen sowie säkular Eingestellten als Kritikern eines zu starken Einflusses der Kirche im öffentlichen Bereich einerseits, und Katholiken, die einen solchen Einfluss befürworteten, andererseits, unübersehbar. Und dass letztere schwerpunktmäßig im Norden des Landes, in der niederländisch sprechenden Bevölkerung, angesiedelt waren, verstärkte die primär sprachlich begründete Spaltung zwischen Nord und Süd zusätzlich.

Als Reaktion auf die Dominanz der französischen Sprache entstand in der Mitte des 19. Jahrhunderts, beginnend seit 1840, eine „Flämische Bewegung"[8], zunächst in gebildeten Kreisen des Kleinbürgertums. Sie wandten sich gegen die Unterdrückung ihrer Sprache und forderten deren Aufwertung und Gleichberechtigung in Flandern. Diese Forderungen wurden schrittweise erfüllt: Zuerst wurde der Gebrauch des Flämischen im Justizbereich gestattet (1873), dann in der Verwaltung (1878) und schließlich im Schulwesen (1883). Welche Bedeutung die Sprachenfrage hatte, zeigt die Entstehung der „Wallonischen Bewegung"[9], die gegen Ende des 19. Jahrhundert ihren Ausgangspunkt in Flandern hatte, im Kreis französisch sprechender Angehöriger des gebildeten Bürgertums. Sie waren gegen die obligatorische Zweisprachigkeit in Verwaltung und Schule, wollten also die Privilegierung des Französischen verteidigen.

Die Wahlrechtsreform von 1893 gab der Wallonischen Bewegung zusätzliche Impulse. Mit dieser Reform erhielten alle Männer das Wahlrecht, wobei es sich – wie bisher – um ein

---

7 Das galt nicht für die kleine Gruppe der besser Ausgebildeten und mit höherem Sozialstatus, die die französische Sprache beherrschten und sich ihrer auch bedienten.

8 Die Bezeichnung „flämisch" bezog sich auf alle niederländisch sprachigen Bewohner Belgiens, also nicht nur die in der ehemaligen Grafschaft Flandern, soweit diese ab 1830 zu Belgien gehörte, sondern auch die in der Grafschaft Loon und im Herzogtum Brabant. Dieses ganze Gebiet wird als „Flandern" bezeichnet.

9 Die Bezeichnung „wallonisch" bezog sich ursprünglich nur auf französische Dialekte, die im Raum Lüttich gesprochen wurden; später auf alle französischsprachigen Bewohner Belgiens mit Ausnahme derer in der Hauptstadt Brüssel. Dieses Gebiet – unter Ausschluss der Hauptstadt Brüssel – wird als „Wallonien" bezeichnet. Für die Gesamtheit der französischsprachigen Bewohner in Wallonien und in der Hauptstadt Brüssel wird die Bezeichnung „Frankophone" verwendet.

Mehrfach-Stimmrecht auf der Grundlage von Besitz und Grad der Bildung handelte.[10] Mit Blick auf die demographische Entwicklung, wonach die Bevölkerung in Flandern stärker wuchs als in Wallonien, fürchtete die Wallonische Bewegung, dass sich das bereits damals bestehende zahlenmäßige Übergewicht der Flamen noch mehr zum Nachteil des französischsprachigen Teils der Bevölkerung entwickeln könnte; mit der Folge, dass eine flämische Mehrheit im belgischen Parlament Entscheidungen, die für das gesamte Königreich Belgien gelten würden, prägen könnte. Solche Überlegungen waren ein deutliches Indiz für eine viel tiefer gehende und ganz grundlegende Spaltung der Gesellschaft und des Landes, die weit über die Frage nach der Geltung einer Sprache hinausging. Die Spaltung bezog sich auf die Frage nach den Grundlagen, der Ausgestaltung und damit auch der Legitimität der politischen Ordnung des neuen Staates. Was als Sprachenkonflikt begonnen hatte bzw. nur als ein sachlich so begrenzter Konflikt schien, erfuhr binnen kurzer Zeit eine Intensivierung und Politisierung, die noch weitere Dimensionen betrafen und damit den Geburtsfehler des neuen Staates offenlegten: das Fehlen eines Grundkonsens über seinen Charakter.

2   Die Intensivierung der Spaltung des Landes: Faktoren, Vorgänge und Etappen

Die Spaltung des Landes wurde und wird nicht allein vom Faktor Sprache bestimmt. Seit seiner Gründung war das Königriech Belgien hinsichtlich fundamentaler wirtschaftlicher Gegebenheiten und der Dynamik der wirtschaftlichen Entwicklung keine Einheit. Die entsprechenden großen Unterschiede korrespondierten mit dem Gegenüber der zwei Sprachgruppen und verstärkten so die Spaltung des Landes. Im Süden, also in Wallonien, hatte seit Mitte des 19. Jahrhunderts ein Industrialisierungsprozess eingesetzt, während der Norden, also Flandern, agrarisch geprägt blieb. Reiche Kohlevorkommen waren das Fundament für den Aufbau einer leistungsfähigen Schwerindustrie. Ein moderner Textilsektor war das zweite Standbein für den prosperierenden Industriestandort Wallonien, der Investitionen – vor allem seitens der wohlhabenden Bourgeoisie – anzog und zugleich, mit seinem dynamischen Arbeitsmarkt, ein hohes Beschäftigungsniveau garantierte. Die internationale Nachfrage nach den entsprechenden Industrieerzeugnissen förderte die Bedeutung des Handels als eine wichtige Quelle für den Wohlstand des Landes. Mit der Industrialisierung war auch der Aufstieg der Hauptstadt Brüssel, die auf flämischem Territorium lag und deren Einwohner zu Beginn des 19. Jahrhunderts noch zu etwa 80 Prozent niederländischsprachig waren, zu einer rasch wachsenden Wirtschaftsmetropole mit mehr und mehr frankophoner Prägung verbunden.

Der Norden des Landes sah sich, mit seiner weiterhin agrarisch geprägten Struktur, in ökonomischer und im Gefolge auch in sozialer Hinsicht, gegenüber dem Süden benachteiligt. Die niederländischsprachigen Belgier im Norden erfuhren auch nach dem schrittweisen Abbau der Dominanz der französischen Sprache im öffentlichen Bereich, dass ihre eigene Sprache hinsichtlich des Sozialprestiges und der Wertschätzung gegenüber dem Französischen nach wie vor zurückstand. Und während sie mehrheitlich konservativ und katholisch

---

10 Erst mit der Einführung des gleichen Wahlrechts für Männer 1919 wurde das Mehrfach-Stimmrecht abgeschafft. Frauen erhielten das Wahlrecht erst 1948.

ausgerichtet blieben, war mit der Industrialisierung im Süden eine Verstärkung sozialistischen Gedankenguts und antiklerikaler Tendenzen verbunden. Die Spaltung der Gesellschaft des Landes hatte also mehrere Dimensionen, deren Existenz, Bedeutung und Wirkung von den Menschen auch entsprechend wahrgenommen wurden.

Wirtschaftliche Gegebenheiten und die Dynamik der wirtschaftlichen Entwicklung sind im Königreich Belgien unverändert prägende Faktoren. Seit Mitte des 20. Jahrhunderts sind die Gewichte, was die Spaltung des Landes angeht, allerdings ganz anders verteilt. Die einstigen Fundamente der wirtschaftlichen Stärke und Überlegenheit Walloniens – Steinkohlebergbau, Produktion von Stahl sowie die Textilindustrie – sind allesamt im Kontext des ökonomischen Strukturwandels zu Krisensektoren geworden. Die Folge war ein wirtschaftlicher (und sozialer) Niedergang des wallonischen Landesteils. Dem steht ein prosperierendes Flandern gegenüber, gestützt auf den Aufbau moderner industrieller Fertigungsanlagen (meist Kleine und mittelständische Unternehmen – KMU), vielfach im Bereich von Zukunfts-Technologien; auf einen sehr erfolgreichen Dienstleistungssektor; auf die Nutzung des Potentials und der Kapazitäten leistungsfähiger Hafenanlagen an der Nordseeküste und schließlich auch auf attraktive Angebote auf dem Gebiet des Tourismus.

Mit dem wirtschaftlichen Erfolg war auch ein Mentalitätswandel verbunden: Die Bewohner Flanderns sehen sich nicht länger diskriminiert. Vielmehr sind sie sich ihrer Überlegenheit den Wallonen gegenüber sicher und treten entsprechend selbstbewusst auf, wobei sie diese Überlegenheit auf Veranlagungen und „Tugenden" (wie Fleiß, Disziplin, Zielstrebigkeit und Ordnungsliebe) zurückführen, über die die Wallonen ihrer Auffassung nach nicht, oder mindestens nicht in ausreichendem Maß, verfügen. Auch in dieser Einschätzung der Wallonen manifestiert sich die Spaltung des Landes.[11]

Erfahrungen der Menschen mit Vorgängen in beiden Weltkriegen sind weitere Faktoren, die die Spaltung der belgischen Gesellschaft manifestierten. Im Ersten Weltkrieg erlebten flämische Soldaten nicht nur die Geringschätzung, ja gelegentlich die Verachtung ihrer Sprache seitens ihrer französisch sprechenden Offiziere und damit die tiefe soziale Kluft im Verhältnis der Angehörigen der beiden Sprachgruppen. Sie erlebten vor allem auch die im Geschehen an der Front häufig fatalen Folgen der Sprachbarriere: Weder verstanden sie alle ihnen gegebenen Befehle, noch konnten sie sich ihren Offizieren gegenüber ausreichend klar verständigen. Ein weiteres kam hinzu: Nach Kriegsende sahen sich Flamen dem Vorwurf ausgesetzt, sie hätten in von Deutschland während des Krieges besetzten Teilen Flanderns mit Vertretern der Besatzungsmacht kooperiert, sich also dem Königreich Belgien gegenüber illoyal gezeigt. Ob dieser Vorwurf berechtigt ist, hängt von den Vorzeichen und dem Charakter solcher Kooperationen ab und dazu gab es ganz unterschiedliche Auffassungen. Der Vorgang ist aber bezeichnend für den tiefen Riss, der die belgische Gesellschaft trennte.

Der Umgang mit einem ähnlichen Vorgang aus der Zeit während und nach dem Zweiten Weltkrieg illustriert, dass sich dieser Riss nochmals vertieft und verfestigt hatte. Es ging um die Einschätzung des Verhaltens des belgischen Königs Leopold III. während des Kriegs, in

---

11 Diese Abwertung der Wallonen zeigte sich beispielsweise vor Jahren im Zusammenhang mit einem schweren Fall von Kindesmissbrauch (der Fall Dutroux), der weit über Belgien hinaus Bestürzung ausgelöst hatte. Die Verbrechen waren in einem Ort in Wallonien verübt worden und in manchen Reaktionen aus der flämischen Bevölkerung kamen abschätzige Vorurteile den Wallonen gegenüber zum Ausdruck, die durch eine Reihe von Pannen im Lauf der Ermittlungen durch die wallonischen Behörden zusätzlich genährt wurden.

dem das neutrale Belgien von Deutschland besetzt worden war. Während die belgische Regierung ins Exil nach London ging, blieb der König gegen den Rat der Regierung im Land. War dies als Zeichen der Solidarität des Monarchen mit dem belgischen Volk zu verstehen und deshalb zu akzeptieren oder war die massive Kritik, der Monarch habe sich bereitwillig auf einen Modus Vivendi mit den deutschen Besatzern eingelassen[12], berechtigt? Die Lösung der „Königsfrage", bei der es um die Rückkehr des im Exil in der Schweiz lebenden Monarchen ging, spaltete nach Kriegsende das Land wiederum entlang der schon traditionellen Trennlinie, wie sich am Ergebnis einer Volksbefragung[13] 1950 ablesen lässt: 72 Prozent der Abstimmenden in Flandern befürworteten seine Rückkehr, 58 Prozent der Abstimmenden in Wallonien lehnten diese ab; insgesamt war damit eine Mehrheit der Bevölkerung für die Rückkehr des Monarchen. Das Parlament stellte daraufhin das Ende seiner Regierungsunfähigkeit fest und Leopold III. kam aus dem Exil zurück, was allerdings von massivem Protest seiner Gegner, von öffentlichen Unruhen und der Forderung nach seiner Abdankung begleitet war. Der Konflikt um die „Königsfrage" wurde schließlich im Juli 1951 durch die Abdankung Leopolds zugunsten seines Sohnes Baudouin beigelegt. Der die Gesellschaft spaltende Grundkonflikt blieb indessen bestehen.

Der Sprachenkonflikt war auch in einem ganz anderen Bereich virulent: in den Universitäten des Landes. In der erst 1817 gegründeten Universität Gent[14] – die Stadt liegt in Flandern – war das Französische als Amtssprache des Königreichs Belgien seit 1830 auch Unterrichtssprache. Bestrebungen, das Niederländische als Unterrichtssprache zu etablieren, waren erst 1930 erfolgreich.[15] In der ebenfalls in Flandern gelegenen Universität Leuven (heutiger Name: Katholische Universität Leuven, KUL), die – 1425 gegründet – auf eine lange Tradition zurückblicken konnte, war das Französische seit 1830 gleichfalls Unterrichtssprache; erst 1911 wurden, allerdings nur für einzelne Lehrveranstaltungen, zweisprachige Angebote eingeführt. Eine Ausweitung dieses Angebots oder gar die Einführung genereller Zweisprachigkeit kam, auch wegen der hohen zusätzlichen Kosten, nach dem Ersten Weltkrieg zunächst nicht zustande. Die Brisanz der Sprachenfrage zeigte sich an der Gründung und den Aktivitäten von zwei miteinander konkurrierenden Studierenden-Vereinigungen der jeweiligen Sprachgruppen. Nach dem Zweiten Weltkrieg nahmen die Spannungen zwischen ihnen zu.[16] Auf diesem Hintergrund und im Zusammenhang mit den 1962 beschlossenen Sprachgesetzen, die für das ganze Königreich feste Sprachgrenzen einführten, kam es zu Forderungen, den französischsprachigen Teil der Universität nach Wallonien zu

---

12 Das Verhalten des Monarchen, der unter Hausarrest stand und sich selbst als Kriegsgefangenen bezeichnete, wurde in der Bevölkerung zunächst mehrheitlich gutgeheißen. Kritische Stimmen, er sei zu passiv geblieben und habe sich nicht energisch genug für eine Lockerung der Besatzungsherrschaft zugunsten der belgischen Bevölkerung eingesetzt, führten zu einem Meinungsumschwung. Nach der Befreiung des Landes hatte ihn das Parlament für regierungsunfähig erklärt (sein Bruder wurde deshalb als Regent eingesetzt) und wollte damit auch seine Rückkehr auf den Thron verhindern.
13 Zunächst hatte 1946 eine Untersuchungskommission den Monarchen vom Vorwurf des Verrats entlastet.
14 Die Gründung erfolgte, um auch im südlichen Teil des 1815 von den Großmächten neu gegründeten Staates (Vereinigte Niederlande) Hochschulausbildung zu ermöglichen.
15 Während des Ersten Weltkriegs von der deutschen Besatzungsmacht geförderte Bemühungen, das Niederländische als Unterrichtssprache einzuführen, waren erfolglos geblieben.
16 Als 1960 die flämischen Studenten erstmals die Mehrheit bildeten, reagierten die frankophonen Professoren mit der Gründung einer eigenen Vereinigung, was wiederum die Errichtung einer Vereinigung der niederländischsprachigen Professoren zur Folge hatte.

verlagern. Das erfolgte 1968: Die Université catholique de Louvain (UCL) wurde in der 1971 neu geschaffenen Retorten-Stadt Louvain-la-Neuve eingerichtet. Auch die im Jahr 1834 in Brüssel neu geschaffene Université libre de Bruxelles (das Attribut „libre" = „frei" sollte die konfessionelle Unabhängigkeit unterstreichen) wurde 1969 geteilt: in die französischsprachige Université libre de Bruxelles (ULB) und in ihr niederländischsprachiges Pendant Vrije Universiteit Brussel (VUB).

Entwicklungen im Parteiensystem Belgiens sind durch die Spaltung der Gesellschaft gefördert worden und in der Konfiguration des Parteiensystems, wie es sich im letzten Drittel des 20. Jahrhunderts herausgebildet hat, zeigt sich diese Spaltung in aller Deutlichkeit. In der Parteienlandschaft Belgiens dominierten bis in die Zeit nach dem Zweiten Weltkrieg drei Hauptströmungen: die Christlich-Sozialen, die Sozialisten/Sozialdemokraten und die Liberalen. Ergänzt wurde das Parteienspektrum durch die Kommunisten, die aber im Gefolge des Kalten Kriegs und der Ost/West-Konfrontation seit Ende der 1950er Jahre immer mehr marginalisiert wurden.

Einen ersten Einschnitt und eine Ausweitung erfuhr das traditionelle Parteiensystem mit der Gründung von Regionalparteien. 1954 wurde die Flämische Volksunion (VU) gegründet, die sich die Förderung der primär sprachlich und kulturell geprägten Anliegen der Flamen zum Ziel gesetzt hatte. Die Verwirklichung dieses Anliegens setzte nach Auffassung der Partei ein hohes Maß an Eigenständigkeit der Politikgestaltung, letztlich die Unabhängigkeit Flanderns, voraus. Als Reaktion darauf wurde ein Jahrzehnt später auch in Wallonien eine Regionalpartei gegründet: Frankophone Demokratische Front/Wallonische Sammlungsbewegung (FDF-PPW). Sie war im Unterschied zur flämischen VU nicht sezessionistisch ausgerichtet, sondern plädierte dafür, ihr Hauptanliegen – die Verbesserung der Wirtschaftslage der Wallonie – im Gefüge des Gesamtstaats zu realisieren. Die FDF-PPW fand bei der wallonischen Wählerschaft nur in den 1970er und letztmalig Anfang der 1980er Jahre eine gewisse Resonanz. In Flandern dagegen spielen Regionalparteien bis heute eine wesentliche Rolle. Ihr Einfluss auf die Politik im Gesamtstaat ist stark. 1978 hatte ein Flügel der VU, der nicht nur kompromisslos sezessionistisch, sondern auch offen rechtsradikal ausgerichtet war, die Partei verlassen und die neue Partei Vlaams Blok (VB) gegründet. Diese löste sich 2004 im Zusammenhang mit einem gegen sie gerichteten Gerichtsverfahren wegen ihres rechtsradikalen Profils auf. An ihre Stelle trat als Nachfolgepartei Vlaams Belang (VB), die sich von den rechtsradikalen Inhalten und Parolen der Vorgängerin zu lösen bemühte. 2001 zerfiel die VU. Ihre Nachfolge als flämische Regionalpartei trat die N-VA (Neue Flämische Allianz) an, die in den Folgejahren zu einer dominierenden politischen Kraft in Flandern und im Gesamtstaat wurde.

Ein zweiter und sehr viel schwerwiegender Einschnitt erfolgte ab Ende der 1970er Jahre mit der Spaltung der drei traditionellen Parteiströmungen entlang der Sprachgrenze zwischen Flamen und Frankophonen: Anstelle von drei Parteien existierten jetzt sechs Parteien mit je eigener Organisationsstruktur und Programmatik. Jede dieser Parteien versteht sich als Repräsentantin der Wählerschaft und ihrer Belange im entsprechenden Landesteil. Parteienwettbewerb erfolgt zwischen den Parteien des entsprechenden Landesteils. Nationale Parteien, die sich auf das gesamte Staatsgebiet des Königreichs Belgien erstrecken, fehlen. Dieses Muster wurde auch von den 1980/81 gegründeten Grünen übernommen: In Flandern firmierten sie als „Agalev" (2003 umbenannt in „Groen"), in Wallonien als „Ecolo". Mit dieser Struktur eines nach Sprachgebieten gespaltenen Parteiensystems stellt Belgien im internationalen Vergleich einen Sonderfall dar.[17]

Eine wichtige Voraussetzung für die eben erwähnte ganz neue Konfiguration des belgischen Parteiensystems war die endgültige Festlegung der Sprachgebiete und ihrer Grenzen durch den Gesetzgeber im Jahr 1963. An dieser Territorialisierung des Sprachenkonflikts knüpften nicht nur die politischen Parteien an. Sie war auch die Grundlage für die schrittweise Umgestaltung des als Einheitsstaat begründeten Königreichs Belgien in einen Föderalstaat, die 1970 einsetzte. Artikel 4 der 1994 in Kraft getretenen neuen Verfassung Belgiens als Föderalstaat fasst die Einteilung des Landes in insgesamt vier Sprachgebiete wie folgt zusammen: „das deutsche Sprachgebiet, das französische Sprachgebiet, das niederländische Sprachgebiet und das zweisprachige Gebiet Brüssel-Hauptstadt." Eine Änderung der Grenzen dieser Sprachgebiete ist nur in einem sehr komplizierten Verfahren möglich, bei dem jede der beiden großen Sprachgruppen letztlich eine Vetomöglichkeit hat[18]; Änderungen setzen also das Einvernehmen dieser zwei Gruppen voraus. Dieses Regelwerk verhindert die Majorisierung durch eine der beiden Gruppen, verlangt einen für beide akzeptablen Kompromiss, der in einem möglicherweise lange dauernden Aushandlungsprozess zu finden wäre, und entspricht damit zentralen Komponenten eines Konkordanzsystems, wie es in einer Reihe politischer Systeme von Staaten mit fragmentierten Gesellschaften gilt.[19]

3   Das Föderalismus-Modell des Königreichs Belgien

Der seit seiner Gründung im Jahr 1830 bestehenden Spaltung der Gesellschaft des Königreichs Belgien entlang der Sprachgrenze, die die niederländischsprachigen von den französischsprachigen Bewohnern trennt, liegt nicht nur ein Sprachenkonflikt zugrunde. Die Spaltung bezieht sich von Anfang an auf weitere Dimensionen wie Kultur, Mentalitäten und Einstellungen, Sozialstruktur und wirtschaftliche Gegebenheiten.[20] Im Verlauf der folgenden eineinhalb Jahrhunderte hat sich diese Spaltung vertieft und verfestigt. In einer Reihe ganz unterschiedlicher Vorgänge wird, wie oben beispielhaft erläutert, eine Aversion und ein eher

---

17 Auf das wiederum besondere Parteiensystem im Gebiet der im Osten Belgiens gelegenen und etwa 70.000 Einwohner zählenden Deutschsprachigen Gemeinschaft (DG) wird später eingegangen.

18 Artikel 4, Abs. 3 der Verfassung bestimmt dazu folgendes: "Die Grenzen der vier Sprachgebiete können nur durch ein mit Stimmenmehrheit in jeder Sprachgruppe einer jeden Kammer angenommenes Gesetz abgeändert oder berichtigt werden, vorausgesetzt, dass die Mehrheit der Mitglieder jeder Gruppe versammelt ist, und insofern die Gesamtzahl der Jastimmen aus beiden Sprachgruppen zwei Drittel der abgegebenen Stimmen erreicht."

19 Grundlegend zum Konzept einer Konkordanzdemokratie (im Englischen wird der Begriff „consociationalism" verwendet) ist eine Schrift von *Gerhard Lehmbruch* (1967: Proporzdemokratie. Politisches System und politische Kultur in der Schweiz und in Österreich, Tübingen), in der auch auf das Beispiel des Libanon mit seiner fragmentierten Gesellschaft eingegangen wird; sodann eine Schrift von *Arend Lijphart* (1968: The Politics of Accomodation: Pluralism and Democracy in the Netherlands, Berkeley). Beide haben unsere Kenntnis über dieses Konzept und seine Verbreitung und Anwendung in einer Reihe weiterer Veröffentlichungen in den folgenden Jahrzehnten bereichert.

20 Vgl. dazu die sehr informativen Ausführungen mit vielen Details in dem Beitrag von *Patricia Popelier* 2015: Secessionist and Autonomy Movements in Flanders. The Disintegration of Belgium as the Chronicle of a Death Foretold?, in: *Belser, Eva Maria/Fang-Bär, Alexandra/Massüger, Nina /Pillai, Rekha O. (Hrsg.)*: States Falling Apart? Secessionist and Autonomy Movements in Europe, Bern, S. 215–246.

wachsendes gegenseitiges Misstrauen zwischen den Angehörigen der beiden Sprachgruppen erkennbar und in ihrer gegenseitigen Einschätzung überwiegen negative Attribute. Das Gefühl einer Zusammengehörigkeit, gestützt auf den Fundus gemeinsamer Überzeugungen und Einstellungen als Voraussetzung für die Zustimmung zu den Grundlagen der politischen Ordnung des Gesamtstaates, fehlt. Dabei haben sich die Vorzeichen für das Verhältnis der beiden Seiten stark verändert. Anfangs fühlten sich die Niederländischsprachigen vor allem wegen ihrer Sprache benachteiligt und diskriminiert. Auch wenn einzelne Benachteiligungen durch die Herstellung formaler rechtlicher Gleichheit schrittweise beseitigt worden waren, ein Wandel zu wirklicher, also allgemein anerkannter Gleichwertigkeit des Niederländischen war damit nicht erfolgt. Erst die tiefgreifende Änderung in der sozioökonomischen Struktur des Landes, verursacht durch den Niedergang der wallonischen Industrie einerseits und den wirtschaftlichen Aufschwung in Flandern andererseits seit Mitte des 20. Jahrhunderts, brachte einen Wandel, der sich in einem neuen Selbstbewusstsein der flämischen Seite zeigte. Dieser Wandel war durch die Geltung des allgemeinen und gleichen Wahlrechts, mit dem das zahlenmäßige Übergewicht des flämischen Bevölkerungsteils auch politisch zum Tragen kam, bereits vorher eingeleitet worden. Die flämische Bevölkerungsmehrheit zielte jetzt auf den Gewinn von mehr Eigenständigkeit für Flandern, was die Umwandlung des bisherigen Einheitsstaates in eine föderalstaatliche Konstruktion erforderlich machte. Die wallonische Seite, die sich wegen des ökonomischen Niedergangs in der Defensive sah, erwartete von einer solchen Konstruktion ebenfalls Vorteile, nämlich bessere Chancen zur Bewältigung der wirtschaftlichen und sozialen Krise – einem Anliegen, das für sie absolute Priorität hatte.

Mit dieser Perspektive konnte die Umwandlung des Einheitsstaates gemeinsam in Angriff genommen werden. Das Reformprojekt knüpfte dabei an die zentrifugale Dynamik[21] an, die das politische Geschehen im Königreich Belgien 130 Jahre lang stark bestimmt hatte. Die Erwartungen, die beide Seiten mit der Gewährung von Autonomierechten verknüpften, waren jedoch nicht identisch. Die flämischen Forderungen waren auf eine kulturbezogene Autonomie ausgerichtet, während die wallonischen Forderungen auf wirtschaftliche Autonomie zielten. Die Kompromisslösung, auf die sich beide Seiten verständigten, befriedigte ihre deutlich unterschiedlichen Interessen, bedeutete aber die sich über mehrere Etappen seit 1970 erstreckende Einführung einer überaus komplizierten Föderalstruktur[22], mit der Belgien im internationalen Vergleich von Föderalstaaten eine Sonderstellung einnimmt.

---

21 Belgien unterscheidet sich damit von dem meist anzutreffenden Muster bei der Bildung von Föderalstaaten: zentripetale Tendenzen in eigenständigen staatlichen Einheiten resultieren in der Etablierung einer föderalstaatlichen Konstruktion.

22 Grundzüge werden in den jeweils Belgien gewidmeten Beiträgen in zwei Sammelbänden zu Föderalstaaten dargestellt: *Deschouwer, Kris* 2005: Kingdom of Belgium, in: *Kincaid, John/Tarr, Alan G. (Hrsg.)*: Constitutional Origins, Structure, and Change in Federal Countries (A Global Dialogue on Federalism, Bd. 1), Montréal/Kingston, S. 48–75; *Lecours, André* 2005: Belgium, in: *Griffiths, Ann L. (hrsg. für Forum of Federations)*: Handbook of Federal Countries, Montréal/Kingston, S. 58–72. Zwei Beiträge neueren Datums, die auch über Details der Föderalstruktur informieren und auch die vorerst letzte Stufe der Föderalismus-Reform berücksichtigen, finden sich in dem sehr umfangreichen Sammelband: *Gamper, Anna/Bußjäger, Peter/Karlhofer, Ferdinand/Pallaver, Günther/Obwexer, Walter (Hrsg.)* 2016: Föderale Kompetenzverteilung in Europa, Baden-Baden; nämlich: *Popelier, Patricia*: Zuständigkeitsteilung in Belgien: Kompetenzverteilung als Kennzeichen multinationalen Konfliktmanagements, S. 151–180; sowie *Kohler, Manfred/Petersohn, Bettina*: Belgien: Vorzeigemodell eines dualen Föderalismus oder konföderales Gebilde sui generis?, S. 181–214.

Die Föderalstruktur Belgiens wird durch das Nebeneinander von zwei Typen von Gliedstaaten bestimmt: Es gibt zum einen drei „Gemeinschaften" (die Flämische, die Französiche und die Deutschsprachige Gemeinschaft), deren Kompetenzen und Aktivitäten sich auf kulturelle Belange der der jeweiligen Gemeinschaft angehörenden Menschen beziehen. Zum zweiten gibt es drei „Regionen" (die Flämische Region, die Wallonische Region und die Region Brüssel-Hauptstadt), deren Kompetenzen und Aktivitäten sich auf Angelegenheiten beziehen, die durch das Territorium bestimmt sind. Jede dieser insgesamt sechs Teileinheiten hat mit einem direkt gewählten Parlament und einer Regierung eigene Institutionen. Dabei sind die Institutionen der Flämischen Region auch für die Niederländischsprachige Gemeinschaft zuständig.[23] Durch diese Fusion sollte die Einheitlichkeit Flanderns unterstrichen werden. Die Territorien von Region und Gemeinschaft sind aber nicht immer deckungsgleich, sie überlappen sich nur teilweise; so gehört zum Territorium der Wallonischen Region auch das kleine im Osten Belgiens gelegene Gebiet der Deutschsprachigen Gemeinschaft (DG) mit lediglich etwa 70.000 Einwohnern (also knapp 0,1 Prozent der Gesamtbevölkerung)[24], während zur Französischsprachigen Gemeinschaft auch die in der Region Brüssel-Hauptstadt wohnhaften Frankophonen gehören.

Es ist ein weiteres Merkmal des belgischen Föderalstaats, dass die Gliedstaaten gleichberechtigt neben dem Gesamtstaat stehen und nicht den Status einer untergeordneten Einheit in einer hierarchischen Struktur haben. Das zeigt sich an der Kompetenzverteilung. Die Kompetenzen werden „gemäß dem Ausschließlichkeitsprinzip zugewiesen: die Regelungsmaterien liegen entweder im Wirkungsbereich des Bundes, der Gemeinschaften oder der Regionen, unter Ausschluss der jeweils anderen Einheiten."[25] Im Lauf des in mehreren Stufen erfolgten Auf- und Ausbaus des Föderalstaats ist die Liste der den Regionen bzw. den Gemeinschaften übertragenen ausschließlichen Kompetenzen länger geworden, die für Belgien typische zentrifugale Dynamik wirkt auch im Föderalstaat weiter. Dabei muss die Übertragung der Kompetenzen durch ein Gesetz mit spezieller Mehrheit, wie in Art. 4, Abs. 3 der Verfassung postuliert[26], erfolgen. Dieses Verfahren mit seinen besonderen Mehrheitserfordernissen verlangt für die Zuweisung von Kompetenzen ein hohes Maß an Einvernehmen zwischen den beiden dominierenden Sprachgruppen in den zwei Kammern auf föderaler Ebene, dem Abgeordnetenhaus und dem Senat. Es erklärt, warum der Auf- und Ausbau des Föderalstaats bisher im Zug eines langen Prozesses erfolgt ist; und es verweist darauf, dass und unter welchen Voraussetzungen sich dieser Prozess auch künftig fortsetzen kann.

Die Kompetenzen der Gemeinschaften liegen in den folgenden vier von der Verfassung ausdrücklich genannten Bereichen: kulturelle Angelegenheiten (das betrifft beispielsweise Kultureinrichtungen, Sport, Freizeit, Tourismus und die Medien[27]); das Unterrichtswesen (ausgenommen: Festlegung von Beginn und Ende der Schulpflicht, die Mindestbedingungen für Bildungsabschlüsse sowie die Pensionsregelungen); personenbezogene Angelegenheiten

---

23 Die Fusion wurde bereits 1980 vorgenommen.
24 Die Deutschsprachige Gemeinschaft (DG) mit der Hauptstadt Eupen hat, wie die anderen Gliedstaaten, eigene Institutionen: ein direkt gewähltes Parlament und eine Regierung.
25 *Popelier* 2016 (Fn. 22), S. 154.
26 Siehe Fn. 18.
27 Das Fehlen nationaler Medien zeigt und vertieft die Spaltung des Landes; mittlerweile hat jede der drei Gemeinschaften eigene Rundfunk- und Fernsehkanäle in der jeweiligen Sprache.

(das bezieht sich beispielsweise auf die Sozialhilfe, sowie auf die Gesundheits-, Familien- und Behindertenpolitik); Entwicklungshilfe; Sprachgebrauch in Verwaltungsangelegenheiten, Unterricht und sozialen Beziehungen. Jede Einzelkompetenz in diesen Bereichen muss durch ein Gesetz mit spezieller Mehrheit, wie oben erläutert, zugewiesen werden. Die Kompetenzen auf diesen Gebieten gelten, ein weiteres Merkmal des belgischen Föderalstaats, ausdrücklich auch auf dem Gebiet der internationalen Zusammenarbeit in diesen Angelegenheiten.

Abb. 1: Die drei Sprachgemeinschaften Belgiens

Quelle: Wikipedia.

Zu den Kompetenzen der Regionen listet die Verfassung keine Bereiche auf, in denen den Regionen Einzelbefugnisse übertragen werden können, sondern legt nur fest, dass für die Zuweisung von Einzelkompetenzen jeweils ein Gesetz mit spezieller Mehrheit erlassen werden muss. So sind den Regionen beispielsweise Befugnisse auf den folgenden Gebieten übertragen worden: Stadt- und Raumplanung, Denkmalschutz; Umweltpolitik und Naturschutz; ländlicher Raum; Wohnungsbau; Wasserpolitik; Ver- und Entsorgung: Wasser, Abwasser, Müllentsorgung, Energiepolitik (nicht nationale Infrastruktur und Kernenergie); regionale Wirtschaftspolitik; Landwirtschaft, Fischerei, Jagd und Forstwirtschaft; Außenhandel; Verkehrsinfrastruktur (nicht Eisenbahn und Luftverkehr); Kommunalaufsicht und Gemeindeverfassungen.[28] Dem Föderalstaat verbleiben im Wesentlichen Befugnisse auf den

---

28 Die Übersichten zu den Kompetenzen der Gemeinschaften und Regionen sind im Wesentlichen übernommen aus: *Woydt, Malte* 2012: §100 Dissoziativer Föderalismus (1): Belgo-Föderalismus, in: *Härtel, Ines (Hrsg.)*: Handbuch Föderalismus. Band IV: Föderalismus in Europa und der Welt, Heidelberg, S.745–795 (751 f).

Gebieten von Wirtschaft und Währung, in der Justiz, bei der nationalen Verteidigung, bei der föderalen Polizei und dem wichtigen Feld der sozialen Sicherheit (Renten, Arbeitslosigkeit, Kinderzulagen).

Abb. 2: Die drei Regionen Belgiens

Quelle: Wikipedia.

Bei der Beschäftigung mit Föderalstaaten wird der Ausgestaltung der Finanzverfassung stets besondere Aufmerksamkeit zuteil; nicht zuletzt deshalb, weil Fragen der Verteilung und Umverteilung finanzieller Ressourcen, also des Steueraufkommens, erfahrungsgemäß sehr konfliktträchtig sind. Das gilt insbesondere dann, wenn zwischen einzelnen Landesteilen signifikante Unterschiede auf dem Gebiet der wirtschaftlichen Leistungsfähigkeit und des Wohlstandsniveaus bestehen und infolgedessen die Frage nach dem Umgang mit solchen Disparitäten auf der politischen Tagesordnung steht, wie das in Belgien der Fall ist. Der Umstand, dass das Land, wie oben ausgeführt, in mehrfacher Hinsicht tief gespalten ist, erschwert die Suche nach Lösungen, die für alle Beteiligten akzeptabel sind, beträchtlich.

ˋ   Während bei der Umgestaltung Belgiens in einen Föderalstaat den neu geschaffenen Gliedstaaten – den Gemeinschaften und den Regionen – schrittweise Kompetenzen übertragen wurden, erfolgten keine entsprechenden Maßnahmen zur Stärkung der finanziellen und fiskalischen Eigenständigkeit der Gliedstaaten. In der Ausgestaltung der Finanzverfassung dominierten Finanztransfers vom Gesamtstaat, der die Steuern erhebt und einnimmt, zu den Gliedstaaten.[29] 90 Prozent der den Gemeinschaften zur Verfügung stehenden Finanzmittel

---

29 Vgl. dazu den Abschnitt „Fiscal Powers" in: *Deschouver* 2005 (Fn. 22), S. 65–68.

sind Transfermittel aus der Umsatzsteuer und persönlichen Einkommensteuer; ihre Höhe bemisst sich an der Höhe des 1989 erfolgten Transfers, die jährlich mit Blick auf den Index der Verbraucherpreise – also die Inflationsrate – angepasst wird. 2002 wurde vereinbart, dass ab 2012 bei dieser Anpassung auch die Entwicklung des Bruttosozialprodukts zu berücksichtigen ist. Und es kam zu einer signifikanten Aufstockung der Transfersummen, bei der – wiederum als ein Kompromiss – zwei Faktoren Berücksichtigung fanden: die Bedürfnisse der Gemeinschaften (das hatte die Französischsprachige Gemeinschaft gefordert) sowie ihre Steuer- und Finanzkraft (das hatte die Flämische Gemeinschaft gefordert).

Auch die Regionen erhalten Transferzahlungen, deren Höhe sich, wie im Fall der Gemeinschaften, an der Höhe der 1989 erfolgten Transfers sowie den entsprechenden jährlichen Anpassungen orientiert. Die Bestimmung des Anteils für die einzelnen Regionen bemisst sich nach ihrer jeweiligen Steuer- und Finanzkraft. Regionen, deren Aufkommen aus der persönlichen Einkommensteuer unterhalb des Durchschnitts des nationalen pro-Kopf-Einkommens liegt, erhalten einen Ausgleich. Die 2002 beschlossenen Reformen beinhalteten auch etwas mehr Autonomie für die Regionen: Sie dürfen die Einkommensteuer um bis zu 6,75 Prozent erhöhen oder reduzieren, sind aber verpflichtet, in keinen unfairen Steuer-Wettbewerb zu treten, ohne dass näher bestimmt wurde, was das im Einzelnen bedeutet. Darüber hinaus stehen den Regionen eigene Steuereinnahmen zu (wie etwa Kfz-Steuer, Grundsteuer, Gaststättensteuer, Spielbanken-Steuer), was ihren Gestaltungsspielraum etwas erweitert.

All diese Bestimmungen sind nicht in der Verfassung niedergelegt, sondern werden von Fall zu Fall in besonderen Gesetzen (mit entsprechenden Quoren und Mehrheitserfordernissen) beschlossen, was wiederum ein Einvernehmen zwischen den beiden Hauptlagern voraussetzt. Während die flämische Seite immer wieder die Stärkung der Autonomie der Gliedstaaten fordert, fürchtet die Gegenseite, dadurch noch mehr ins Hintertreffen zu geraten und verlangt verlässliche Solidarität, vor allem auch auf finanziellem Gebiet. Diese unterschiedliche, ja gegensätzliche Interessenlage erklärt, dass der weitere Ausbau des Föderalstaats nur in kleinen Schritten erfolgt; aber auch, dass es im politischen Prozess immer wieder zu Blockaden kommt. Diese führen unter anderem dazu, dass das Land monatelang nur eine geschäftsführende nationale Regierung hat[30], weil sich die politischen Parteien nicht auf Grundlagen einer neuen Koalitionsregierung einigen können.

Mit dem Hinweis auf die Grundzüge der Finanzverfassung, in der Finanztransfers dominieren, und über deren Ausgestaltung die beiden Hauptprotagonisten uneins sind, ist ein Faktor benannt, der den politischen Prozess im tief gespaltenen Königreich Belgien stark beeinflusst, diese Spaltung immer wieder sichtbar macht und zementiert und vertieft. Ein anderer Faktor muss im Status und der Rolle Brüssels und den damit verbundenen Besonderheiten und Problemen gesehen werden. Die Stadt Brüssel, historisch – also sprachlich und kulturell – stets ein Teil Flanderns, mit einer großen Mehrheit niederländischsprachiger Bewohner, wurde 1830 Hauptstadt des neuen Königreichs Belgien; und zwar mit dem Französischen als alleiniger Amts- und dominierender Kultursprache, verbunden mit der Diskriminierung des Niederländischen. Die französisch sprechende Bourgeoisie und die in Staat,

---

30 Nach den nationalen Wahlen zur Abgeordnetenkammer im Juni 2010 dauerte es bis Dezember 2011, also
    540 Tage, bevor eine Koalitionsregierung gebildet werden konnte.

Wirtschaft, Verwaltung, Justiz und Armee dominierenden Eliten bewirkten eine Französisierung des Charakters der Stadt, die sich bereits zu Beginn des 20. Jahrhunderts auch in einer mehrheitlich französisch sprechenden Einwohnerschaft zeigte. Als 1962 mit den Sprachgesetzen dauerhafte Sprachgrenzen zwischen den beiden Hauptgruppen festgelegt wurden, lag der größte Teil des Umfelds der Stadt Brüssel, mit vielen kleineren Gemeinden, im Niederländisch sprachigen Teil des Landes. Mit der Entwicklung der Stadt zu einer internationalen Metropole und zur faktischen „Hauptstadt" der Europäischen Union nahm nicht nur die Zahl der französisch sprechenden Bewohner in der Stadt selbst stark zu (ihr Anteil wird heute mit 85 Prozent angegeben, wobei zu dieser Gruppe auch Ausländer zählen). Auch in den rasch wachsenden Gemeinden in ihrem Umfeld wuchs der Anteil der Französischsprachigen.

Ein daraus resultierendes Problem zeigte sich im Streit um den Zuschnitt des Wahlkreises Brüssel-Halle-Vilvoorde (BHV), der die belgische Politik über Jahre hinweg stark prägte und lähmte. Der Wahlkreis setzte sich aus dem Gebiet der zweisprachigen Region Brüssel-Hauptstadt (in der französischsprachige Einwohner die große Mehrheit bilden) und dem einsprachigen (nämlich niederländischsprachigen) Gebiet des Arrondissements Halle-Vilvoorde, das zur Provinz Flämisch-Brabant[31] und damit zur Flämischen Region gehört, zusammen. Es war damit der einzige regionenübergreifende Wahlkreis für die Wahlen zur nationalen Abgeordnetenkammer (und zum Europäischen Parlament) im Königreich Belgien. Das bedeutete, dass in diesem Wahlkreis neben flämischen Parteien auch frankophone Parteien aus der Region Brüssel-Hauptstadt antraten und französischsprachige Wähler aus den Gemeinden im Arrondissement Halle-Vilvoorde diesen Parteien ihre Stimme geben konnten; in allen anderen Wahlkreisen treten nur Parteien einer einzigen Sprachgruppe an. Die flämische Seite kritisierte, dass im Wahlkreis BHV die flämischen Parteien deshalb gegenüber ihren frankophonen Konkurrenten benachteiligt seien und forderte eine Teilung des Wahlkreises bzw. einen neuen Zuschnitt der Wahlkreise in diesem Teil des Landes. Es dauerte viele Jahre, bis diese Streitfrage[32] im Rahmen einer größeren Paketlösung[33] beigelegt werden konnte. An die Stelle der bisherigen Wahlkreise BHV und Leuven treten zwei neue Wahlkreise: der Wahlkreis Brüssel, der mit der Region Brüssel-Hauptstadt identisch ist, und der Wahlkreis Flämisch-Brabant, der mit der Provinz gleichen Namens identisch ist. Auch wenn mit dieser Entscheidung dem Hauptanliegen der flämischen Seite Rechnung getragen wurde, ihr Kompromisscharakter zeigt sich in einer ergänzenden Bestimmung zugunsten der Fran-

---

31 Zu dieser Provinz gehört außerdem das Arrondissement Leuven, das – ebenfalls eine Ausnahme – einen eigenständigen Wahlkreis bildet. Die anderen Wahlkreise sind jeweils mit einer Provinz identisch.

32 Sie war auch mitverantwortlich dafür, dass Belgien 540 Tage lang, von Juni 2010 bis Dezember 2011, nur eine geschäftsführende Regierung hatte. So lange konnten sich die politischen Parteien nämlich nicht auf die Grundlagen einer Koalitionsregierung einigen (siehe Fn. 30).

33 Vgl. dazu *Chardon, Matthias* 2012: Die Überwindung der belgischen Krise? Regierungsbildung nach 540 Tagen, in: *Europäisches Zentrum für Föderalismus-Forschung Tübingen (Hrsg.)*: Jahrbuch des Föderalismus 2012. Föderalismus, Subsidiarität und Regionen in Europa, Baden-Baden, S. 283–291. Im Rahmen dieses Pakets wurden auch eine Reihe von Entscheidungen zur weiteren Ausgestaltung des Föderalstaats getroffen; dazu gehören: die Umgestaltung des Senats zu einem Parlament der Gliedstaaten; die Anpassung der Dauer der Legislaturperioden der Parlamente der Gliedstaaten und der Abgeordnetenkammer; die Übertragung weiterer Kompetenzen auf Gemeinschaften und Regionen; weitere Anpassungen der Finanzverfassung.

kophonen: In sechs Gemeinden im flämischen Umfeld der Hauptstadt – sogenannte „Fazilitätsgemeinden"[34] – dürfen französischsprachige Wähler ihre Stimme auch für frankophone Parteien des Wahlkreises Brüssel abgeben. Der ganze Vorgang zeigt wie in einem Brennglas die Spaltung des Landes entlang der Sprachgrenze; die von Aversion, gegenseitigem Misstrauen und fehlendem Respekt bestimmten Beziehungen der zwei Gruppen, die sich wie zwei „Lager" einander fast unversöhnlich, jedenfalls aber fremd gegenüberstehen.

Diese Polarisierung hat nicht verhindert, dass der im letzten Drittel des 20. Jahrhunderts eingeleitete Umbau des Königreichs Belgien zu einem Föderalstaat fortgesetzt wird, wobei die zentrifugale Dynamik unverändert bestimmend ist. Das gilt auch für die sechste – vorerst letzte – Etappe der sogenannten Staatsreform[35], deren Grundzüge Ende 2011 in einem Gesamtpaket festgelegt wurden. Ein Element des Pakets war die eben beschriebene Beilegung des Streits um den Wahlkreis BHV. Andere Elemente bezogen sich auf die Reform des Senats und des Zweikammersystems, wobei das Gewicht des Senats reduziert wurde; auf die Vereinheitlichung der Wahltermine auf föderaler und regionaler Ebene, womit die bisher häufig gegebene Inkongruenz von Koalitionsregierungen (die es erschwert, Ebenen übergreifende Entscheidungen zu treffen) auf diesen Ebenen verhindert werden soll; auf die Gewährung konstitutiver Autonomie an die Region Brüssel-Hauptstadt und die Deutschsprachige Gemeinschaft[36]; auf die Ausdehnung der Kompetenzen der Gliedstaaten und der Fiskalautonomie der Regionen; schließlich auf die Verbesserung der Kooperation zwischen den Gliedstaaten durch gemeinsame Dekrete[37], was indessen keine Schwächung der zentrifugalen Dynamik bedeutet, sondern vor allem das Gewicht der Parlamente gegenüber den Exekutiven stärken soll.

Die Entscheidungen über die sechste Etappe der Staatsreform fielen nach jahrelangen Vorbereitungen und Verhandlungen als eine Paketlösung, auf die sich eine ausreichende Mehrheit der Akteure – Vertreter der Parteien, die zugleich die zwei großen Sprachgruppen repräsentieren, – schließlich geeinigt hatten. Das Reformpaket ist deshalb ein Kompromiss, der den Rahmen und das Regelwerk für das Funktionieren des Föderalstaats im Sinn eines neuen Modus Vivendi zwischen den Hauptbeteiligten definiert, der aber keine Antwort auf die Frage nach der Zukunft des Föderalstaats gibt. Und auf diese Frage werden im Königreich Belgien deutlich unterschiedliche Antworten gegeben, die von der Forderung nach einer Unabhängigkeit Flanderns (also dem Ende des Königreichs in seiner jetzigen Gestalt) über das Konzept einer Konföderation (dabei würden die Gliedstaaten in ihrer politischen

---

34 Das sind Gemeinden in der Flämischen Region mit einem sehr hohen Anteil französischsprachiger Bürger, die im Umgang mit der Verwaltung ihre Sprache verwenden dürfen. Auf flämischer Seite war dieses Privileg stets mit dem Argument kritisiert worden, die in der Flämischen Region lebenden Bürger sollten sich – vor allem auch sprachlich – integrieren.

35 Darüber informiert sehr ausführlich *Petersohn, Bettina* 2014: Sechste Staatsreform – zweiter Teil: Belgien als Erfolgsmodell föderalen Wandels?, in: *Europäisches Zentrum für Föderalimus-Forschung Tübingen (Hrsg.)*: Jahrbuch des Föderalismus 2014. Föderalismus, Subsidiarität und Regionen in Europa, Baden-Baden, S. 287–300.

36 Eine Erläuterung und Würdigung dieser Reformmaßnahme aus der Perspektive der DG geben *Niessen, Christoph/Bouhon, Frédéric/Reuchamps, Min* 2016: Zwischen den Zeiten – die sechste Reform des belgischen Staates aus Perspektive der Deutschsprachigen Gemeinschaft, in: *Europäisches Zentrum für Föderalismus-Forschung Tübingen (Hrsg.)*: Jahrbuch des Föderalismus 2016. Föderalismus, Subsidiarität und Regionen Europa, Baden-Baden, S. 254–266.

37 *Petersohn* 2014 (Fn. 35), S. 293.

und fiskalischen Eigenständigkeit nochmals signifikant gestärkt, also auch weitestgehend unabhängig voneinander sein und der Gesamtstaat würde mit nochmals reduzierten Kompetenzen – für Verteidigung und Währung – lediglich als ein loses Dach fungieren) bis zur Befürwortung des Status quo (das heißt ausdrücklich auch weitere, aber in ihrer Reichweite moderate Staatsreform-Etappen) reichen. Die wichtigsten Akteure sind dabei die politischen Parteien und ihre führenden Repräsentanten. Weil aber das Parteiensystem nach Sprachgruppen und politischer Ausrichtung stark fragmentiert (gegenwärtig sind zwölf Parteien in der Abgeordnetenkammer vertreten und die stärkste Kraft kommt mit 25 von 150 Mandaten auf einen Anteil von etwa 16 Prozent) und deshalb die Bildung handlungsfähiger Mehrheiten traditionell schwierig ist, werden sich radikale Antworten – also eine Sezession Flanderns und das Auseinanderbrechen Belgiens – kaum durchsetzen können. Die besondere Stellung Brüssels – als Hauptstadt, als internationale Metropole und mit dem Status als Region – ist ein weiterer Faktor, der gegen die Wahrscheinlichkeit radikaler Lösungen spricht.[38] Und nicht zuletzt müsste bei der Befürwortung radikaler Lösungen der Umstand berücksichtigt werden, dass Belgien eine konstitutionelle Monarchie ist. Der Monarch fungiert bislang als einigender Faktor und wird als solcher gesehen und anerkannt.

4   Fazit und Ausblick an der Jahreswende 2019/20

Die in Etappen erfolgte Ausgestaltung des belgischen Föderalstaats folgte einem ganz bestimmten Muster: Die flämische Seite war durchgehend die aktive und treibende Kraft. Die Flämische Bewegung hatte sich schon sehr früh um die Anerkennung einer auf die eigene Sprache und Kultur gegründeten flämischen Identität bemüht, dieses Anliegen dann mit dem Ziel der sozialen und wirtschaftlichen Emanzipation Flanderns verbunden und seit den dreißiger Jahren des 20. Jahrhunderts Forderungen nach immer mehr politischer Autonomie erhoben.[39] Mit der schrittweisen Umgestaltung Belgiens zu einem Föderalstaat ist zwar einiges in diesem Sinn erreicht worden, aber während sich die flämische Seite kontinuierlich um immer mehr und umfassendere Autonomierechte bemüht, sind Brüssel und Wallonien viel stärker Status quo-orientiert. Grundlage für das flämische Drängen ist „the emergence of a sense of nationhood in Flanders". So sei Flandern in seiner Selbsteinschätzung „a full-fledged authority with the political profile of a nation-state."[40] Artikuliert werden solche Vorstellungen und Forderungen, worauf oben kurz hingewiesen wurde, von flämischen politischen Parteien und ihren Repräsentanten, allerdings mit deutlichen Unterschieden, was die jeweiligen Ziele solcher Vorstellungen betrifft und was daraus für die Zukunft des Königreichs Belgien folgt.

---

38 "The mere existence of Brussels is the best guarantee for the Belgian 'marriage of convenience' to persevere" schreiben *Frank Delmartino/Hugues Dumont/Sébastien van Drooghenbroek* (2008: Belgium: Unity Challanged by Diversity", in: A Global Dialogue on Federalism, Booklet Series Vol. 7: Dialogues on Diversity and Unity in Federal Countries, Forum of Federations, Canada, S. 13–15 (15)).
39 Ebenda, S. 14.
40 Ebenda.

Die in einer Paketlösung getroffenen Entscheidungen über die sechste Stufe der Staatsreform definieren die auch heute, zur Jahreswende 2019/20, geltenden Regeln für den belgischen Föderalstaat. Sie stecken den Rahmen für den politischen Prozess im Gesamtstaat und in den Gliedstaaten ab. Im politischen Diskurs des Landes sind aber, neben der Diskussion über aktuelle Angelegenheiten, nach wie vor Stimmen unüberhörbar, die sich – wie oben kurz skizziert – mit der Zukunft des Föderalstaats befassen. Dominiert wird dieser Diskurs von politischen Parteien und ihren führenden Repräsentanten. Dem Beobachter zeigt sich dabei eine Gemengelage so unterschiedlicher Vorstellungen, dass etwa Einvernehmen über eine weitere Etappe der Staatsreform – die eine Art Daueraufgabe in der Politik des Königreichs ist – gegenwärtig sehr unwahrscheinlich ist. Diese Gemengelage ist auf die Turbulenzen zurückzuführen, in die das ohnehin schon stark fragmentierte Parteiensystem Belgiens seit geraumer Zeit einmal mehr geraten ist. Sie blockieren den politischen Prozess nachhaltig.

Ausgangspunkt war die Bildung der nationalen Regierung nach den Parlamentswahlen 2014. Der neuen Koalitionsregierung gehörten vier Parteien an: aus Wallonien nur die Liberalen (MR), die mit Charles Michel auch den Ministerpräsidenten stellten, während die wallonischen Sozialisten – in diesem Landesteil traditionell die stärkste Kraft – erstmals seit langer Zeit der nationalen Regierung nicht angehörten. Aus Flandern drei Parteien: die flämischen Liberalen (VLD), die flämischen Christdemokraten (CD&V) und – erstmals in ein Parteienbündnis aufgenommen – die Neue Flämische Allianz (N-VA), die zugleich stärkste Kraft ist. Die wallonischen Christdemokraten (CDH) hatten sich gegen ein Bündnis mit der N-VA ausgesprochen, die wiederum als Koalitionspartner eine hinsichtlich der Zukunft des Föderalstaats moderate Position – Verzicht auf die Forderung nach Unabhängigkeit Flanderns als Fernziel – eingenommen hatten. Das stand indessen an der Spitze der Agenda des am äußersten rechten Rand angesiedelten Vlaams Belang (VB), der auch deshalb die Position eines Außenseiters im Parteiengefüge einnahm. Gegenüber den Wahlen von 2010 hatte sich der Anteil des VB mehr als halbiert – mindestens ein Indiz dafür, dass ein Teil ihrer bisherigen Wähler diesmal die moderatere Position der N-VA bevorzugt haben könnte, möglicherweise in der Erwartung, dass diese in der Koalition eine deutliche Stärkung der flämischen Interessen (also nicht die Unabhängigkeit) erreichen könnten.

Diese Koalition, die insgesamt ein Mitte-Rechts-Profil aufwies, zerbrach im Dezember 2018 wegen eines Streits über den UN-Migrationspakt. Im Kontext dieses Streits verließ die N-VA die Regierung, die – ohne parlamentarische Mehrheit – bis zu den nächsten Wahlen im Mai 2019 als lediglich geschäftsführende Regierung amtierte. Bei diesen Wahlen kam es zur Verschiebung des Kräfteverhältnisses zugunsten von Parteien, die gerade auch zur Frage weiterer Staatsreformen eher extreme Positionen vertraten, wodurch das Thema einer Umwandlung des Föderalstaats in eine Konföderation wieder auf der Tagesordnung erschien[41]: Leichten Verlusten der N-VA stand ein starker Anstieg des VB gegenüber. Veränderungen gab es auch insofern, als zum einen die drei in der Koalition verbliebenen Parteien – die wallonischen Liberalen (MR) und die flämischen Christdemokraten (CD&V) und Liberalen

---

41 Zu dieser jüngsten Phase politischer Entwicklungen in Belgien vgl. den Beitrag von *Patricia Popelier* 2019: Crises, elections and state reforms in Belgium: A long and winding road to confederalism?", in: *Europäisches Zentrum für Föderalismus-Forschung Tübingen (Hrsg.)*: Jahrbuch des Föderalismus 2019. Föderalismus, Subsidiarität und Regionen in Europa, Baden-Baden, S. 259–271.

(VLD) – ausnahmslos Stimmenverluste erlitten und, zum zweiten, beide grünen Parteien (Groen und, vor allem, Ecolo) signifikant gestärkt wurden. Ein weiterer Indikator für eine stärkere Polarisierung und Radikalisierung im belgischen Parteiengefüge war das Erstarken einer marxistisch ausgerichteten Sozialistischen Partei (PTB-PvdA), die übrigens als einzige Partei auf nationaler Ebene, als sprachgruppenübergreifende Kraft also und mit einem einheitlichen Logo, auftrat.

Auch die Regionalparlamente wurden im Mai 2019 neu gewählt. Auf der Grundlage der Wahlergebnisse wurden in beiden Regionen (Flandern und Wallonien) Regierungen gebildet, die sich in ihrem Profil und in ihrer Ausrichtung deutlich unterschieden. Die wallonische Regierung setzte sich aus drei Parteien zusammen: den Sozialisten (PS), den Liberalen (MR) und den Grünen (Ecolo). Sie hatte damit, was der traditionellen politischen Ausrichtung Walloniens entsprach, ein erkennbares Links-Profil. Die flämische Regierung wurde auch aus drei Parteien gebildet: den Christdemokraten (CD&V), den Liberalen (VLD) und der Neuen Flämischen Allianz (N-VA). Diese Koalitionsregierung hatte ein ausgeprägtes Rechts-Profil. Die mit der Zusammenlegung der Wahltermine verbundene Erwartung, dies würde sich zugunsten einer stärkeren Kongruenz der Koalitionsmuster auswirken, hatte sich diesmal, was die beiden Regions-Regierungen betrifft, nicht erfüllt. Und was die nationale Regierung angeht, scheiterten verschiedene Anläufe zur Bildung einer Mehrheitskoalition. Die Forderung der CD&V, die N-VA erneut in eine Koalition einzubeziehen, lehnte die PS ab. So blieb es bei der geschäftsführenden Regierung vom Ende der Wahlperiode 2014–2019, die über keine parlamentarische Mehrheit verfügte. Nachdem Charles Michel zum Präsidenten des Europäischen Rates bestellt worden war, wurde Sophie Wilmès (ebenfalls MR) im Oktober 2019 seine Nachfolgerin im Amt einer geschäftsführenden Ministerpräsidentin. Unter dem Einfluss der Corona-Krise wurde Frau Wilmès im Frühjahr 2020 mit der Unterstützung weiterer Parteien ordnungsgemäß zur Ministerpräsidentin gewählt. Ihre Regierung hat Sondervollmachten zur Bewältigung der mit der Corona-Krise verbundenen Konsequenzen, die auf einen Zeitraum von sechs Monaten befristet sind. Frau Wilmès hat sich verpflichtet, danach zurückzutreten.

Unter diesen Umständen sind für die absehbare Zukunft weder Weichenstellungen und Entscheidungen in der Frage weiterer Staatsreformen zu erwarten, noch zeichnet sich ein Erfolg versprechender Vorstoß zugunsten einer Unabhängigkeit Flanderns ab. Ein solcher Vorstoß würde sich mit ganz neuen und schwer zu lösenden Problemen auseinandersetzen müssen – wie dem Thema der Zukunft Brüssels oder den Implikationen für die konstitutionelle Monarchie. Zudem sind die bisherigen Erfahrungen mit dem Brexit auch nicht geeignet, einem solchen Vorstoß Rückenwind zu geben. So spricht einiges dafür, dass die zentrifugale Dynamik ihre Wirkkraft behält und der bisher eingeschlagene Weg zu mehr Eigenständigkeit der Teileinheiten – auch in fiskalischer Hinsicht – im Rahmen einer föderalstaatlichen Konstruktion fortgesetzt wird.[42] Ob dieser Prozess in die Struktur einer Konföderation münden soll, was von einzelnen Akteuren favorisiert wird, wird weiter diskutiert werden. Als

---

42 Vgl. dazu „Mögliche Szenarien einer Staatsreform nach 2019. Analysen und Perspektiven im aktuellen belgischen Kontext". Beiträge zum Kolloquium vom 13. April 2018 im Parlament der Deutschsprachigen Gemeinschaft in Eupen. Schriftenreihe der Deutschsprachigen Gemeinschaft Belgiens, Bd. 9 (hrsg. vom *Parlament der DG*), Eupen, 2019. Die Einzelbeiträge spiegeln das breite Spektrum der im Diskurs im Königreich Belgien vertretenen Auffassungen und Einschätzungen, insbesondere auch Sichtweisen von Repräsentanten der DG.

konkretes Projekt, an dessen Verwirklichung zielgerichtet und systematisch gearbeitet würde, kann diese Variante jedoch ausgeschlossen werden. Der jetzt erreichte Zustand des Föderalstaats scheint eine ausreichende Voraussetzung dafür zu sein, dass dem Königreich Belgien keine Sezession droht.[43] Es gibt im Übrigen auch keine Bestrebungen in den belgischen Gliedstaaten, die darauf zielen würden, dass sich Teile des Königreichs Belgien einem der Nachbarstaaten (Niederlande, Frankreich, Luxemburg oder Bundesrepublik Deutschland) anschließen.

Ein letzter Hinweis bezieht sich auf die kleine Deutschsprache Gemeinschaft (DG), deren Territorium zur Wallonischen Region gehört. Die Kompetenzen der DG sind im Zug der Ausgestaltung und Weiterentwicklung des Föderalstaats schrittweise erweitert worden. Dabei erfolgten auch Übertragungen seitens der Wallonischen Region.[44] Dabei trat die DG niemals mit eigenen Forderungen auf, sondern akzeptierte die ihr im Rahmen der verschiedenen Staatsreformen zugewiesenen autonomen Handlungsmöglichkeiten. Die DG entwickelte über die Jahre ein wachsendes Selbstbewusstsein als kleinster Gliedstaat im Rahmen des Königreichs Belgien, woran die bemerkenswerte politische Stabilität einen starken Anteil hatte. Beides wird in den anderen Teilen des Gesamtstaates anerkannt. Zur Stabilität hat der Umstand beigetragen, dass das Verhältnis der Parteien zueinander in der DG im Unterschied zu den Gegebenheiten in den anderen Landesteilen nicht durch Polarisierung und Konfrontation, sondern die Bereitschaft und Fähigkeit zur Kooperation gekennzeichnet ist. Das Parteiensystem der DG wird gegenwärtig von sechs Parteien gebildet wird: je einer christlich-sozialen, sozialdemokratisch-sozialistischen, liberalen und grünen Partei, einer neueren radikaldemokratisch ausgerichteten Partei (Vivant), sowie der ProDG[45], die sich besonders für die Aufwertung und Stärkung der DG im Rahmen des belgischen Föderalstaats einsetzt. Dazu wird, überaus behutsam, ein ganz neues Konzept für den Föderalstaat Belgien ins Gespräch gebracht: die Entwicklung „in Richtung eines klassischen Föderalstaates mit einer einzigen gliedstaatlichen Ebene und vier Teilstaaten"[46]. Zu den bereits bestehenden drei Regionen (Flandern – hier ist die Fusion mit der „Gemeinschaft" bereits erfolgt –, Wallonien und Brüssel) würde die DG als vierte Region hinzutreten. Mit Blick darauf ist interessant, dass sich die DG seit 2017 für ihre Außendarstellung als ein attraktiver Standort, also vorrangig aus PR-Gründen, unter der viel weniger sperrigen Bezeichnung „Ostbelgien" präsentiert.

---

43 *Michael Burgess* (2015) sagt dazu in seinem Beitrag (Fn. 4): „[...] the prospects of the secession of Flanders from Belgium would appear currently to be largely rhetorical." Und: Sezession könne für die N-VA ein langfristiges Ziel bleiben, nicht aber auf kürzere Frist; denn: „[...] the policy of incremental step-by-step devolution is much closer to the wishes of sub-state nationalist voters than is a negotiated secession." (S. 30).

44 Vgl. dazu *Niessen et al.* 2016 (Fn. 36), insbes. S. 262 ff.

45 Aus ihren Reihen kommt der gegenwärtig amtierende Ministerpräsident der DG, Oliver Paasch sowie ein weiteres Regierungsmitglied. Zur Koalition gehören zudem die liberale und die sozialistische Partei, die je ein Regierungsmitglied stellen.

46 *Niessen et al.* 2016 (Fn. 36), S. 266.

Korsika: die Grenzen der Autonomie in der Republik

Frédéric Falkenhagen

Korsika, Insel der Schönheit, für einen politischen Kontinentalfranzosen ist die erste Assoziation nicht zwingend Sonne, Dörfer und Meer, sondern auch eine der kompliziertesten politischen Herausforderungen der letzten Jahrzehnte und eine kaum verständliche insulare Politik, die regelmäßig gewalttätig das politische Geschehen in ganz Frankreich dominiert. Dieser Eindruck ist subjektiv. Die Bedeutung der Gewalt liegt nicht zuletzt in ihrem symbolischen Angriff auf Grundfesten des französischen Staatsverständnisses: Die Republik ist unteilbar, laizistisch, demokratisch und sozial[1]. Regionale Autonomie hat es in diesem Kontext schwer und die Kompromissfindung ist dementsprechend kompliziert.

Abb. 1: Die französischen Regionen – mit Korsika im Südosten

Quelle: eigene Zusammenstellung.

---

1 Art. 2 der Verfassung von 1958 (Constitution du 4 octobre 1958).

Dieser Beitrag wird versuchen, Korsikas Gesamtsituation systematisch zu analysieren, indem wir zunächst die Wurzeln der aktuellen Situation beleuchten werden, bevor wir die jüngeren Entwicklungen betrachten. Im ersten Teil werden wir die Situation/Problematik um/auf Korsika in den historischen Kontext einordnen und nachzeichnen, wie die Insel Teil Frankreichs wurde. Danach werden der korsische Partikularismus und Nationalismus in Zusammenhang gesetzt, bevor wir uns abschließend der Entwicklung des institutionellen Arrangements Korsikas widmen. Dies wird direkt in den zweiten Teil, der Beschreibung und Analyse der aktuellen Institutionen Korsikas, münden, der auch die politische Struktur in den Fokus rückt. Abschließend werden wir einen kurzen Blick auf die Perspektiven für Korsika werfen.

1   Korsikas politische Entwicklung bis zum Ende des 20. Jahrhunderts

In seiner konzeptionellen Karte Europas verortet Stein Rokkan Korsika innerhalb der westlichen Pufferregion[2] zwischen dem Städtegürtel und den westlichen maritimen Reichen. Das Königreich Korsika stand seit dem späten Mittelalter unter dem Einfluss und der Herrschaft Genuas, die regelmäßig von französischer und aragonesischer Seite herausgefordert wurden. Mit dem Niedergang Genuas ab dem späten siebzehnten Jahrhundert gelang es Frankreich zunehmend Einfluss sowohl auf Genua als auch auf seine korsische Kolonie zu gewinnen.[3]

1.1   *Korsika wird ein Teil Frankreichs: Peripherie mit strategischer Bedeutung*

Der bedeutendste politische Wendepunkt in der korsischen Geschichte, der neben seiner faktischen Bedeutung auch den Ausgangspunkt für das korsische Nationalnarrativ bildet, verortet sich in der revolutionären Zeit von 1729 bis 1768. Die erste Phase der Revolution ist ein Vorläufer der klassischen Revolutionen und fand seinen Anlass in der Kombination einer unpopulären und als illegitim empfundenen Steuer sowie in schlechten Ernten, die 1729 zu einem Aufstand auf Korsika führten, den Genua nicht kontrollieren konnte. Eine Befriedung gelang kurzfristig durch eine Intervention kaiserlich österreichischer Truppen, jedoch zerbrach der ausgehandelte Kompromiss kurz nach Abzug der Truppen. 1735 erfolgte die Unabhängigkeitserklärung Korsikas und 1736 die Wahl eines Königs (Theodor von Neuhoff), dem es nicht gelang, sich gegenüber den anderen Mächten als legitimer Herrscher zu etablieren und der nach wenigen Monaten die Insel verließ. Genua schloss 1737 mit Frankreich ein Abkommen, das ihm auf Anfrage eine neue Interventionsmacht zusicherte. Der Befriedungsprozess dauerte auch aufgrund von Interventionen im Kontext des österreichischen Erbfolgekrieges bis 1748 an und führte schließlich zur Einsetzung einer französischen Verwaltung im Auftrag Genuas.

---

2   *Rokkan, Stein* 2000: Staat, Nation und Demokratie in Europa – Die Theorie Stein Rokkans aus seinen gesammelten Werken rekonstruiert von Peter Flora, Frankfurt a. M., S. 235.

3   Im Sinne der Kürze des Beitrags und der Lesbarkeit erfolgt die Darstellung stark gerafft, ohne auf einzelne Ereignisse ausreichend einzugehen. Die Chronologie kann sehr gut in *Arrighi, Paul/Pomponi, Francis* 2000: Histoire de la Corse. Paris, PUF, Collection „Que sais-je?" nachvollzogen und vertieft werden.

Ein Arrangement, das bereits 1752 zerbrach und die zweite Phase der Revolution einläutete. An ihrem Ende standen 1754 die korsische Republik und deren Verfassung, die als eines der ersten Dokumente der politischen Aufklärung gelten kann. Sie formulierte unter anderem das allgemeine Wahlrecht und eine Form der Gewaltenteilung. General Pasquale Paoli, als Anführer der Revolution und der Republik, nimmt im korsischen Nationalismus die zentrale Position als Vater der Nation ein. Sein Bekenntnis zur italienischen Identität Korsikas und seine Entscheidung, die Verfassung auf Italienisch abzufassen, treten hierbei in den Hintergrund, da italienischer Irredentismus bereits Ende des neunzehnten Jahrhunderts nur noch eine untergeordnete Rolle im korsischen Nationalgefühl spielte. Durch Boswells[4] teilweise hagiographischen Bericht erreichten die Republik und Paoli auch international Bekanntheit und avancierten zu einer *cause célèbre* des späten Jahrhunderts der Aufklärung. Französische Truppen schlugen die Republik im genuesischen Auftrag nieder. Im Vertrag von Versailles übertrug 1768 Genua dem Königreich Frankreich für eine Dauer von zehn Jahren die Wahrnehmung seiner Souveränität über Korsika.

Aufgrund der Nichtzahlung der Kosten für diese Aufgabe sah das Königreich Frankreich diese Übertragung spätestens ab 1778 als endgültig an und beanspruchte fortan die Insel. Verschiedene genuesische Versuche zur Rückübertragung der Ansprüche verliefen erfolglos. Die endgültige Eingliederung Korsikas erfolgte während der Französischen Revolution durch das Dekret vom 22. Dezember 1789[5], das im gesamten französischen Kerngebiet (inklusive Korsikas) die Gründung der Départements verkündete. Die Kolonien waren von diesem Dekret ausgenommen. Im Zuge der Revolutionskriege gab es vor allem britische Versuche, das Königreich Korsika wiederauferstehen zu lassen, die jedoch keinen Erfolg zeitigten. Korsika war ab diesem Zeitpunkt ein integraler Bestandteil des französischen Staatsgebiets.

1.2 Das Wiedererwachen des korsischen Nationalismus: internationaler Kontext und lokale Besonderheiten

Der korsische Partikularismus lebte erst mit der Dekolonisation wieder auf. Die lokalen Gründe für sein Wiedererstarken passen sich hierbei größtenteils in den klassischen Analyserahmen des Neonationalismus ein. Das politische Manifest des Front régionaliste Corse (FRC)[6] „Main basse sur une Ile" von 1971[7] greift vergleichbare Themen wie andere Programmschriften dieser Zeit auf. Ähnlich wie Gwynfor Evans[8] in Wales betonen sie die natürliche Schönheit und Einzigartigkeit der Region, ihre bedrohte Sprache und Kultur und

---

4   *Boswell, James* 1768: An Account of Corsica, the journal of a tour tot hat island and memoirs of Pascal Paoli, London.

5   Décret du 22 décembre 1789 concernant la constitution des assemblées représentatives et des assemblées administratives, en annexe de la séance du 15 janvier 1790, in: Archives Parlementaires de 1787 à 1860 – Première série (1787–1799) sous la direction de Jérôme Mavidal et Emile Laurent. Tome XI – Du 24 décembre 1789 au 1er mars 1790. Paris: Librairie Administrative P. Dupont, 1880, S. 191–195.

6   Der FRC war analog zum frühen (vor 1945) Plaid Cymru oder Scottish National Party (SNP) eine Protopartei, die mehr Diskussionskreis und Pressure Group war. Anders als andere ethno-regionale Protoparteien war sie nicht in der Lage, eine echte Partei zu werden. Die Konflikte innerhalb der korsischen Regionalisten und die einsetzende politische Gewalt in den 1970er Jahren stellten unüberwindbare Hindernisse dar.

7   *Front régionaliste Corse (FRC)* 1971: Main basse sur une Ile, Paris, *Jérôme Martineau*.

8   *Evans, Gwynfor* 1991: Fighting for Wales, Talybont (GB).

deren Zerstörung durch die Zentralregierung. Während dies in Wales vor allem die Ausbeutung der Wasserressourcen zugunsten Liverpools im Norden sowie die Vernachlässigung der alten Industrieregion im Süden, die sich seit den zwanziger Jahren im schleichenden Niedergang befand, der sich zu dieser Zeit beschleunigte, bedeutete, lag die Betonung in Korsika auf den Bereichen Tourismus und Landwirtschaft. Die beginnende Erschließung relativ unerschlossener Küstenregionen für Bewohner*innen des Kontinents (eher Sommervillen als Massentourismus) wurde hierbei ebenso angeprangert wie die Ansiedlung von Repatriierten aus den verlorenen Kolonien Nordafrikas, die vor allem im Weinbau in Konkurrenz zu einheimischen Landwirt*innen um die sehr begrenzten geeigneten Flächen traten. Es wurde der Exodus der jungen Landbevölkerung befürchtet.

Wie André Laurendeau[9] in seiner Théorie du Roi Nègre prangern die Autoren die Gleichgültigkeit, mit der die Mehrheitsgesellschaft die politischen Missstände als aus inhärenter Rückständigkeit entstehendes kulturelles Problem klassifiziert, an. Hierbei sind jedoch die Nuancen wichtig, da Laurendeau ein Régime kritisierte, das fundamentale Menschenrechte missachtete, während der FRC vor allem Probleme in der Legitimität und mangelnder lokaler Rechenschaft des Herrschens sahen. Beiden Kritiken gemein ist jedoch die Mitanklage der lokalen Eliten, die sich mit dem vordemokratischen System arrangiert haben.

Hier ergeben sich auch Parallelen zu Tom Nairns[10] Analyse der Schwäche des Nationalstaats, der mit dem Auslaufen der Prosperitätsphase seit den 1970er Jahren nicht mehr in der Lage war, seine Effizienz- und Wohlstandsversprechen auch gegenüber den Peripherien zu halten und deshalb angreifbar wurde. Analog zu seinen Erkenntnissen zum Vereinigten Königreich scheint auch im Manifest des FRC die Frage der Identität in der Nachkriegszeit nur zurückgestellt, bereit im Falle passender Konjunktur wieder eine dominantere Rolle zu spielen.

Die Kritik der Fremdbestimmung und Abhängigkeit vom Kontinent, die der FRC durchgehend erhebt, passt zu Michael Hechters[11] Modell des internen Kolonialismus, in teilweise sogar noch größerem Umfang als in seiner Analyse der keltischen Peripherien der britischen Inseln. Die kulturelle Arbeitsteilung in Korsika war nicht zuletzt auch dadurch extrem, dass es bis 1975 (bzw. 1981) keine Universität oder vergleichbare höhere Bildungseinrichtung auf Korsika gab. Führungskräfte wurden somit entweder vom Kontinent importiert oder ein längerer Aufenthalt auf dem Kontinent war für eine korsische Bildungsbiografie erforderlich. Auch heute nimmt Korsika in nationalen Bildungsvergleichen meist den letzten Platz ein. Hierbei ist die Situation mit dem vom Hechter beschriebenem walisischen Dilemma vergleichbar, dass sich ein walisisches Bürgertum im 19. Jahrhundert kaum entwickeln konnte, da höhere Bildung nur in englischen Institutionen in englischem kulturellen Umfeld zu erlangen war. Bezeichnenderweise stand eine der Wiegen des modernen walisischen Nationalismus in Oxford. Auch an diesem Punkt passt Korsika in Hechters Analyseschema, da

---

9   *Laurendeau, André* 1958/2009: La théorie du roi nègre, in: Le Devoir vom 04.07.1958, S. 4, gesammelt in *Lamonde, Yvan/Corbo, Claude (Hrsg.)*: Le rouge et le bleu – Une antologie de la pensée politique au Québec de la Conquête à la Révolution tranquille, Montreal (CA), S. 524–527.

10 *Nairn, Tom* 1977: The Break-Up of Britain: Crisis and Neo-Nationalism, London.

11 *Hechter, Michael* 1975: Internal Colonialism: The Celtic Fringe in British National Development, 1536–1966, London.

der FRC sein Manifest in Paris veröffentlichte und der korsische Nationalismus einen Groß-teil seiner intellektuellen Impulse von auf dem Kontinent arbeitenden korsischen Exil-Aka-demiker*innen erhalten hat.

Während die Problemanalyse vergleichbar ist mit derjenigen anderer erfolgreicher Be-wegungen der gleichen Zeit, bleibt die politische und gesellschaftliche Programmatik sehr begrenzt und rückwärtsgewandt. Dem korischen Nationalismus fehlt ein politisches Pro-gramm zur Überwindung der kulturellen und wirtschaftlichen Rückständigkeit wie René Levesques Option Québec[12]. Auch wird keine wirtschaftliche Analyse auf dem Niveau der gesellschaftlich erheblich rudimentäreren SNP and You (1974)[13] erreicht. Eine Reflexion über den Wert der eigenen Identität, wie sie Fernand Dumont[14] unternommen hat, der wie Thukydides auch die Frage nach dem Verschwinden seiner Heimat analysiert und der hierbei zu dem Schluss kommt, dass sie nur weiterexistieren sollte, wenn sie dem Fortschritt der Allgemeinheit dienlich ist, unterbleibt leider vollkommen. So ist es wenig überraschend, dass zu diesem Zeitpunkt keine korsische Partei des ethno-regionalen Spektrums signifikannte Erfolge zu verzeichnen hat, obwohl das Wahlsystem tendenziell sogar weniger verriegelt war als das britische, das mehrere erfolgreiche Bewegungen in dieser Zeit gesehen hat.

Der korsische Nationalismus hat sich in seinen Aktionsmitteln stärker von der französi-schen Kolonialgeschichte inspirieren lassen. 1976 wurde die „Korsische Befreiungsbewe-gung" Front de Libération Nationale de la Corse (FLNC) in bewusster Anlehnung an den algerischen FLN gegründet. Die Anschläge des FLNC konzentrierten sich auf die Symbole des Zentralstaats (Verwaltungs- und Polizeigebäude) sowie der „kontinentalen Kolonisa-tion" (Strandvillen). Es kamen hierbei sowohl Sprengstoff als auch Schusswaffen zum Ein-satz. Die medial erfolgreichste Strategie waren die „Nuits Bleus" (dt. blaue Nächte), in denen eine Serie von Attentaten gleichen Typs koordiniert innerhalb einer Nacht stattfanden. Diese Strategie samt ihrem Namen wurde von der OAS (Organisation armée secrète), dem terroris-tischen Gegenspieler des FLN, im Algerien der 1950er Jahre entwickelt. Mordanschläge waren auf Korsika eher die Ausnahme und so bleibt der Blutzoll im Vergleich zu Nordirland oder dem Baskenland gering bei knapp zehn eindeutig zuzuordnenden Todesopfern. In den 1990er Jahren zerfiel der FLNC in mehrere sich gewaltsam bekämpfende Fraktionen und verlor weitgehend an Bedeutung. Die medial sehr präsente Gewalt und das Finanzgebaren (Schutzgeldpressung als „Revolutionssteuer") haben das Image des korsischen Nationa-lismus in Frankreich nachhaltig geprägt.

Der Mordanschlag auf den korsischen Präfekten Claude Erignac am 6. Februar 1998 sticht hierbei heraus. Auch nach zwanzig Jahren ist dieser Anschlag weder auf dem Konti-nent noch auf der Insel vollkommen verarbeitet. Im Kontext des korsischen Nationalismus war er einer der Anlässe für den politischen Nationalismus, sich vom Terrorismus zu eman-zipieren und ein politisches Projekt zu entwickeln, das auch an der Wahlurne verteidigt wer-den kann. Claude Erignac wurde abends auf dem Weg zu einem Konzert auf offener Straße

---

12 *Levesque, René* 1968: Option Québec, Montréal (CA).
13 *Scottish National Party* 1974: SNP and you: aims and policy of the Scottish National Party, 4. Auf., Edin-burgh (GB).
14 *Dumont, Fernand* 1971/2001: La Vigile du Québec, Montréal (CA).

in Ajaccio erschossen. Er ist bis heute der einzige aktive Präfekt, der in Friedenszeiten getötet wurde. Seit Ende des Zweiten Weltkriegs ist kein anderer aktiver Präfekt eines gewaltsamen Todes gestorben. Neben ihren administrativen Funktionen sind die Präfekten auch das Symbol des Staates und der Republik und nehmen in der ideologischen Konstruktion des französischen Republikanismus eine zentrale Position ein. Die symbolische Wirkung dieses Anschlags erschütterte nachhaltig die französische Gesellschaft und Politik. Der Anschlag fällt in eine Zeit, in der der Terrorismus eigentlich auf dem Rückzug war. Der französische Staat räumte durch die Dezentralisierung den Regionen signifikante Autonomierechte ein. Die durch eine Koalition der „vielfältigen Linken" (Gauche plurielle) getragene Regierung Jospin signalisierte eine zögerliche Bereitschaft zur Flexibilisierung republikanischer Glaubenssätze. Von den Ermittlungen bis zu den Prozessen zeigte die Reaktion des französischen Staates eine besondere Verkrampfung, in der die Prinzipien des Rechtsstaats (insbesondere die Unschuldsvermutung) nicht immer pfleglich behandelt wurden[15] und erfolgreiche Schadenersatzklagen nach sich gezogen haben.[16] Die institutionelle Entwicklung Korsikas fiel daraufhin in einen Status aktionistischen Stillstands, in dem die korsische Frage im politischen und medialen Diskurs präsent war, aber wenig konstruktive Arbeit geleistet wurde. Dass die im März 1998 folgende Regionalwahl vom Staatsrat wegen massiver Wahlfälschung zugunsten der gewaltbefürwortenden Nationalisten (die auf diese Weise die Fünfprozenthürde genommen hätten) und zuungunsten der gewaltablehnenden Nationalisten (die haarscharf unter die Hürde gedrückt wurden) annulliert wurde, komplettierte das wenig schmeichelhafte Bild Korsikas in der französischen Öffentlichkeit.[17]

Glücklicherweise waren die korsischen Nationalisten in der Lage, sich politisch zu erneuern und mit dem Zentralstaat einen neuen Status auszuhandeln, der aktuell breite Zustimmung auf der Insel genießt.

1.3   Entwicklung der korsischen Autonomie: pragmatischer Republikanismus

Der Startpunkt der Entwicklung der aktuellen politischen Institutionen Korsikas kann in der großen französischen Verwaltungsreform von 1982, der Dezentralisierung, gesehen werden. Während seit der Revolution Korsika aus einem oder zwei Départements bestand, die sich nicht von einem Département auf dem Kontinent unterschieden, wurden mit den Lois Defferre[18] in ganz Frankreich die Regionen zu Gebietskörperschaften. Korsika wurde zu einer eigenen Region, die sich bereits auf den ersten Blick durch ihre geringe Größe von den anderen Regionen unterschied. Symbolisch erhielt der Regionalrat in Korsika den Namen

---

15 Fédération internationale des ligues des droits de l'Homme (2009) Le procès Colonna: la justice antiterroriste dans l'impasse Rapport de mission d'observation du procès en appel d'Yvan Colonna. Paris, Imprimerie de la FIDH.

16 Tribunal de Grande Instance de Paris (2017) Jugement du 27 mars 2017 (RG n° 15/05905); Cour d'Appel de Paris (2018) Arrêt du 6 novembre 2018 (no 460) (N° RG 17/08662 – N° Portalis 35L7-V-B7B-B3GOL).

17 Conseil d'Etat (1998) 6 / 2 SSR, du 18 décembre 1998, 195246 195446 195447.

18 Loi n° 82–213 du mars 1982 relative aux droits et libertés des communes, des départements et de régions, [Defferre I], in Journal Officiel de la Republique Française vom 03.03.1982, S. 730–747; Loi n° 83-8 du 7 janvier 1983 relative à la répartition de compétences entre les communes, les départements, les départements, les régions et l'Etat [Defferre II]. In Journal Officiel de la Republique Française 09.01.1983, S. 215–230.

„Assemblée de Corse" (dt. korsische Versammlung); entgegen der französischen Nomenklatur, die außerhalb der Nationalversammlung innerhalb Frankreichs nur Räte („Conseils") vorsieht. Die Kompetenzen der Assemblée de Corse sind etwas größer als die der anderen Regionen, vor allem, weil sie der Regierung offizielle Ratschläge zur Anpassung nationaler Regelungen im Bereich von Kultur, Bildung und Raumplanung bzw. regionaler Wirtschaftsentwicklung geben kann. Außerdem übernimmt sie bereits zu diesem Zeitpunkt entweder in alleiniger Verantwortung oder in Kooperation mit der Zentralregierung die Transportpolitik, die für Korsika von strategischer Bedeutung ist. Anders als auf dem Kontinent wurden diese Reformen umgehend und nicht erst 1986 in Kraft gesetzt. Aus diesem Grund wurde bereits 1982 eine erste Assemblée de Corse gewählt. Das entsprechende Wahlrecht war besonders, da ohne Sperrklausel, in einem einzigen Wahlbezirk und in nur einem Wahlgang gewählt wurde, während in den anderen Regionen ein vom Kommunalwahlrecht inspiriertes Verhältniswahlrecht (allerdings zunächst ohne Mandatsbonus für die wählerstärkste Liste) auf Départementebene eingeführt wurde. Das Wahlrecht erfuhr in den kommenden Jahren und Jahrzehnten noch einige erforderliche Nachjustierungen, da die Assemblée zersplitterte und kaum entscheidungsfähig war. So wurden Sperrklauseln, der zweite Wahlgang und ein Mehrheitsbonus im Laufe der Jahre eingeführt und austariert, einzig der gesamtkorsische Wahlkreis wurde nicht angetastet.

Die Kompetenzen der Assemblée de Corse müssen jedoch vor der Einschränkung gesehen werden, die der Conseil Constitutionnel im Jahr 1985 formulierte[19]: Die Ausübung der Grundrechte kann nicht durch eine Gebietskörperschaft eingeschränkt oder anderweitig behindert werden. Diese Entscheidung ist nur die erste in einer Reihe, in denen der Conseil Constitutionnel der institutionellen Entwicklung Korsikas Grenzen aufzeigt. Diese Grenzen entstammen einerseits dem positiven Recht vor allem der ersten drei Artikel der französischen Verfassung von 1958 und andererseits dem ideologischen Gewicht des Gaullismus und des Jakobinismus. Diese juristische und ideologisch-politische Doppelrolle ist dem Conseil Constitutionnel seit seiner Schaffung eigen, auch wenn in den letzten Jahrzehnten die juristische Rolle aufgewertet wurde und seine politische Rolle an Legitimität eingebüßt hat. Er spielt dennoch eine bedeutende Rolle, indem er die Grenzen des für den ideologisch reinen Republikanismus akzeptablen institutionellen Arrangements absteckt. Dies ist für die langfristige Akzeptanz von Neuregelungen auf dem Kontinent und auf Korsika (dessen Bevölkerung kaum weniger republikanisch ist) unverzichtbar.

Die erste Dezentralisierung zeigte in Korsika relativ bald ihre administrativen Unzulänglichkeiten, da nicht alle transferierten Kompetenzen mit ausreichend Finanzmitteln unterfüttert waren. Auch war die symbolische Beschränkung der Kompetenzen durch den Conseil Constitutionnel ein frischer Ansatzpunkt für nationalistische Forderungen. Dieser Prozess führte 1988 die Assemblée de Corse zum Beschluss einer Resolution, in der gefordert wurde, die Ressourcen den Kompetenzen anzupassen und die Befugnisse der Assemblée de Corse auszuweiten bzw. klarzustellen, um einen kohärenten sozialen, kulturellen und wirtschaftlichen Entwicklungsplan zu ermöglichen. Dieser Forderung wurde die symbolisch starke Formulierung vorangestellt, dass für das korsische Volk als historische und kulturell lebendige Gemeinschaft bestimmte institutionelle Veränderungen notwendig sind. Der französische

---

19 Conseil Constitionennel Décision n° 84–185 DC du 18 janvier 1985, E-CLI:FR:CC:1985:84.185.DC.

Innenminister handelte in den kommenden Jahren das nach ihm benannten Joxe-Statut von 1991 aus.[20] Als Vorlage diente hierbei der damalige Status Französisch-Polynesiens, der eine weite interne Autonomie vorsieht. Die Verhandlungen offenbaren die Komplexität der korsischen Identität als Kernkonflikt, da einerseits zwar eine größere Autonomie gewünscht wird, andererseits aber bestimmte Symbole der Staatlichkeit (wie die Benennung der Exekutive als Ministerrat) von der Zentralregierung explizit abgelehnt werden. Am Ende stand ein Modell, das der Assemblée de Corse das Vorschlagsrecht für einen integrierten regionalen Entwicklungsplan einräumte und dessen Ausführung durch einen Vertrag mit der Zentralregierung sichergestellt wurde. Die Kompetenzen im Bereich von Kultur und Bildung wurden leicht ausgeweitet und klarer gefasst. Außerdem wurde der Premierminister dazu verpflichtet, bei jedem Gesetz, das spezifische Bestimmungen Korsika betreffend enthält, den Rat der Assemblée de Corse einzuholen. Strukturell wurde die Region Korsika in die Collectivité Territoriale de Corse überführt. Diese Gebietskörperschaft sui generis wurde nach den Ausnahmeregeln des Artikels 72 der Verfassung von 1958 geschaffen. Die Assemblée de Corse erhielt eine eigene kollegiale Exekutive (Conseil Exécutif de Corse), die auf das Vertrauen der Assemblée angewiesen ist. Die Entscheidung des Conseil Constitutionnel von 1991[21] zieht hier sehr klare Linien, die jedoch ausreichend Gestaltungsspielraum für die Politik lassen. Zwar wird die Anerkennung eines „korsischen Volkes" mit Rückgriff auf alle relevanten Verfassungstexte inklusive der Erklärung der Menschen- und Bürgerrechte von 1791 sehr bestimmt als verfassungs- und republikfeindlich zurückgewiesen, jedoch wird der Gestaltungsspielraum des Gesetzgebers zur Schaffung einer besonderen Gebietskörperschaft im Rahmen des Artikels 72 gestärkt. Die einzigen rechtlichen Schranken für die Ausgestaltung der korsischen Institutionen blieben die Delegation von gesetzgeberischer Kompetenz und die Anerkennung eines abweichenden Staatsvolks. Beides ist nur im Rahmen der Artikel 73 bis 76 für Überseegebiete möglich. Der Conseil Constitutionnel weist somit auch die These der Kolonisation Korsikas zurück und bekräftigt die Zugehörigkeit zum Kernland der Republik. Eine andere weniger beachtete Öffnung betraf die Möglichkeit, korsischen Sprach- und Kulturunterricht in die Lehrpläne öffentlicher Schulen aufzunehmen. Die Verfassungskonformität dieser lokalen Anpassung der Lehrpläne war auch bezweifelt worden. Hier stellt der Conseil Constitutionnel klar, dass dieser Unterricht möglich ist, sofern er nicht auf Kosten des nationalen Curriculums stattfindet und nicht verpflichtend ist (zum Beispiel im Rahmen einer Wahlfreiheit umgesetzt wird). Da das Gesetz diese Bedingungen erfüllte, wurde die Verfassungsbeschwerde nicht stattgegeben.

Die 1991 geschaffenen Strukturen haben sich als relativ stabil erwiesen und haben eine flexible und pragmatische Praxis ermöglicht. Ein Hauptproblem bleibt das umständliche Verfahren, mit dem die Assemblée de Corse auf spezielle Handlungsbedarfe in Korsika hinweisen kann. Ein längerer Aushandlungsprozess (Matignon-Prozess 1998–2000) zwischen der Regierung Jospin und nationalistischen Akteuren nach dem Schock des Erignac-Attentats hat im Dezember 2001 zum Versuch einer Neuregelung geführt. Das Gesetz [22] sah unter

---

20 Loi n° 91–428 du 13 mai 1991 portant statut de la collectivité territoriale de Corse [Joxe], in: Journal Officiel de la Republique Française vom 14.05.1991, S. 6313–6329.
21 Conseil Constitonennel Décision n° 91-290 du 9 mai 1991 vom 9. Mai 1991, E-CLI:FR:CC:1991:91.290.DC.
22 Loi n° 2002–92 du 22 janvier 2002 relative à la Corse [Statut de Matignon], in: Journal Officiel de la Republique Française vom 23.01.2002, S. 1503–1519.

anderem eine Möglichkeit der Delegation legislativer Kompetenz an die Assemblée de Corse vor. In Aufrechterhaltung seiner bereits 1991 verkündeten Position wurde dies vom Conseil Constitutionnel zurückgewiesen.[23] Die anderen Maßnahmen in den Bereichen Bildung, Kultur, Wirtschaft und Raumplanung wurden jedoch mit nur kleinen Einschränkungen akzeptiert, da sie grundsätzlich administrativen Charakter hatten.

Ein anderes ungelöstes Problem blieb auf Korsika wie auch auf dem Kontinent das Département. Die neuen Institutionen der Dezentralisierung haben sich als effizientere politische und administrative Einheiten etabliert, während das Département ausgehöhlt wurde. Gleichzeitig bleibt das Département ein Symbol der republikanischen Gebietsordnung und erzeugt aufgrund seiner kleinen Größe ein Gefühl der Unmittelbarkeit. Um nach dem Sieg bei den Wahlen (Präsident und Nationalversammlung) 2002 nun resolute Handlungsfähigkeit und Resultate auf Korsika im Gegensatz zum ausgedehnten und am Ende kleinteiligen Matignon-Prozess zu demonstrieren, wurde dieses Thema von der neuen Regierung und insbesondere Innenminister Nicolas Sarkozy aufgegriffen. Hierzu sollte mit dem neuen Instrument des regionalen Referendums der Status der Insel verändert werden. Das Gesetz[24] enthielt neben vagen Aussagen zu einem noch zu verabschiedenden veränderten Wahlrecht und einer verbesserten Verwaltung die Abschaffung der Départements in Korsika und deren Verschmelzung mit der Collectivité Territoriale de Corse (dt. Gebietskörperschaft Korsika). Inhaltlich hatte der Entwurf den Nationalisten wenig zu anzubieten, während er symbolisch bei den Republikanern einen Nerv traf. Das Referendum am 6. Juli 2003 endete mit einer knappen Ablehnung (51 Prozent) des Entwurfs bei einer relativ hohen Wahlbeteiligung (60,8 Prozent). Das Ergebnis wurde als Sieg der lokalen Republikanern über den Innenminister gesehen.

Die bisher letzte Etappe in der institutionellen Entwicklung Korsikas fand im Rahmen der großen administrativen Neuordnung Frankreichs durch die Loi NOTRe[25] statt. Erst im Laufe der Beratung wurde auf Antrag der Assemblée de Corse mit Unterstützung der Regierung die Abschaffung der Départements auf Korsika und die Umbenennung der Collectivité Territoriale de Corse in Collectivité de Corse mit Effekt zum 1. Januar 2018 in das Gesetz aufgenommen.[26]

---

23 Conseil Constitionennel Décision n° 2001–454 DC du 17 janvier 2002, E-CLI:FR:CC:2002:2001.454.DC.

24 Loi n° 2003–486 du 10 juin 2003 organisant une consultation des électeurs de Corse sur la modification de l'organisation institutionnelle de la Corse, in: Journal Officiel de la Republique Française vom 11.06.2003, S. 9815–9818.

25 Loi n° 2015–991 du 7 août 2015 portant nouvelle organisation territoriale de la République [NOTRe], in: Journal Officiel de la Republique Française vom 08.08.2015, S. 13705–13807.

26 Assemblée Nationale (2015) Compte rendu intégral 3e séance du vendredi 20 février 2015, in: Journal Officiel de la République Française du 21 février 2015 (No 26 [3] A.N. (C.R.), S. 2148–2174. Die Seiten 2161–2169 enthalten die Debatte zum damaligen Artikel 13 der in der Loi NOTRe Artikel 30 werden wird.

2   Korsika im 21. Jahrhundert

2.1   Verwaltungsstrukturen auf Korsika: Dezentralisierung und Autonomie

Aktuell bestehen auf Korsika zwei Ebenen lokaler Verwaltung[27]: Einerseits 360 Gemeinden unterschiedlicher Größe, die die gleichen Aufgaben haben wie Gemeinden auf dem Kontinent und sich teilweise in interkommunalen Kooperationsstrukturen organisieren, andererseits die Communauté de Corse (dt.: korsische Gemeinschaft), die die Aufgaben von Départements und Regionen auf dem Kontinent vereint und zusätzliche Aufgaben erfüllt. Hierbei sind die zusätzlich übertragenen Aufgabenfelder vergleichbar mit denen einzelner Überseegebiete, jedoch mit dem inhaltlichen Unterschied, dass es sich ausschließlich um administrative Aufgaben handelt. Die legislative und regulative Kompetenz verbleibt in Paris, da eine Delegation an eine Gebietskörperschaft der Metropole weiterhin verfassungswidrig wäre. Der Status Korsikas ist somit im Einklang mit dem französischen Modell der Dezentralisierung: Zwar wird die Ausgestaltung und Anwendung von Politiken dezentralisiert, jedoch verbleibt die legitime Entscheidungsgewalt in Paris. Der aktuelle Status beinhaltet jedoch Regelungen, die verhindern, dass Paris korsische Interessen ignoriert. So muss der Premierminister den Rat der Assemblée de Corse einholen, wenn Gesetzentwürfe Korsika speziell betreffen. Die Assemblée de Corse hat im Laufe der Jahre auch mehrfach das Werkzeug der Resolution aufgegriffen, um die Zentralregierung zum Handeln oder Verhandeln in konkreten Politikfeldern aufzufordern. Schließlich scheint sich das politische Verhältnis so weit entspannt zu haben, dass spezielle korsische Wünsche in andere Gesetzesentwürfe eingearbeitet werden, auch wenn keine Anhörung vorgesehen ist. Prominentes Beispiel ist die bereits erwähnte Loi NOTRe, in die relativ unkompliziert der Passus zur Weiterentwicklung der korsischen Institutionen eingefügt werden konnte.

Auch wenn die formale Kompetenztiefe der Collectivité de Corse relativ begrenzt ist, ist die Breite ihrer Kompetenzen ansehnlich und erreicht bei den Bürger*innen eine hohe Wirkung und Sichtbarkeit. So ist die Collectivité de Corse für die Organisation der Bildung zuständig (von der Planung der angebotenen sekundären und tertiären Ausbildungsgänge bis zum Bauerhalt). Allein das Curriculum und das akademische Personal verbleiben in zentraler Kompetenz. Auch im Bereich Kultur, Sport und Volksbildung liegen Planung und Ausführung in regionaler Kompetenz. Im Bereich der Infrastruktur führt sie die Geschäfte der Häfen, des Schienen- und Straßenverkehrs sowie der Verbindung mit dem Kontinent. Zudem hat sie die Hoheit in der Raumplanung und im Wohnungsbau sowie weitreichende Kompetenzen im Bereich Umwelt und lokaler Wirtschaftsförderung. Die Finanzierung ihrer Aufgaben wird aufgabenbezogen mit dem Zentralstaat vertraglich ausgehandelt. Es besteht kein eigenes Steuerrecht oder Zugriff auf lokale Steuereinnahmen. Auch wenn dies eine Reduktion der Macht bedeutet, ist dies finanziell eher zum Vorteil Korsikas, da die korsische Wirtschaft insgesamt wenig leistungsfähig ist, jedoch aus geografischen Gründen die Bedarfe überdurchschnittlich hoch sind.

---

27 Die komplexe Rechtsstruktur, die sich aus den verschiedenen großen Reformgesetzen (die Thema im vorherigen Abschnitt waren) und weiteren legislativen, administrativen und jurisprudentiellen Texten sind gesammelt im Code Géneral des Collecitvités Territoriales – Quatrième partie – Livre V – Titre II „La Collectivité Territoriale de Corse".

Die Collectivité de Corse besitzt mit der Assemblée de Corse ein deliberatives Organ mit 63 Mitgliedern mit vierjährigem Mandat. Der Wahlmodus ist eine Listenwahl mit zwei Wahlgängen. Wahllisten müssen alternierend mit Frauen und Männern besetzt werden. Wenn keine Liste im ersten Wahlgang eine absolute Mehrheit erreicht, wird eine Woche später ein zweiter Wahlgang abgehalten. Zum zweiten Wahlgang sind alle Listen zugelassen, die mindestens sieben Prozent der Stimmen im ersten Wahlgang erhalten haben. Alle Listen, die im ersten Wahlgang mindestens fünf Prozent der Stimmen erhalten haben, können mit anderen Listen fusionieren. Bei der Sitzverteilung werden nur die Stimmenanteile im entscheidenden Wahlgang berücksichtigt. Die Liste mit den meisten Stimmen erhält den Mehrheitsbonus von elf Sitzen. Die 52 verbleibenden Sitze werden proportional auf alle Listen mit einem Stimmenanteil von mindestens fünf Prozent verteilt. Im Vergleich zum Wahlrecht in französischen Regionen ist der Mehrheitsbonus etwas kleiner und die Zugangsschwelle zur Stichwahl etwas niedriger, auch werden die Sitze auf dem Kontinent im Rahmen der Départements zugeteilt, während Korsika einen Einheitswahlkreis hat. Um eine absolute Mehrheit in der Assemblée zu erreichen, ist ein Stimmenanteil von circa 40 Prozent nötig. Die elfköpfige Exekutive (inklusive ihres/ihrer Präsident*in) wird unter dem Namen Conseil Exécutif de Corse von der Assemblée aus ihrer Mitte gewählt.

2.2 Korsische Politik: pragmatische Nationalisten und Rekonstruktion der Republikaner

Die politische Landschaft Korsikas unterscheidet sich grundlegend von der auf dem Kontinent, da die kontinentalen Parteien eine sehr geringe Rolle spielen und dafür Persönlichkeiten und politische Dynastien die Politik prägen.[28]

In jüngeren Jahren waren die Zuccarellis und Giacobbis die prägenden Familien bei den linken Republikanern. Seit den 1980er Jahren gelang es ihren Vertreter*innen die politische Linke als Oppositionskraft gegenüber den stärkeren konservativen Familien zu etablieren und zu einen. Das Rathaus von Bastia und der Conseil Géneral der Haute-Corse (dt.: Generalrat von Haute-Corse) wurden in dieser Zeit zur Basis ihrer Macht. Paul Giacobbi gelang es sogar im Jahr 2010 eine Liste der vereinigten Linken zur stärksten Gruppe in der Assemblée de Corse zu machen. Seine Amtszeit als Président du Conseil Exécutif (dt.: Präsident des Exekutivrates) markierte den Höhepunkt und den Beginn des kompletten Zusammenbruchs beider Dynastien. Emile Zuccarelli trat zur Kommunalwahl 2014 nicht mehr an. Sein Sohn Jean scheiterte mit seinem Versuch, das Amt des Bürgermeisters von Bastia, welches sein Vater, Großvater und Urgroßvater bereits innehatten, zu übernehmen am korsischen Nationalisten Gilles Simeoni. Bei den Regionalwahlen 2015 gewann eine Koalition der nationalistischen Parteien gegen Giacobbis Liste, und 2017 war die gemäßigte Linke so geschwächt, dass sie keine Kandidaten mehr aufstellte. Nur eine Liste der Kommunisten und lokaler Linkspopulisten trat an und scheiterte im ersten Wahlgang.

Die große Familie der Konservativen waren die de Rocca Serras mit ihrer Machtbasis in Porto-Vecchio in Südkorsika. Seit vielen Jahren waren die de Rocca-Serras die mächtigste Familie Korsikas und kontrollierten das politische System der Insel: Egal ob Vorsitz der

---

28 Eine detaillierte Darstellung mit einer etwas anderen Perspektive kann der Neuauflage von *Arnaud, Daniel* 2016: La Corse Républicaine. Paris, L'Harmattan entnommen werden.

Assemblée de Corse, Abgeordneter der Nationalversammlung oder Senator, seit der Konsolidierung der Dritten Republik war nur in wenigen Momenten kein de Rocca-Serra auf einem dieser Posten und selbst dann blieb noch das Rathaus von Porto-Vecchio. Jean-Paul de Rocca-Serra hat sich zu Beginn der Fünften Republik den Gaullisten angeschlossen und trat ab dem Ende der 1960er Jahre unter ihrem Banner zu Wahlen an. Das Ende der Dynastie läutete auch den Niedergang der gaullistischen Dominanz auf der Insel ein. 2010 unterlag die Liste von Camille de Rocca Serra der vereinigten Linken bei den Regionalwahlen und lag nur knapp vor den gemäßigten Nationalisten. 2012 verteidigte Camille de Rocca Serra nur knapp seinen Abgeordnetensitz gegen einen Nationalisten. Zu den Regionalwahlen 2015 beginnen sich die Wege der Gaullisten und der Familie de Rocca-Serra zu trennen, da die Gaullisten einen anderen Spitzenkandidaten unterstützen. Camille de Rocca-Serras Liste wurde im ersten Wahlgang mit 12,7 Prozent nur viertstärkste Partei und fusionierte mit der Liste der Gaullisten, um im zweiten Wahlgang nur an dritter Stelle hinter den Nationalisten und Linken zu liegen. 2017 wurde er zwar wieder als Kandidat der Gaullisten zur Nationalversammlung aufgestellt, unterlag im zweiten Wahlgang aber deutlich seinem nationalistischen Gegenkandidaten. Die Regionalwahlen 2017 besiegelten den Zusammenbruch, da kein de Rocca-Serra mehr antrat und die von den Gaullisten unterstütze Liste hinter Nationalisten und regionalen Konservativen nur drittstärkste Kraft wurde und gegenüber 2015 die Hälfte ihrer Wähler*innen und Mandate einbüßte.

Als dritte politische Strömung haben sich die korsischen Nationalisten seit den 1970er Jahren betätigt.[29] Wegen ihrer Zersplitterung und ihrem unklaren Verhältnis zur politischen Gewalt waren sie jedoch bis in die 2000er Jahre keine politische Kraft, die politisch legitime Macht erlangen und ausüben konnte. Keimzelle der Konsolidierung war ab 2002 der *Partitu di a Nazione Corsa* (PNC), der die gewaltablehnenden Autonomiebefürworter*innen zu sammeln versuchte. Eine seiner Vorgängerorganisationen (*Union du Peuple Corse,* UPC) kann für sich beanspruchen, diese Linie seit 1977 vertreten zu haben, jedoch ohne nennenswerte politische Erfolge. Generell gelingt es dem PNC, sich national und international mit anderen regionalen und ethno-regionalen Parteien zu vernetzen und medial als gewaltfreie Stimme des korsischen Nationalismus zu präsentieren. Auch wurden die Kontakte zu den französischen Grünen verstärkt und während die Unterstützung des grünen Kandidaten bei der Präsidentschaftswahl 2002 durch die UPC fast unbemerkt geblieben ist, war sie 2007 deutlich sichtbarer. Diese Respektabilität konnte 2009 mit einer gemeinsamen Liste zur Europawahl genutzt werden, um ein Mandat im Europaparlament zu erringen. Eine zweite Keimzelle entstand 2008 in der Lokalpolitik Bastias um den Anwalt Gilles Simeoni: *Inseme per a Corsica* (Inseme). Simeoni ist eine interessante Persönlichkeit, da er einer Familie entstammt, die den klassischen korsischen Dynastien am nächsten kommt. Er hat als Anwalt den Attentäter vom 6. Februar 1998 verteidigt, hat sich aber von politischer Gewalt immer klar distanziert und strebte erst seit 2007 eine politische Karriere an. Er verfügt somit über eine große Legitimität im klassischen nationalistischen Lager, ist aber aufgrund seiner politischen Positionen auch für die Zentralregierung ein unbedenklicher Gesprächspartner. Sein pragmatischer Stil prägte die kommenden Jahre. 2010 treten PNC, Inseme und die kleinere

---

29 *Dominici, Thierry* 2011: La contestation régionale dans la République Française: l'étude comparée des forces nationalitaires contemporaines corses. Lille (FR), Atelier national de reproduction des thèses.

A chjama naziunale in einem Bündnis unter dem Namen *Femu a Corsica* (Femu) mit einem autonomistischen Wahlprogramm zur Regionalwahl an und erreichen mit 25 Prozent der Stimmen im zweiten Wahlgang einen respektablen dritten Platz. Die radikaleren Nationalisten konsolidierten sich seit 2009 in der separatistischen *Corsica Libera* (CL), die politisch deutlich weiter links steht als der PNC oder gar Inseme. Ihr Verhältnis zur politischen Gewalt ist komplex, da sie den Terrorismus als Folge des zu behebenden Missstands nicht prinzipiell verurteilt und die Verantwortung für ihn auf die Zentralregierung abwälzt. Trotz ihrer separatistischen Ausrichtung ist sie einer Aushandlung von Zwischenstufen zur Unabhängigkeit gegenüber offen. 2010 gelang es ihr bei der Regionalwahl eine eigene Liste aufzustellen, die den zweiten Wahlgang und in diesem fast zehn Prozent der Stimmen erreichte. Während der Legislaturperiode 2010–2015 näherten sich Femu und CL so weit an, dass punktuelle Kooperationen möglich wurden. Es setzte auch ein Prozess der stärkeren Abgrenzung vom Terrorismus ein, der 2012 zur Spaltung von CL und der Wiederbelebung der Bewegung Rinnovu führte, die klare Unterstützung für die bewaffnete Auseinandersetzung mit dem Zentralstaat signalisierte.

Zwischen dem ersten und zweiten Wahlgang der Regionalwahl 2015 schlossen Femu und CL einen Koalitionsvertrag, der eine Listenverbindung unter dem Namen *Pè a Corsica* (PèC) ermöglichte. Diese Koalition gewann die Wahlen 2015 und 2017. Rinnovu scheiterte 2015 klar und 2017 knapp im ersten Wahlgang. Bei den Wahlen zur Nationalversammlung 2017 gewannen die Kandidat*innen der PèC drei der vier korsischen Wahlkreise. Auch vor dem Hintergrund des vorläufigen Endes der politischen Dynastien der Linken und Konservativen scheint Korsika aktuell in eine Periode der nationalistischen Hegemonie eingetreten zu sein. Gilles Simeoni hat bereits als Bürgermeister von Bastia gezeigt, dass er pragmatisch mit Vertreter*innen der anderen politischen Familien zusammenarbeiten kann. Seine bisherige Amtszeit als Präsident des Conseil Exécutif verstärkt diesen Eindruck.

3   Ist ein Endpunkt der institutionellen Entwicklung erreicht?

Welche Perspektive ergibt sich für Korsika? Der formale institutionelle Rahmen enthält wenig Raum für eine weitere Entwicklung des Statuts. Der von der Verfassung und ihrer Auslegung durch den Conseil Constitutionnel gesetzte Spielraum des Artikel 72 ist fast ausgeschöpft: Eine weitgehende, auch asymmetrische Dezentralisierung des Handelns ist möglich (und auch erreicht). Eine Regionalisierung oder Föderalisierung ist währenddessen ausgeschlossen. Nur ein Wechsel Korsikas in den Bereich der Artikel für die Überseegebiete könnte zu einem Prozess analog zu Französisch-Polynesien führen. Dies scheint aktuell und langfristig keine Option für den französischen Staat, da hier die Grundfesten der Republik berührt würden, die selbst dereinst eine Sechste Republik kaum verändern dürfte. Der Aufstieg eines pragmatischen, gewaltfreien und gemäßigten Nationalismus erzeugt zunächst auch keinen Druck in diese Richtung. Für die langfristige Entwicklung wird entscheidender sein, ob die korsischen Institutionen in der Lage sein werden, die strukturellen Probleme der Insel vor allem in den Bereichen Bildung/Kultur, Raumplanung und Wirtschaft zu lösen und wie flexibel die Zentralregierung mit den korsischen Bedürfnissen, Forderungen und Wünschen umgeht. Die Zeit, in der jegliche Forderungen korsischer Nationalisten mit Verweis auf den Terrorismus als illegitim abgetan werden konnten, ist vorbei. Jedoch ist die Kompatibilität des korsischen Nationalismus mit dem Republikanismus für Republikaner noch immer zweifelhaft, auch weil die politische Erneuerung ideologisch nicht die gleiche Breitenwirkung entfaltet hat.[30] Jede Wortmeldung, die zur Diskriminierung von Bewohner*innen des Kontinents im Namen des korsischen Volkes aufruft, bestärkt diese Zweifel unabhängig von ihrer Relevanz im politischen Diskurs Korsikas.

4 Literaturliste

Arnaud, Daniel 2016: La Corse et l'idée républicaine. Paris, L'Harmattan.

Arrighi, Paul/Pomponi, Francis 2000: Histoire de la Corse. Paris, PUF, Collection „Que sais-je?".

Boswell, James 1768: An account of Corsica, the journal of a tour to that island and memoirs of Pascal Paoli. London, Dilly.

Dominici, Thierry 2011: La contestation régionale dans la République Française: l'étude comparée des forces nationalitaires contemporaines corses. Lille (FR), Atelier national de reproduction des theses.

Dumont, Fernand 1971/2001: La Vigile du Québec. Montréal (CA), Bibliothèque Québécoise.

Evans, Gwynfor 1991: Fighting for Wales. Talybont (GB), Y Lolfa.

Falkenhagen, Frédéric 2016: Ethno-regionale Bewegungen in Frankreich: Gefahr oder Chance für die Republik?, in: *Deutsch-Französisches Institut (Hrsg.)*: Frankreich Jahrbuch 2015, Wiesbaden, S. 79–92.

Fédération internationale des ligues des droits de l'Homme 2009: Le procès Colonna: la justice anti-terroriste dans l'impasse Rapport de mission d'observation du procès en appel d'Yvan Colonna. Paris, Imprimerie de la FIDH.

Front régionaliste Corse (FRC) 1971: Main basse sur une Ile, Paris.

Hechter, Michael 1975: Internal Colonialism: The Celtic Fringe in British National Development, 1536–1966, London.

Laurendeau, André 1958/2009: La théorie du roi nègre. *Le Devoir*, 4.7.1958, S. 4, gesammelt in: *Lamonde, Yvan/Corbo, Claude (Hrsg.)*: Le rouge et le bleu -Une anthologie de la pensée politique au Québec de la Conquête à la Révolution tranquille, Montréal, S. 524–527.

Levesque, René 1968: Option Québec, Montréal (CA), Ed. De L'Homme.

Nairn, Tom 1977: The break-up of Britain: crisis an neon-nationalism, London.

Rokkan, Stein 2000: Staat, Nation und Demokratie in Europa – Die Theorie Stein Rokkans aus seinen gesammelten Werken rekonstruiert von Peter Flora, Frankfurt a. M.

Scottish National Party 1974: SNP and you: aims and policy of the Scottish National Party (4th ed.), Edinburgh.

---

30 *Falkenhagen, Frédéric* 2016: Ethno-regionale Bewegungen in Frankreich: Gefahr oder Chance für die Republik?, in: *Deutsch-Französisches Institut (Hrsg.)*: Frankreich Jahrbuch 2015, Wiesbaden, S. 79–92.

4.1 Rechtsdokumente

Décret du 22 décembre 1789 concernant la constitution des assemblées représentatives et des assemblées administratives, en annexe de la séance du 15 janvier 1790, in: Archives Parlementaires de 1787 à 1860 - Première série (1787–1799) sous la direction de Jérôme Mavidal et Emile Laurent. Tome XI – Du 24 décembre 1789 au 1er mars 1790. Paris: Librairie Administrative P. Dupont, 1880. S. 191–195.

Constitution du 4 octobre 1958, in: Journal Officiel de la Republique Française 05.10.1958, S. 9151–9173.

Loi n° 82–213 du 2 mars 1982 relative aux droits et libertés des communes, des départements et des régions. [Defferre I], in: Journal Officiel de la Republique Française 03.03.1982, S. 730–747.

Loi n° 83–8 du 7 janvier 1983 relative à la répartition de compétences entre les communes, les départements, les départements, les régions et l'Etat [Defferre II], in: Journal Officiel de la Republique Française 09.01.1983, S. 215–230.

Loi n° 91–428 du 13 mai 1991 portant statut de la collectivité territoriale de Corse [Joxe], in: Journal Officiel de la Republique Française 14.05.1991, S. 6313–6329.

Loi n° 2002–92 du 22 janvier 2002 relative à la Corse [Statut de Matignon], in: Journal Officiel de la Republique Française 23.01.2002, S. 1503–1519.

Loi n° 2003–486 du 10 juin 2003 organisant une consultation des électeurs de Corse sur la modification de l'organisation institutionnelle de la Corse, in: Journal Officiel de la Republique Française 11.06.2003, S. 9815–9818.

Assemblée Nationale 2015: Compte rendu intégral 3e séance du vendredi 20 février 2015, in: Journal Officiel de la République Française du 21 février 2015 (No 26 [3] A.N. (C.R.), S. 2148–2174.

Loi n° 2015–991 du 7 août 2015 portant nouvelle organisation territoriale de la République [NOTRe] In Journal Officiel de la Republique Française 08.08.2015, S. 13705–13807.

4.2 Jurisprudenz

Conseil Constitutionnel Décision n° 84–185 DC du 18 janvier 1985. ECLI:FR:CC:1985:84.185.DC.

Conseil Constitutionnel Décision n° 91–290 DC du 9 mai 1991. ECLI:FR:CC:1991:91.290.DC.

Conseil Constitutionnel Décision n° 2001–454 DC du 17 janvier 2002. ECLI:FR:CC:2002:2001.454.DC.

Conseil d'Etat 6 / 2 SSR, du 18 décembre 1998, 195246 195446 195447.

Tribunal de Grande Instance de Paris (2017) Jugement du 27 mars 2017 (RG n° 15/05905)

Cour d'Appel de Paris (2018) Arrêt du 6 novembre 2018 (no 460) (N° RG 17/08662 – N° Portalis 35L7-V-B7B-B3GOL).

4.3 Gesetzesbücher

Code Géneral des Collectivités Territoriales. Version à jour au 30 juin 2019. Légifrance.

Der Regionalstaat Italien und Südtirols Sonderstellung: Grundlagen und Entwicklungen

Elisabeth Alber/Lukas Mariacher*

1 Der verfassungsrechtliche Rahmen: asymmetrischer Regionalismus

1.1 Sonder- und Normalstatutsregionen: Einrichtung und Unterscheidungsmerkmale

Mit Inkraftteten der italienischen Verfassung (itVerf) im Jahr 1948 wurde ein asymmetrischer Regionalstaat mit 20 Regionen geschaffen. Die 20 Regionen unterscheiden sich aus verfassungsrechtlicher Sicht in 15 Regionen mit Normalstatut (Art. 131 itVerf) und fünf Regionen mit Sonderstatut (Art. 116 itVerf). Zu den ersteren gehören: im Nordwesten Ligurien, Lombardei, Piemont; im Nordosten Emilia-Romagna, Venetien; im Zentrum Latium, Marken, Toskana, Umbrien; im Süden Abruzzen, Basilikata, Kalabrien, Kampanien, Molise, Apulien. Zu den zweiteren gehören im Norden das Aostatal, Friaul-Julisch Venetien und die in die zwei wiederum autonomen Provinzen Trient und Bozen gegliederte Region Trentino-Südtirol sowie im Süden Sardinien und Sizilien.

Zu den wesentlichen Unterscheidungsmerkmalen zwischen den Regionen mit Normalstatut und jenen mit Sonderstatut gehören in erster Linie die unterschiedlich weitreichenden Kompetenzen im verwaltungsrechtlichen und gesetzgeberischen Bereich, wobei die Kompetenzgrundlage für die Regionen mit Normalstatut durch die itVerf und jene für die Regionen mit Sonderstatut zusätzlich im jeweiligen Autonomiestatut – der „Landesverfassung" der jeweiligen Region – verankert ist. Ebenso verfügen Sonder- und Normalstatutsregionen über ein unterschiedliches Ausmaß an Finanzautonomie, das jeweils bilateral verhandelt wird. Das Prinzip der Bilateralität als intergouvernmentales Kooperationsverfahren in den Beziehungen zum Zentralstaat kennzeichnet die Regionen mit Sonderstatut seit ihrer Einrichtung Ende der 1940er Jahre. Es bewirkt, dass die Zusammenarbeit zwischen den Regionen mit Sonderstatut und dem Staat aus formeller Sicht auf bilateraler Gleichrangigkeit fußt (im Gegensatz zu den Beziehungen zwischen den Normalstatutsregionen und dem Staat, die aus formeller Sicht über das multilaterale Instrument der Staat-Regionen-Konferenz[1] abgewickelt werden).

---

* Im Rahmen des gemeinsamen Gesamtkonzepts wurden die Kapitel 1 und 2 von Elisabeth Alber und die Kapitel 3, 4 und 5 von Lukas Mariacher verfasst.

1 Zur Rolle der Staat-Regionen-Konferenz als schwaches, aber derzeit einziges Koordinierungsorgan zwischen der gesamtstaatlichen und regionalen Ebene vgl. *Zwilling, Carolin/Alber, Elisabeth* 2013: Italien auf der Suche nach (s)einer föderalen Kultur: Konfrontation plus Konfliktregelung gleich Kooperation?, in: *Europäisches Zentrum für Föderalismus-Forschung Tübingen (Hrsg.)*: Jahrbuch des Föderalismus 2013. Föderalismus, Subsidiarität und Regionen in Europa, Baden-Baden, S. 317–333 (320–323). Es sei daran erinnert, dass der Senat – die Zweite Kammer – im italienischen „perfekten Bikameralismus" ein vollständig gleichrangiges Organ mit denselben Funktionen wie die Abgeordnetenkammer ist, zwar auf regionaler Basis gewählt, jedoch keine Regionenkammer. Somit haben die Regionen über den Senat tatsächlich keine wirkliche Vertretung auf zentralstaatlicher Ebene.

Autonomiepolitisch hat jede Region mit Sonderstatut ihre Spielräume und die bilateralen Beziehungen zum Staat unterschiedlich genutzt. So kam es zu großen Unterschieden in der Umsetzung und Weiterentwicklung der Autonomien sowie in den Governance-Modellen (von stark autonomen Sonderstatutsregionen mit regional verankerten Parteien wie im Trentino-Südtirol und im Aostatal bis hin zu zentrumsnahen und –abhängigen Sonderstatutsregionen wie Sizilien). Ebenso entwickelten manche Regionen mit Normalstatut – insbesondere jene im Norden – trotz ihrer zeitlich deutlich späteren Einrichtung regionale Autonomieverständnisse und wussten ihre autonomiepolitischen Spielräume in der Praxis besser zu nutzen als manche Regionen mit Sonderstatut.[2]

Die Gründe für die Einrichtung des asymmetrischen Regionalstaates sind historischer sowie geographischer Natur.[3] Im Zeitraum zwischen 1946–1948 wurden die Sonderstatute der Regionen Sizilien, Sardinien, Aostatal und Trentino-Südtirol im Sinne einer präventiven Strategie des Zentralstaates gegenüber separatistischen Tendenzen oder aufgrund des Vorhandenseins sprachlicher Minderheiten mit einer Abstimmung im italienischen Parlament mittels Verfassungsgesetz eingerichtet. Die Einrichtung der Sonderstatutsregion Friaul-Julisch Venetien wurde aufgrund geopolitischer Gründe erst 1963 vollzogen. Die Normalstatute der übrigen fünfzehn Regionen wurden erst im Jahr 1970 durch die damals erstmals gewählten Regionalräte erarbeitet und infolge der Überprüfung durch den nationalen Gesetzgeber auf deren Verfassungs- und Gesetzeskonformität mittels Regionalgesetz verabschiedet. Regionale Partikularinteressen wurden dabei kaum mit berücksichtigt. Die Regionalisierung schritt zwar voran, doch wurde ein differenziertes regionales Selbstverwaltungs- und Autonomieverständnis mit für die Region entsprechenden ergänzenden Detailbestimmungen bezüglich ihrer Regierungsform bzw. passgenauen Organisations- und Politikgestaltungsansätzen kaum „mit in die Statute verfasst".[4] Aus diesem Grund sprach man schon Anfang der 1980er Jahre von „Regionen ohne Regionalismus"[5], eine Bilanz, die man auch heute noch zieht und die Hauptgrund dafür ist, dass etliche Reformvorschläge zur Föderalisierung Italiens fehlschlugen.[6]

---

2   Vgl. *Palermo, Francesco* 2008: South Tyrol's Special Status within the Italian Constitution, in: *Woelk, Jens/Palermo, Francesco/Marko, Joseph (Hrsg.)*: Tolerance through Law. Self Governance and Group Rights in South Tyrol, Leiden, S. 33–49.

3   Vgl. überblicksmäßig *Palermo, Francesco* 2007: Italien: Regional- oder Bundesstaat? Jedenfalls asymmetrisch!, in: *Palermo, Francesco/Hrbek, Rudolf/Zwilling, Carolin/Alber, Elisabeth (Hrsg.)*: Auf dem Weg zu asymmetrischem Föderalismus?, Baden-Baden, S. 97–108.

4   *Zwilling, Carolin/Alber, Elisabeth* 2019: Italiens Spagat zwischen Einheit und Differenzierung: Reformen und differenzierter Regionalismus unter der „Regierung der Veränderung", in: *Europäisches Zentrum für Föderalismus-Forschung Tübingen (Hrsg.)*: Jahrbuch des Föderalismus 2019. Föderalismus, Subsidiarität und Regionen in Europa, Baden-Baden, S. 313–327 (324).

5   *Pastori, Giorgio* 1980: Le regioni senza regionalismo, Bologna, S. 204.

6   Vgl. für viele *Grasse, Alexander/Gelli, Francesca* 2012: Zentralismus – regionale Autonomie – Föderalismus, in: *Rörig, Karoline/Glassmann Ulrich/Köppl, Stefan (Hrsg.)*: Länderbericht Italien, Bonn: Bundeszentrale für politische Bildung, S. 186–214.

Dem „Föderalismus per Dekret"[7] – das heißt der einfachgesetzlichen Übertragung von Aufgaben vom Staat auf die Regionen und örtlichen Körperschaften mittels der Verwaltungsreformen in den 1990er Jahren[8] – blieb die nötige parallele Überführung der Beamtenschaft von den Zentralministerien an die Regionen als Träger der Kompetenzen fern. Zudem entwickelten sich nach der Neufassung weiter Teile des V. Titels der itVerf durch die Verfassungsreform von 2001[9] – das heißt der Umkehr der Residualkompetenz, die fortan den Regionen zuerkannt ist und somit dem Grundsatz einer Kompetenzverteilung zwischen dem Staat und den Regionen nach dem Subsidiaritätsprinzip gleichkommt – kaum regionale Autonomieverständnisse in der Politik,[10] auch wegen fehlender Finanzmittel bzw. der ausbleibenden Umsetzung des in der Verfassungsreform 2001 festgeschriebenen sogenannten Finanzföderalismus.[11]

1.2 Normalstatutsregionen mit erweiterter Autonomie: eine dritte Kategorie

Seit der Verfassungsreform von 2001 ermöglicht Art. 116 III itVerf allen Regionen mit Normalstatut, mit der Regierung über „zusätzliche besondere Formen und Bedingungen der Autonomie" zu verhandeln.[12] Der Wortlaut des Verfassungsartikels lautet wie folgt:

---

7   *Woelk, Jens* 2000: Föderalismus per Dekret? Zum Stand der Bassanini-Reformen, in: Jahrbuch für italienisches Recht Nr. 13/2000, Heidelberg, S. 105–124.
8   Die sogenannten Bassanini-Gesetze mit den entsprechenden Durchführungsverordnungen. Bezüglich der Regionen und Gemeinden siehe Gesetz Nr. 59/1997 und Gesetz Nr. 127/1997 sowie die Durchführungsverordnung Nr. 112/1998.
9   Die Umsetzung der Verfassungsreform 2001 (Verfassungsgesetz Nr. 3/2001) wurde auch deshalb als nicht prioritär gewertet, weil zwischen ihrer Verabschiedung im Parlament im Frühjahr 2001 mittels der Stimmen der Mitte-links-Mehrheit und ihrer Bestätigung durch das anschließende Referendum im Oktober 2001 die Mitte-rechts Regierungskoalition unter Silvio Berlusconi aufgrund des Wahlsieges bei den Parlamentswahlen am 13. Mai 2001 ihre Arbeit aufnahm. Die schleppende Umsetzung und starke Polarisierung in der Politik führten zu einer großen Zunahme der Kompetenzkonflikte zwischen dem Staat und den Regionen vor dem Verfassungsgerichtshof. Dieser beeinflusst die Entwicklung des Regionalismus in Italien seither wesentlich, kann jedoch durch seine punktuelle Rechtsprechung keine systematische Klarheit schaffen.
10 Vgl. *Oberhofer, Julia* 2012: Dezentralisierung als Dilemma und Chance für Parteien in Italien, in: *Europäisches Zentrum für Föderalismus-Forschung Tübingen (Hrsg.)*: Jahrbuch des Föderalismus 2012. Föderalismus, Subsidiarität und Regionen in Europa, Baden-Baden, S. 80–91.
11 Gemäß Art. 119 itVerf verfügen die Gebietskörperschaften im Einklang mit der Verfassung und nach einem staatlich vorgegebenen Koordinierungsschlüssel über Finanzautonomie in Bezug auf die Aufgaben in ihrem Zuständigkeitsgebiet. Die Neuregelung der Finanzbeziehungen der italienischen Gebietskörperschaften (Regionen, Provinzen, Großstädte mit Sonderstatus und Gemeinden) wurde erst 2009 mittels des Rahmengesetzes Nr. 42/2009 und einer Reihe zu seiner Umsetzung notwendigen Regierungsdekreten angegangen und geriet infolge der Finanz- und Wirtschaftskrise komplett ins Stocken. Zur Neuregelung vgl. *Alber, Elisabeth/Zwilling, Carolin/Valdesalici, Alice* 2010: Italiens Finanzföderalismus: Finanzautonomie, gesamtstaatliche Koordinierung und politischer Druck aus dem Norden, in: *Europäisches Zentrum für Föderalismus-Forschung Tübingen (Hrsg.)*: Jahrbuch des Föderalismus 2010. Föderalismus, Subsidiarität und Regionen in Europa, Baden-Baden, S. 245–259; *Alber, Elisabeth* 2011: Einer für alle, alle für einen? Eine finanzföderalistische Zwischenbilanz rund um das Jubiläum „150 Jahre italienische Staatseinheit", in: *Europäisches Zentrum für Föderalismus-Forschung Tübingen (Hrsg.)*: Jahrbuch des Föderalismus 2011. Föderalismus, Subsidiarität und Regionen in Europa, Baden-Baden, S. 242–254.
12 Vgl. *Zwilling, Carolin* 2017: Italiens Regionen zwischen Reform und Stillstand, in: *Europäisches Zentrum für Föderalismus-Forschung Tübingen (Hrsg.)*: Jahrbuch des Föderalismus 2017. Föderalismus, Subsidiarität und Regionen in Europa, Baden-Baden, S. 369–383.

„Auf Initiative der daran interessierten Region können, nach Anhören der örtlichen Körperschaften und unter Wahrung der Grundsätze laut Art. 119, den anderen Regionen mit Staatsgesetz weitere Formen und besondere Arten der Autonomie zuerkannt werden; [...] Das entsprechende Gesetz wird von beiden Kammern mit absoluter Stimmenmehrheit ihrer Mitglieder auf der Grundlage des Einvernehmens zwischen Staat und entsprechender Region genehmigt."[13]

In Bezug auf die Regionen mit Sonderstatut gilt weiterhin die Bestimmung laut Art. 10 des Verfassungsgesetzes Nr. 3/2001, die besagt, dass bis zur Anpassung der jeweiligen Statuten die Bestimmungen dieses Verfassungsgesetzes auch in den Regionen mit Sonderstatut und in den autonomen Provinzen Trient und Bozen Anwendung finden, und zwar für die Teile, in denen Formen der Autonomie vorgesehen sind, welche über die bereits zuerkannten hinausgehen.

Die gemäß Art. 116 III itVerf erweiterte Autonomie für Regionen mit Normalstatut – bekannt unter dem Begriff des „differenzierten Regionalismus" – ist eine zusätzliche Autonomieform neben jener der Regionen mit Sonderstatut. Sofern Regionen mit Normalstatut einen ausgeglichenen Haushalt vorweisen, können sie mittels eines Verhandlungsverfahrens im Bereich der konkurrierenden Gesetzgebungskompetenzen[14] und für manche Sachgebiete auch im Bereich der ausschließlichen Gesetzgebungskompetenzen des Zentralstaates[15] über mehr Zuständigkeiten und über besondere Arten der Autonomie verfügen. Erste Bemühungen von Seiten einiger weniger Regionen mit Normalstatut zur Erweiterung ihrer Autonomie in den Jahren 2003 (Region Toskana), 2006/2007 (Regionen Lombardei und Venetien) und 2008 (Region Piemont) schlugen fehl.[16]

Infolge fortwährender Zentralisierungstendenzen[17] haben mittlerweile jedoch alle Regionen außer den Abruzzen und Molise entweder Interesse an diesem neuen Weg zu mehr Kompetenzen bekundet oder schon entsprechende Anträge zur Übertragung weiterer Kompetenzen vom Staat auf die Region mit oder ohne ausdrücklicher Forderung der Zustellung

---

13 Art. 116 III itVerf wurde ersetzt durch Art. 2 des Verfassungsgesetzes vom 18. Oktober 2001, Nr. 3.
14 Folgende Sachgebiete gehören zur konkurrierenden Gesetzgebung: die internationalen Beziehungen der Regionen und ihre Beziehungen zur Europäischen Union; Außenhandel; Arbeitsschutz und -sicherheit; Unterricht, unbeschadet der Autonomie der Schuleinrichtungen und unter Ausschluss der theoretischen und praktischen Berufsausbildung; Berufe; wissenschaftliche und technologische Forschung und Unterstützung der Innovation der Produktionszweige; Gesundheitsschutz; Ernährung; Sportgesetzgebung; Zivilschutz; Raumordnung; Häfen und Zivilflughäfen; große Verkehrs- und Schifffahrtsnetze; Regelung des Kommunikationswesens; Produktion, Transport und gesamtstaatliche Verteilung von Energie; Ergänzungs- und Zusatzvorsorge; Koordinierung der öffentlichen Finanzen und des Steuersystems; Aufwertung der Kultur- und Umweltgüter und Förderung und Organisation kultureller Tätigkeiten; Sparkassen; Landwirtschaftsbanken, Kreditinstitute regionalen Charakters; Körperschaften für Boden- und Agrarkredit regionalen Charakters. Unbeschadet der dem staatlichen Gesetzgeber vorbehaltenen Befugnis zur Festsetzung wesentlicher Grundsätze steht die Gesetzgebungsbefugnis für Sachgebiete der konkurrierenden Gesetzgebung den Regionen zu.
15 Im Bereich des Rechtsinstituts des Friedensrichters, im Bereich der allgemeinen Bestimmungen im Unterricht und in den Bereichen Umweltschutz, Ökosysteme und kulturelle Gemeingüter.
16 Vgl. *Dossier Wissenschaftlicher Dienst des Senats* 2018: Il regionalismo differenziato e gli accordi preliminari con le Regioni Emilia-Romagna, Lombardia e Veneto, Mai 2018, S. 17.
17 Vgl. *Alber, Elisabeth* 2018: Regionalstaat Italien – Reformblockaden und Perspektiven, in: Gesellschaft • Wirtschaft • Politik (GWP), Heft 1/2018, S. 75–84. Für eine Bilanz zu den Reformen und Reformversuchen der Regierung Renzi vgl. die Beiträge in *Grasse, Alexander/Grimm, Markus/Labitzke, Jan (Hrsg.)* 2018: Italien zwischen Krise und Aufbruch, Wiesbaden.

der dazu notwenigen Finanzmittel vorgelegt. Die Regionen Lombardei, Venetien und Emilia-Romagna haben als Vorreiter das Verfahren gemäß Art. 116 III itVerf[18] eingeleitet und infolge der entsprechenden Antragstellungen eine „vorläufige Vereinbarung" (datiert zum 28.02.2018) für weitere Verhandlungsgespräche mit der Regierung abgeschlossen.[19] Die Fortsetzung der Gespräche geriet aufgrund der politischen Instabilität ins Stocken und wird derzeit als nicht prioritär angesehen. Welches Ende auch immer „Italiens neuer Verhandlungsregionalismus"[20] nehmen wird, eines steht fest: Von den Regionen mit Sonderstatut würden sich die Normalstatutsregionen mit erweitertem Kompetenzkatalog als eine Art dritte Kategorie von Regionen auch weiterhin wesentlich unterscheiden, etwa weil ihre erweiterte Autonomie nicht mit Verfassungsrang abgesichert wäre, sondern nur per ordentlichem Gesetz.[21] Die Meinungen zur Frage, wie die drei Kategorien von Regionen bzw. die unterschiedlichen regionalen Autonomiebestrebungen sich entwickeln (sollen), gehen weit auseinander. Fakt ist: Machten zwei „Regionalismen"[22] – Normal- und Sonderstatutsregionen – noch keinen Föderalstaat, so werden drei „Regionalismen" ohne eine Gesamtstrategie, die die Verfassungsreform 2001 zur Gänze umsetzt, die Quadratur des Kreises auch nicht schaffen. Das Narrativ „Sonderstatuts- vs. Normalstatutsregionen" wird weiterhin eine Konstante im italienischen Regionalismus sein, mit der Region Trentino-Südtirol, die sich nicht nur durch ihr Sonderstatut auszeichnet, sondern auch durch die Tatsache, dass in ihr weite Teile der Befugnisse von der regionalen Ebene auf die Ebene ihrer zwei Gliedteile, die autonomen Provinzen Trient und Bozen, übertragen wurden. Das ist einzigartig für den asymmetrischen Regionalstaat Italien.

2   Die Sonderstatutsregion Trentino-Südtirol und ihre autonomen Provinzen Trient und Bozen: eine Sonderstellung und ihre Besonderheiten

Die Region mit Sonderstatut Trentino-Südtirol hat ihre Sonderstellung aufgrund internationaler Verpflichtungen zum Schutz der deutschsprachigen Minderheit zugesprochen bekommen. Das Gruber-De-Gasperi-Abkommen (1946) – Annex im Pariser Friedensvertrag – verpflichtete Italien zur Einrichtung einer Selbstverwaltung für die Region Trentino-Südtirol, um in weiteren Schritten die im Abkommen enthaltenen Bestimmungen umsetzen zu können (unter anderem Gleichberechtigung der deutschen und italienischen Sprache in öffentlichen Ämtern und amtlichen Urkunden wie auch in der zweisprachigen Ortsnamengebung; Recht auf Unterricht in Muttersprache; Gleichberechtigung bei Zulassung zu öffentlichen Ämtern zu dem Zwecke, eine angemessenere Verteilung der Beamtenstellen zwischen den beiden

---

18 Laut Art. 116 III itVerf müssen beide Kammern des Parlaments mit absoluter Mehrheit den vom Ministerrat vorgelegten Gesetzentwurf annehmen. Dieser Gesetzentwurf basiert auf den vorausgegangenen Verhandlungen zwischen der antragstellenden Region und der römischen Regierung.

19 Vgl. *Dossier Wissenschaftlicher Dienst des Senats* 2019: Il processo di attuazione del regionalismo differenziato, vom 21.03.2019, Rom.

20 *Zwilling/Alber* 2019 (Fn. 4), S. 318–320.

21 Dies bedeutet, dass die zusätzlichen besonderen Formen und Bedingungen der Autonomie zukünftig mittels nachfolgendem Parlamentsgesetz wieder modifiziert oder entzogen werden könnten.

22 *Zwilling/Alber* 2019 (Fn. 4), S. 327. Unter dem Begriff „Regionalismen" fassen die Autorinnen die Region zum einen als institutionelles Organ im asymmetrischen Regionalstaat Italien, zum anderen als sozio-politische Gebietskörperschaft mit eigenen Besonderheiten, Dynamiken und Bedürfnissen zusammen.

Volksgruppen zu verwirklichen).[23] In der Folge sah das am 26. Februar 1948 verabschiedete Erste Autonomiestatut[24] eine Umsetzung auf regionaler Ebene vor. Mittels der Übertragung von Verwaltungs- und Gesetzgebungskompetenzen auf die regionale Ebene konnte das Abkommen jedoch aufgrund der numerischen Stärke der italienischsprachigen Gemeinschaft auf dem Gesamtterritorium der Region Trentino-Südtirol nicht umgesetzt werden. Es fehlte einerseits der politische Wille, andererseits waren die Interessen zwischen den Sprachgruppen bzw. in den Gebieten Trentino (fast ausschließlich italienischsprachig) und Südtirol (deutsch-, italienisch- und ladinischsprachig) zu unterschiedlich. Nach etlichen Verhandlungsrunden auf mehreren Ebenen (siehe 3. Kapitel in diesem Beitrag), wurden weitreichende Kompetenzen, die für die Befriedigung der Südtirol-Frage vonnöten waren, von der Region mit Sonderstatut Trentino-Südtirol auf die dieser Region angehörigen und wiederum autonomen Provinzen Trient und Bozen übertragen. Aus diesem Grund nehmen die autonomen Provinzen Trient und Bozen aus verfassungsrechtlicher Sicht einerseits eine Sonderstellung in der Kategorie der Regionen mit Sonderstatut im asymmetrischen Regionalstaat Italien ein, andererseits nimmt die autonome Provinz Bozen aufgrund des Ausmaßes ihrer territorialen Selbstverwaltungsbestimmungen und der Verknüpfung dieser Bestimmungen mit dem Minderheitenschutz (das heißt die Regelungen des Zusammenlebens der Sprachgruppen) eine „Sonderstellung in der Sonderstellung" ein.[25]

Diesen strukturellen und kompetenzrechtlichen Eigenschaften Rechnung tragend, gleicht die Region Trentino-Südtirol heutzutage einer „leeren bzw. entleerten Hülse", der die zwei autonomen Provinzen Trient und Bozen mit unterschiedlichen politischen Systemen und jeweils sehr weitreichenden Kompetenzkatalogen angehören. Der Aufbau des Zweiten Autonomiestatuts (ASt)[26] spiegelt dies wider: Ein Großteil der Artikel bezieht sich entweder nur auf die autonome Provinz Trient oder nur auf die autonome Provinz Bozen, einige wenige Artikel auf die Region Trentino-Südtirol (das heißt auf die Gesamtheit des Territoriums Trentino-Südtirol). Über die Zukunft der Region – das heißt ihre Aufwertung, Abschaffung oder Umwandlung von einer reinen Dachkonstruktion in ein Koordinierungsorgan – wird insbesondere seit der Verfassungsreform 2001 und in den letzten Jahren im Zuge der breit angelegten Diskussionen um die Reformvorhaben zum ASt immer wieder konktrovers diskutiert.[27] Aus Trentiner Sicht könnte die Region in einigen Bereichen eine aktivere Rolle innehaben, um einerseits auf (über)regionaler Ebene Skalenerträge zu erwirken, andererseits

---

23 Das Gruber-De-Gasperi-Abkommen im deutschen Wortlaut ist in seiner Gänze auf folgender Webseite einsehbar: http://www.regione.taa.it/codice/accordo_d.aspx (05.12.2019).

24 Verfassungsgesetz vom 26. Februar 1948, Nr. 5, einsehbar unter: https://www.landtag-bz.org/de/datenbanken-sammlungen/autonomiestatut.asp (05.12.2019).

25 In Anlehnung an Roberto Toniatti, die autonome Provinz Bozen als „Besonderheit in der Besonderheit" bezeichnet. *Toniatti, Roberto* 1999: Un nuovo intervento della Corte in tema di rappresentanza politica preferenziale delle minoranze linguistiche: il consolidamento della democrazia consociativa etnica nel Trentino-Alto Adige, in: Le Regioni 2/1999, S. 291–308 (291).

26 Dekret des Präsidenten der Republik vom 31. August 1972, Nr. 670. Das ASt ist einsehbar unter: https://www.landtag-bz.org/de/datenbanken-sammlungen/autonomiestatut.asp (05.12.2019).

27 Vgl. für viele *Parolari, Sara* 2018: Il futuro dell'ente regionale come chiave di volta della riforma dello Statuto del Trentino-Alto Adige/Südtirol, in: *Alber, Elisabeth/Engl, Alice/Pallaver, Günther (Hrsg.)*: Politika 2018. Südtiroler Jahrbuch für Politik, Bozen, S. 179–187 und *Palermo, Francesco* 2012: Regione, Province e forse nuova Regione? Il pendolo di Foucault istituzionale dell'autonomia, in: *Pallaver, Günther (Hrsg.)* 2012: Politika 2012. Südtiroler Jahrbuch für Politik, Bozen, S. 183–201.

könnte die Region auch für die Ladiner einen interessanten Rahmen bieten, da deren Gebiet sowohl die autonome Provinz Trient als auch die autonome Provinz Bozen umfasst (und sogar darüber hinausgeht). Wenngleich aus Südtiroler Sicht die Rolle der Region zwar ebenso grundlegend zu überdenken wäre, so sollte die Region laut vieler als Institution jedoch besser abgeschafft und nicht aufgewertet werden.[28]

Abb. 1: Die Lage Südtirols in Italien

Quelle: eigene Zusammenstellung.

Aus verfassungsrechtlicher Sicht bedarf jegliches Reformvorhaben zum Zweiten Autonomiestatut (ASt) der Zusammenarbeit aller institutionellen Akteure in der Region Trentino-Südtirol. Gemäß Art. 103 des ASt steht das Initiativrecht zur Änderung des Autonomiestatuts nämlich dem Regionalrat auf Vorschlag der Landtage der beiden autonomen Provinzen zu. Dabei fasst der Regionalrat, der sich aus den beiden Landtagen zusammensetzt, den formellen Beschluss, der vollständig dem von den beiden Landtagen eingebrachten Entwurf entspricht. Konkret muss der endgültige Vorschlag nach Behandlung in den jeweiligen Landtagen und nach Genehmigung im Regionalrat dem römischen Parlament vorgelegt werden. Da die Statuten der Regionen mit Sonderstatut im Rang eines Verfassungsgesetzes ste-

---

28 Alber, Elisabeth/Woelk, Jens 2018: „Autonomie(reform) 2.0“: parallele Verfahren partizipativer Demokratie zur Reform des Autonomiestatuts der Region Trentino-Südtirol, in: Europäisches Zentrum für Föderalismus-Forschung Tübingen (Hrsg.): Jahrbuch des Föderalismus 2018. Föderalismus, Subsidiarität und Regionen in Europa, Baden-Baden, S. 172–188 (185).

hen (also auch jenes der Region Trentino-Südtirol), können sie auch nur mittels eines Verfassungsgesetzentwurfs laut Art. 138 itVerf abgeändert werden. Eine staatsweite Volksabstimmung über das statutsändernde Verfassungsgesetz darf jedoch nicht abgehalten werden, einerseits um die durch Verhandlung erlangten Ergebnisse nicht der Gefahr einer Ablehnung im Referendum auszusetzen, andererseits um den Minderheitenschutz nicht zu untergraben. Die Sonderstellung beim Verfahren zum Abändern des ASt ist auf die starke Verknüpfung von territorialer Autonomie und Minderheitenschutz in Südtirol zurückzuführen, wobei das Schutzerfordernis die Grundlage für die Autonomie ist und die Autonomie auf dem Gedanken der Vielfalt der Gruppen fußt.[29]

Kern der „Spezialität"[30] Südtirols ist neben dem völkerrechtlichen Schutz der Sprachminderheit durch das Gruber-De-Gasperi-Abkommen auch der besondere verfahrensrechtliche Mechanismus, mit dem das ASt umgesetzt und ausgebaut wird. Gemäß Art. 107 des ASt erfolgt die Umsetzung anhand von Durchführungsbestimmungen, die als gesetzesvertretende Dekrete vom Präsidenten der Republik nach Einholen der Stellungnahme einer paritätischen Kommission und darauffolgendem Beschluss des Ministerrates erlassen werden. Die Ausarbeitung der Durchführungsbestimmungen erfolgt durch eine sogenannte paritätische Kommission in Zusammenarbeit mit der für die Sachlage zuständigen Beamtenschaft auf zentraler und regionaler bzw. – im Falle des Trentino und Südtirols – Provinzebene. Obwohl alle Sonderstatutsregionen über paritätische Kommissionen zur Umsetzung ihrer Autonomien verfügen, griffen die fünf Regionen in sehr unterschiedlichem Maß auf das verfahrensrechtliche Verhandlungsinstrument der paritätischen Kommission zurück. Für die Region Trentino-Südtirol und insbesondere für die autonome Provinz Bozen war und ist die Arbeit der paritätischen Kommission – welche formell eine rein beratende Rolle innehat – ausschlaggebend. Gemäß Art. 107 ASt besteht die paritätische Kommission für die Region Trentino-Südtirol aus zwölf Mitgliedern. Davon vertreten sechs den Staat, zwei den Regionalrat, zwei den Landtag des Trentino und zwei den Südtiroler Landtag; zusätzlich müssen drei Mitglieder der deutschen oder ladinischen Sprachgruppe angehören.[31] Die sogenannte „12er-Kommission" ist für alle Angelegenheiten bzw. Durchführungsbestimmungen zuständig, die die Region Trentino-Südtirol betreffen; innerhalb der 12er-Kommission gibt es die sogenannte „6er-Kommission", die für die Durchführungsbestimmungen zu den in die Befugnisse der autonomen Provinz Bozen fallenden Sachgebiete zuständig ist. Nachdem mit dem Zweiten Autonomiestatut 1972 weite Teile der Kompetenzen von der Region auf die beiden autonomen Provinzen Bozen und Trient übertragen wurden, ist für Südtirol die Arbeit der 6er-Kommission von großer Bedeutung. Diese setzt sich laut Art. 107 ASt aus sechs Mitgliedern zusammen, mit drei Vertretern von Seiten des Staates und drei Vertretern von

---

29 *Zwilling, Carolin* 2007: Die Spezialität der Autonomen Provinz Bozen innerhalb der italienischen Verfassung, in: *Palermo, Francesco/Hrbek, Rudolf/Zwilling, Carolin/Alber, Elisabeth (Hrsg.)*: Auf dem Weg zu asymmetrischem Föderalismus?, Minderheiten und Autonomien, Bd. 11, Baden-Baden, S. 116–129 (116).

30 *Zwilling* 2007 (Fn. 29), S. 118.

31 Die explizte Berücksichtigung eines ladinischsprachigen Vertreters wurde mittels Verfassungsgesetz Nr. 1/2017 hinzugefügt. Die Belange der ladinischen Sprachgruppe wurden seit jeher von deutschsprachigen Vertretern der Südtiroler Volkspartei gegenüber Rom mitbetreut. Die Südtiroler Volkspartei versteht sich als Sammelpartei der deutsch- und ladinischsprachigen SüdtirolerInnen. Siehe Näheres unter https://www.svp.eu/de/wilkommenbei-uns-1.html (05.12.2019) und ausführlich in *Pallaver, Günther* 2018: Südtirols Parteiensystem, Bozen.

Seiten der Provinz. Eines der Mitglieder in Vertretung des Staates muss der deutschen oder der ladinischen Sprachgruppe angehören; eines der Mitglieder in Vertretung der Provinz muss der italienischen Sprachgruppe angehören. Die Mehrheit der Südtiroler Landtagsabgeordneten der deutschen oder der italienischen Sprachgruppe kann auf die Namhaftmachung eines eigenen Vertreters zugunsten eines Mitglieds der ladinischen Sprachgruppe verzichten. Durch die Besonderheit der „doppelten Gleichrangigkeit" – territoriale Gleichrangigkeit bei der Bestellung von jeweils drei Mitgliedern von Seiten des Staates und der Provinz sowie sprachliche Gleichrangigkeit mit jeweils drei deutsch/ladinisch- und italienischsprachigen Mitgliedern – unterscheidet sich die 6er-Komission als Teil der 12er-Kommission wesentlich von den anderen paritätischen Kommissionen in den Regionen mit Sonderstatut, einerseits in ihrer Zusammensetzung, andererseits was die Verfahren der Namhaftmachung von Seiten aller institutionellen Akteure betrifft. Die 6er-Kommission war für die autonome Provinz Bozen nicht nur Dreh- und Angelpunkt für die erfolgreiche Umsetzung der Autonomie bis zur Streitbeilegung im Jahr 1992,[32] sondern erarbeitet auch heute noch die Durchführungsbestimmungen, mit denen die Autonomie kontinuierlich ausgebaut wird.[33]

3 Der historische Rahmen der Südtiroler Autonomie

3.1 Die Annexion eines Durchzugslandes und die Zeit nach dem Ersten Weltkrieg

Südtirol ist historisch betrachtet ein Durchzugsland, was sich auch in der Heterogenität seiner Bevölkerungsgruppen zeigt. Bereits im frühen Mittelalter besiedelte eine Bandbreite unterschiedlicher Gruppierungen Südtirol: Kelten, Goten, Franken, Bajuwaren, Langobarden und Rätoromanen. 1363 wurde Tirol aufgrund eines Erbschaftsvertrags Teil des Habsburgischen Erblandes und blieb dies, mit Ausnahme der Angliederung an Bayern zu Beginn des 19. Jahrhunderts, bis zum Ende des Ersten Weltkrieges.

Nach dem Ersten Weltkrieg wurde das Territorium südlich des Brennerpasses schließlich Italien zugestanden; und zwar trotz des 14 Punkte-Programms Woodrow Wilsons, dessen neunter Punkt eine Neuausrichtung der Grenzen Italiens entlang klar erkennbarer Abgrenzungen der Volksangehörigkeit vorsah.[34] Mit der Unterzeichnung des Vertrags von Saint-Germain durch den österreichischen Staatskanzler Karl Renner wurde das Zufallen Südtirols zu Italien formell akzeptiert und mit der 1920 folgenden Annexion umgesetzt.

---

32 Zur Streitbeilegung siehe *Clementi, Siglinde/Woelk, Jens (Hrsg.)* 2003: 1992: Ende eines Streits. Zehn Jahre Streitbeilegung im Südtirolkonflikt zwischen Italien und Österreich, Baden-Baden. Zum 70. Jahrestag des Gruber-De-Gasperi-Abkommens siehe *Obwexer, Walter/Pfanzelter, Eva (Hrsg.)* 2017: 70 Jahre Pariser Vertrag, Handbuch, Wien.

33 Vgl. *Obwexer, Walter/Happacher, Esther* 2015: Rechtsgutachten zu den Entwicklungen und Veränderungen der Südtiroler Autonomie seit der Streitbeilegungserklärung 1992, einsehbar unter: http://www.pro vinz.bz.it/news/de/news.asp?news_action=4&news_article_id=589813 (05.12.2019).

34 Vgl. *Alber, Elisabeth* 2015: Qualified Autonomy vs. Secessionist Discourses in Europe: The Case of South Tyrol, in: *Belser, Eva Maria/Fang-Bär, Alexandra/Massüger, Nina/Pillai, Rekha O. (Hrsg.)*: States Falling Apart? Secessionist and Autonomy Movements in Europe, Bern, S. 267–296 (274–275). Ein wichtiger Faktor für die Nichteinhaltung dieses neunten Punktes war der geheime Londoner Vertrag, nach welchem Italien für den Kriegseintritt auf Alliierter Seite Territorien zugesichert wurden.

Italiens Nachkriegsregierungen brachten zunächst eine gewisse Sensibilität gegenüber Südtirol auf. So plädierte Ministerpräsident Giovanni Giolitti (1920–1921) dafür, die deutsche Kultur und Sprache zu respektieren.[35] Dieser Umstand änderte jedoch nichts an der bereits in dieser Zeit beginnenden faschistischen Aggression gegenüber der deutschsprachigen Bevölkerung Südtirols, welche mit der Machtergreifung Benito Mussolinis 1922 zur Politik der Italianisierung verdichtet wurde: Italienisch wurde als einzige offizielle Sprache eingeführt, nicht italienisch klingende Namen wurden umgeschrieben und mit dem sogenannten „lex Gentile" wurde schließlich auch die Schulbildung italianisiert und die Zeit der Katakombenschulen begann.[36] Trotz der genannten Maßnahmen existierten das Deutschsprachige und damit verbundene Kulturformen in Südtirol weiter, weshalb 1928 eine Umsiedlungspolitik initiiert wurde. Deren Ziel war es, durch diese Maßnahme die demographische Struktur der Südtiroler Bevölkerung zugunsten des italienischsprechenden Bevölkerungsanteils zu beeinflussen, weshalb eine hohe Anzahl von Menschen aus unterschiedlichen Regionen Italiens nach Südtirol siedelten. Das Resultat: Während der italienischsprachige Bevölkerungsanteil 1910[37] noch 2,9 Prozent betrug, war dieser bereits bis 1939 auf 24 Prozent angestiegen.[38]

Nach dem Anschluss Österreichs an Hitler-Deutschland 1938 kam es 1939 zum Hitler-Mussolini-Abkommen, nach welchem die SüdtirolerInnen zwischen einem Verbleib in Italien oder einer Umsiedlung ins Deutsche Reich optieren konnten. Die Frage der Option hinterließ tiefe Gräben im gesellschaftlichen Zusammenleben der deutschsprachigen Bevölkerung Südtirols, da die Entscheidung über Bleiben oder Gehen mit tiefgreifenden sozialen und persönlichen Konsequenzen verbunden war: Dortzubleiben bedeutete die Aufgabe der sozialen Identität und kulturelle Assimilation, wegzugehen hingegen eine Aufgabe der Heimat und Existenzgrundlage. 200.000 SüdtirolerInnen und damit rund 86 Prozent entschieden sich zu gehen. Letztendlich verließen bis zum Fall Mussolinis 1943 75.000 Menschen Südtirol.[39]

In der Folge kam es im selben Jahr zur Besetzung Südtirols durch Hitler-Deutschland und dem Aufbau der Operationszone Alpenvorland. Damit einher ging auch die Einführung der Wehrpflicht, wodurch zahlreiche Südtiroler Teil militärischer Einheiten des Deutschen Reichs wurden. In dieser Zeit sollen zwischen 3.500 und 5.000 Südtiroler Teil der Waffen-SS gewesen sein.[40] Lange war diese historische Phase ein dunkler Fleck im kollektiven Gedächtnis Südtirols, wurde doch die Präsenz der deutschen Nationalsozialisten in Südtirol häufig als Befreiung gesehen. Erst relativ spät wurde die Mitwirkung von Südtirolern bei

35 *Steininger, Rolf* 1997: Südtirol im 20. Jahrhundert. Vom Leben und Überleben einer Minderheit, Innsbruck, S. 48.

36 *Lantschner, Emma* 2008: History of the South Tyrol Conflict and its Settlement, in: *Woelk, Jens/Palermo, Francesco/Marko, Joseph (Hrsg.)*: Tolerance through Law. Self Governance and Group Rights in South Tyrol, Leiden, S. 3–15 (7).

37 *ASTAT* 2018: Südtirol in Zahlen, Autonome Provinz Bozen, Bozen, S. 19.

38 *Kager, Thomas* 1998: South Tyrol: Mitigated but not resolved, in: Online Journal of Peace and Conflict Resolution, Jg. 1, Nr. 3. http://www.trinstitute.org/ojpcr/1_3kag.htm#N_1_ (05.12.2019).

39 *Autonome Provinz Bozen* 2018: Südtirol bis 1945. http://www.provinz.bz.it/729212/de/geschichte/suedtirol-1945.asp (05.12.2019).

40 *Casagrande, Thomas* 2015: Südtiroler in der Waffen-SS: vorbildliche Haltung, fanatische Überzeugung, Bozen, S. 30–36. Für die Phase nach dem Zweiten Weltkrieg siehe auch *Steinacher, Gerald* 2012: Ausgrenzung in die Wirtschaft. Karrieren Südtiroler Nationalsozialisten nach 1945, in: *Obermair, Hannes/Risse, Stephanie/Romeo, Carlo (Hrsg.)*: Regionale Zivilgesellschaft in Bewegung. Cittadini innanzi tutto, Wien-Bozen, S. 272–285.

NS-Verbrechen durch eine verstärkte historische Aufarbeitung beleuchtet, was dementsprechende Konsequenzen für einen kritischen Umgang mit diesem Teil der Geschichte Südtirols hatte.[41]

3.2 Das Gruber-De-Gasperi-Abkommen und die Zeit nach dem Zweiten Weltkrieg

Nach dem Zweiten Weltkrieg kam es zu Verhandlungen zwischen Österreich und Italien, im Rahmen derer das Pariser Abkommen und dessen Anhang, das Gruber-De-Gasperi-Abkommen zustande kamen. Bereits im Vorfeld des Abkommens wurde die Brennergrenze als Staatsgrenze aus geopolitischen Kalkülen heraus bestätigt, was eine Rückkehr zu Österreich ausschloss.[42] Der Fokus des Pariser Vertrages war daher darauf ausgerichtet, die deutschsprachige Bevölkerung der Provinzen Bozen und Trient gleichberechtigt den italienischsprachigen BürgerInnen in sprachlicher, kultureller und wirtschaftlicher Hinsicht gegenüber zu stellen.[43] Mit diesem Vertrag wurde der Minderheitenschutz in Südtirol rechtlich auf internationaler Ebene verankert, interessanterweise ohne dabei die kleinste und älteste autochthone Gemeinschaft Südtirols, die LadinerInnen, explizit im Abkommen zu erwähnen.[44]

Die eigentliche Problematik lag in der Umsetzung des im Pariser Abkommen verankerten Minderheitenschutzes. Die itVerf von 1948 identifizierte nämlich Regionen und nicht Provinzen als Träger eines autonomen Status. In der Folge sah das am 26. Februar 1948 verabschiedete Erste Autonomiestatut eine Umsetzung auf regionaler Ebene vor. Dadurch befanden sich die deutschsprachigen SüdtirolerInnen erneut in einer nachteiligen Situation: Einerseits lebte der Großteil der deutschsprachigen Minderheit in der Provinz Bozen, weshalb sie mit 28,5 Prozent auf regionaler Ebene erneut eine Minderheit darstellten, andererseits wurden die Kompetenzen, welche konstitutiv für den autonomen Status waren, der Region und nicht den autonomen Provinzen übertragen.[45]

Diese Asymmetrie zwischen der demographischen Konzentration der deutschsprachigen Bevölkerungsgruppe in der Provinz Bozen und der gegenüberstehenden Allokation von Kompetenzen auf regionaler Ebene konstituierte eine soziale und politische Situation, in der eine Benachteiligung aufgrund der Muttersprache nicht aufgehoben, sondern fortgesetzt wurde. Am 17. November 1957 kumulierte diese Asymmetrie in der Protestversammlung auf Schloss

---

41 Südtirol ist nach dem Historiker Steurer „[...] die wahrscheinlich in ganz Europa [...] einzige Region, in der es noch bis heute gelegentlich üblich ist, dass bei Todesanzeigen die Zugehörigkeit des Verstorbenen zu einer militärischen Formation des Dritten Reiches [...] angegeben wird". *Steurer, Leopold* 2019: Südtirol und der Rechtsextremismus. Über „Urangst"-Politik, Geschichtsrevisionismus und rechte Seilschaften, in: *Pallaver, Günther/Mezzalira, Giorgio (Hrsg.)*: Der identitäre Rausch – Rechtsextremismus in Südtirol, Bozen, S. 115–154 (138–139).

42 *Pallaver, Günther* 1993: Südtirol 1943–1955: Internationale Aspekte, in: *Pelinka, Anton/Maislinger, Andreas (Hrsg.)*: Handbuch zur neueren Geschichte Tirols, Bd. 2, Zeitgeschichte 1.Teil: Politische Geschichte, Universitätsverlag Wagner, Innsbruck, S. 423–448.

43 Zitiert nach dem „Pariser Vertrag im deutschen Wortlaut", übersetzt in *Autonome Provinz Bozen-Südtirol* 2017: Das Südtirol Handbuch, Bozen, S. 30.

44 *Alber, Elisabeth* 2017: South Tyrol's Negotiated Autonomy, in: Journal of Ethnic Studies, Jg. Juni 2017, Nr. 78, S. 41–58 (44, 57).

45 *Lantschner* 2008 (Fn. 36), S. 10.

Sigmundskron, bei welcher 35.000 SüdtirolerInnen ihre Stimme erhoben. Auch die Südtirol-Attentate und die „Südtiroler Bombenjahre"[46] haben in dieser Zeit ihren Ausgangspunkt.

Eine Voraussetzung für eine erneute diplomatische Initiative Österreichs in Bezug auf die Minderheitenproblematik Südtirols war die Erlangung seiner Souveränität durch den Staatsvertrag von 1955. Fünf Jahre später brachte der sozialdemokratische Außenminister Bruno Kreisky die Südtirolfrage erstmals vor die Generalversammlung der Vereinten Nationen. Noch im selben Jahr wurde die Resolution 1497 und im Folgejahr die Resolution 1661 verabschiedet. Die Resolutionen griffen die problematische realpolitische Umsetzung des Gruber-De-Gasperi-Abkommens und den darum schwelenden Konflikt auf und versuchten eine erneute Verhandlungsperspektive zu eröffnen.

In diesem von Bombenanschlägen und einer erneuten Internationalisierung der Südtirolfrage geprägten Kontext rief der damalige italienische Innenminister Mario Scelba die Neunzehnerkommission ins Leben.[47] Diese setzte sich aus elf Italienischsprachigen, sieben Deutschsprachigen und einem Ladinischsprachigem zusammen. Die Arbeit der Neunzehnerkommission führte zu einem Dokument, welches 1964 Aldo Moro, dem ehemaligen Ministerpräsidenten Italiens, übergeben wurde und gleichzeitig Grundlage für das sogenannte Autonomie-Paket war. Das Paket beinhaltete 137 Maßnahmen zur Reform des Ersten Autonomiestatuts. Mit der Festlegung auf den Operationskalender 1969, welcher als Zeitplan für die Umsetzung der Maßnahmen fungierte, setzte sich auf diplomatischer Ebene die Vorstellung eines autonomen Südtirols durch.

Hiermit wurde die Grundlage für die Übertragung der vormalig auf der regionalen Ebene verorteten Kompetenzen auf die Provinzebene geschaffen, die sich schließlich mit dem 1972 in Kraft getretenen Zweiten Autonomiestatut (ASt) verwirklichte. Konkret bedeutete dies, dass die autonome Provinz Bozen fortan in den Bereichen Kultur, Kindergärten, Soziales, Straßen, Wohnbau, Öffentlicher Nahverkehr, Tourismus, Handwerk, Handel, Industrie, Landwirtschaft, Zivilschutz und Naturparks primäre Gesetzgebungskompetenz innehat.[48] In weiteren Bereichen wie Schule, Gesundheit und Sport verfügt die autonome Provinz Bozen über sekundäre (konkurrierende) Gesetzgebungskompetenzen. Durch die Verlagerung der Kompetenzen von der Region auf die autonome Provinz Bozen (und die autonome Provinz Trient) sowie die Einführung des ethnischen Proporzes wurde die Grundlage für die Befriedung des Minderheitenkonfliktes in Südtirol geschaffen. Im Jahre 1992 erfolgte schließlich die Übergabe der offiziellen Streitbeilegung durch den italienischen und österreichischen Botschafter an das Generalsekretariat der Vereinten Nationen.

---

46 *Grote, Georg* 2008: Terrorists, freedom fighters, activists, and founding fathers: The Historical Revision of the 1960s Bombing Campaign in the South Tyrol, in: *Thomas, Rebecca (Hrsg.)*: Madness and crime in modern Austria: Myth, metaphor, and cultural realities, Newcastle, S. 278–302; *Peterlini, Hans Karl* 2005: Südtiroler Bombenjahre: Von Blut und Tränen zum Happy End?, Bozen.

47 *Alber* 2017 (Fn. 44), S. 45; *Lantschner* 2008 (Fn. 36), S. 12.

48 *Autonome Provinz Bozen-Südtirol* 2005: Das neue Autonomiestatut, Bozen, S. 68–69. Siehe auch *Südtiroler Landesverwaltung* 2018: Kompetenzen und Finanzierung der Autonomie. http://www.provinz.bz.it/politikrecht-aussenbeziehungen/autonomie/kompetenzen-finanzierung-autonomie.asp (05.12.2019).

4 Die sozialstrukturelle Entwicklung und ethnische Differenzierung Südtirols

Die im vorhergehenden Kapitel skizzierte historische Entwicklung spiegelt sich nicht nur im rechtlich-institutionellen Rahmen der Südtirolautonomie und seiner Sonderstellung wider, sondern auch in der sozialen Struktur Südtirols. Nach dem Ende des Zweiten Weltkrieges gab es durch die vorangegangene Italianisierung eine „Konzentration" der Sprachgruppen auf bestimmte ökonomische und gesellschaftliche Bereiche.[49] Der Bereich der öffentlichen Verwaltung war dadurch stark von der italienischsprachigen, die Landwirtschaft hingegen von der deutschsprachigen Bevölkerungsgruppe besetzt, was eine Triebfeder für gesellschaftliche Konflikte darstellte.

Diese Asymmetrie zwischen den Sprachgruppen sollte nachhaltig durch den 1976 eingeführten und 1981 erstmals angewendeten Proporz abgebaut werden. Im Kern stellt der Proporz eine Art ethnisches Quotensystem dar, bei welchem auf Basis der letzten Volkszählung öffentliche Dienste und Ressourcen entsprechend dem Bevölkerungsanteil der jeweiligen Sprachgruppe vergeben werden.[50] Die auf diese Art und Weise der deutsch-, italienisch- oder ladinischsprachigen Bevölkerung zugeteilten Stellen dürfen wiederum nur von Mitgliedern aus der jeweiligen Sprachgruppe besetzt werden. Voraussetzung hierfür ist eine Sprachgruppenzugehörigkeitserklärung.[51]

Hiermit wurden zwei zentrale Ziele verfolgt: Einerseits sollte die Asymmetrie, die sich durch die Konzentration der italienisch- und deutschsprachigen Bevölkerung auf gewisse wirtschaftliche und soziale Bereiche ergab, ausgeglichen werden. Andererseits sollte eine soziale Wettbewerbsdynamik innerhalb, jedoch nicht zwischen den Sprachgruppen ausgelöst werden.[52] Die so entstandene Trennung zwischen den Sprachgruppen ist sowohl ein grundlegender Bestandteil des Südtiroler Konfliktlösungsansatzes[53] als auch eine Maßnahme, welche der einst benachteiligten deutschen Sprachgruppe Aufholchancen garantieren sollte. Jedoch kam es gleichzeitig auch zu einer „[...] Stabilisierung ethnopolitischer Denk- und Handlungsmuster" und ein gesellschaftlicher „Re-Ethnisierungsprozess" wurde initiiert.[54]

---

49 *Pokriefke, Eike/Lindemann, Romana/Atz, Hermann* 2016: Grunddaten zur demografischen und ethnischsozialen Entwicklung Südtirols seit dem Zweiten Weltkrieg, in: *Atz, Hermann/Haller, Max/Pallaver, Günther (Hrsg.)*: Ethnische Differenzierung und soziale Schichtung in der Südtiroler Gesellschaft. Ergebnisse eines empirischen Forschungsprojekts, Baden-Baden, S. 81–102 (81).

50 *Peterlini, Oskar* 1980: Der ethnische Proporz in Südtirol, Bozen.

51 Die Sprachgruppenzugehörigkeitserklärung ist bis heute ein viel debattierter gesellschaftspolitischer Gegenstand Südtirols. Heute besteht die Möglichkeit, anstatt einer Sprachgruppenzugehörigkeitserklärung, eine Sprachgruppenzuordnungserklärung abzugeben. Letztere Möglichkeit wird jedoch nur von 1,68 Prozent aller BürgerInnen wahrgenommen. Vgl. *ASTAT* 2018 (Fn. 37), S. 15.

52 *Pallaver, Günther* 2016: Das politische System Südtirols: Komplexe Machtteilung und ethnische Einflusssphären, in: *Atz, Hermann/Haller, Max/Pallaver, Günther (Hrsg.)*: Ethnische Differenzierung und soziale Schichtung in der Südtiroler Gesellschaft. Ergebnisse eines empirischen Forschungsprojekts, Baden-Baden, S. 61–80 (67).

53 *Pallaver, Günther* 2014: South Tyrol's changing political system: from dissociative on the road to associative conflict resolution, in: Nationalities Papers, Jg., 42, Nr. 3, S. 376–398. Siehe auch *Pallaver, Günther* 2012: Südtirol – vom dissoziativen zum assoziativen Konfliktlösungsmodell, in: *Obermair, Hannes/Risse, Stephanie/Romeo, Carlo (Hrsg.)*: Regionale Zivilgesellschaft in Bewegung. Cittadini innanzi tutto, Wien-Bozen, S. 355–385.

54 *Pallaver, Günther* 2007: Südtirols Konkordanzdemokratie, in: *Pallaver, Günther/Ferrandi, Giuseppe (Hrsg.)*: Die Region Trentino-Südtirol im 20. Jahrhundert: 1. Politik und Institutionen, Museo storico di Trento, Trient, S. 527–553 (533–534); *Bua, Vincenzo/Oberprantacher, Andreas/Pasqualini, Pier Paolo* 2011: „&

Abb. 2: Demographische Entwicklung nach Sprachgruppengröße seit 1880

◆ Deutsche ■ Italiener ▲ Ladiner ✕ Andere

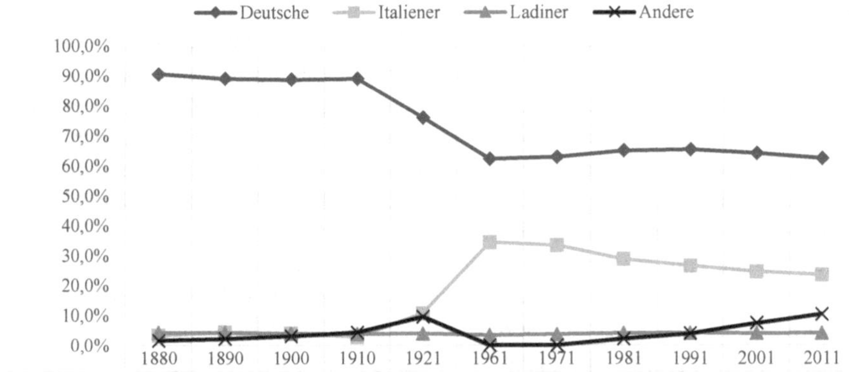

	1880	1890	1900	1910	1921	1961	1971	1981	1991	2001	2011
◆ Deutsche	90,6%	89,0%	88,8%	89,0%	75,9%	62,2%	62,9%	64,9%	65,3%	64,0%	62,3%
■ Italiener	3,4%	4,5%	4,0%	2,9%	10,6%	34,3%	33,3%	28,7%	26,5%	24,5%	23,4%
▲ Ladiner	4,3%	4,3%	4,0%	3,8%	3,9%	3,4%	3,7%	4,1%	4,2%	4,0%	4,1%
✕ Andere	1,7%	2,3%	3,2%	4,3%	9,6%	0,1%	0,1%	2,2%	4,0%	7,4%	10,3%

Quelle: eigene Darstellung, Datenquelle: *ASTAT* 2018, S. 19.

Die demographische Struktur der Südtiroler Bevölkerung (siehe Abb. 2) hat damit unmittelbare Auswirkungen auf soziale, wirtschaftliche und politische Kernbereiche des gesellschaftlichen Zusammenlebens.[55]

Betrachtet man die Entwicklung der Sprachgruppengröße seit 1880, fällt zunächst auf, dass bis 1961 der deutschsprachige Anteil kontinuierlich ab-, der italienischsprachige Anteil hingegen kontinuierlich zunimmt. Dies spiegelt klar die historischen Episoden von Faschismus, Italianisierung und Option wider. Seit den 1960er Jahren kehrt sich dieser Trend wieder um. Der Anteil der deutschsprachigen Bevölkerung steigt bis in die 1990er Jahre an, um sich anschließend im Jahr der letzten Volkszählung 2011 bei 62,3 Prozent einzupendeln. Im Gegensatz dazu sinkt der Anteil der italienischsprachigen Bevölkerung seit den 1960er Jahren und beträgt im Jahr 2011 schließlich 23,4 Prozent. Der Anteil der ladinischen Sprachgruppe schwankte seit 1880 um maximal 0,7 Prozent, liegt heute bei rund 4,1 Prozent und kann damit seit über 100 Jahren als stabil betrachtet werden.[56] Die stärksten Veränderungen der jüngsten Vergangenheit sind bei der Bevölkerungsgruppe der „Anderen" festzustellen, in die ansässige Ausländer, Personen mit fehlender oder ungültiger Sprachgruppenzugehörigkeitserklärung und temporal Abwesende fallen.[57] Diese Gruppe wächst seit den 1980er/1990er Jahr stetig und erreichte 2011 einen Anteil von 10,3 Prozent.

---

ueber allem schwebt der henngeier." Diskursive Trans-/formationen Südtiroler Identität, in: *Grote, Georg/ Siller, Barbara (Hrsg.)*: Südtirolismen. Erinnerungskulturen, Gegenwartsreflexionen und Zukunftsvisionen, Innsbruck, S. 305–327.

55 Statistische Erhebungen der Sprachgruppen sind nach *Pokriefke/Lindemann/Atz* 2016 (Fn. 49), S. 89 „mit gewisser Vorsicht zu betrachten". Der Grund liegt in der Veränderung der statistischen Erfassungsmethoden. Details hierzu, siehe ebenda, S. 88–90.

56 Siehe auch ebenda, S. 90.

57 Ebenda, S. 89.

Die Gruppe der „Anderen" ist in der sozialen Realität stark heterogen. Eine jüngere Erhebung, die sich auf die ausländische Wohnbevölkerung bezieht, zeigt, dass in Südtirol Menschen aus 139 Ländern vertreten sind.[58] Diese Heterogenität stellt auch Teile der Südtiroler Konfliktlösungsstrategie vor neue Herausforderungen, besonders den ethnischen Proporz. Es stellt sich die Frage, wie ein soziales und politisches System, welches auf der Existenz dreier autochthoner Sprachgruppen und deren Verhältnis aufbaut, mit Globalisierungsdynamiken wie Migration und einer damit einhergehenden zunehmenden Differenzierung der Südtiroler Bevölkerung umgehen kann. Schließlich eröffnen oder verschließen sich mit dem Erlernen einer oder beider Landessprachen und der Sprachgruppenzugehörigkeitserklärung konkrete soziale und ökonomische Betätigungsfelder. Empirische Untersuchungen legen deutlich nahe, dass MigrantInnen ökonomisch und sozialstrukturell benachteiligt sind, weshalb diese als „neue Minderheit" bezeichnet werden können.[59] Allerdings sind, aufgrund ihrer starken Heterogenität, „[...] pauschale Aussagen über diese Gruppe kritisch".[60]

Das Zweite Autonomiestatut und die darin festgelegten Maßnahmen zur Befriedung des Jahrzehnte lang andauernden Sprachgruppenkonfliktes haben zu einer ethnischen Differenzierung in unterschiedlichen Bereichen des gesellschaftlichen Zusammenlebens Südtirols geführt, worin sich wiederum die Grundidee des dissoziativen Konfliktlösungsmodells ausdrückt: Befriedung durch das Trennen der Konfliktparteien.[61] Deshalb bezeichnen Lucio Giudiceandrea und Aldo Mazza in ihrer Analyse den Modus des sozialen Zusammenlebens in Südtirol als „Mehrfamilienhaus-Modell"[62]: Alle Sprachgruppen leben gemeinsam im selben Mehrfamilienhaus; jedoch verbringen sie die meiste Zeit in ihren eigenen Wohnungen.

Ein Beispiel hierfür stellt das dreigeteilte Schulsystem dar. Jede autochthone Sprachgruppe Südtirols hat ein eigenes Schulwesen und eine eigene Administration.[63] Dieser Teilung zugrunde liegt das im Autonomiestatut verankerte Recht auf Unterricht in der jeweiligen Muttersprache.[64] Aufgrund der einstigen Unterdrückung der deutschsprachigen Bevölkerungsgruppe durch Italianisierung – man denke hier an die Katakombenschulen – stellen multilinguale Schulen bis heute ein sensibles politisches Thema dar. An Südtirols Schulen werden zwar neben der jeweiligen Muttersprache auch Italienisch oder Deutsch als Zweitsprache gelehrt, dennoch müssen diese im Kern als monolingual bezeichnet werden.[65] Wichtige

58 *ASTAT* 2018: Demographische Daten 2017, ASTAT-info Nr. 51, 09/2018, Bozen, S. 8.
59 *Pokriefke, Eike* 2016: Migrantinnen und Migranten, in: *Atz, Hermann/Haller, Max/Pallaver, Günther (Hrsg.)*: Ethnische Differenzierung und soziale Schichtung in der Südtiroler Gesellschaft. Ergebnisse eines empirischen Forschungsprojekts, Baden-Baden, S. 331–350 (331).
60 *Pokriefke* 2016 (Fn. 59), S. 348.
61 *Galtung, Johan* 1969: Violence, peace, and peace research, in: Journal of Peace Research, Jg. 6, Nr. 3, S. 167–191.
62 Im Original „modello condominio". Siehe *Giudiceandrea, Lucio/Mazza, Aldo* 2012: Stare insieme è un'arte. Vivere in Alto Adige/Südtirol, Meran, S. 17–18.
63 Vgl. *Alber, Elisabeth* 2014: Haut-Adige/Tyrol du Sud: un système éducatif divisé dans les Alpes, in: Revue Internationale de Politique Comparée, Volume 21, Nr. 4, S. 59–82.
64 Siehe Art. 19 des Zweiten Autonomiestatuts. *Autonome Provinz Bozen-Südtirol* 2005 (Fn. 48), S. 77.
65 *Baur, Siegfried/Windischer-Medda, Roberta* 2008: The Education System in South Tyrol, in: *Woelk, Jens/Palermo, Francesco/Marko, Joseph (Hrsg.)*: Tolerance through Law. Self Governance and Group Rights in South Tyrol, Leiden, S. 235–258 (241). Vgl. auch *Alber, Elisabeth* 2012: South Tyrol's Education System: Plurilingual Answers for Monolinguistic Spheres, in: *Palermo, Francesco/Alber, Elisabeth (Hrsg.)*: L'Europe en Formation, Spring 2012, Nr. 363, S. 399–415.

Gründe hierfür sind der schulische Kontext, in welchem vor allem SchülerInnen und LehrerInnen derselben Muttersprache zusammenkommen und die Verteilung der Sprachgruppen über den geographischen Raum Südtirols hinweg: Bei der letzten Volkszählung 2011 stellten in 103 der insgesamt 116 Gemeinden Südtirols die deutschsprachige Bevölkerung die Mehrheit dar, in 77 sogar über 90 Prozent.[66] In anderen Worten bedeutet dies, dass die italienischsprachige Bevölkerung – mit dementsprechenden Konsequenzen für die Nutzung der Zweitsprache außerhalb des Unterrichts – stark auf eine geringe Anzahl von Gemeinden konzentriert ist. Lediglich in Bozen (73,80 Prozent), Branzoll (62,01 Prozent), Leifers (71,50 Prozent), Salurn (61,85 Prozent) und Pfatten (61,50 Prozent) stellt die italienischsprachige Bevölkerung die Mehrheit dar; in Meran (49,06 Prozent) herrscht ein annähernd paritätisches Verhältnis.

Diese empirischen Beispiele unterstreichen, dass der ethnische Proporz und die ethnische Differenzierung nicht nur rechtlich-institutionell verankerte Faktoren des Südtiroler Konfliktlösungsansatzes sind, sondern ein komplexes soziales Phänomen darstellen, welches Kernbereiche des gesellschaftlichen Zusammenlebens beeinflusst.

5 Das politische System Südtirols

Südtirols politisches System ist durch konkordanzdemokratische Faktoren[67] gekennzeichnet und wurde im Ersten Autonomiestatut von 1948 rechtlich festgeschrieben.[68] Das Hauptaugenmerk liegt auf Verhandlung und Kompromiss, um damit den zentrifugalen Dynamiken der ethnischen Differenzierung entgegenzuwirken. Der Trennung in der Gesellschaft wird dementsprechend eine institutionalisierte „Kooperation unter den Eliten"[69] entgegengesetzt. Im politischen System Südtirols bilden nicht der Wettbewerb, sondern ein/e wechselseitig garantierte/r „Machtzugang" und „Machtausübung" das Gravitationszentrum der Institutionalisierung von Politik, weshalb es auch als *complex power sharing system*[70] bezeichnet werden kann.[71]

Diese Teilung von Macht wird im politischen System Südtirols durch vier Grundprinzipien umgesetzt:[72] (i) Einbindung aller autochthonen Sprachgruppen in die Exekutive: Nach

---

66 Berechnungsgrundlage: *ASTAT* 2017: Statistisches Jahrbuch für Südtirol, Bozen, S. 120–121. Auch 2001 stellte die deutschsprachige Bevölkerung in 103 von 116 Gemeinden über 50 Prozent dar, vgl. hierzu *Baur/Windischer-Medda* 2008 (Fn. 65), S. 240. Die Zahl der Gemeinden, in welchen die deutschsprachige Bevölkerung mehr als 90 Prozent darstellt, ist jedoch von 80 (2001) auf 77 (2011) zurückgegangen.

67 *Lijphart, Arend* 2004: Constitutional Design for Divided Societies, in: Journal of Democracy, Jg.15, Nr. 2, S. 96–109; *Lehmbruch, Gerhard* 1992: Konkordanzdemokratie, in: *Nohlen, Dieter (Hrsg.):* Lexikon der Politik, Bd. 3, C.H. Beck, München, S. 206–211.

68 *Pallaver* 2007 (Fn. 54), S. 527.

69 *Pallaver* 2016 (Fn. 52), S. 66.

70 *Wolff, Stefan* 2008: Complex Power Sharing as Conflict Resolution: South Tyrol in Comparative Perspective, in: *Woelk, Jens/Palermo, Francesco/Marko, Joseph (Hrsg.):* Tolerance through Law. Self Governance and Group Rights in South Tyrol, Martinus Nijhoff Publishers, Leiden, S. 329–370. Siehe auch *Pallaver* 2016 (Fn. 52).

71 *Pallaver* 2016 (Fn. 52), S. 66.

72 Ebenda, S. 66–68. Siehe auch *Pallaver, Günther* 2008, South Tyrol's Consociational Democracy: Between Political Claim and Social Reality, in: *Woelk, Jens/Palermo, Francesco/Marko, Joseph (Hrsg.):* Tolerance through Law. Self Governance and Group Rights in South Tyrol, Martinus Nijhoff Publishers, Leiden, S. 303–327 (303–304).

Art. 50 des ASt[73] müssen diese entsprechend ihren Bevölkerungsanteil „proportional" in der Landesregierung vertreten sein. (ii) „Entscheidungsautonomie" der Sprachgruppen: Bereiche, welche ausschließlich für eine Sprachgruppe relevant sind, werden in Selbstverwaltung von der jeweiligen Gruppe geregelt. Dies gilt vor allem für die Bereiche Schule und Kultur. (iii) „Verhältnismäßige" Repräsentation der Sprachgemeinschaften in politischen Institutionen, öffentlicher Verwaltung und öffentlichen Finanzen: Für die politischen Institutionen wird dies durch das Verhältniswahlrecht, für Verwaltung und Finanzmittel durch den schon beschriebenen ethnischen Proporz erreicht. (iv) „Vetorecht" der Sprachgruppen, sofern vitale Gruppeninteressen durch eine Regelung gefährdet sind: Nach Art. 56 des ASt kann ein Gesetzesvorschlag vor dem Verfassungsgericht angefochten werden, wenn dieser die „Gleichheit der Rechte zwischen den BürgerInnen verschiedener Sprachgruppen verletzt". In einem solchen Fall besteht die Möglichkeit einer Abstimmung nach Sprachgruppen. Findet diese Abstimmung nicht statt oder wird der Gesetzesvorschlag akzeptiert, obwohl zwei Drittel der Abgeordneten der Sprachgruppe, die das Veto ausgelöst hat, dagegen stimmten, kann das Gesetz innerhalb von 30 Tagen nach Kundmachung beim Verfassungsgerichtshof angefochten werden.[74] Bis zum heutigen Datum wurde von diesem Vetorecht jedoch nie Gebrauch gemacht (Stand: Ende 2019).

Neben diesen rechtlich-institutionell verankerten Grundprinzipien existieren im politischen System Südtirols eine Reihe von Governance-Mechanismen, welche mit dem voranschreitenden europäischen Integrationsprozess an Relevanz gewonnen haben. Beispiele hierfür sind grenzüberschreitende Kooperationsformen[75] im Rahmen des Europäischen Verbundes für Territoriale Zusammenarbeit (EVTZ) oder auch die politische Koordination mit der autonomen Provinz Trient beim Auftreten gegenüber Rom.

Das Parteiensystem Südtirols zeigt jedoch auch auf, dass der Anspruch der politischen Koordination mit Trient und jener einer symmetrischen Inklusion aller Sprachgruppen in der politischen Realität nur begrenzt zutrifft. Die aktuelle Zusammensetzung des Landtages zeugt davon. Seit der Landtagswahl im Oktober 2018 sind die 35 Sitze des Landtages wie folgt verteilt:[76] Südtiroler Volkspartei (15), Team K (6), Lega (4), Verdi-Grüne-Vërc (3), Die Freiheitlichen (2) Süd-Tiroler Freiheit (2), Partito Democratico (Demokratische Partei) (1), Movimento 5 Stelle (Fünf Sterne Bewegung) (1), L'Alto Adige nel Cuore[77] (1). Mit diesem Wahlergebnis setzt sich der Trend der elektoralen Verluste etablierter Parteien in Südtirol fort. Die Südtiroler Volkspartei (SVP) verlor bei der Landtagswahl 2008 mit 48,1 Prozent der WählerInnenstimmen erstmals die absolute Mehrheit, 2018 kam sie lediglich auf 41,9 Prozent. Auch andere etablierte Parteien der Südtiroler Parteienlandschaft wie die Freiheitlichen, die Süd-Tiroler Freiheit, die Grünen, der Partito Democratico und L'Alto Adige

---

73 *Autonome Provinz Bozen-Südtirol* 2005 (Fn. 48), S. 92. Siehe auch *Südtiroler Landesverwaltung* 2018 (Fn. 48).

74 *Autonome Provinz Bozen-Südtirol* 2005 (Fn. 48), 95; *Südtiroler Landesverwaltung* 2018 (Fn. 48); *Pallaver* 2016 (Fn. 52), S. 68.

75 *Zwilling, Carolin/Mitterhofer, Johanna* 2016: Grenzüberschreitende Zusammenarbeit von Gemeinden in der Europaregion, in: *Alber, Elisabeth/Engl, Alice/Pallaver, Günther (Hrsg.)*: Politika 2016. Südtiroler Jahrbuch für Politik, Edition Raetia, Bozen, S. 339–355.

76 *Bürgernetz* 2018: Landtagswahlen 2018. Wahl des Landtages der Autonomen Provinz Bozen-Südtirol 21. Oktober 2018. http://www.buergernetz.bz.it/vote/landtag2018/results/home_ld_vg.htm (05.12.2019).

77 Sind im Verbund mit der rechten staatlichen Partei Fratelli d'Italia zur Landtagswahl 2018 angetreten.

nel Cuore verloren an Zustimmung. Jene Parteien, welche einen sezessionistischen Diskurs[78] verkörpern, waren besonders stark davon betroffen. So gingen die Freiheitlichen, die Süd-Tiroler Freiheit und die BürgerUnion bei den Landtagswahlen 2018 als klare Verlierer hervor.[79] Im Wahljahr 2013 erreichten diese Parteien zusammen noch 27,2 Prozent der Stimmen und zehn Mandate, 2018 brachen sie auf 13,7 Prozent und vier Mandate ein. Die BürgerUnion verpasste sogar den Einzug in den Landtag. Hierdurch hat der sezessionistische Diskurs im Verhältnis zwischen parteipolitischem Angebot und elektoraler Nachfrage in Südtirol insgesamt eindeutig an Bedeutung verloren.

Gleichzeitig ist seit 2008 drei Parteineugründungen der Einzug in den Landtag gelungen: erstens dem Movimento 5 Stelle, welcher seit 2013 mit einem Sitz vertreten ist; zweitens dem Team Köllensperger (nun Team K), das sich um das ehemalige Fünf-Sterne-Mitglied Paul Köllensperger formierte und dem es 2018 auf Anhieb gelang, 15,2 Prozent der Stimmen und sechs Mandate zu erlangen; drittens der Lega Salvinis, die mit einer neuen Identität angetreten war (das „Nord" wurde durch den Namen des aktuellen Parteivorstandes ersetzt) und 11,1 Prozent der Stimmen und vier Mandate gewann. Diese Dynamik deutet auf einen Wandel des Südtiroler Parteiensystems hin, dessen Reichweite vom derzeitigen Kenntnisstand aus noch nicht klar zu benennen ist.[80]

Trotz des Wandels kann eine „Konstante" im Parteiensystem festgehalten werden, nämlich das „ethnische cleavage"[81]. Hierdurch ist das Parteiensystem in ethnische Arenen unterteilt. Bei der Landtagswahl 2018 repräsentierten die Südtiroler Volkspartei, die Freiheitlichen, die Süd-Tiroler Freiheit und die BürgerUnion das deutschsprachige, Partito Democratico, Movimento 5 Stelle, Alto Adige nel Cuore/Fratelli d'Italia und die neofaschistische CasaPound das italienischsprachige Elektorat.[82] Nur die Südtiroler Grünen können als sprachgruppenübergreifende-interethnische Partei definiert werden. Die Organisation der Parteien um das „ethnische cleavage" kombiniert mit der Funktionslogik des politischen Systems bringen einerseits Konsequenzen für den Parteienwettbewerb und andererseits Asymmetrien hinsichtlich der Einbindung aller Sprachgruppen mit sich. Der politische Wettbewerb zwischen deutschsprachigen und italienischsprachigen Parteien ist durch die starke ethnische Differenzierung sehr gering. Man muss daher nicht von einem „inter-ethnischen Wettbewerb", sondern von einem „intra-ethnischen Wettbewerb" sprechen.[83]

Wie bereits festgehalten, ist für die Regierungsbildung nach den Wahlen die ethnische Dimension zu berücksichtigen – das heißt, es gilt eine italienische Partei mit in die Regierung aufzunehmen. Tabelle 1 zeigt, dass die SVP seit 1948 demnach durchgehend mit einer oder mehreren italienischsprachigen Parteien koaliert. Die ethnische Dimension schreibt jedoch nicht vor, welche italienische(n) Partei(en) in die Regierung aufgenommen werden muss bzw. müssen. Bei der Wahl des Koalitionspartners spielte in der Vergangenheit daher die

---

78 *Alber* 2015 (Fn. 34), S. 281–285.
79 *Pallaver, Günther* 2019: Kontinuität und Wandel. Die Auswirkungen der Landtagswahlen auf die Beziehungen unter den Parteien, auf das Parteien- und politische System, in: *Alber, Elisabeth/Engl, Alice/Pallaver, Günther (Hrsg.)*: Politika 2019. Südtiroler Jahrbuch für Politik, Edition Raetia, Bozen, S. 155–182.
80 Ebenda, S. 178–180.
81 *Pallaver* 2018 (Fn. 31), S. 46–50.
82 *Pallaver* 2019 (Fn. 79), S. 159–161.
83 Ebenda, S. 160.

(national-)politische Dimension eine zentrale Rolle. Für die SVP und ihrem zentralen politischen Ziel des Ausbaus und der Verteidigung der Südtirolautonomie war daher immer die „autonomiefreundliche" Orientierung einer Partei der maßgebliche Indikator bei der Auswahl des Regierungspartners.

Tab. 1: Stimmanteil der italienischen Koalitionsparteien an der italienischsprachigen WählerInnenschaft 1948–2018

Legislaturperioden	Deutsch-ladinische Koalitionsparteien der Südtiroler Landesregierung	Italienische Koalitionsparteien der Südtiroler Landesregierung	Stimmenanteil der italienischen Koalitionsparteien an der italienischen WählerInnenschaft (Angaben in Prozent)
1948–1952	SVP	DC, PRI	42,7
1952–1956	SVP	DC	38,9
1956–1960	SVP	DC	40,4
1960–1964	SVP	DC	38,9
1964–1968	SVP	DC, PSDI	44,8
1968–1973	SVP	DC	39,0
1973–1978	SVP	DC, PSI	53,7
1978–1983	SVP	DC, PSDI	40,2
1983–1988	SVP	DC, PSI	42,1
1988–1993	SVP	DC, PSI	40,2
1993–1998	SVP	PPI, PDS	23,3
1998–2003	SVP	DS, PPA, UDA	27,8
2003–2008	SVP	DS, UA	27,6
2008–2013	SVP	PD	23,9
2013–2018	SVP	PD	29,5
ab 2018	SVP	LN	44,6

Quelle: *Pallaver* 2016 (Fn. 52); S. 71; *Pallaver* 2019 (Fn. 79).
Abkürzungsverzeichnis: DC: Democrazia Cristiana, DS: Democratici di Sinistra, PD: Partito Democratico, PDS: Partito Democratico della Sinistra, PPA: Partito Popolare Altoatesino, PRI: Partito Repubblicano Italiano, PSDI: Partito Socialista Democratico Italiano, PSI: Partito Socialista Italiano, SVP: Südtiroler Volkspartei, UA: Unione Autonomista.

Ab den 1990er Jahren wählte das italienischsprachige Elektorat verstärkt „Anti- oder Semi-Autonomieparteien" in den Südtiroler Landtag. Die SVP koalierte weiterhin bevorzugt mit (Kleinst-)Parteien, welche der Autonomie politisch positiv gesinnt waren. Die Folge war, dass der Stimmenanteil der italienischen Koalitionsparteien an der italienischen WählerInnenschaft abnahm und eine klare Mehrheit der italienischsprachigen Bevölkerung Südtirols nicht mehr in der Exekutive vertreten war. Das ist ein Widerspruch zur Maxime der maximalen Einbindung aller Sprachgruppen (siehe Tab. 1).

Durch die aktuelle SVP-Lega-Regierungskoalition wurde die seit den 1990er Jahren vorherrschende Unterrepräsentation der italienischsprachigen WählerInnenschaft in der Regierung wieder abgeschwächt. Die Lega vereint zwei wichtige Faktoren, welche dies ermöglichen: Erstens kann sie – wie die anderen Mehrheitsparteien der italienischsprachigen WählerInnenschaft in den vorangegangenen zwei Jahrzehnten – dem rechten Parteienspektrum zugeordnet werden, zweitens präsentiert sie sich als autonomiefreundlich.[84] Darüber hinaus war die Lega auf zentralstaatlicher Ebene an der Regierungskoalition zusammen mit dem Movimento 5 Stelle beteiligt. Dieses Beispiel zeigt, dass die im Zweiten Autonomiestatut verankerten Grundprinzipien für das politische System eine dynamische Auslegung in der sozialen Realität erfahren. So können Aspekte der Chancen- und Beteiligungsgleichheit durch politisch-ökonomische Interessen von einzelnen Sprachgruppen oder deren politischen Vertretungen bzw. Machtzugängen verwässert oder untergraben werden. Die immer weiter rückläufige Einbindung der italienischen Sprachgruppe in die politischen Institutionen stellt beispielsweise einen wichtigen Faktor für das verstärkte Aufkommen des *disagio degli italiani*, das Unbehagen des italienischsprachigen Bevölkerungsanteils in Südtirol, dar.[85] Inwiefern die Koalition zwischen SVP und Lega im Stande ist, dieses Unbehagen zu relativieren, wird die aktuelle Legislaturperiode zeigen.

Hinsichtlich des politischen Systems Südtirols gilt es zusätzlich festzuhalten, dass die SVP nicht nur auf Provinz – sondern auch auf staatlicher Ebene eine wichtige Rolle spielt. Sie kandidierte bei allen italienischen Parlamentswahlen nach dem Zweiten Weltkrieg und es gelang ihr, auch hier bis in das Jahr 2008 stets die absolute Mehrheit der Stimmen in Südtirol zu erlangen.[86] Bei der italienischen Parlamentswahl 2013 erreichte die SVP 44,17 Prozent der WählerInnenstimmen in Südtirol. Bei der Wahl im März 2018 konnte die Volkspartei den seit der Jahrtausendwende bestehenden Abwärtstrend beenden: Sie erreichte für die Kammer 48,17 Prozent und konnte somit ihre elektorale Performanz im Vergleich zu 2013 um 4,65 Prozent verbessern.[87] Auf innerstaatlicher Verhandlungsebene spielte und spielt die SVP weiterhin eine zentrale Rolle bei der Absicherung und dem Ausbau der Autonomie. Es waren politische Eliten der Südtiroler Volkspartei, welche die bilateralen Beziehungen zu Rom und die damit einhergehenden Verhandlungsprozesse nach dem Ende des Zweiten Weltkrieges führten. Sie waren es, die einerseits durch ihre Forderungen die Grundlagen und die Entwicklung verfahrensrechtlicher Mechanismen im asymmetrischen Regionalstaat mitprägten, und die andererseits diese letzteren autonomiepolitisch für die Umsetzung und den Ausbau der Autonomie nutzten.

Die Möglichkeiten zur Weiterentwicklung der Südtiroler Autonomie, sei es nach innen als auch nach außen, hängen Ende 2019 jedoch nicht mehr nur von einzelnen politischen Eliten, sondern von mehreren Faktoren ab. Die zwei wichtigsten sind: Eine systematische Erarbeitung einer autonomiepolitischen Zukunftsvision über (angenommene) politische und sozialstrukturelle Sprachgruppenkonflikte hinweg und eine systematische Erarbeitung einer gesamtstaatlichen Strategie zur Entwicklung des asymmetrischen Regionalstaates über (angenommene) Narrative rund um Regionen mit Sonder-, Normalstatut und erweiterter Autonomie hinweg.

---

84 *Pallaver* 2019 (Fn. 79), S. 177.
85 *Pallaver* 2016 (Fn. 52), S. 72. Vgl. hierzu auch *Giudiceandrea/Mazza* 2012 (Fn. 62).
86 *Peterlini, Oskar* 2009: Südtirols Vertretung am Faden Roms. Die Auswirkungen von Wahlsystemen auf ethnische Minderheiten am Beispiel Südtirols in Rom von 1921–2013, in: *Hilpold, Peter (Hrsg.)*: Minderheitenschutz in Italien, Wien, S. 37–139 (117).
87 Derzeit sitzen im italienischen Parlament sechs Südtiroler Vertreter, drei als Abgeordnete in der Kammer, drei als Senatoren im Senat. Alle Sechs sind Mitglieder der SVP. *Mariacher, Lukas* 2019: Die Parlamentswahlen 2018 in Italien und Südtirol. Ergebnisse, Trends und Reflektionen, in: *Alber, Elisabeth/Engl, Alice/Pallaver, Günther (Hrsg.)*: Politika 2019. Südtiroler Jahrbuch für Politik, Bozen, S. 83–102.

Der katalalanische Separatismus: kompromisslos, aber „pro-europäisch"

Sabine Riedel

In diesem Beitrag geht es um die Motive der katalanischen Unabhängigkeitsbewegung und um die Frage, warum deren Forderungen nach einem unabhängigen Staat derzeit in Europa so populär werden konnten. Die Hoffnungen separatistscher Parteien auf eine politische Unterstützung durch Institutionen der Europäischen Union (EU) lassen sich nämlich kaum erfüllen, weil sie deren Grundsätzen widersprechen. Denn die Mitgliedstaaten eint das Ziel einer politischen und wirtschaftlichen Integration zur „Verwirklichung einer immer engeren Union der Völker Europas"[1]. Im Artikel 1 des EU-Vertrags (Lissabon-Vertrag von 2009) heißt es weiter: Die Union „fördert den wirtschaftlichen, sozialen und territorialen Zusammenhalt und die Solidarität zwischen den Mitgliedstaaten". Strittig ist unter den EU-Mitgliedern nur, von welcher Art diese Integration sein soll, ob die bestehenden nationalstaatlichen Grenzen durchlässiger oder gar überflüssig werden sollen.

Unabhängig davon, bis wohin die Vertiefung der EU zukünftig führen wird, steht die heutige politische Agenda der EU separatistischen Bestrebungen nach einer staatlichen Desintegration diametral entgegen. Denn jede Sezession zielt auf eine Auflösung von Staaten, deren Gesellschaften bereits über Jahrhunderte politisch und wirtschaftlich zusammengewachsen und zum Großteil integriert sind. Daher stehen jene Vertreter von Unabhängigkeitsbewegungen, die im Mai 2019 ins Europäische Parlament gewählt worden sind, vor einer Entscheidung: Entweder sie werden zu geläuterten Anhängern der europäischen Integration und geben ihre Sezessionspläne auf, oder aber sie streben nach einer solchen Veränderung des politischen Systems der EU, die sie ihrem Ziel einer territorialen Abspaltung und Staatsgründung näherbringt. Im letzteren Fall würden sich die bereits deutlich sichtbaren Sezessionskonflikte in Katalonien, Schottland und Nordirland europäisieren und somit alle EU-Mitgliedstaaten unmittelbar tangieren.

Um diese Wechselwirkungen zwischen der regionalen, nationalen und supranationalen Ebene am Beispiel des Katalonien-Konflikts herauszuarbeiten, werden die drei thematischen Schwerpunkte dieses Sammelbands zu den Beweggründen, Entwicklungen und Perspektiven des Konflikts nacheinander behandelt und jeweils unter zwei Aspekten ausgeleuchtet. Einerseits interessiert das unmittelbare Spannungsverhältnis zwischen der regionalen und der zentralstaatlichen Ebene, andererseits aber auch der Kontext auf europäischer und internationaler Ebene, in dem der Regionalkonflikt eingebettet ist. Wie im Folgenden gezeigt wird, können diese Rahmenbedingungen einen entscheidenden Einfluss darauf nehmen, ob es zu einer einvernehmlichen Lösung oder aber zu einer weiteren Eskalation kommen wird. Allerdings liegt die letzte Entscheidung darüber in der Hand der beteiligten Konfliktparteien selbst. *Beide* Seiten müssen sich aktiv um eine Verständigung und Aussöhnung bemühen, nicht nur um den innergesellschaftlichen Frieden wiederherzustellen, sondern auch um die heutige europäische Friedensordnung zu erhalten.

---

1 Vgl. Art. 1 des Lissabon-Vertrags: EU-Vertrag. Titel I – Gemeinsame Bestimmungen (Art. 1 – 8). https://dejure.org/gesetze/EU/1.html (20.02.2020).

Abb. 1: Autonome Gemeinschaften Spaniens – mit Katalonien im Nordosten

Quelle: Wikipedia.

1 Motive und Argumente für eine staatliche Unabhängkeit Kataloniens

Die Argumente und Motive der katalanischen Unabhängigkeitsbewegung sind je nach politischer Orientierung der maßgeblichen Akteure unterschiedlich. Denn in ihr sind nahezu alle weltanschaulichen oder ideologischen Strömungen wiederzufinden. Das ist der Grund dafür, dass der Konflikt offen ausbrechen konnte. Das parteiübergreifende Bündnis, das im Jahre 2012 zusammenfand, bildet in den gewählten Institutionen zwar bis heute keine Mehrheit, aber dennoch eine kritische Masse, um die Forderung nach einem katalanischen Staat legitim erscheinen zu lassen. Durch die medienwirksame Unterzeichnung der Unabhängigkeitserklärung am 10.10.2017 blieb der Öffentlichkeit verborgen, dass bereits in diesem entscheidenden Moment das Bündnis der drei separatistischen Parteien auseinanderzufallen begann.

Der damalige Regionalpräsident Kataloniens, Carles Puigdemont, zögerte nämlich, die Unabhängigkeit auszurufen und rechtskräftig zu machen. Damit verprellte er seine katalanischen Verbündeten, vermied aber den Bruch mit europäischen Kooperationspartnern. Diese Prioritätensetzung zeigt sich auch im Namen seiner Partei, der Katalanischen Europäischen Demokratischen Partei (Partit Demòcrata Europeu Català, PDeCAT). Sie ging im Jahre 2016

77

als Neugründung aus der konservativen Demokratischen Konvergenz Kataloniens (Convergència Democràtica de Catalunya, CDC) hervor, die unter Jordi Pujol im Europäischen Parlament noch der Europäischen Volkspartei (EVP) angehörte. Erst unter Artur Mas, seinem Nachfolger und Vorgänger Puigdemonts, schlug die CDC im Jahre 2012 einen wirtschaftsliberalen Kurs ein, den sie mit der Forderung nach Unabhängigkeit verband.

Bis dahin stand für die CDC der Ausbau der Autonomierechte der spanischen Region im Vordergrund. Denn sie wurde bereits am 17.11.1974 mit dem Ziel gegründet, dem Franco-Regime Selbstverwaltungsrechte abzuringen. Die damalige Herrschaftsdoktrin des spanischen Nationalismus definierte die Nation als eine kulturelle Wertegemeinschaft mit einer langen historischen Tradition. Diesem ideologischen Paradigma folgend argumentierten CDC-Vertreter, dass die Katalanen ebenso eine eigene, historisch gewachsene Kulturgemeinschaft seien. Daher genoß die „Reconstruint la nació catalana", also die „Rekonstruktion der katalanischen Nation", oberste Priorität.[2] An diesem Kurs hielt die CDC nach Francos Tod Ende 1975 fest, obwohl sich Spanien eine demokratische Verfassung gab, die alle Staatsbürger unabhängig von ihrer kulturellen oder religiösen Orientierung gleichstellte.

Dieser Anachronismus des katalanischen Nationalismus wurde in dem Augenblick deutlich erkennbar, als die Regionalregierung im Jahre 2006 die Katalanen als „Nation" zu deklarieren versuchte. Nachdem das Verfassungsgericht eine entsprechende Reform des Autonomiestatuts als gesetzeswidrig zurückwies, stellte die CDC zunehmend die Rechtstaatlichkeit Spaniens in Frage. Mit Ausbruch der spanischen Bankenkrise im Jahre 2012 verschärfte die Regionalregierung schließlich ihre Kritik am Zentralstaat auf finanzpolitischer Ebene. Barcelona beklagt sich seitdem über zu hohe Steuern und Abgaben, die Katalonien als wirtschaftlich potente Region am stärksten treffe und daher benachteilige.[3]

Unter Carles Puigdemont kam es erstmals zu einer Regierungskoalition zwischen der CDC-Nachfolgepartei PDeCAT und der Republikanischen Linken Kataloniens (Esquerra Republicana de Catalunya, ERC). Wie ihr Name bereits andeutet, geht deren Geschichte auf die Anfänge der spanischen Republik im Jahre 1931 zurück. Doch obwohl sie sich als eine linke und progressive Kraft versteht, hat sie die Einführung eines modernen Nationsverständnisses nach dem Ende der Franco-Ära nicht mitgetragen. Vielmehr hält sie an einem kulturalistischen Nationsbegriff fest, der die Katalanen als eine Abstammungsgemeinchaft betrachtet, die sich durch ihre eigene Geschichte und Sprache von den übrigen Spaniern unterscheidet. Dies ist der inhaltliche Berührungspunkt zu konservativen katalanischen Bündnispartnern, wobei die nationalistische Doktrin der ERC darüber hinaus einen expansionistischen Charakter hat: Sie sehen sich auch als Repräsentanten der katalanischsprachigen Bevölkerung in den benachbarten Regionen Spaniens und in Südfrankreich (vgl. Karte oben).[4]

2 *Convergència Democràtica de Catalunya (Demokratische Konvergenz Kataloniens, CDC)*: Història (dt.: Geschichte). http://convergencia.cat/historia/ (20.02.2020).
3 *CDC* 2016: Programa Electoral, S. 3. https://media.timtul.com/media/pdecat/JxC_PROGRAMA-ELECTORAL_20180524062328.pdf (20.02.2020).
4 *Esquerra Republicana de Catalunya, ERC*: Esquerra Republicana té més de 100 seus repartides arreu del territori (dt. Die Republikanische Linke verfügt im gesamten Gebiet über mehr als 100 Vertretungen). https://www.esquerra.cat/ca/presencia-territorial (20.02.2020).

Was die ERC bis heute von anderen Parteien unterscheidet ist ihr konsequentes Bekenntnis zur republikanischen Staatsform.[5] Dahinter verbirgt sich eine offene Kritik am heutigen spanischen Modell einer parlamentarischen Monarchie,[6] was ihrer Unabhängigkeitsforderung Nachdruck verleiht. Die mangelhafte Aufarbeitung der Franco-Diktatur nutzen die Linksparteien, um Spaniens Konservative als „Postfranquisten" und damit als Gegner des Rechtsstaats zu bezeichnen. Die Aussetzung des Autonomiestatuts (27.10.2017 – 2.6.2018) und die Verhaftung abgesetzter Minister wie des Parteivorsitzenden der ERC und ehemaligen katalanischen Wirtschaftsministers Oriol Junqueras werten sie als Kulminationspunkt einer permanenten Unterdrückung durch den spanischen Staat.[7]

Derzeit rivalisieren PDeCAT und ERC um die Führungsposition innerhalb der Unabhängigkeitsbewegung.[8] Doch hängt deren Kurs letztlich von der kleinsten separatistischen Partei ab, von der Kandidatur der nationalen Einheit (Candidatura d'Unitat Popular, CUP), da sie im Regionalparlament über Mehrheiten entscheidet. Die CUP sieht sich an der Spitze im „Kampf für die nationale und soziale Befreiung der katalanischen Länder".[9] Sie verknüpft also politische Ideologien miteinander, die sich anderswo auf schärfste bekämpfen, nämlich Nationalismus, Sozialismus und Anarchismus. Sie schürt Skepsis gegenüber den Institutionen des spanischen Rechtsstaates, um ihr fiktives katalanisches Nationsmodell über die bestehenden Regional- und Landesgrenzen hinweg zu rechtfertigen. Nach der Verurteilung führender Separatisten zu langen Haftstrafen (14.10.2019) erhöhte sie den Druck auf ihre Bündnispartner zur Verabschiedung einer Unabhängigkeitserklärung.

2 Die begrenzte Reichweite der separatistischen Bewegung auf EU-Ebene

Es ist erstaunlich, dass die von CUP und ERC angestoßene Nationsbildung unter Vereinigung der „katalanischen Länder" bei den Nachbarstaaten bisher kaum auf Widerstand stieß. Dabei erstreckt sie sich weit über die autonome Provinz Katalonien hinaus, indem sie neben den beiden spanischen Regionen bzw. autonomen Gemeinschaften Valencia und den Balearen auch ein Gebiet in Südfrankreich für sich vereinnahmt (vgl. Karte oben).[10] Weil im Zuge der europäischen Integration die nationalen Grenzen durchlässiger geworden sind, ist das Problembewusstsein darüber offenbar verloren gegangen. Sobald sich Katalonien jedoch

5   *Republikanische Linke Kataloniens (Esquerra Republicana de Catalunya, ERC)*: Social progress, republicanism and independence. https://en.esquerra.cat/en/esquerra-republicana-ideology-ideological-foundations#363 (20.02.2020).

6   *Harald Barrios* 1997: Das politische System Spaniens, in: *Wolfgang Ismayr (Hrsg.)*: Die politischen Systeme Westeuropas, Opladen, S. 549–587 (551).

7   *ERC*: Història (dt.: Geschichte). https://www.esquerra.cat/ca/historia-esquerra-independentisme-iniciacami-a-hegemonia (20.02.2020).

8   ERC y Junts per Catalunya se disputan la hegemonía del independentismo (ERC und Junts per Catalunya streiten um die Hegemonie über die Unabhängigkeitsbewegung), El País vom 12.04.2019. https://elpais.com/ccaa/2019/04/11/catalunya/1555009013_917509.html (20.02.2020).

9   *Candidatura d'Unitat Popular (dt.: Kandidatur der nationalen Einheit, CUP)*: Què és la CUP? (dt.: Wer ist die CUP?). http://cup.cat/que-es-la-cup (20.02.2020).

10 Vgl. *ERC*: Els Països Catalans, l'espai natural de la llengua catalana (dt.: Die katalanischen Länder, der natürliche Raum der katalanischen Sprache). www.esquerra.cat/ca/els-paisos-catalans--lespai-natural-de-la-llengua-catalana; *CUP*: Com puc participar a la CUP? (dt.: Wie kann ich am CUP teilnehmen?). http://cup.cat/participa (20.02.2020).

als ein eigener Staat konstituieren würde, wären dessen neue Grenzen ein Dauerthema. Hierauf verweisen die Brexit-Verhandlungen, bei denen im Jahre 2019 über eine Backstop-Regelung für Nordirland gestritten wurde. Um eine Wiedereinführung von Grenzkontrollen an der britisch-irischen Grenze zu verhindern, sollte Nordirland als Landesteil des Vereinigten Königreichs solange im EU-Binnenmarkt bleiben, bis ein Kompromis gefunden wird.

Trotz ihrer Verflechtung sind die EU-Mitgliedstaaten offenbar nicht vor neuen zwischenstaatlichen Konflikten geschützt. Vielmehr lässt sich voraussagen, dass sie die enge Zusammenarbeit auf verschiedenen Politikfeldern verwundbar gemacht hat, so dass plötzlich auftretende Spannungen einen umso größeren Schaden anrichten können. Aus diesem Grund müssten entsprechende Vorboten ernst genommen werden. Doch berief sich die Europäische Kommission im Falle Spaniens auf das Gebot der Nichteinmischung in die inneren Angelegenheiten der Mitgliedstaaten. Der EU-Vertrag verpflichtet allerdings die Kommission als Hüterin der Verträge auch zur „Wahrung der territorialen Unversehrtheit" der EU-Mitglieder einschließlich ihrer „regionalen und lokalen Selbstverwaltung".[11] Sie hätte die Kompetenz, jene Parteien im Europäischen Parlament in die Schranken zu weisen, die allein schon durch ihre programmatische Ausrichtung gegen dieses Prinzip verstoßen.

Die Kommission hat bislang kaum etwas gegen separatistische Parteien unternommen, um sich mit den Mitgliedstaaten nicht zu überwerfen, die letztlich über deren Zulassung zu den regionalen, nationalen und Europawahlen entscheiden. So hat Deutschland neben dem nationalen Parteiengesetz auch ein eigenes Europawahlgesetz (EuWG).[12] Danach dürfen neben Parteien auch „politische Vereinigungen auf dem Gebiet der Mitgliedstaaten" teilnehmen. „Sie müssen die für Parteien geltenden Voraussetzungen des Parteiengesetzes nicht erfüllen."[13] Diese Sonderregelung für Europawahlen einschließlich der Aufhebung der Drei-Prozent-Hürde durch das Bundesverfassungsgericht im Jahre 2014 begünstigte die Kandidatur der Bayernpartei. Zusammen mit ihrem katalanischen Bündnispartner ERC kämpft sie für die staatliche Unabhängigkeit. In ihrem gemeinsamen Wahlmanifest für die Europawahlen 2019 plädieren sie für „ein anderes Europa – wo die Bretagne, das Elsass und die Vojvodina mehr Autonomie haben, wo Wales, Schottland, Katalonien und Bayern unabhängig werden".[14] Dementsprechend sind auch in Spanien die nationalen Gerichte für die Kandidatur separatistischer und damit verfassunswidriger Parteien verantwortlich.

Wie das Bespiel der Wahlen zum Europäischen Parlament zeigen, werden die nationalen Gesetze der Mitgliedstaaten bereits vom europäischen Recht und den anderen nationalen Standards beeinflusst. Aktuelle Forschungen haben „Europäisierungswerte" ermittelt, die je nach Politikfeld schwanken: In Deutschland liegt der Durchschnittswert für die Arbeitsmarkt- und Steuerpolitik bei circa 20 Prozent, während „die Sachgebiete ‚Verkehr', ‚Wirt-

---

11 Vgl. Art. 4 des Lissabon-Vertrags: EU-Vertrag. Titel I – Gemeinsame Bestimmungen (Art. 1–8), https://dejure.org/gesetze/EU/4.html (20.02.2020).

12 Gesetz über die Wahl der Abgeordneten des Europäischen Parlaments aus der Bundesrepublik Deutschland. http://www.gesetze-im-internet.de/euwg/index.html (20.02.2020).

13 Vgl. *Bundesministerium des Inneren, für Bau und Heimat (BMI)* 2019: Teilnahme von Parteien an Bundestags- und Europawahlen. www.bmi.bund.de/DE/themen/verfassung/parteienrecht/teilnahme-parteien-wahlen/teilnahme-parteien-wahlen-node.html (20.02.2020).

14 *European Free Alliance* 2019: 2019 Manifesto. European Elections, Brüssel, S. 26. https://bayernpartei.de/wp-content/uploads/2019/03/Final-version-EFA-2019-Manifesto-1.pdf (20.02.2020).

schaft', ,Umwelt' und ,Landwirtschaft'" Werte von über 50 Prozent erreichen.[15] Da Spanien ebenfalls in das EU-Rechtssystem eingebettet ist, teffen die Zweifel an der Unabhängigkeit seiner Richter die gesamte EU. So bezeichnet die separtistische Bewegung Puigdemont, Junqueras und andere inhaftierte Regionalpolitiker als politsch Verfolgte. Der jüngste Bericht des Europäischen Gerichtshofs für Menschenrechte (EGMR) bescheinigt Spanien dagegen ein hohes Niveau an Rechtsstaatlichkeit. Von den 884 Verurteilungen (2019) gegen die 47 Mitglieder des Europarats entfielen vier auf Spanien, während Frankreich und Litauen je in 19 Fällen, Griechenland in 24 und Rumänien sogar in 62 Fällen verurteilt wurden.[16]

Auch der Europäische Gerichtshof (EuGH) hält Spanien für einen funktionierenden Rechtstaat, während er Deutschland jüngst kritisierte. Seit dem Urteil vom 27.5.2019 dürfen deutsche Richter keinen europäischen Haftbefehl mehr ausstellen, weil deren „Unabhängigkeit gegenüber der Exekutive", das heißt Regierungsbeamten, in Zweifel gezogen wird.[17] Auch wenn dieser Vorwurf Spanien nicht betrifft, so nimmt der EuGH Kläger vor der spanischen Justiz in Schutz. Am 19.12.2019 bescheinigte er dem zu 13 Jahren Haft veurteilten Oriol Junqueras seine Immunität durch das Europäische Parlament. Infolge seiner Wahl zum EU-Abgeordneten müsse er aus der Haft entlassen werden. Aus dem Urteil geht aber auch hervor, dass die nationalen Gerichte hier das letzte Wort haben. Sie hätten es nur versäumt, beim EuGH eine Aufhebung seiner Immunität zu beantragen.[18] So endete der anfängliche Erfolg Junqueras in Luxemburg damit, dass der Oberste Spanische Gerichtshof dem EuGH-Urteil widersprach. Das Europäische Parlament entzog ihm daraufhin mit Wirkung zum 3.1.2020 den Abgeordneten-Status. Nach den Worten des Parlamentspräsidenten David Sassoli sei es „verpflichtet, die endgültigen Entscheidungen der zuständigen Justizbehörden der Mitgliedstaaten unverzüglich zur Kenntnis zu nehmen".[19]

3 Entwicklungen unter dem katalanischen Präsidenten Quim Torra seit Juni 2018[20]

Der Prozesss gegen die neun der zwölf angeklagten katalanischen Separatisten hatte erst nach mehr als einem Jahr der Vorbereitung am 12.2.2019 begonnen. Die Verfahren gegen Puigdemont und zwei weitere Ex-Minister konnten dagegen noch nicht eröffnet werden, weil sie sich weiterhin im Ausland befinden. Die spanische Regierung unter Pedro Sánchez

---

15 *Töller, Annette Elisabeth* 2014: Europäisierung der deutschen Gesetzgebung. Wissenschaftliches Kurzgutachten, FernUniversität Hagen, 14.04.2014, S. 1. https://www.fernuni-hagen.de/polis/download/lg3/kurzgutachten_europa.pdf (20.02.2020).

16 *European Court of Human Rights* 2019: Annual Report 2019, S. 134–135. www.echr.coe.int/Documents/Annual_report_2019_ENG.pdf (20.02.2020).

17 EuGH zu Europäischem Haftbefehl. Deutsche Staatsanwälte nicht unabhängig genug, in: Legal Tribune online vom 27.05.2019. https://www.lto.de/recht/justiz/j/eugh-europaeischer-haftbefehl-deutsche-staatsanwaelte-nicht-unabhaengig/ (20.02.2020).

18 *European Court of Human Rights* 2019: Urteil des Gerichtshofs (Große Kammer), 19.12.2019. https://eur-lex.europa.eu/legal-content/DE/TXT/HTML/?uri=CELEX:62019CJ0502&from=DE (20.02.2020).

19 Separatist Junqueras verliert EU-Mandat, in: Deutsche Welle vom 10.01.2020. https://p.dw.com/p/3W0yV (20.02.2020).

20 Vgl. die Entwicklung bis dahin: *Riedel, Sabine* 2018: Katalonien: die europäische Dimension eines Regionalkonflikts, in: *Europäisches Zentrum für Föderalismus-Forschung Tübingen (Hrsg.)*: Jahrbuch des Föderalismus 2018. Föderalismus, Subsidiarität und Regionen in Europa, Baden-Baden, S. 309–321.

forderte als Nebenklägerin nur eine Verurteilung wegen Aufruhr und nicht wie die spanische Staatsanwaltschaft wegen Rebellion. Dies mag dazu beigetragen haben, dass das oberste spanische Gericht letztlich Milde walten ließ. Es verurteilte die Angeklagten am 14.10.2019 nicht zu 30 Jahren Haft, sondern zu Gefängnisstrafen von elf bis 13 Jahren.[21]

Die katalanischen Regionalparteien betrachteten das Entgegenkommen und die Dialogangebote der Zentralregierung jedoch als Schwäche, die sie zu nutzen verstanden. Sánchez stand seit seiner Wahl zum Regierungschef Mitte 2018 unter Druck, weil er mit 85 von 350 Parlamentssitzen für seine Spanische Sozialistische Arbeiterpartei (Partido Socialista Obrero Español, PSOE) eine Minderheitsregierung anführte. Schon sein Vorgänger Mariano Rajoy war mit seiner Volkspartei (Partido Popular, PP) und immerhin 137 Sitzen auf wechselnde Mehrheiten angewiesen. Erst nach monatelangen Verhandlungen und fiskalischen Zugeständnissen an die Basken hatte er im Frühjahr 2018 seinen Staatshaushalt verabschiedet. Ähnlich erging es Sánchez, doch hatte er weniger Geschick bewiesen, denn am 13.2.2019 entzogen ihm die katalanischen Regionalparteien ERC und PDeCat die Unterstützung.

Diese Abstimmungsniederlage musste Sánchez einen Tag nach Eröffnung des Prozesses gegen die Separatistenführer hinnehmen. Dabei hatte er eigentlich keinen Grund, sich Hoffnungen auf eine Lösung der Katalonienfrage zu machen: Seitdem die derzeitige Regionalregierung im Amt ist (15.5.2018), zeigt sich der Nachfolger Puigdemonts, Quim Torra, unnachgiebig. Auf einer Kabinettssitzung der Zentralregierung, die am 20.12.2018 als Geste des Entgegenkommens in Barcelona stattfand, überreichte er Sánchez seinen Vorschlag für den Abschluss eines „Staatsvertrag" mit 21 Forderungen. Hierzu gehören die Anerkennung des „Selbstbestimmungsrechts des katalanischen Volkes" und der „Souveränität der katalanischen Institutionen", der Verzicht auf eine erneute Aussetzung der Autonomie und die Einstellung der Gerichtsverfahren gegen die inhaftierten Regionalpolitiker.[22]

Um diese Bedingungen zu erfüllen, hätte sich der spanische Regierungschef über die Verfassung hinwegsetzen und die Unabhängigkeit der Gerichte antasten müssen. Somit hatte Torra keine Brücken für eine Einigung geschlagen, sondern zur Verhärtung der Fronten beigetragen. Infolgedessen erschien Sánchez fortan als Verlierer, dessen Dialobereitschaft vorerst gescheitert ist. Denn erstens bot die Regionalregierung selbst keinerlei Kompromisse an. Zweitens wurde ihr Forderungskatalog erst nach massivem Druck der spanischen Oppositionsparteien Anfang Februar 2019 veröffentlicht. Vor allem die konservative PP und die liberale Bürgerpartei Ciudadanos (Cs, dt.: Bürger) stellen die kritische Frage, ob Sánchez den Separatisten möglicherweise schon in einigen Punkten nachgegeben habe.[23]

In dieser prekären Lage entschloss sich Sánchez zum Rücktritt mit dem Ziel, durch vorgezogene Wahlen die Machtverhältnisse im spanischen Parlament zu seinen Gunsten zu

21 Supreme Court finds jailed Catalan secession leaders guilty of sedition, in: El País vom 14.10.2019. https://english.elpais.com/elpais/2019/10/04/inenglish/1570178504_315132.html (20.02.2020).
22 Los 21 puntos que Torra pidió a Sánchez en su última reunion (dt.: Die 21 Punkte, die Torra von Sánchez bei ihrem letzten Treffen gefordert hat), in: El Páis vom 06.02.2019. https://elpais.com/ccaa/2019/02/05/catalunya/1549392727_663325.html (20.02.2020).
23 Vgl. auch den Originaltext in: Torra recupera los 21 puntos que entregó a Sánchez en su reunión de diciembre (dt.: Torra wiederholt die 21 Punkte, die er Sánchez bei seiner Dezember-Sitzung gegeben hatte), in: La Vanguarida vom 05.02.2019. https://www.lavanguardia.com/politica/20190205/46234499796/quim-torra-difunde-21-puntos-entrego-pedro-sanchez-reunion-diciembre.html (20.02.2020).

ändern. Um Wähler aus dem oppositionellen Lager zu überzeugen, beteuerte er im Wahlkampf seine Verfassungstreue: „Nein heißt nein. Es wird in Katalonien kein Referendum zur Selbstbestimmung geben".[24] Gleichzeitig beharrte er auf der Position, dass es unter seiner Führung keine erneute Aussetzung des Autonomiestatuts geben werde und der Dialog mit Barcelona fortgesetzt werden müsse. Er warnte vor einer Koalitionsregierung nach dem Vorbild Andalusiens, wo Anfang 2019 das Bündnis aus PP und Ciudadanos nur mit Unterstützung der neuen Partei VOX (dt.: Stimme) an die Regierung kam. Dies würde zu einem landesweiten Rechtsruck führen und den Katalonien-Konflikt zusätzlich anheizen.

Doch das Beispiel Andalusiens zeigt anschaulich, dass die Sozialisten mit ihrer ergebnislosen Dialoginitiative selbst zum Verlust ihrer dortigen Regierungsmehrheit beigetragen haben. Schließlich gehört diese Region zu den wirtschaftlich schwachen Gebieten Spaniens, die wegen ihrer durchschnittlichen Arbeitslosenrate von rund 30 Prozent mehr als andere auf einen Finanzausgleich durch den Zentralstaat angewiesen sind. Die Aufkündigung der nationalstaatlichen Solidarität seitens der Katalanen und Basken beschäftigt die Andalusier daher weit mehr als andere Spanier. So kann es eigentlich nicht überraschen, dass sie bei den jüngsten Regionalwahlen jene Parteien bevorzugten, die sich den Forderungen der separatistischen Parteien entgegenstellen.

PP, Cs und VOX lehnten gemeinsam den „Staatsvertrag" der katalanischen Regionalregierung ab, doch mit unterschiedlichen Argumenten. Die PP fordert die „Bildung einer katalanischen Regierung, die die spanische Verfassung und das Autonomiestatut Kataloniens respektiert".[25] Diese Einschätzung vertritt auch Ciudadanos, doch fand ihr Vorsitzender Albert Ribera besonders deutliche Worte. Um die Einheit Spaniens zu verteidigen, wolle er Artikel 155 der spanischen Verfassung anwenden und die Autonomie erneut aussetzen. „Wir können nicht länger tolerieren, dass Torra und die Separatisten öffentliche Einrichtungen nutzen, um Hass und Konfrontation unter Katalanen zu säen."[26] Die VOX stimmt dem zu und fordert darüber hinaus eine Rückverlagerung von Kompetenzen der Autonomien Gemeinschaften nach Madrid, was nur durch neue Autonomiestatute ginge.[27]

Bei den Parlamentswahlen vom 28.4.2019 waren Ciudadanos und Vox mit ihrer Offensive für die nationale Einheit Spaniens sehr erfolgreich. Während die Bürgerpartei mit 57 Sitzen drittstärkste Partei wurde, zog Vox mit 24 Abgeordneten erstmals ins spanische Parlament ein. Diese Zugewinne kompensierten aber nicht die Verluste der Konservativen, die unter Führung ihres neuen Vorsitzenden Pablo Casado 71 Parlamentssitze verloren hatten.[28]

24 Sánchez: „No es no; no habrá referéndum en Cataluña" (dt.: Nein heißt nein, es wird kein Referendum in Katalonien geben), in: El País vom 08.04.2019. https://elpais.com/politica/2019/04/07/actualidad/155464 0885_682985.html (20.02.2020).

25 *Partido Popular Catalán* (o. J.): Una Puerta al Futuro. Las 150 propuestas del Partido Popular Catalán. Contrato con los catalanes (dt.: Eine Tür in die Zukunft. Die 150 Vorschläge der katalanischen Volkspartei. Vertrag mit den Katalanen), S. 18. http://www.ppcatalunya.com/wp-content/uploads/2017/12/Programa-PPC-Elecciones-21D-castellano.pdf (20.02.2020).

26 Ciudadanos – Programa electoral: estos son sus „compromisos con los españoles" (dt.: Ciudadanos – Wahlprogramm: Dies sind unsere „Verpflichtungen gegenüber den Spaniern"), in ABC vom 11.11.2019. https://www.abc.es/elecciones/elecciones-generales/abci-ciudadanos-programa-electoral-estos-compromisos-espanoles-201911091021_noticia.html (20.02.2020).

27 *Vox* (o. J.): Vox España, Manifiest Fundacional (dt.: Grund-Manifest), S. 3. https://www.voxespana.es/biblioteca/ espana/nosotros/gal_a45b90181103095110.pdf (20.02.2020).

28 Elecciones Generales, 28 de abril de 2019. https://www.generales2019.infoelecciones.es/ (20.02.2020).

Dagegen verbesserten die Sozialisten ihre Präsenz um 38 auf 123 Mandate. Dennoch hätte es abermals nur für eine Minderheitsregierung gereicht, die von der Unterstützung der linksgerichteten Unidas Podemos (Pod, dt.: Vereint können wir, 42 Mandate) und der katalanischen bzw. baskischen Separatisten abhängt. Sánchez lehnte jedoch sämtliche Koalitionsangebote von Podemos ab, wodurch sich die Regierungsbildung um Monate verzögerte, bis schließlich abermalige Neuwahlen am 10.11.2019 notwendig wurden.

Infolge dieses taktischen Manövers sank die Wahlbeteiligung landesweit um fünf Punkte auf 66,2 Prozent. Es kostete beiden Linksparteien zudem zwei Prozent der Wählerstimmen, womit sie zehn Mandate verloren hatten, statt diese für die nötige Parlamentsmehrheit dazu zu gewinnen. Profitiert haben dagegen PP und VOX, die ihr Wahlergebnis zusammen um neun Prozent bzw. 50 Parlamentssitze verbessern konnten. Das konservative Lager fing vor allem enttäuschte Wähler der liberalen Bürgerpartei auf, die 47 der zuvor 57 Mandate einbüßte und somit zu den eigentlichen Verlierern gehörte.[29] Dies signalisiert eine weitere Polarisierung des Parteienspektrums, die eine Lösung der Katalonienfrage erschweren wird. Positiv einzuschätzen ist dagegen, dass Sozialisten und Podemos sich auf eine Koalitionsregierung einigen konnten, die erste in Spaniens Demokratie seit dem Sturz Francos. Am 7.1.2020 wurde Pedro Sánchez mit 167 gegen 165 und 18 Enthaltungen wiedergewählt und Pablo Iglesias als Vorsitzender von Podemus einer der drei Vizepräsidenten.[30]

4   Entwicklungen des Katalonien-Konflikts seit 2018 auf europäischer Ebene

Die katalanische Regionalregierung machte mit ihrem vorgeschlagenen „Staatsvertrag" Ende 2018 deutlich, dass sie die Dialogangebote der regierenden Sozialisten nicht ernstnahm. Bis heute sieht sie keine Alternative zur staatlichen Unabhängigkeit und setzt deshalb weiterhin auf Konfrontation. Kristallisationspunkt ist das katalanische Autonomiestatut, an das sie sich nicht mehr gebunden fühlt. Hierzu gehört die Verpflichtung der Region, zu einem ausgeglichenen Haushalt des Gesamtstaats beizutragen, so dass Spanien, die Vorgaben der Wirtschafts- und Währungspolitik der Europäischen Union einhalten kann. So heißt es im Artikel 3 des Vertrags über Stabilität, Koordinierung und Steuerung (SKS-Vertrag) aus dem Jahre 2013: „Der gesamtstaatliche Haushalt einer Vertragspartei ist ausgeglichen oder weist einen Überschuss auf."[31] Danach liegt die Untergrenze des strukturellen, das heißt inflationsbereinigten Defizits zwischen 0,5 und maximal 1,0 Prozent des Bruttoinlandsprodukts (BIP).

Der Finanzbedarf Kataloniens ist jedoch in den letzten Jahren kontinuierlich gestiegen, nämlich um jeweils 17 Prozent in den Jahren 2018 und 2019 bzw. um 18 Prozent im Jahre 2020. Deshalb musste Barcelona Kredite aufnehmen, die seit der spanischen Bankenkrise 2012 aus dem eigens dafür gegründeten regionalen Liquiditätsfonds (Fondo de Liquidez Autonómico, FLA) des Zentralstaats flossen. Das waren zwischen 2012 und 2018 insgesamt 63

29 Elecciones Generales 2019. https://elecciones.10noviembre2019.es/ (20.02.2020).
30 Politisches Patt beendet Sánchez ist Spaniens neuer Regierungschef, in: Spiegel.de vom 07.01.2020.
    https://www.spiegel.de/politik/ausland/spanien-pedro-sanchez-ist-neuer-regierungschef-a-1303925.html
    (20.02.2020).
31 Vertrag über Stabilität, Koordinierung und Steuerung in der Wirtschafts- und Währungsunion, in: EUR-
    Lex, Document 42012A0302(01). https://eur-lex.europa.eu/legal-content/DE/TXT/?uri=celex:42012A03
    02 (01) (20.02.2020).

Milliarden Euro allein für Katalonien und damit rund ein Drittel der Gesamtsumme des Finanzprogramms. Obwohl Barcelona bisher der Hauptnutznießer war, stieg es Anfang Februar 2019 aus dem FLA aus. Die sozialistische Regierung hatte das innerspanische Finanzsystem reformiert und Katalonien Sonderkonditionen zugestanden. Es erhielt im Jahre 2019 einen acht Milliarden-Kredit aus dem Fonds für Finanzhilfen (Fondo de Facilidad Financiera, FFF) zu denselben Zinssätzen, jedoch mit weniger zentralstaatlicher Kontrolle.[32]

Längerfristiges Ziel des Wirtschafts- und Finanzministers und stellvertretenden Präsidenten Pere Aragonès (ERC) ist es, dass sich Katalonien nicht mehr über den spanischen Staatshaushalt, sondern über den freien Markt refinanzieren kann. Dies geht jedoch nur mit einem entsprechenden Wirtschaftswachstum. Im 3. Quartal 2019 lag das Bruttoinlandsprodukt (BIP) Kataloniens nur um 2,0 Prozent höher als im Jahr zuvor, was dem Landesdurchschnitt von 1,8 Prozent nahekommt.[33] Damit haben sich die guten Wirtschaftsdaten Spaniens insgesamt und die Katloniens seit Ausbruch des Streits um dessen Unabhängigkeit mehr als halbiert. Das spanische Wirtschaftsministerium warnte Barcelona deshalb vor einem strukturellen Defizit, das im Jahre 2019 schon bei 0,1 Prozent lag und sich 2020 verdreifachen könnte.[34] Die Sonderregel für Katalonien birgt also eher die Gefahr einer Schuldenspirale als Chancen einer Eigenfinanzierung auf den Kapitalmärkten. Vor allem aber gerät der Zentralstaat in eine Zwickmühle zwischen einer immer weniger kontrollierbaren Regionalregierung und den Vorgaben aus Brüssel zur Stablisierung der Eurozone.

Dessen ungeachtet verfolgen die separatistischen Parteien PDeCAT, ECR und CUP unbeiirt das Ziel eines unabhängigen Kataloniens, das als neues EU-Mitglied auch in der Eurozone bleiben soll. Hierfür haben Carles Puigdemont und Quim Torra Mitte 2018 eine weitere „politisch organisierte Bewegung" ins Leben gerufen, nämlich den Nationalen Aufruf für die Republik (Crida Nacional per la República, CNR).[35] Doch weder in deren Grundsatzmanifest noch in anderen Dokumenten finden sich Aussagen zur europäischen Währungspoltik und zur Frage, mit welchen Maßnahmen ein unabhängiges Katalonien die damit verbundenen Verpflichtungen einhalten will. Die Initiatoren der Bewegung belassen es bei der wohlklingenden Forderung nach einem „neuen europäischen Staat, frei, offen, integrativ, wohlhabend, digital, dezentral, nachhaltig und dynamisch".[36]

Nach dem geltenden EU-Vertrag gibt es jedoch keinen Automatismus von der Eigenstaatlichkeit bis zur EU-Mitgliedschaft. Dies wurde schon beim schottischen Unabhängigkeitsreferendum (18.9.2014) breit diskutiert. Aus diesem Grund hatte Puigdemont am 10.10.2017

32 Cataluña abandona oficialmente el FLA y acapara el 32% de las ayudas regionales (dt.: Katalonien verzichtet offiziell auf die FLA und beanprucht 32 Prozent der Regionalbeihilfen), in: Cincodias vom 04.02.2019. https://cincodias.elpais.com/cincodias/2019/02/01/economia/1549047169_405185.html (20.02.2020).

33 *Statistical Institute of Catalonia* 2019: Gross Domestic Product (Base 2010), veröffentlicht am 12.12.2019. https://www.idescat.cat/indicadors/?id=conj&n=10231&lang=en (20.02.2020).

34 Catalunya pedirá al Estado 10.257 millones de euros en deuda en 2020, el 27% más (dt.: Katalonien wird den Staat im Jahre 2020 um einen Kredit von 10,257 Millionnen Euro bitten, das sind 27 Prozent mehr), in: La Vanguardia vom 04.02.2019. https://www.lavanguardia.com/economia/20200108/472786273358/cataluna-espana-fff-fla-prestamo-fondos-deuda.html (20.02.2020).

35 *Crida Nacional per la República*: Què é la Crida? (dt.: Wer ist die Crida?). https://cridanacional.cat/que-es-la-crida/ (20.02.2020).

36 *Crida Nacional per la República*: Manifest dels Liberales per la Crida (dt.: Manifest der Liberalen für den Aufruf). https://cridanacional.cat/manifest-fundacional/ (20.02.2020).

zwar eine Erklärung unterschrieben, die Unabhängigkeit aber nicht proklamiert. Nach einem solchen Rechtsakt stünde Katalonien außerhalb der EU und der Eurozone. Es könnte den Euro als Zahlungsmittel behalten, wäre aber in der Position von Montenegro und Kosovo, die trotz Euro keinen Einfluss auf die Geldpolitik der Europäischen Zentralbank (EZB) haben. Katalonien würde nicht mehr mit Geld versorgt und könnte kein eigenes Geld drucken.[37] Wegen dieser Unwägbarkeiten verlegten schon in den ersten Monaten nach dem Unabhängigkeitsreferendum 2000 bis 3000 Unternehmen ihren Firmensitz in Nachbarregionen wie Valencia, darunter die Großbanken Banco de Sabadell und Caixa-Bank.

Statt Vorschläge zur Europapolitik zu machen, nutzen Vertreter der katalanischen Unabhängigkeitsbewegung die europäische Bühne für ihre eigene nationale bzw. nationalistische Agenda. Weil ihre Bewegung aus einem parteiübergreifenden Bündnis besteht, konnten sie bei den Europawahlen im Mai 2019 ein breites Publikum bedienen. So präsentierte sich die ERC mit ihrem inhaftierten Spitzenkandidaten Oriol Junqueras als Anwalt politisch Verfolgter.[38] Zusammen mit der CUP empfiehlt sie sich einem linken und anarchistisch gesinnten Wählerspektrum, das den Staat im Allgemeinen und den spanischen Staat im Besonderen als Feind wähnt. Dagegen sprechen PDeCAT und JxCat das liberale und konservative Lager an, wobei ihre Regierungspolitiker im europäischen Ausland bereits so repräsentativ auftreten, als seien sie offizielle Staatsgäste.[39] Alfred Bosch schmückt sich mit dem Titel eines katalanischen Außenministers, den es weder nach der spanischen Verfassung noch nach dem katalanischen Autonomiestatut gibt.

Carles Puigdemont und Oriol Junqueras kandidierten nicht zuletzt deshalb für das Europäische Parlament, weil sie als Abgeordnete Immunität genießen und so ihre Mission in Brüssel unbehelligt von spanischen Gerichten fortsetzen können. Seit ihrer Wahl klagten sie vor dem Europäischen Gerichtshof (EuGH), um diesen Rechtsschutz auch durchzusetzen.[40] Das heißt allerdings nicht, dass ihnen dort alle Türen offenstehen. So hat die europäische Partei Allianz der Liberalen und Demokraten für Europa (ALDE) im Herbst 2018 Puigdemonts PDeCAT als Mitgliedsorganisation ausgeschlossen. Offiziell wollen sich die Liberalen nicht in den Katalonien-Konflikt einmischen.[41] Daher begründeten sie ihre Entscheidung mit Korruptionsvorwürfen gegen deren Vorgängerorganisation CDC. Auch das Europäische Parlament verweigerte Puigdemont lange Zeit die offizielle Zulassung. Erst als der Europäische Gerichtshof (EuGH) dem inhaftierten Junqueras die Immunität zusprach (19.12.2019), machte das Europäische Parlament für Carles Puigdemont und Toni Comín den Weg frei.[42]

---

37 *Steiner, Christian* 2017: Was passiert, wenn Katalonien die Euro-Zone verlässt?, in: NZZ vom 06.10.2017. www.nzz.ch/wirtschaft/was-passiert-wenn-katalonien-die-euro-zone-verlaesst-ld.1320435 (20.02.2020).

38 *Europan Free Alliance* (EFA): EFA Lead Candidate must be able to participate in the EU elections campaign. www.e-f-a.org/2019/04/18/efa-spitzenkandidat-oriol-junqueras-must-be-able-to-participate-in-the-eu-elections-campaign/ (20.02.2020).

39 Catalan foreign minister celebrates St George's Day in Westminster, 23.04.2019. www.elnacional.cat/en/news/catalan-foreign-minister-st-georges-day-westminster_377536_102.html (20.02.2020).

40 *EU-Generalanwalt*: Oriol Junqueras hat das Recht auf Immunität, in: Euractiv vom 13.11.2019. https://www.euractiv.de/section/eu-innenpolitik/news/eu-generalanwalt-inhaftierter-katalanischer-staatschef-hat-das-recht-auf-immunitaet/ (20.02.2020).

41 *Alliance of Liberals and Democrats for Europe (ALDE)*: PDeCAT no longer ALDE Party member. https://www.aldeparty.eu/press-releases/pdecat-no-longer-alde-party-member (20.02.2020).

42 Puigdemont darf ins EU-Parlament, in: Taz.de vom 20.12.2019. https://taz.de/Katalanische-EU-Abgeordnete/!5651950/ (20.02.2020).

Das Europaparlament entschied also nur in Analogie zum Fall Junqueras, so dass der Akkreditierung Puigdemonts und Comíns eine solide Rechtsgrundlage fehlt. Denn am 11.10.2019 hatte der EuGH den Antrag Puigdemonts und Comíns auf einen „vorläufigen Rechtsschutz zurückgewiesen".[43] Sollte ihre Klage dennoch zum Erfolg führen, müssen beide mit dem Widerspruch des Obersten Spanischen Gerichtshofs rechnen, dessen Urteil der EuGH wie im Falle Junqueras anerkennen muss. Deshalb können sich beide nur auf belgische Gerichte verlassen, die nach ihrem nationalen Recht eine Auslieferung an Spanien verweigern und ihnen die Immunität zusprechen.[44] Doch selbst die deutschen Richter, die im Jahre 2018 über eine Auslieferung Puigdemont entscheiden mussten, haben sich dem Gesuch der spanischen Justiz letztlich nicht widersetzt, sondern nur auf das Strafmaß Einfluss nehmen wollen. Kaum bekannt wurde, dass der Generalstaatsanwalt des Landes Schleswig-Holstein anderer Auffassung war. Er hielt den Vorwurf der Rebellion für berechtigt und setzte ihn mit dem „schweren Landfriedensbruch" im deutschen Recht gleich. Denn Puigdemont hätte „die Gefahr der Begehung von Straftaten in Gestalt von gewalttätigen Ausschreitungen gegenüber Bediensteten des spanischen Staates geschaffen".[45]

5 Perspektiven für eine Lösung des Katalonien-Konflikts

Wie zuletzt die gewalttätigen Ausschreitungen im Herbst 2019 zeigten, stehen die Zeichen in Katalonien weiterhin auf Konfrontation und nicht auf Versöhnung. Daran haben auch die Sozialisten nicht viel ändern können. Seitdem sie Mitte 2018 die Regierungsverantwortung übernommen haben, verfolgen sie eine Politik der Dialogangebote, die Barcelona mit teils unerfüllbaren, weil verfassungswidrigen Forderungen begegnete. Spätestens seit Anfang 2019 kann der außenstehende Beobachter nicht mehr nachvollziehen, warum Pedro Sánchez an diesem Kurs festhält, obwohl die Separatisten ihm trotz finanzieller Zugeständnisse und Sonderrechte die parlamentarische Unterstüzung entzogen. Dies glich einer öffentlichen Demütigung, die Sanchez zunächst mit seinem Rücktritt und nach einem zweiten Anlauf mit der Bildung einer Koalitionsregierung beantwortete. Seit Anfang 2020 lastet der Erfolgsdruck nun auch auf Podemos. Beide Regierungsparteien trafen sich am 26. Februar 2020 mit der kalanischen Regionalregierung zu einem ersten offiziellen Dialog. In einer kurzen gemeinsamen Erklärung gaben sie bekannt, dass sie den begonnenen Dialog fortsetzen werden. Die monatlichen Treffen sollen abwechselnd in Barcelona und Madrid stattfinden.[46]

43 *European Court of Human Rights* 2019: Rechtssache T-388/19 R, 11.10.2019. http://curia.europa.eu/juris/document/document_print.jsf?docid=219613&text=Puigdemont&dir=&doclang=DE&part=1&occ=first&mode=req&pageIndex=0&cid=7064660 (20.02.2020), vgl. auch *European Court of Human Rights* 2019 (Fn. 18).

44 Puigdemont: „Belgische Justiz erkennt unsere Immunität an", in: Legal Tribune online vom 02.01.2020. https://www.lto.de/index.php?id=48&L=1&tx_ltoartikel_artikel%5Bartikel%5D=39471&cHash=39d9b8c0a6eca337092f83fc402ab05a (20.02.2020).

45 *Der Generalstaatsanwalt des Landes Schleswig-Holstein* 2017: Auslieferungssache 004 AuslA 18/18 GenStA Schleswig, 01.06.2018, S. 7–8. https://www.schleswig-holstein.de/DE/Landesregierung/STA/Staatsanwaltschaften/Generalstaatsanwalt/Presse/Pressemitteilungen/_documents/Vollstaendiger_Antrag_Generalstaatsanwaltschaft_Schleswig_Holstein_1_Juni_2018.pdf?__blob=publicationFile&v=2 (20.02.2020).

46 *Tomás, Nicolas* 2020: Spain-Catalonia dialogue table holds first meeting, in: elnacional.cat vom 26.02.2020. https://www.elnacional.cat/en/politics/dialogue-table-madrid-barcelona_473994_102.html (26.02.2020).

Bedauerlich ist, dass die spanischen Sozialisten und der katalanische Ableger PSC (Partit dels Socialistes de Catalunya) ihr ursprüngliches Reformprojekt für Katalonien aufgegeben haben.[47] Auf dem Höhepunkt der Katalonienkrise im Herbst 2017 hatte sich Sánchez als Oppositionsführer mit einer Initative für ein neues „Territorialmodell" profiliert und den konservativen Mariano Rajoy davon überzeugt, hierzu eine parlamentarische Kommission einzurichten. Er schlug vor, das spanische Autonomiensystem zugunsten eines föderalen Modells nach dem Vorbild Deutschlands oder Belgiens zu reformieren. Das könnte die Mitsprache aller Regionen institutionell stärken sowie Asymmetrien und Ungleichgewichte zwischen den Autonomienstatuten ausgleichen. Die Sozialisten erhielten dafür Untersützung von Konservativen und Ciudadanos, nicht jedoch von den katalanischen Regionalarteien ERC und PDeCat,[48] die allein die Interessen ihrer Region im Blick haben. Doch ganz offensichtlich hatte sich Sánchez Mitte 2018 von diesem weitsichtigen Konzept verabschiedet, um mit den Stimmen der Separatisten Ministerpräsident zu werden.

Statt sich der Unterstützung anderer autonomer Gemeinschaften Spaniens für ein größeres Reformprojekt zu versichern, hat sich der spanische Regierungschef von den beiden katalanischen Regionalparteien PDeCat und ERC abhängig gemacht. Deshalb halten viele Beobachter ein legales Referendum nach dem Vorbild Schottlands für möglich. Doch hat sich Sánchez in den Wahlkämpfen so deutlich zur spanischen Verfassung bekannt und die Forderung nach einer Volksbefragung in Katalonien als gesetzeswidrig bezeichnet, dass er in dieser Frage keine plötzliche Kehrtwende machen kann.[49] Sein politisches Überleben hängt mehr denn je von einer Lösung des Katalonien-Konflikts ab und somit von der Bereitschaft der Regionalregierung, sich auf diese Dialoginitiative einzulassen.

Sollten die Separatisten an ihrem Unabhängigkeitskurs festhalten, könnte sich auch Sánchez gezwungen sehen, die Autonomie Kataloniens auszusetzen. Dann würden nach Artikel 155 der Verfassung die Regionalverwaltung und dessen Selbstverwaltungsorgane für eine Übergangszeit wieder der spanischen Zentralregierung, dem Parlament und dem Senat unterstellt. Für ein solches Vorhaben benötigt die Minderheitsregierung jedoch parlamentarische Unterstützung. Während Ciudadanos nur für eine limitierte Amtsenthebung zu gewinnen wäre, plädiert der PP-Vorsitzende Pablo Casada für weitergehende Maßnahmen wie eine Kontrolle der Sicherheitsorgane und der Medien.[50] Doch einen endgültigen Rückbau der Autonomierechte, wie von Vox gefordert, wird es wahrscheinlich nicht geben.

Barcelona gab mehrfach Anlass für eine erneute Aussetzung seines Autonomiestatuts, zuletzt durch die gewaltsamen Ausschreitungen im Herbst 2019. Aber auch Streitigkeiten im Regionalparlament um die Verabschiedung des Haushaltsplans könnten einen solchen

---

47 El PSC imita al PSOE y omite en su programa el modelo territorial (dt.: Der Sozialistische Partei Kataloniens ahmt die PSOE nach und lässt das territoriale Modell in seinem Programm weg), in: El País vom 15.04.2019. https://elpais.com/ccaa/2019/04/14/catalunya/1555266075_530312.html (20.02.2020).

48 *Riedel* 2018 (Fn. 20), S. 316.

49 El PSOE endurece el discurso contra el secesionismo catalán para rebatir la estrategia de PP y Cs (dt.: Die PSOE verstärkt ihren Diskurs gegen den katalanischen Sezessionismus, um die Strategie von PP und Cs zu widerlegen.), in: El Páis vom 14.04.2019. https://elpais.com/politica/2019/04/13/actualidad/1555177849_660 347.html (20.02.2020).

50 Casado defiende intervenir Cataluña incluso sin 155 (dt.: Casado verteidigt eine Intervention in Katalonien auch ohne Artikel 155), in: El País vom 02.04.2019. https://elpais.com/politica/2019/04/01/actualidad/1554 113709_079814.html (20.02.2020).

Schritt erforderlich machen. Als Anfang 2019 der Vorschlag der Regionalregierung keine Mehrheit fand, so dass Katalonien mit dem Etat aus dem Jahre 2017 weiter wirtschaften musste,[51] wurden Forderungen nach einem Rücktritt Quim Torras laut. Ein Jahr später, Anfang 2020, steht der Regionalpräsident vor demselben Problem. Diesmal jedoch bietet er freiwillig seinen Rücktritt an, sobald sein Haushaltsplan angenommen wird.[52] Die jüngsten Entwicklungen deuten daher auf vorgezogene Neuwahlen in Katalonien hin, bei denen sich das Bündnis der separatistischen Parteien weiter entzweien wird. Ob die Wähler diejenigen Kräfte stärken werden, die sich den Dialogangeboten öffen, bleibt eine spannende Frage.

6   Kataloniens Perspektiven innerhalb der Europäischen Union

Die ultimative Forderung der katalanischen Unabhängigkeitsbewegung bleibt die Proklamation eines souveränen katalanischen Staates. Zu diesem Zweck wurde im Jahre 2012 die Katalanische Nationalversammlung (Assemblea Nacional Catalana, ANC) als eine Art Parallelorgan zum Regionalparlament der autonomen Gemeinschaft eingerichtet. Sie mobilisiert durch Großveranstaltungen die Zivilgesellschaft, um den politischen Druck auf die Regionalregierung zu erhöhen. Auch wenn ihr Einfluss stetig gewachsen ist, wagte sich bisher kein katalanischer Präsident, Katalonien entgültig von Spanien loszusagen, auch Carles Puigdemont nicht. Selbst die beiden Proklamationen in den Jahren 1931 und 1934 bezogen sich auf einen katalanischen Staat im Rahmen einer „föderalen spanischen Republik" bzw. eines spanischen Bundestaates.[53] Damit blieben sie eine innerspanische Angelegenheit.

Im Gegensatz zu diesen historischen Vorbildern will die ANC Spanien ganz den Rücken kehren. Sie stützt sich auf das Völkerrecht und reklamiert für Katalonien das Recht auf Selbstbestimmung. Doch die entscheidende Frage ist zum einen, ob den Katalanen dieses Recht überhaupt zusteht, schließlich haben sie umfassende Autonomierechte, und zum anderen, ob eine Mehrheit der EU-Mitgliedstaaten einen unabhängigen Staat anerkennen würde. Die Reaktion der internationalen Staatengemeinschaft auf die Unabhängigkeitserklärung vom 1.10.2017 war jedoch eindeutig. Keine europäische Regierung solidarisierte sich mit ihnen, selbst das Kosovo nicht, das seit seiner Unabhängigkeitserklärung am 17.2.2008 um seine internationale Anerkennung kämpft: Zwölf Jahre später haben noch immer 40 Prozent der UN-Mitglieder und fünf von 28 EU-Mitgliedern dagegen große Vorbehalte.

Solidaritätsbekundungen gab es jedoch von der Gemeinschaft nicht-anerkannter Staaten, insbesondere von den beiden abtrünnigen georgischen Provinzen Abchasien und Südossetien, deren Staatlichkeit nur von Russland unterstützt wird. Auch Regionalregierungen von

---

51 Torra entierra sus Presupuestos pero descarta convocar elecciones anticipadas (dt.: Torra begräbt seinen Staatshaushalt, schließt aber vorgezogene Wahlen aus.), in: El Mundo vom 27.02.2019. www.elmundo.es/ cataluna/2019/02/27/5c76dfb1fc6c8355788b458d.html (20.02.2020).

52 Government's 2020 budget foresees rise in spending and revenue, in: Catalan News vom 29.01.2020. https://www.catalannews.com/politics/item/government-s-2020-budget-foresees-rise-in-spending-and-revenue (20.20.2020).

53 Vgl. span. „Estado catalán [...] en la creación de una Confederación de pueblos ibéricos", in: La Vangardia vom 15.04.1931. http://hemeroteca.lavanguardia.com/preview/1931/04/15/pagina-6/33162334/pdf.html, sowie: span. „Estado catalán dentro de la república federal española", in: https://www.elnacional.cat/es /cultura/1935-cuando-republica-espanola-juzgo-condeno-catalunya_353142_102.html (20.02.2020).

EU-Mitgliedern, die dem Weg Kataloniens in die staatliche Unabhängigkeit folgen wollen, solidarisierten sich mit Barcelona, so zum Beispiel Flandern/Belgien, Korsika/Frankreich, Sardinien/Italien und Schottland/Vereinigtes Königreich. Darüber hinaus fördern einige europäische Parteien separatistische Bewegungen, so etwa die EFA (Europäische Freie Allianz), ein europaweites Netzwerk separatistischer Parteien, das im Europäischen Parlament mit den Grünen eine Fraktion bildet.[54] Aber auch einzelne nationale Parteien wie Die Linke in Deutschland befürworten den Separatismus der Katalanen.[55]

Als Fazit lässt sich festhalten, dass der Kreis an Unterstützern für ein unabhängiges Katalonien klein geblieben ist. Die Mehrheit der demokratisch gewählten Repräsentanten und sämtliche europäische Regierungen lehnen derartige Sezessionsforderungen nicht zuletzt aus Sorge ab, dass diese auf sie zurückfallen könnten. Die katalanischen Separatisten werden auch keine weiteren Sympathien erhalten, wenn sie sich gegenüber allen Dialogangeboten der spanischen Zentralregierung kompromisslos zeigen. Mit ihrer Unnachgiebigkeit könnten sie eine neue Wirtschafts- und Finanzkrise in Spanien auslösen, die letztlich den gesamten Euroraum destabilisieren würde.

Hatte Carles Puigdemont den Konflikt schon europäisiert, versucht sein Nachfolger Quim Torra ihn zu internationalisieren. Am 26.9.2018 verfasste er einen offenen Brief an den spanischen Ministerpräsidenten Sánchez, den er in Kopie mehreren politischen Persönlichkeiten zukommen ließ, einigen Regierungschefs der EU, dem amerikanischen Präsidenten Donald Trump, dem chinesischen Staatspräsidenten Xi Jinping und Papst Franziskus. Darin fordert er eine Mediation unter internationaler Vermittlung mit dem Ziel, einen friedlichen Prozess in Richtung Unabhängigkeit zu gewährleisten: Mit einem drohenden Unterton heißt es darin: „Es liegt im Interesse beider Seiten und der Welt, dass dieser Prozess erfolgreich ist, da eine geordnete und friedliche Lösung der Situation das einzige Mittel ist, um eine europäische Krise abzuwenden."[56] Dies ist eine Aufforderung zur Einmischung in die inneren Angelegenheiten Spaniens und damit auch in die der EU. Doch kein Staatsoberhaupt wäre dabei ein neutraler Mediator, sondern würde seine eigenen Interessen verfolgen.

Selbst im Falle einer Aufhebung des Autonomiestatuts hätten ausländische Staaten kein Recht, sich in diesen innerstaatlichen Konflikt einzumischen. Schließlich geht es dabei nicht um einen „Ausnahmezustand" oder eine „Zwangsverwaltung". Artikel 155 der spanischen Verfassung darf nur zum Zweck einer Wiederherstellung der verfassungsmäßigen Ordnung angewendet werden. Auch im Herbst 2017 „wurde kein zentralstaatlicher Regierungskommissar eingesetzt. […]. Die Tätigkeiten der katalanischen Regierung als Kollegialorgan wurden von der Zentralregierung erledigt."[57] Die Rechte des Regionalparlaments wurden eingeschränkt und dessen Kontrollrechte auf den spanischen Senat übertragen.

---

54 *Greens-EFA*: Catalan independence declaration, 10.10.2017. https://www.greens-efa.eu/en/article/press/catalan-independence-declaration/ (20.02.2020).

55 *Andrej Hunko, Die Linke* 2019: Schauprozess gegen die katalanische Unabhängigkeitsbewegung, 12.02.2019. https://www.linksfraktion.de/themen/nachrichten/detail/schauprozess-gegen-die-katalanische-unabhaengigkeitsbewegung/ (20.02.2020).

56 Catalan president asks world leaders for mediation, in Catalan News vom 04.10.2018. http://www.catalannews.com/politics/item/catalan-president-asks-world-leaders-for-mediation (20.02.2020).

57 *García Morales, María Jesús* 2019: Bundeszwang und Sezession in Spanien: Der Fall Katalonien, in: Die Öffentliche Verwaltung, DÖV, 72. Jg. Heft 1, S. 1–13, (8).

Diese Form der zentralstaatlichen Territorialverwaltung ist selbst in den demokratisch ver-fassten EU-Mitgliedstaaten die Regel, wohingegen Autonomiestatute wie in Spanien, im Vereinigten Königreich und Italien, oder gar bundesstaatliche Modelle wie in Deutschland oder Österreich Ausnahmen geblieben sind. Hier könnten sich die Katalanen bewähren und konstruktiv dazu beitragen, dass sich weitere europäische Staaten dezentralisieren und ihren Regionen mehr Mitspracherechte auf nationaler und europäischer Ebene zugestehen. Bisher spielte Barcolona keine Vorbildrolle, sondern trug eher dazu bei, dass Autonomiestatute in Verruf geraten, weil sie nach dem Vorbild Kataloniens die territoriale Integrität europäischer Staaten gefährden könnten.

Weiterführende Literatur

Aschmann, Birgit 2018: Das katalanische Problem, in: Frankfurter Allgemeine Zeitung vom 09.01.2019, https://www.faz.net/aktuell/politik/die-gegenwart/spanien-das-katalanische-problem-15346784.html (29.11.2019).

Nagel, Klaus-Jürgen 2017: „Entweder Referendum oder Referendum" – oder doch Neuwahlen? Der katalanische Unabhängigkeitsprozess und sein spanischer Kontext, in: *Europäisches Zentrum für Föderalismus-Forschung Tübingen (Hrsg.)*: Jahrbuch des Föderalismus 2017. Föderalismus, Subsidiarität und Regionen in Europa, Baden-Baden, S. 399–418.

Parlament de Catalunya: Grundgesetz 6/2006 vom 19. Juli zur Novellierung des Autonomiestatuts von Katalonien (deutsche Übersetzung des Autonomiestatuts, das vom spanischen Verfassungsgericht in Teilen als verfassungswidrig eingestuft wurde), https://www.parlament.cat/document/cataleg/150267.pdf.

Riedel, Sabine, Emma-Katharina David, 2019: Europas Regionen: Brückenbauer oder Zankapfel? Theoretische Hintergründe und das Beispiel der Mehrsprachigkeit in Trentino-Südtirol, Italien, in: Forschungshorizonte, Politik & Kultur 8, S. 1–11. https://www.culture-politics.international/online/.

Riedel, Sabine 2019: Unabhängigkeits-Bewegungen in der EU? Wie der Separatismus das Friedenskonzept Europa in Beschlag nimmt und gefährdet, in: Forschungshorizonte, Politik & Kultur 1, S. 1–8. https://www.culture-politics.international/online/.

Riedel, Sabine 2018: Katalonien: die europäische Dimension eines Regionalkonflikts, in: *Europäisches Zentrum für Föderalismus-Forschung Tübingen (Hrsg.)*: Jahrbuch des Föderalismus 2018. Föderalismus, Subsidiarität und Regionen in Europa, Baden-Baden, S. 309–321.

Schreiber, Krystyna 2015: Die Übersetzung der Unabhängigkeit. Wie die Katalanen es erklären, wie wir es verstehen, Dresden. www.uni-frankfurt.de/59010093/KrysFlyerUebersetz-d-Unabhaengigkeit.pdf.

Verfassung des Königreiches Spanien vom 29.12.1978. http://www.verfassungen.eu/es/verf78-index.htm (29.11.2019).

„Vom Prager Frühling" zur „sanften Trennung". Der Weg der Tschechoslowakei

Horst Förster

1   Problemaufriss

Das Jahr 2018 sowie der Beginn des Jahres 2019 waren von zahlreichen politischen Verwerfungen gekennzeichnet. Die vornehmlich handelspolitischen Spannungen zwischen den wichtigsten Wirtschaftsmächten USA, China und Europa seit dem Frühjahr 2018 haben auch die grundlegenden Diskussionen um die Zukunft der Europäischen Gemeinschaft in einer neuen Dimension erscheinen lassen. Kaum waren die tiefgreifendsten und langwierigsten Auswirkungen von Bankenkrisen, Finanzkrisen und Eurokrise und vor allem der Flüchtlingskrise in den meisten Mitgliedstaaten überwunden, zeigten sich neue Tendenzen europäischer Separations- oder Trennungsbewegungen. Die Diskussionen um den Brexit bilden nur eine umstrittene Ebene. Die Überlegungen über eine Neuordnung der Europäischen Union oder zu einer Umstrukturierung der Finanzsysteme drohen neben einer Spaltung Europas in „Nord- und Südländer" hin zu einer zweiten Trennung in „West- und Ostländer" zu führen. Zweifellos steht die Europäische Union derzeit vor der schwersten Krise seit ihrer Gründung.

Dabei gab es in dem abgelaufenen Jahr 2018 auch genügend Anlässe, sich an für Europa wichtige und folgenschwere Ereignisse zu erinnern: Vor einhundert Jahren endete der Erste Weltkrieg mit seinen katastrophalen Folgen: Über siebenzehn Millionen Tote, der Zerfall von multiethnischen, dynastischen Großreichen mit umfassenden Grenzverschiebungen und schwerwiegenden Folgen für die Bevölkerung brachten einen Umbruch für den ganzen Kontinent. So entstanden als umstrittenes Ergebnis der Pariser Friedenskonferenzen auch neue Staatsgebilde in der Mitte und im Südosten Europas: Die Tschechoslowakei und Jugoslawien bildeten äußerst problematische Beispiele.Vor fünfzig Jahren gab es in Mittel- und Westeuropa intensive Diskussionen und Auseinandersetzungen um mehr Demokratie und Bürgerbeteiligung sowie Demonstrationen gegen militärische Wiederaufrüstung, oftmals von Studentenbewegungen angestoßen: die 1968er Bewegung. Für die Tschechoslowakei war 1968 mit dem „Prager Frühling" das entscheidende Jahr auf einem langen und aufopferungsvollen Weg zu Demokratie und Marktwirtschaft. Im November 1989 fiel die Berliner Mauer, in der Tschechoslowakei vollzog sich die „Samtene Revolution", und es begannen nach dem Zusammenbruch der sozialistischen Wirtschaftssysteme und des kommunistischen Blocks die schwierigen und differenzierten Transformationsprozesse in eine neue Wirtschafts- und Gesellschaftsordnung. Doch schon 1993 kam es für die Tschechoslowakei, nach vierundsiebzig Jahren einer gemeinsamen Staatsentwicklung, zu einer mehr oder weniger gewaltfreien, „sanften Trennung".

Im folgenden Beitrag möchte ich nun versuchen, diesen „Weg" der Tschechoslowakei vom „Prager Frühling" 1968 bis zu ihrer Trennung in sehr kursorischer Form nachzuzeichnen. In einem ersten Schritt soll auf Voraussetzungen, Ereignisse, Ziele und Folgen des „Prager Frühlings" hingewiesen werden. In einem zweiten Schritt werden wesentliche Hauptursachen und Gründe für die Trennung zur Diskussion gestellt. Der dritte Schritt enthält danach einige Anmerkungen zu den Folgen der Trennung und zu den Perspektiven der beiden neuen Staaten innerhalb der Europäischen Union.

Abb. 1: Mittel-, Ost- und Südosteuropa zur Jahrtausendwende

Quelle: *Magocsi, Paul Robert* 2002: Historical Atlas of Central Europe, Seattle.

2   Der „Prager Frühling": Systemdiskussionen und politische Folgen

Rechtzeitig zum 50. Jahrestag des „Prager Frühlings" hat der Historiker Martin Schulze Wessel eine umfassende, rückblickende und historisch-politische Darstellung und Interpretation der Voraussetzungen, Diskussionen, Ereignisse und Folgen des Prager Frühlings vorgelegt.

Sein programmatischer Titel lautet: Der „Prager Frühling"- Aufbruch in eine neue Welt.[1] In seiner eindrucksvollen tiefschürfenden Dokumentation und Interpretation analysiert er diesen „Aufstand" der demokratischen Kräfte gegen ein autoritäres Gewaltsystem, zugleich aber auch die Diskussionen um neue Gesellschaftsentwürfe. Im Sinne einer historisch überregionalen Betrachtung stellt er den Prager Frühling nicht nur in nationale, sondern auch in globale Zusammenhänge. Eine seiner Thesen: Der Prager Frühling wurde von den Zukunftsvorstellungen einer neuen Gesellschaft vorangetrieben, die auf eine Humanisierung des Sozialismus oder auf eine Konvergenz mit den liberalen, marktwirtschaftlich geprägten Demokratien des Westens hinausliefen.[2] Gleichzeitig wurde der Prager Frühling von den Auseinandersetzungen mit der Vergangenheit getragen. Und diese bezogen sich insbesondere auf die Zeit des „Stalinterrors" in den 1950er Jahren mit seinen politischen Akteuren und Opfern.

Zur Erläuterung und Differenzierung dieser Thesen seien nur einige wenige Fakten und Bewertungen angefügt. Schulze Wessel hat in seiner oben angesprochenen großen Arbeit diese Prozesse ausführlich dokumentiert.[3] Im Gegensatz zu den Ereignissen in Westeuropa waren die Entwicklungen in der Tschechoslowakei 1968 keine Rebellion, sondern die Prozesse wurden durch die Partei und die Staatsspitze ausgelöst. Sie war ursprünglich eine Reform von oben, die allerdings eine Dynamik in Gang setzte, die die Gesellschaft stärker mobilisierte als es die Partei vorausgesehen hatte.[4] Vorausgegangen waren auch hier schon im Herbst 1967 studentische Proteste gegen die Staatsmacht wegen schlechter wirtschaftlicher und sozialer Bedingungen und verschleppter Reformen. Und die Staatsmacht reagierte damals schon mit Gewalt, die Demonstrationen wurden von der Polizei rücksichtslos aufgelöst oder niedergeknüppelt. Entscheidend für die folgenden Entwicklungen waren dann aber die folgenschweren innenpolitischen Auseinandersetzungen in den Führungsgremien der Kommunistischen Partei über grundlegende Reformen. Allerdings nahmen die Macht und der Einfluss der Partei in der Öffentlichkeit dramatisch ab. Dazu einige wenige Fakten: Nach langem Tauziehen und Diskussionen in der Parteispitze wurde am 5. Januar 1968 der bis dahin wenig bekannte Slowake Alexander Dubcek zum Ersten Sekretär der Kommunistischen Partei der Tschechoslowakei gewählt. Er sollte in den folgenden Monaten zusammen mit dem Präsidenten Ludvik Svoboda zu „Gallionsfiguren" des Prager Frühlings werden. Dieser Machtwechsel an der Spitze in der KPC traf die Bevölkerung völlig unvorbereitet. Aber bald zeigte sich, dass dieser Vorgang mehr als eine Wachablösung an der Spitze der Partei sein würde. Gab sich Dubcek zunächst als ein sehr zurückhaltender Politiker, kündigte er bereits im Februar 1968 an, dass sich die Außenpolitik der Tschechoslowakei gegenüber den „sozialistischen Bruderparteien" nach dem Prinzip der Gleichberechtigung richten werde. Die Einführung des Rechts auf freie Meinungsäußerung durch die Abschaffung der präventiven Zensur weckte verständlicherweise den Widerstand der Reformgegner, die sich sogleich an die Kreml-Führung wandten. Aber in der Öffentlichkeit und vor allem in den Medien fanden diese Maßnahmen ein gewaltiges Echo.

---

1 *Schulze Wessel, Martin* 2018: Der Prager Frühling. Aufbruch in eine neue Welt, Stuttgart.
2 Ebenda, S. 13.
3 Ebenda.
4 Ebenda, S. 13.

Auch in der Slowakei gab es Massenveranstaltungen, zum Beispiel in Bratislava, denen sich die Parteiführung und Politiker der Bevölkerung stellen mussten. Roland Schönfeld hat in seiner Arbeit unter der Überschrift „Preßburger Frühling" darüber berichtet.[5] Am 5. April 1968 beschoss das Zentralkomitee der KPC ein „Aktionsprogramm" mit dem Titel „Der Weg der Tschechoslowakei zum Sozialismus", das einen Sozialismus mit menschlichem Antlitz ermöglichen sollte. Über dieses Programm ist damals seitens der Reformer und Wissenschaftler intensiv diskutiert worden. Auch in der politisch-historischen Geschichtsschreibung gibt es bis zur Gegenwart unterschiedliche Auffassungen. Die Bedeutung dieses Programms lässt sich daran ermessen, dass es nicht nur ein neues Gesellschaftmodell enthielt, sondern auch den Verzicht des Führungsanspruchs der KPC und ein Bekenntnis zu einer weitgehenden Pressefreiheit. Die Bürgerrechte und die Reisefreiheit sollten garantiert werden, die Stärkung des Parlaments und die Auflösung[6] von Machtzentralen, ein Ausgleich zwischen Tschechen und Slowaken sowie im ökonomischen Bereich die Vereinbarkeit von Sozialismus und Unternehmertum bildeten wichtige Ziele. Zwar hatte es schon eher konkrete Vorschläge zu notwendigen Wirtschaftsreformen gegeben, zum Beispiel zur Ausweitung des Westhandels, nicht zuletzt unter dem Aspekt der Devisenbeschaffung. Grundsätzliche Reformanstöße hatte bekanntlich schon Ota Sik in seinen „Ansätzen für den dritten Weg" vorgelegt. Die grundsätzlichen Diskussionen um politische, wirtschaftliche und soziale Reformen in der Tschechoslowakei erweckten über die „Blockgrenzen" hinaus überwiegend zustimmende Sympathien, insbesondere in Jugoslawien und Rumänien. Bekanntlich zählte Jugoslawien in der Zeit zu den blockfreien sozialistischen Staaten und in Rumänien gab es unter Ceausescu eine vorsichtige politische Annäherung an den Westen.

Als im Juni 1968 das „Manifest der 2000 Worte" des Schriftstellers Ludvik Vakulik erschien, das unter anderem den Machtmissbrauch der kommunistischen Parteibürokratie gegenüber Andersdenkenden beklagte, eskalierte die angespannte politische Lage. Oftmals als einer der wichtigsten Texte des Prager Frühlings bezeichnet, zeigte er eine in der Diskussion um weitergehende politische und gesellschaftliche Reformen[7], große und außenpolitische Wirkung. Die Kommunistische Partei der Sowjetunion (KPdSU) interpretierte den Text als eine Plattform der „Konterrevolution". Bresnev verlangte von der tschechischen Regierung eine Distanzierung und ein sofortiges Verbot. Auch die fünf sozialistischen Bruderstaaten forderten eine weitgehende politische Kursänderung von der Tschechoslowakei. Moskau und seine Verbündeten fürchteten, dass sich die Tschechoslowakei aus der sozialistischen Staatengemeinschaft lösen könnte und sahen die Einheit des Ostblocks in Gefahr („Warschauer Brief"). Schon im Juni 1968 hatten in Westböhmen militärische Manöver mit russischer, ostdeutscher, polnischer und auch tschechoslowakischer Beteiligung stattgefunden. Eine Warnung? In der Nacht zum 21. August besetzten eine halbe Million Soldaten der UdSSR, Polens, Ungarns und Bulgariens das Gebiet der Tschechoslowakei. Mehrere Divisionen der Nationalen Volksarmee standen an der Grenze der DDR bereit. Die Bevölkerung reagierte mit gewaltlosem und passivem Widerstand. Durch diese militärische Okkupation wurden alle Reformbewegungen brutal niedergeschlagen. Schulze Wessel kommt in seinem

---

5   *Schönfeld, Roland* 2000: Slowakei. Vom Mittelalter bis zur Gegenwart, Regensburg, S. 189–197.

6   *Sik, Ota* 1973: Argumente für den Dritten Weg, Hamburg.

7   Zur Diskussion um das Manifest vgl. *Schulze Wessel* 2018 (Fn. 1), S. 254–252.

Schlusskapitel zum „Prager Frühling" unter anderem zu dem Fazit: „Das größte, bislang wenig beachtete Verdienst der Reformperiode war, dass sie die tschechoslowakische Gesellschaft auf eine neue moralische Grundlage stellte".[8] Zwar wurden nicht alle in der Reformbewegung errungenen Freiheiten sofort aufgehoben. Eine wichtige Reform, die Föderalisierung der Tschechoslowakei, wurde zum 1. Januar 1969 realisiert. In dem „Verfassungsgesetz über die Tschechoslowakische Föderation" (Nr.143/1968) übertrugen die beiden Länder ihrerseits einen Teil ihrer Souveränität auf den neuen Bundesstaat. Hier sei bereits anzumerken, dass diese Teilung des Einheitsstaates vor allem von den Slowaken forciert wurde.

Auf den „Prager Frühling" und einem „Heißen Sommer" folgte fast für ein Jahrzehnt ein „Frostiger Herbst" und ein „Eisiger Winter": die Zeit der sogenannten Normalisierung. Diese erzwungene Normalisierung hieß zum Beispiel: Abberufung der Führer der Reformbewegung, Säuberungen in der Partei und in den Verwaltungsorganen, aber auch Verschleppungen, Verhaftungen, Verurteilungen. Diese Prozesse bedeuteten aber auch den Exodus vieler qualifizierter Arbeiter, Wissenschaftler und Kulturschaffender. Die Auswirkungen dieser „Normalisierung" auf die wirtschaftlichen, kulturellen und kirchlichen Verhältnisse waren äußerst gravierend. Die planmäßige Leitung des gesamten Wirtschaftslebens durch die Zentralregierung und die Plankommission wurde wiederhergestellt. Zudem wurde die Wirtschaftsentwicklung des Landes durch enorme Verteuerungen der von der UdSSR gelieferten Rohstoffe negativ belastet. Die Tschechoslowakei war als Mitglied des „Rates für gegenseitige Wirtschaftshilfe" (RGW) wie die anderen Länder des „Ostblocks" bekanntermaßen nicht nur politisch, sondern vor allem auch ökonomisch an die Sowjetunion gebunden. Neben diesen politisch-ökonomischen Folgen der „Normalisierung" gab es einschneidende Eingriffe in das kulturelle Leben des Landes, zum Beispiel Säuberungen an Hochschulen oder Akademien. Religionsgemeinschaften gerieten wiederum unter die Kontrolle des Staates und unter den Einfluss der Partei. Besonders betroffen war davon die römisch-katholische Kirche.

Ein Zeitsprung: Die Jahre 1977 bis 1989 lassen sich, politisch bewertet, als eine Periode der fortschreitenden Paralyse der Kommunistischen Partei beschreiben, die schließlich zum Zusammenbruch der kommunistischen Herrschaft führte. Hoensch hat diesen Prozess ausführlich analysiert.[9] Hervorzuheben ist in dieser Epoche insbesondere die 1977 gegründete „Charta 77", die nach eigener Definition eine „freie, informelle und offene Gemeinschaft von Menschen verschiedener Überzeugungen, verschiedener Berufe" sein wollte. Sie wollte aber keine Basis für eine oppositionelle, politische Tätigkeit abgeben, sondern sie wollte einen konstruktiven Dialog mit der KPC und der Regierung darüber, wie in der CSSR die Rechte der Verfassung besser eingehalten und gesichert werden könnten, initiieren.[10] Zu den im Westen bekanntesten Mitgliedern zählten Pavel Kohout und Vaclav Havel. Allerdings gerieten die Unterzeichner der „Charta" in den Folgejahren immer mehr unter die Beobachtung und Anklage durch die Sicherheitsbehörden und die Justiz, angetrieben durch den orthodoxen Parteiflügel der KPC. Verhaftungen, Verurteilungen, Vertreibungen und Ausbürgerungen waren die Folgen. Auch die prominenten Unterzeichner waren unter den Opfern. Anzumerken bleibt: Obgleich der ehemalige Generalsekretär der KPC und gebürtiger

---

8   *Schulze Wessel* 2018 (Fn. 1), S. 285.
9   *Hoensch, Jörg K.* 1992: Geschichte der Tschechoslowakei, Stuttgart, Berlin, Köln, S. 193–211.
10   Ebenda, S. 193.

Slowake Alexander Dubcek sein generelles Einverständnis erklärt hatte, stieß die neue Bürgerrechtsbewegung in der Slowakei auf wenig Interesse. Wirtschaftliche Schwierigkeiten, die in eine schwere Wachstums- und Versorgungskrise führten, Reformversuche mit einer marktwirtschaftlichen Orientierung wie in Polen und Ungarn, die von der kommunistischen Führung in Prag verweigert wurden, bildeten die Ursachen für eine Verschlechterung der allgemeinen sozioökonomischen Lage. Trotz enger Zusammenarbeit mit der UdSSR und dem Versuch, die Reformansätze nach dem „Modell" der „Perestroika" Gorbacevs umzusetzen, scheiterten fast alle Ansätze, die sozialistische Wirtschaftsweise effektiver zu machen, an den politischen Eliten und der Bürokratie.[11]

Die entscheidenden Ereignisse, die den politischen Systemwechsel in der Tschechoslowakei – weg vom Realsozialismus – endgültig vollzogen, folgten im Herbst 1989. Die latente Unzufriedenheit der Bevölkerung artikulierte sich immer mehr in Demonstrationen. Studentische Proteste und Kundgebungen, die von der Polizei brutal aufgelöst wurden, aber weitere Massendemonstrationen und Streiks in beiden Landesteilen auslösten, brachten die Wende. Die Forderungen nach politischen Veränderungen und parlamentarischer Demokratie und freien Wahlen, Meinungsfreiheit und Entlassung politischer Häftlinge standen im Mittelpunkt.[12] Dabei spielte das am 19. November 1989 gegründete „Bürgerforum" unter der Leitung von Vaclav Havel eine wesentliche Rolle. Diese improvisierte Vereinigung verstand sich nicht als politische Partei, sondern als Sammelbecken von Personen verschiedenster Weltanschauungen und wollte vor allem die Bildung unabhängiger Parteien und Gruppierungen fördern. In Bratislava entstand im gleichen Sinne die Gruppe „Öffentlichkeit gegen Gewalt". Havel und Dubcek forderten Tage später den Rücktritt der Partei- und Staatsführung. Nach Verhandlungen des Bürgerforums mit der amtierenden Regierung wurde schließlich eine neue Regierung gebildet, Präsident Husak musste im Dezember zurücktreten. Dubcek wurde Parlamentspräsident und Havel übernahm die Staatsführung.

Dieser Umsturz, später „Samtene Revolution" genannt, leitete seine Legitimation nicht vom Bestreben des „Prager Frühlings" ab, nämlich eine Synthese von Demokratie und Sozialismus zu finden. Das „Wunder an der Moldau" konnte geschehen, weil die Kommunistische Partei und ihre Führung unter dem Druck der oppositionellen Massen zusammenbrach. Auch die Verfassungsklauseln über die führende Rolle der KPC in Staat und Gesellschaft waren gestrichen worden. Der Weg der Rückkehr zur parlamentarischen Demokratie und zur Marktwirtschaft erwies sich aber als äußerst steinig. Wie die anderen ostmittel- und südosteuropäischen Länder musste die Tschechoslowakei nun die schwierigen Phasen der politischen, ökonomischen und sozialen Transformation bewältigen. Allerdings verliefen diese Prozesse in den einzelnen ehemals sozialistischen Ländern nicht nur in unterschiedlichen Geschwindigkeiten, sondern auch in unterschiedlichen Intensitäten mit entscheidenden Auswirkungen auf territoriale Strukturen. Wirtschaftliche und vor allem soziale Disparitäten waren oftmals die Folgen.[13] Noch deutlicher als in anderen ost- und ostmitteleuropäischen

---

11 Vgl. hierzu die ausführliche Diskussion bei *Altmann, Franz-Lothar* 1987: Die Wirtschaftsentwicklung und Strukturpolitik in der Tschechoslowakei nach 1968, München.

12 *Hoensch* 1992 (Fn. 9), S. 212.

13 Vgl. hierzu: *Buchhofer, Ekkehard/Förster, Horst (Hrsg.)* 2002: Wirtschaftsräumliche Disparitäten in Ostmitteleuropa, Marburg.

Ländern war der „Aufbau des Sozialismus" in der Tschechoslowakei zumindest in der Industrie- und Agrarstruktur ein Rückschritt gewesen, was sich auch bei einem Vergleich der Lebensstandards nachweisen lässt. Allerdings muss dabei zwischen den Böhmischen Ländern und der Slowakei differenziert werden.

War zunächst die Bevölkerung der Tschechischen Republik und der Slowakei von der Euphorie der November- und Dezembertage voll erfasst, wich diese revolutionäre Begeisterung bald einer sich schnell verbreitenden Ernüchterung. Der angestrebte Übergang von einem autoritären System und von einer zentral gelenkten Planwirtschaft zu einer demokratischen Marktwirtschaft, verursachte dann doch bei weiten Teilen der Bevölkerung einen sozialen Schock.[14] Bisherige soziale Strukturen fielen auseinander, die Mehrheit der Bürger fürchtete sich jetzt vor einer ungewissen Zukunft. Experten sprachen von einer „postrevolutionären Depression". Diese Ängste der Bevölkerung hingen nicht nur mit der schon angesprochenen dreidimensionalen Transformation des politischen, wirtschaftlichen und sozialen Systems zusammen, sondern auch mit den Schäden und Erblasten aus der Vergangenheit: Ineffiziente Wirtschaft und Umweltbelastungen, die zur Angst um den Arbeitsplatz und zu sozialen Spannungen führten, kennzeichneten das politische und soziale Klima. Vodicka hat in der oben zitierten Analyse zahlreiche Ergebnisse von Umfragen publiziert, die den angedeuteten Trend bestätigen. Das Wählerverhalten der Bevölkerung in den Folgejahren war Ausdruck dieser Unzufriedenheit mit den politischen Parteien und ihrer Führung. Bei den ersten freien Parlamentswahlen am 8. und 9. Juni 1990 gewannen zwar diejenigen Kräfte, die das kommunistische Regime gestürzt hatten, so das „Bürgerforum" in der Tschechischen Republik mit 53 Prozent der Stimmen und die politische Bewegung „Öffentlichkeit gegen Gewalt" in der Slowakei mit 32 Prozent der Stimmen. Doch die politischen und ökonomischen Entwicklungsprozesse in der Legislaturperiode 1990 – 1992 sind sehr unterschiedlich und sehr differenziert zu bewerten. Neben sehr unerfreulichen innenpolitischen Auseinandersetzungen in den beiden Teilrepubliken war das Jahr 1990 in erster Linie ein Jahr der Intensivierung der Wirtschaftstransformation: Progressive Wirtschaftsgesetze wurden erlassen, die „kleine" Privatisierung wurde durchgeführt, die Inflation konnte eingedämmt und eine Stabilität der tschechoslowakischen Krone erreicht werden. Auch eine erstaunlich schnelle, grundsätzliche Umorientierung im Außenhandel in Richtung Westen wurde vollzogen. Doch die Legislaturperiode 1990 bis 1992 war auch, und dies wurde für die nächsten Wahlen 1992 ausschlaggebend, von einem substanziellen Differenzierungsprozess gekennzeichnet, das heißt von Auf- und Abspaltungen bei den Parteien. Das „Bürgerforum" spaltete sich in eine konservative „Demokratische Bürgerpartei" (ODS) mit Vaclav Klaus an der Spitze, sowie in einige weitere kleinere Gruppierungen. Von der führenden slowakischen Partei „Slowakische Öffentlichkeit gegen Gewalt" (VPN), später in „Bürgerunion" (OPU) umbenannt, trennte sich ein Flügel unter der Leitung von Vladimir Meciar ab und wurde zur „Bewegung für eine Demokratische Slowakei".[15] Diese hier nur angedeuteten parteipolitischen Differenzierungsprozesse waren dabei mit einer ausgeprägten tschechisch-slowaki-

---

14 *Vodicka, Karel* 1997: Slowakei, in: Ostmitteleuropa. Der Bürger im Staat, 47. Jg., H. 3, S. 193.
15 Vgl. Ebenda 1993: Koalitionsabsprache: Wir teilen den Staat, in: *Kipke, Rüdiger/Vodicka Karel (Hrsg)* 1993: Abschied von der Tschechoslowakei, Köln, S. 78 f.

schen Polarisierung verbunden, die sich sowohl auf ökonomische als auch auf soziale Ebenen bezogen. Bei der Bevölkerung schlugen sich diese Prozesse, aber auch die zunehmende Verschlechterung der wirtschaftlichen und sozialen Rahmenbedingungen, wiederum in Ernüchterung und Unzufriedenheit nieder. Sozialanalytische Studien bestätigten zudem wachsende soziale Spannungen und einen zunehmenden Nationalismus. Außerdem lassen die Ergebnisse dieser Befragungen die unterschiedlichen Meinungen der slowakischen und tschechischen Bevölkerung zur politischen Entwicklung deutlich werden; 60 Prozent der tschechischen Bevölkerung waren mit der Situation insgesamt zufrieden, dagegen waren zwei Drittel der Slowaken mit der Entwicklung unzufrieden. Diese Unzufriedenheit in den Bereichen Innenpolitik, Außenpolitik, Wirtschaft, Kultur, Lebensstandard, soziale Absicherung, Gesamtlage spiegelte nicht nur die unterschiedlichen Traditionen der beiden Landesteile, sondern auch die besonders komplizierten sozioökonomischen Bedingungen des Strukturwandels in der Slowakei wider.[16] Diese unterschiedlichen Einstellungen und Bewertungen der Bevölkerung in beiden Landesteilen schlugen sich verständlicherweise im Wahlverhalten und damit auch in den Wahlergebnissen nieder. Die Wahlen vom 5. und 6. Juni 1992 führten zu einem Dilemma, das schließlich die Auflösung der Tschechoslowakei nach sich zog. Nach diesen Parlamentswahlen hatten nämlich die beiden Wahlsieger im jeweiligen Landesteil, das heißt die „Bürgerpartei" in Tschechien und die „Bewegung für eine demokratische Slowakei" auf der anderen Seite, nur die Möglichkeit, mit ihrem größten Rivalen und Antipoden eine Koalition zu bilden. Doch in den Koalitionsverhandlungen lagen die innen-, wirtschafts- und außenpolitischen Vorstellungen soweit auseinander, dass ein positives Regierungsprogramm nicht zustande kam. Am 2. Juli einigte man sich auf die Einsetzung einer kleinen Übergangsregierung für die Föderation. Nachdem die Wahl Vaclav Havels zum Präsidenten aber am Widerstand der slowakischen Abgeordneten scheiterte, war die Trennung nicht mehr aufzuhalten. Das Slowakische Parlament erklärte am 17. Juli 1992 die Souveränität der Slowakei. Aber bereits hier muss festgehalten werden: Im Gegensatz zu den Trennungsprozessen im ehemaligen Jugoslawien hat sich die Tschechoslowakei friedlich getrennt. Es kam zu keinen Gewalttaten oder gar zu einem Militäreinsatz.

Festzuhalten bleibt auch, bei allen unterschiedlichen Bewertungen der Trennungsgründe, dass die Teilung der Tschechoslowakei weder von den Tschechen noch von den Slowaken mehrheitlich gewünscht wurde. Bei Befragungen im Herbst 1992, die Rüdiger Kipke[17] 1993 publiziert hat, hat fast ein Drittel der tschechischen Bürger die Unfähigkeit der politischen Repräsentanten sich zu einigen als Hauptgrund genannt. Erst dann folgten der Nationalismus der Slowaken und ihr Verlangen nach Selbständigkeit als Gründe. Bei den slowakischen Bürgern nannten ebenfalls fast ein Drittel die mangelnde Kooperationsfähigkeit der Politiker als den Hauptgrund; noch vor der nicht funktionierenden, unausgewogenen Föderation und dem Pragozentrismus. Erst danach kamen Gründe wie das Verlangen nach Selbständigkeit, die ökonomische Situation oder die schlechten Beziehungen zwischen Tschechen und Slowaken. Die Teilung der Tschechoslowakei war also kein primäres Ergebnis der nationalen Emanzipationsbestrebungen. Die Teilung war neben dem Ausdruck der unterschiedlichen

---

16 *Vodicka* 1997 (Fn. 14), S. 193.
17 *Kipke, Rüdiger* 1993: Die jüngste politische Entwicklung in der Tschechoslowakei im Meinungsspiegel ihrer
    Bürger, in *Kipke, Rüdiger/Vodicka, Karel (Hrsg.)*: Abschied von der Tschechoslowakei, Köln, S. 50–51.

politischen Kulturen eine Konsequenz der seit 1918 ungelösten Probleme des Staates und der Gesellschaft. Auf beide Ebenen wird im Folgenden noch eingegangen. Dazu kamen die Erblasten des kommunistischen Regimes sowie die Auswirkungen der Epochen der vieldimensionalen Transformationsprozesse. Treibende Kräfte bei der Teilung nach den Wahlen 1992 waren zweifellos die „neuen alten politischen Eliten". Bereits 1993 ist der oben bereits zitierte Sammelband von Kipke und Vodicka erschienen, in dem tschechische, slowakische, ungarische und deutsche Wissenschaftler die Ursachen und Folgen der Trennung analysieren. Dazu zählen die Probleme der tschechisch-slowakischen Beziehungen, sozialpsychologische Aspekte des Zusammenlebens, wirtschaftliche und soziale Disparitäten, Völkerrechtsfragen oder Fragen der Außen- und Sicherheitspolitik. Wie im Problemaufriss angedeutet, soll im weiteren Teil des Beitrags auf einige Hauptursachen der Teilung eingegangen werden, so auf historische Entwicklungen, auf die politischen Kulturen und andeutungsweise auf Transformationsdefizite.

3 Hauptursachen der Trennung

3.1 Historische Entwicklungsprozesse

Zweifellos zählen die historischen Entwicklungsprozesse und Strukturen zu den wesentlichen Ursachen für die Trennung Ende 1992. Der tschechoslowakische Staat wurde auf der politischen Fiktion der Existenz einer tschechoslowakischen Nation aufgebaut. Dieser ideologischen Konstruktion stand jedoch ein tief verwurzelter und sehr realer Dualismus gegenüber. In der modernen historischen Literatur ist darüber viel diskutiert worden.[18] Dieser Dualismus hatte seine Wurzeln in einer über tausend Jahre vollzogenen unterschiedlichen Entwicklung der beiden Nationen in getrennten staatlichen Einheiten. So gehörten die sogenannten „historischen Länder" Böhmen, Mähren und österreichisch Schlesien, von Tschechen und Deutschen bewohnt, nach 1620 zu den Erblanden Habsburgs, damit zum cisleithanischen Teil der Doppelmonarchie. Die Slowakei und Karpato-Russland (Ruthenien) bildeten nach dem Jahr 1000 einen Teil des Königreiches Ungarn, das heißt einen integralen Teil Transleithaniens. Die slowakische Nation formte sich im Verband und in der Auseinandersetzung mit dem Staatsvolk der Magyaren.

Im Rahmen dieser Darstellung kann leider auf die historisch-politischen Details dieser Entwicklungsprozesse, sowie vor allem auf die äußerst problematischen ethnischen Strukturen der 1918 gegründeten Tschechoslowakei nicht näher eingegangen werden. Aber die nachfolgenden Abbildungen aus dem „Historical Atlas of Central Europe" bzw. aus der Arbeit von Hoensch können zumindest einige wesentliche historisch-territoriale Entwicklungen verdeutlichen.[19] Die zweite Abbildung zeigt Zentraleuropa im Jahr 1910, vor allem die territoriale Ausdehnung der Doppelmonarchie, die dritte Abbildung den territorialen Zustand und die politische Gliederung zwischen 1918 und 1923. Die Skizze aus der Arbeit von Hoensch[20]

---

18 Vgl. *Hoensch* 1992 (Fn. 9), oder *Vodicka* 1997 (Fn. 14).
19 *Magocsi, Paul Robert* 1993: Historical Atlas of Central Europe. A History of East Central Europe, Bd. 1, Seattle, S. 31, 38, 52, 61.
20 *Hoensch* 1992 (Fn. 9), S. 96.

versucht die radikalen Veränderungen der Staatsgrenzen der Tschechoslowakei zwischen 1919 und 1945 wiederzugeben. Dazu sind einige wichtige Anmerkungen notwendig.

Abb. 2: Territoriale Ausdehnung der Doppelmonarchie 1910

Quelle: *Magocsi, Paul Robert* 2002: Historical Atlas of Central Europe, Seattle.

Abb. 3: Territorialer Zustand und politische Gliederung Mittel-, Ost- und Südosteuropas

Quelle: *Magocsi, Paul Robert* 2002: Historical Atlas of Central Europe, Seattle.

Als die Entente-Mächte die Zustimmung zur Errichtung der Tschechoslowakei aus der Erb-
masse der österreichisch-ungarischen Doppelmonarchie gaben, kamen nicht nur bezogen auf
Raumstruktur und Ökonomie, sehr unterschiedlich entwickelte Staatsteile zusammen. Als
besonders problematisch erwiesen sich insbesondere die ethnischen Strukturen, ihre Verbreitung und ihre Grenzen. Die Konzeptionslosigkeit der Staatsführung in der neu gebildeten
Tschechoslowakei bei der Entschärfung der politischen Sprengkraft der Minderheitsfrage,
sowohl bei den ethnischen Strukturen in den Historischen Ländern (Tschechen, Deutsche)

als auch in der Slowakei und Ruthenien (Slowaken, Ungarn, Ruthenier), hatte schwerwiegende Folgen. Obwohl der junge Staat zunächst eine innenpolitische Konsolidierung versuchte, auch wirtschaftlich anfangs stabil war, stiegen dann während der Weltwirtschaftskrise die nationalistischen Tendenzen sprunghaft an. Diese Tendenzen wurden dabei noch von den Nachbarstaaten gefördert. Die Jahre der zunehmenden Bedrohung zwischen 1933 und 1938 und insbesondere der von Hitler pervertierte Nationalismus führten schließlich zur Liquidierung der Tschechoslowakischen Republik.[21] Das „Münchner Abkommen" von 1938, die „Abtretung" der sudetendeutschen Gebiete an das Deutsche Reich, die Errichtung eines „Schutzstaates Slowakei" 1939 und die Bildung des „Protektorats Böhmen und Mähren" waren die entscheidenden geopolitischen Zäsuren. Zarusky und Zückert haben einen profunden Sammelband zum Münchner Abkommen von 1938 herausgegeben, in dem Historiker aus Deutschland, aus Tschechien, der Slowakei, aus Frankreich und weiteren europäischen Ländern diese „Abkommen" in europäischer Perspektive analysieren und bewerten.[22]

Abb. 4: Die Tschechoslowakei zwischen 1910 und 1945

Quelle: *Hoensch* 1992 (Fn. 9).

Auf den katastrophalen Ausgang des Zweiten Weltkriegs mit seinen unsäglichen Folgen, Kriegstoten, Vernichtungsaktionen, Vertreibungen und Flucht kann hier nicht eingegangen werden. Es bleibt nur ein exemplarischer Verweis auf eine umfassende Darstellung der Jahre 1914 bis 1945: Winkler hat in seiner „Geschichte des Westens" diese Probleme umfassend aufgearbeitet.[23] Für die nach 1945 durch die Westmächte in den Vorkriegsgrenzen wieder errichtete Tschechoslowakei begann dann aber ein besonderer Weg. Durch die aus dem Exil zurückkommende tschechische Führung kam es zu einer Machtübernahme durch kommunistische Gruppierungen. Demokratisch bürgerliche Kräfte unterlagen. Der wieder erstandene Staat wurde so 1948 in das „sozialistische Lager" eingebracht.[24]

---

21 Vgl. *Hoensch* 1992 (Fn. 9), S. 39–71.
22 *Zarusky, Jürgen/Zückert, Martin (Hrsg.)* 2013: Das Münchner Abkommen von 1938 in europäischer Perspektive, München.
23 *Winkler, Heinrich August* 2011: Geschichte des Westens. Die Zeit der Weltkriege, München.
24 Vgl. hierzu *Hoensch* 1992 (Fn. 9), S. 124–138: Die gleitende kommunistische Machtübernahme (1945–1948).

Abb. 5: Mittel-, Ost- und Südosteuropa nach dem Zweiten Weltkrieg

Quelle: *Magocsi, Paul Robert* 2002: Historical Atlas of Central Europe, Seattle.

3.2 Politische Kulturen und Transformationsdefizite

Politische Kulturen bezeichnen in den Wissenschaften zunächst allgemein das Verteilermuster aller Orientierungen einer Bevölkerung gegenüber dem politischen System. Zur politischen Orientierung zählen Wertvorstellungen, Meinungen, Einstellungen, aber auch Felder, die zunächst unpolitisch erscheinen wie religiöse Vorstellungen oder Erziehungsziele. In den

Wissenschaften wird der Begriff der politischen Kultur aber wertfrei verwendet. In Ländern mit unterschiedlichen sprachlichen, vor allem aber historischen Entwicklungen und Prägung haben sich die Verhaltensweisen innerhalb der politischen Kultur auch unterschiedlich ausgewirkt. Auf das abweichende Wahlverhalten bei Tschechen und Slowaken bei den Wahlen von 1992 wurde bereits eingegangen.

Blicken wir kurz nochmals zurück auf den langen Weg der Tschechoslowakei. Nach der Bildung dieses Staates 1918 konnte man nicht von einer tschechoslowakischen Gesellschaft sprechen, eher von einer tschechischen Gesellschaft auf der einen Seite und von einer slowakischen auf der anderen Seite. Dementsprechend kann man auch von einer tschechischen und slowakischen politischen Kultur innerhalb des gemeinsamen Staates ausgehen. Historiker, Politikwissenschaftler und Juristen haben darauf mehrfach hingewiesen.[25] Diese hier nur angedeuteten Unterschiede in der politischen Kultur beider Staatsteile wurden auch in der über 70 Jahre andauernden gemeinsamen Staatsentwicklung nicht überwunden. Im Gegenteil: Nach der Wende 1989 gewannen sie eine noch größere Bedeutung. Die gravierenden Unterschiede und Einstellungen zu einem pluralistischen demokratischen System, zu Wirtschaftsreformen und Marktwirtschaft äußerten sich selbstverständlich in dem schon mehrfach angesprochenen Wahlverhalten. Eine wichtige Erklärung für diese Auswirkungen politischer Kulturen in jener Phase des Weges von der „Samtenen Revolution" bis zur „Sanften Trennung" bilden zweifellos die aufgetretenen Transformationsdefizite. Es erscheint daher sehr nützlich, auf diese Defizite in Theorie und Praxis, vor allem bezogen auf die schon mehrfach angesprochenen Unterschiede in den Territorialstrukturen Tschechiens und der Slowakei, kurz einzugehen. Schon seit dem endgültigen Zerfall des kommunistischen Systems am Ende der 1980er und zu Beginn der 1990er Jahre wurde in der Transformationsforschung der Politik-, Wirtschafts- und Sozialwissenschaften das Defizit an Theoriebildung, terminologischer Schärfe, vor allem aber an konkreten Entwicklungs- und Handlungsphasen konstatiert. Es wurde zwar von der mehrdimensionalen Transformation gesprochen, so von einer systembezogenen Dimension, die Art und Weise der Umformung des ökonomischen und sozialen Systems erfasst, von einer zeitlichen Dimension, die die historischen Rahmenbedingungen und die Periodizität der Abläufe erkennen lässt, sowie von einer regionalen, räumlichen Dimension, die die Raumwirksamkeit jener Transformationsprozesse zu verorten sucht.[26] Zweifellos lassen sich die Denk- und Handlungsweisen der Bevölkerung in beiden Teilen der ehemaligen Tschechoslowakei, zum Beispiel Wertvorstellungen, Einschätzungen des wirtschaftlichen und sozialen Status, Zukunftsperspektiven, gesellschaftliches Engagement und Wahlverhalten, insbesondere in der Periode 1990 bis 1992, auf Defizite bei allen oben genannten Dimensionen der Transformation zurückführen. Der Politikwissenschaftler Segert hat 2015 eine interessante Arbeit mit dem Titel „Von Musterschülern zu Problemkindern? Zwischenbilanz der politischen Transformation"[27] vorgelegt. Darin hat er eine in unserem Zusammenhang wichtige Frage gestellt, nämlich ob nicht die Einschätzung

25 *Vodicka* 1997 (Fn. 14), S. 192.
26 *Buchhofer/Förster* 2002 (Fn. 13), S. 90 f.
27 *Segert, Dieter* 2015: Von Musterschülern zu Problemkindern? Zwischenbilanz der politischen Transformation, in: Aus Politik und Zeitgeschichte, 65. Jg., 47–48, S. 47–54.

der anfänglich positiven Entwicklung in den mitteleuropäischen Staaten seitens der westlichen Länder zu eindimensional gewesen ist und der Enthusiasmus mit der im Westen die Demokratisierung wahrgenommen wurde, zu einem falschen Bild geführt hat. Auch die in manchen westlichen Bewertungen angeführte „Überlegenheit" der eigenen politischen und wirtschaftlichen Ordnung gegenüber dem System des Staatssozialismus hat nicht unbedingt zu einer realistischen Wahrnehmung der Gesamtsituation in diesen Ländern beigetragen.

Zielführend für die versuchte Kennzeichnung und Bewertung der Transformationsperioden, im politischen wie auch im ökonomischen Sinn, ist auch die demokratietheoretische Argumentation Segerts zu den Mindestanforderungen an eine Demokratie, ihre Einbettung in die Gesellschaft, insbesondere aber die Frage nach der Nachhaltigkeit dieser Demokratie. Auf die Probleme und Ursachen, die das politische System für einen Machtmissbrauch anfällig machen, ist bereits hingewiesen worden. Die schnelle und radikale Privatisierung (Couponprivatisierung) als Hauptinstrument der ökonomischen Transformation und die dadurch entstandene Ungleichheit der Vermögensverhältnisse führte einerseits zu einem wirtschaftlichen und sozialen Existenzkampf großer Teile der Bevölkerung. Zugleich erzeugte dieser Transformationsprozess das Streben der politischen Elite nach wirtschaftlicher Macht. Dazu kamen die schon mehrfach angesprochenen Unterschiede in den territorialen, ökonomischen Strukturen: So haben sich in Tschechien die ererbten regionalen Disparitäten zwischen den Ballungszentren, den Metropolregionen, und den Peripherien weiter verstärkt. In der Slowakei hat sich das West-Ost-Gefälle zwischen der Region Bratislava und dem Raum Kosice noch deutlicher ausgeprägt. Zudem führten Steuererleichterungen, vor allem aber der Zufluss ausländischer Direktinvestitionen in die traditionellen Ballungsräume zu weiteren regionalen Struktureffekten. Eine fehlende regionale Strukturpolitik zeigte ebenfalls entsprechende Auswirkungen, vor allem auf die Arbeitsmärkte und somit auch auf die Beschäftigungsstrukturen (Arbeitslosigkeit). Eine öffentliche Kontrolle über die Politik wurde erschwert, weil die oben erwähnten großen Teile der Bevölkerung mit dem „sozialen Überleben" beschäftigt waren. Dass dies keine Schwächen der Zivilgesellschaft waren, zeigen die aufschlussreichen Untersuchungen von Stepahnie Weiss[28] in Tschechien, in denen die Autorin sehr prägnant die Aktivitäten und Unterschiede der organisierten Zivilgesellschaft und den Bürgern von 1989 bis in 2013er Jahre analysiert und bewertet hat.

4   Folgen der Trennung und Perspektiven beider Länder in der Europäischen Union

Wenn abschließend in wenigen Sätzen wesentliche Folgen der Trennung und die Perspektiven Tschechiens und der Slowakei in Europa gekennzeichnet werden sollen, dann muss zunächst nochmals wiederholt werden, dass die „Sanfte Trennung" der Tschechoslowakei gegen den mehrheitlichen Willen der Bevölkerung vollzogen wurde. Sie entsprach keineswegs dem Selbstbestimmungsrecht beider Völker. Sie war ein Ergebnis der politischen Machtkämpfe der sogenannten „neuen politischen Eliten" mit dramatischen Auswirkungen auf die

---

28 *Weiss, Stephanie* 2015: Zivilgesellschaft in Tschechien, in: Visegrad-Staaten. Aus Politik und Zeitgeschichte, 65. Jg. 47–48, S. 11–16.

Verteilung der ökonomischen Potenziale, sowie auf die zivilgesellschaftlichen Verhältnisse. Auf beide Problemkreise wurde bereits eingegangen.

Wie sahen nun in den Transformationssphasen und nach der Trennung die Entwicklungsperspektiven für beide Länder aus? Schon seit dem historischen Treffen des tschechoslowakischen Präsidenten Havel, des polnischen Präsidenten Walesa und des ungarischen Präsidenten Antal im Februar 1991 in Visegrad (Ungarn) existiert eine ostmitteleuropäische Interessengemeinschaft. Beschlossen wurde damals, die größtenteils gemeinsamen Probleme nach dem Zerfall des Ostblocks kooperativ zu lösen. Zu den ursprünglichen Zielen gehörten insbesondere Kooperationen bei den Transformationsprozessen, bei der Vorbereitung des Beitritts zur NATO und zur Europäischen Union. Dazu kamen Verabredungen über eine verstärkte Zusammenarbeit auf den Gebieten der Wirtschaft und Kultur sowie auf technischen Bereichen (zum Beispiel Infrastrukturen). Vereinbarungen wurden aber auch über den Umgang mit nationalen Minderheiten getroffen.[29]

Inzwischen haben sich diese Ziele nach dem Beitritt dieser Länder zur NATO (1999) und zur Europäischen Union (2004) geändert. Seit den letzten Wahlen in Polen und in Ungarn, vor allem aber seit der dramatischen Flüchtlingskrise 2015, hat sich in beiden Ländern ein neonationalistischer Politikstil entwickelt, der zum Teil im krassen Gegensatz zu den allgemeinen EU-Vereinbarungen steht. Die grundsätzlichen Divergenzen über die Zukunft Europas bzw. über die Vertiefung der Integration in Europa, kamen beim Gipfeltreffen der Visegrad-Staaten am 26.1.2018 in Budapest zum Ausdruck. Das „Statement on the Future of Europe" sorgte in der Politik und bei den Medien für Zündstoff. Das „Europa der Zukunft" sollte als Konföderation unabhängiger Staaten gelten, die über die Freihandelszone hinaus nur wenige überstaatliche Aufgaben übernimmt. Dieses Europa der Nationen soll laut der gemeinsamen Erklärung aus souveränen, christlichen, europäischen Staaten bestehen, geeint durch die Ablehnung des Islam wie auch des Multikulturalismus. Ein solches „Europa der Vaterländer" soll stark dezentralisiert sein und ließe den Nationalstaaten großen politischen Spielraum, und dies unbeeinflusst von der Europäischen Union.[30] Auch wenn diese Auffassungen und Zukunftsperspektiven über und für Europa in Tschechien und in der Slowakei dank deren imponierenden wirtschaftlichen Erfolgen nicht in diesem Maße geteilt werden, wird sich spätestens bei den Europawahlen im Frühjahr 2019 zeigen, ob tatsächlich im Osten der Europäischen Union ein neuer Block entsteht (Stand Anfang 2019). Doch die eindrucksvollen Demonstrationen junger Menschen in den Hauptstädten der Visegrad-Staaten für mehr Demokratie und „mehr Europa" lassen auf eine andere Zukunft hoffen.

---

29 Vgl. *Förster, Horst* 2018: Die Visegrad-Staaten: ein neuer Block im Osten der EU?, in: *Europäisches Zentrum für Föderalismus-Forschung Tübingen (Hrsg.)*: Jahrbuch des Föderalismus 2018. Föderalismus, Subsidiarität und Regionen in Europa, Baden-Baden, S. 405–419.
30 *Hockenos, Paul* 2018: Der neue Ostblock, in: Euractiv.de, verfügbar unter: https://www.euractiv.de/sektion/europaKompakt/news/der-neue-ostblock (31.01.2018).

Schottland zwischen Autonomiebestrebung und Sezessionsforderung

Simon Meisch

In der öffentlichen Vorstellungswelt hat sich der tragische schottische Held im Kampf um Freiheit und Selbstbestimmung gegen den übermächtigen englischen Nachbarn etabliert. Solche Heldennarrative verstellen allerdings leicht den Blick dafür, dass die breite öffentliche Unterstützung für die staatliche Unabhängigkeit in der modernen schottischen Geschichte ein junges Phänomen ist. Dagegen stellte sich seit der Gründung des Vereinigten Königreichs (VK) immer wieder die Frage, wie und in welchen institutionellen Konfigurationen Schottland regiert werden soll, um den Besonderheiten seines gesellschaftlichen Lebens und je anstehenden politischen Herausforderungen angemessen Rechnung zu tragen.[1]

Der vorliegende Beitrag unterscheidet zwischen Autonomieforderungen und Sezessionsbestrebungen, die im Falle Schottlands keinesfalls gleichbedeutend sind. Als Ausdruck schottischer Autonomie gilt die *Devolution* – ein institutioneller Kompromiss, der das unitarische Staatsverständnis des VK mit Forderungen nach regionaler Selbstbestimmung vereinte (Kapitel 2). Devolution als Prozess und politische Ordnung wurde gegen die Assimilation mit England wie auch gegen die Schaffung eines schottischen Parlaments (*Home Rule*) ins Feld geführt. Spätestens seit den 1970er Jahren war sie auch die Alternative zu Sezessionsforderungen der Scottish National Party (SNP) (Kapitel 3). Abschließend wagt der Beitrag einen Ausblick auf die weitere Entwicklung schottischer Autonomieforderungen und Sezessionsbestrebungen (Kapitel 4).

1 Devolution in Schottland

Das VK gilt als Musterbeispiel eines unitarischen Staates, der politische Macht im Herrschaftszentrum bündelt und über das Staatsgebiet hinweg eine einheitliche bzw. vereinheitlichende Politik anstrebt. Der Londoner Sitz des Parlaments (*Westminster*) und der Regierung (*Whitehall*) stehen dafür als Synonyme. Auch wenn diese Perspektive für das Selbstverständnis britischer Politik eine große Rolle spielte, so war die politische Praxis vielschichtiger. Dies hängt mit der Entstehung des VK zusammen: Die einzelnen Landesteile Wales (1535/1542), Schottland (1707) und Irland (1800) kamen zu unterschiedlichen Zeiten und unter unterschiedlichen Umständen ins VK. Die je neu entstandene Union akzeptierte spezifische regionale Unterschiede.[2] Daher sieht James Mitchell das VK mit den etablierten Begriffen unitarisch (*unitary state*) oder Union (*union state*) unzureichend beschrieben; vielmehr schlägt er „Union von Unionen"[3] vor, weil dies „the variety of unions that created the

---

1   *Keating, Michael/Midwinter, Arthur* 1983: The Government of Scotland, Edinburgh, S. 210.
2   *McHarg, Aileen* 2019: The Future of the United Kingdom's Territorial Constitution: Can the Union Survive?, in: *López-Basaguren, Alberto/Escajedo San-Epifanio, Leire (Hrsg.)*: Claims for Secession and Federalism: A Comparative Study with a Special Focus on Spain, Cham, S. 139–161.
3   *Mitchell, James* 2009: Devolution in the UK, Manchester.

UK and the persistence of their legacies in its development"[4] angemessener repräsentiere. Durch dieses Beziehungsgeflecht zwischen dem Zentrum und den Bestandteilen des VK ergab sich der Bedarf nach einer territorialen Politik (*territorial politics*)[5], das heißt,

„[…] that arena of political activity concerned with the relations between the central political institutions in the capital city and those interests, communities, political organisations and governmental bodies outside the central institutional complex, but within the accepted boundaries of the state, which possess, or are commonly *perceived* to possess, a significant geographical or local/regional character."[6]

Abb. 1: Die Lage Schottlands im Vereinigten Königreich

Quelle: Eurostat.

---

4 *Mitchell, James* 2010: The Westminster Model and the State of Unions, in: Parliamentary Affairs 63(1), S. 85–88 (86).
5 *Bulpitt, Jim* 1983: Territory and Power in the United Kingdom. An Interpretation, Colchester; *Bradbury, Jonathan* 2006: Territory and Power Revisited: Theorising Territorial Politics in the United Kingdom after Devolution, in: Political Studies 54(3), S. 559–582.
6 *Bulpitt* 1983 (Fn. 5), S. 59 (kursiv im Original).

Der politische Kompromiss zwischen dem Herrschaftsanspruch des Zentrums und den Bedürfnissen der einzelnen Bestandteile der Union wird als *Devolution* bezeichnet. Der britische Verfassungstheoretiker Vernon Bogdanor beschreibt sie als

„the transfer of powers from a superior to an inferior political authority. More precisely, devolution may be defined as consisting of three elements: the transfer to a subordinate elected body, on a geographical basis, of functions at present exercised by ministers and Parliament.“[7]

Devolution verbindet das Verfassungsprinzip der Parlamentssouveränität mit der Gewährung regionaler Selbstverwaltung bzw. -regierung. Im britischen Staatsrecht ist nicht das Staatsvolk, sondern das Parlament souverän. Westminster besitzt demnach das Recht, „to make or unmake any law whatever: and, further, that no person or body is recognised by the law of England as having a right to override or set aside the legislation of Parliament“.[8] Dieser weitreichende Anspruch ist nicht ohne weiteres mit der Gewährung regionaler Autonomie vereinbar. Westminster gibt zwar Aufgaben an eine substaatliche Körperschaft ab; diese ist jedoch selbst nicht souverän, sondern bleibt dem britischen Parlament formal nachgelagert. Begrifflich meint Devolution den Prozess, in dessen Verlauf politische Verantwortung von einer höheren politischen Ebene auf eine niedrigere verlagert wird, wie auch die politische Ordnung, die aus diesem Prozess hervorgeht.

1.1 Konfigurationen der Devolution in Schottland

Im Falle Schottlands wird von administrativer und legislativer Devolution gesprochen. Erstere prägte Schottlands Platz im VK bis 1999, letztere seither. *Administrative Devolution* meint laut Michael Münter „die territoriale Separierung (bzw. der Aufbau einer Doppel- oder Mehrebenenstruktur) der zentralstaatlichen Verwaltung Großbritanniens [...], wie bescheiden sie auch immer sein mag“.[9] Gesamtstaatliche Aufgaben wurden nicht allein nach Politikfeldern funktional differenziert wahrgenommen wurden, sondern auch nach territorialen Gesichtspunkten. Die britische Regierung bestand somit nicht nur aus Ressortministerien, ihr gehörten auch Regionalministerien wie das Schottlandministerium an, die für einzelne Landesteile zuständig waren. Diese Regionalministerien hatten über mehrere Politikfelder hinweg unterschiedlich weite Zuständigkeitsbereiche. Sie nahmen Aufgaben wahr, die im gesamten VK auf mehrere Ministerien verteilt waren. Nie jedoch hatten sie die alleinige Zuständigkeit für ihren Landesteil, da es immer Politikfelder gab, die von VK-weiten Ministerien bearbeitet wurden. Parallel zum Schottlandministerium entwickelten sich auf legislativer Seite Parlamentsausschüsse, die sich mit schottischen Angelegenheiten befassten. Ihre Aufgabe war es, schottlandbezogene Gesetze bzw. Ausgaben zu prüfen, die Arbeit des Schottlandministeriums zu überwachen und Themen von schottischem Interesse zu diskutieren. Die Existenz dieser schottischen Ausschüsse führte mit der Zeit dazu, dass sich für

---

7   *Bogdanor, Vernon* 1999: Devolution in the United Kingdom, Oxford, S. 1 (Kursivsetzung entfernt).
8   *Dicey, Albert Venn* 1885[1982]: Introduction to the Study of the Law of the Constitution, Indianapolis, S. 36 f.
9   *Münter, Michael* 2005: Verfassungsreform im Einheitsstaat. Die Politik der Dezentralisierung in Großbritannien, Wiesbaden, S. 24.

Gesetzentwürfe, die nur Schottland betrafen, Gesetzgebungsverfahren entwickelten, die von den üblichen Verfahren Westminsters leicht abwichen.[10]

Die Devolution-Gesetzgebung der Labour-Regierung unter Tony Blair etablierte 1999 ein schottisches Parlament (nach dem Stadtteil in Edinburgh auch *Holyrood* genannt). In seinem Kompetenzbereich besitzt es die primäre und sekundäre Gesetzgebungskompetenz (*Legislative Devolution*). Zudem bestellt und überwacht es die schottische Regierung. Die Devolution-Gesetzgebung benennt die Politikfelder, die sich Westminster ausdrücklich vorbehält (*reserved matters*). Daneben gibt es eine Reihe geteilter Zuständigkeiten. Für alle übrigen Politikfelder ist Holyrood zuständig. Seit 1999 hat sich die Kompetenzfülle Holyroods deutlich erweitert (*Scotland Acts, 2012 & 2016*). Es hat insbesondere das Recht erhalten, Steuern zu erheben bzw. britische Steuersätze in Schottland zu verändern, so dass mittlerweile auch von Fiskaldevolution[11] gesprochen werden kann.[12]

Infolge der legislativen Devolution ist die schottische Politik in ihrem Kompetenzbereich nun autonom und selbstständig: Sie kann ihre politische Agenda selbst umsetzen und ihre Führung – über schottische Parlamentswahlen und die anschließende Koalitionsbildung – selbst bestimmen. Holyrood ist für den überwiegenden Teil der schottischen Innenpolitik zuständig und kann in seinem Kompetenzbereich von der britischen Linie abweichende politische Präferenzen setzen. Durch das Prinzip der absoluten Parlamentssouveränität kann Westminster zwar in allen Politikfeldern Gesetze erlassen, wenn es das wollte, auch in devolvierten. Allerdings hat es sich in der *Sewel Convention* dazu bekannt, dies normalerweise nicht ohne die vorherige Zustimmung des schottischen Parlamentes zu tun (*legislative consent motions*). Dagegen ist die schottische Politik nicht autonom, was ihren rechtlichen Rahmen angeht, denn Verfassungsrecht hat sich Westminster ausdrücklich vorbehalten. Die schottische Seite kann allenfalls in London eine *Section 30 Order* beantragen, mit der sie ausnahmsweise das Recht erhielte, in einem reservierten Politikfeld Entscheidungen zu treffen. London muss dieses Anliegen aber nicht erfüllen.[13]

Neben der Prozess- und Ordnungsdimension besaß der Begriff der Devolution immer auch eine normative Komponente. Er sollte eine Form politischer Selbstbestimmung beschreiben[14] und sich damit im Falle Schottlands gegen zwei Alternativen abgrenzen: gegen die Assimilation mit England, wie dies im 19. Jahrhundert durchaus gefordert wurde, sowie gegen andere Formen politischer Selbstregierung (wie Home Rule und später die staatliche Unabhängigkeit).[15] Ob und in welcher Hinsicht es sich aber bei der administrativen Devo-

10 *Meisch, Simon* 2014: Devolution in Schottland. Institutionelle Entwicklung zwischen Pfadabhängigkeit und graduellem Wandel, Baden-Baden, S. 88–95.
11 *Falleti, Tulia G.* 2005: A Sequential Theory of Decentralization: Latin American Cases in Comparative Perspective, in: American Political Science Review 99(3), S. 327–346.
12 *McHarg* 2019 (Fn. 2).
13 *House of Lords Library* 2017: Scottish Independence Referendum Procedure: Section 30 Orders. https://researchbriefings.parliament.uk/ResearchBriefing/Summary/LIF-2017-0036 (20.10.2019).
14 *Mitchell* 2009 (Fn. 3); *Mitchell, James* 2003: Governing Scotland. The Invention of Administrative Devolution, Basingstoke.
15 *Meisch* 2014 (Fn. 10), S. 118–135.

lution wirklich um eine bedeutungsvolle Form von Autonomie handelte, war immer strittig.[16] Jüngst haben die Auseinandersetzungen um den Brexit den fragilen Status schottischer Autonomie auch in der legislativen Devolution deutlich gemacht.[17]

1.2 Entwicklung von Devolution in Schottland[18]

Devolution in Schottland war immer von unterschiedlichen Dynamiken getrieben. So gab es institutionelle Reformen, um die Verwaltung in Schottland zu formalisieren, professionalisieren und unter parlamentarische Aufsicht zu stellen. Dabei handelte es sich immer auch um Entwicklungen mit einer zentralisierenden Tendenz. Diese interagieren mit Vorstellungen der Schott*innen, über ihre eigenen Angelegenheiten die Kontrolle zu behalten. Am programmatischsten brachte dies wohl 1949 der Slogan *Scottish Control of Scottish Affairs* der Konservativen Partei auf den Begriff.

Der Bedarf nach spezifischen Arrangements für Schottland ergab sich, weil der Gesamtstaat auf besondere schottische Institutionen Rücksicht nehmen musste. Bei der Union zwischen Schottland und England handelte es sich de jure um eine inkorporierende Union, das heißt, beide Staaten gingen im neu entstandenen Vereinigten Königreich auf. De facto gab Schottland sein Parlament und seine Großen Staatsämter (*Great Officer of State*) auf und entsandte Abgeordnete ins Unter- und Oberhaus nach Westminster. London übernahm die Regierungsgeschäfte. Dagegen sicherte der Unionsvertrag die Existenz von zentralen Institutionen der schottischen Zivilgesellschaft, vor allem des Rechtssystems und der Staatskirche (*Kirk*). Der Fortbestand des Rechtssystems bedeutete, dass der Lord Advocate als einziges schottisches Staatsamt bestehen blieb. Bei ihm handelte es sich um den Chefjustiziar der britischen Regierung für schottisches Recht und den Generalstaatsanwalt für Schottland. Die Existenz des schottischen Rechts sowie weiterer schottischer Institutionen (Staatskirche, Kommunalregierung, Bildungswesen) erforderte es, dass diese schottischen Besonderheiten bei der Gesetzgebung in Westminster berücksichtigt werden mussten.

Zudem brauchte es eine Person in der britischen Regierung, die sich um die schottischen Regierungsgeschäfte kümmerte. Im 18. Jahrhundert entwickelte sich das informelle Amt des *Scottish Managers*. Bei ihm handelte es sich um einen Schotten mit einem Regierungsamt, der daneben in Schottland Patronagemöglichkeiten besaß, der Regierung die Unterstützung der schottischen Abgeordneten sicherte und sich um gesamtstaatliche Aufgaben in Schottland kümmerte. Er fungierte als Vertreter Schottlands in London und Londons Ansprechperson für Schottland. Letztlich war mit ihm bereits das erst 1885 eingerichtete Amt des Schottlandministers vorgezeichnet. Ob dieser eher „Schottlands Premierminister"[19] oder „Londons Vizekönig in Schottland"[20] war, hing von der jeweiligen Persönlichkeit und Regierungskonstellation ab.[21]

---

16 *Keating/Midwinter* 1983 (Fn. 1), S. 209 f.; *Mitchell* 2003 (Fn. 14), S. 212 f; *Paterson, Lindsay* 1994: The Autonomy of Modern Scotland, Edinburgh, S. 5.
17 *Mitchell, James* 2019: Has devolution strengthened the UK constitution?, in: *Paun, Akash/Macrory, Sam (Hrsg.)*: Has Devolution Worked? The first 20 years. London, S. 146–158 (154 ff).
18 Kapitel 1.2 bezieht sich stark auf *Meisch* 2014 (Fn. 10).
19 *Kellas, James G.* 1989: The Scottish Political System, Cambridge, S. 28.
20 *Lynch, Michael* 2011: Scotland: a New History, London, S. 447.
21 *Meisch* 2014 (Fn. 10), S. 135 f.

Weitere Dynamik ergab sich durch die *Zunahme der Staatstätigkeit* seit Mitte des 19. Jahrhunderts.[22] Die gesamtstaatliche Regierung begann (durch eine aktivere Rolle etwa in der Sozial-, Wohnungsbau- oder Wirtschaftspolitik) eine immer größere Rolle im Leben der Brit*innen zu spielen. In Schottland war die Londoner Regierung bis in die 1840er Jahre kaum präsent; der Alltag der Schott*innen wurde durch die Kirk und das Local Government geprägt. Infolge der starken Urbanisierung und Industrialisierung sowie der Spaltung der schottischen Kirche (1843) zerbrach dieses System und der Gesamtstaat musste seine Aufgaben (etwa in der Bildungs-, Gesundheits- oder Armenpolitik) übernehmen. Das politische System des VK war im 19. Jahrhundert noch nicht auf diese Zunahme der Staatstätigkeit und die damit verbundene Gesetzgebung eingestellt. Wiederholt klagten schottische Abgeordnete, dass schottische Angelegenheiten im Unterhaus aus Zeitmangel benachteiligt würden. Regelmäßig wiesen Vertreter der Regierung diese Vorwürfe zurück, weil beim vollen Zeitplan Westminsters für alle Fragen wenig Zeit bliebe und (ihrer Meinung nach gerade) die schottischen Angelegenheiten vorbildlich geregelt seien. Zwischen 1828 bis zur Schaffung des Schottlandministeriums bereitete der Lord Advocate mit den schottischen Abgeordneten schottische Gesetze vor – meist im tea room des Unterhauses.

Nach 1900 kam es zu einer *Formalisierung* und *Professionalisierung* der schottischen Institutionen. Das Schottlandministerium übernahm sukzessive die Aufsicht über die schottische Verwaltung. Zuvor waren die Exekutive und Administration in Schottland durch Informalität und Patronage geprägt; dies entsprach nun nicht mehr dem Ideal Whitehalls.[23] Damit entwickelte sich nicht nur die moderne schottische Verwaltung, über das Schottlandministerium befand sie sich nun auch unter parlamentarischer Kontrolle. Parallel zum Schottlandministerium entstanden mit zeitlicher Verzögerung Parlamentsausschüsse, die, sofern nur schottische Angelegenheiten betroffen waren, schottische Gesetze vorbereiteten und die Arbeit des Ministeriums überwachten.

Für die Entwicklung der administrativen Devolution spielte in unterschiedlicher Weise immer auch *Parteipolitik* eine wesentliche Rolle. So zogen seit dem 19. Jahrhundert Oppositionsparteien gerne „die schottische Karte", um der Regierung vorzuwerfen, sie vernachlässige schottische Anliegen und Interessen. Der oben zitierte Slogan der Konservativen Partei ist hierfür eines der bekanntesten Beispiele. Damit wurde der Anspruch, dass auf schottische Besonderheiten Rücksicht zu nehmen sei, am Leben erhalten. Daneben kam es gerade in Zeiten sozialer Umbrüche, wie etwa den 1850er oder 1920er Jahren immer wieder zu Klagen darüber, dass Schottland verloren gehe. In der Wahrnehmung derer, die diese Sorge äußerten, war eine bestimmte Vorstellung oder ein bestimmter Aspekt schottischen Lebens durch gesellschaftlichen Wandel bedroht. Je nach Trägerschaft dieses Protests sahen sich bestimmte Parteien unter Handlungsdruck.[24] Zudem wurde die Frage der schottischen Autonomie immer dann brisant, wenn in Zeiten knapper Unterhausmehrheiten schottische Parteien, die sich für Home Rule oder die Unabhängigkeit einsetzten, die Parlamentsmehrheit

22 Ebenda, S. 103–118; *Devine, Tom*: 2012: The Scottish Nation. A Modern History, London, S. 84, 200.
23 *Finlay, Richard* 1994a: Scotland in the Twentieth Century: In Defence of Oligarchy?, in: The Scottish Historical Review 73(195), S. 103–112.
24 *Finlay, Richard* 1994b: National Identity in Crisis: Politicians, Intellectuals and the 'End of Scotland', 1920–1939, in: History 79, S. 242–259.

in London bedrohten, wie dies insbesondere in den 1970er Jahren, aber auch nach dem Ersten Weltkrieg der Fall war. In den späten 1920er Jahren sah sich die immer noch junge Labour-Fraktion durch nationalistische Kandidat*innen bedroht, die ihr jene Stimmen strittig machten, die sie benötigte, um sich im relativen Mehrheitswahlrecht durchzusetzen.[25]

Ohnehin spielt für die Etablierung der administrativen Devolution und der Vorstellung, damit sei schottische Autonomie verbunden, die Labour Party eine bedeutsame Rolle.[26] In den 1920er Jahren löste sie die Liberalen in Schottland als zweite starke Partei neben den Konservativen ab. Ursprünglich hatte sie die liberale Forderung nach Home Rule unterstützt, um in Schottland sozial progressivere Politiken durchsetzen zu können, die aus Sicht der Liberalen und Labours regelmäßig am konservativ dominierten Westminster-Parlament scheiterten. Angesichts der Wirtschaftskrise nach dem Ersten Weltkrieg entstanden in Schottland erste sezessionistische Parteien. Gegen diese Bewegungen (Home Rule, Sezession) entwickelte die Konservative Partei die administrative Devolution. Ende der 1920er Jahre änderte die Labour Party ihre Strategie; für sie hatte nun die Erringung einer Mehrheit im Unterhaus Vorrang, um dort mit den Mitteln des Gesamtstaates auch für Schottland sozial progressive Politiken durchsetzen zu können. Schließlich demonstrierte der Labour-Politiker und frühere Home Ruler Thomas Johnston in seiner Amtszeit als Schottlandminister (1941–45), welche immensen Handlungsoptionen die administrative Devolution barg, und versöhnte somit die politische Linke Schottlands mit einer durch die Konservative Partei entwickelten institutionellen Konfiguration. Gerade für viele Labour-Abgeordnete wurde sie zu einer politischen Heimat und gewann eine so große Legitimität, dass sie sie in den 1970er Jahren gegen die eigene Parteiführung in London verteidigten, die angesichts der SNP-Erfolge ein schottisches Parlament errichten wollte.

Für die Entwicklung politischer Autonomieforderungen in den 1980er Jahren spielte ein demokratietheoretischer Schwachpunkt der administrativen Devolution (als des Ausdrucks von Scottish Control over Scottish Affairs) eine wesentliche Rolle. Da diese Konfiguration in die Institutionen des Gesamtstaates eingebettet war, wurde sie durch die Partei kontrolliert, die die Mehrheit im Unterhaus stellte. Solange diese Mehrheit auch den Mehrheitswillen in Schottland abdeckte, war dies grundsätzlich kein Problem. Dies änderte sich bei unterschiedlichen Mehrheiten. Diese Herausforderung wurde bereits im 19. Jahrhundert erkannt: und zwar immer dann, wenn der Lord Advocate einer anderen Partei angehörte als die Mehrzahl der schottischen Abgeordneten. In der Folgezeit scheint zumindest anerkannt gewesen zu sein, dass die britische Regierung davon absah, strittige Politiken in Schottland gegen den Willen der Mehrheit der dortigen Abgeordneten durchzusetzen (beispielsweise in der Amtszeit von Edward Heath). Diese Situation änderte sich mit dem Regierungsantritt von Margaret Thatcher. Ihre Politik war zwar auch in weiten Teilen Englands umstritten. In Schottland wurde sie aber zunehmend als antischottisch wahrgenommen; die Ablehnung ihrer Regierung besaß hier somit noch eine nationalistische Dimension. Die Labour Party, die in den 1980er und 1990er Jahren deutlich die meisten Sitze in Schottland gewann, konnte

---

25 *Finlay, Richard* 1997: A Partnership for Good? Scottish Politics and the Union since 1880, Edinburgh.
26 *Meisch* 2014 (Fn. 10), S. 164–219.

Schottland nicht gegen die neoliberale Politik Thatchers verteidigen.[27] Zugleich nahm der Druck durch die SNP zu, die die schottischen Labour-Abgeordneten als hilflos verspottete. In dieser Zeit wuchs die Unterstützung in der Labour Party für die Schaffung eines schottischen Parlamentes. „Scottish Control over Scottish Affairs", so die Einsicht Labours, war mit der administrativen Devolution nicht mehr zu gewährleisten. Mit der legislativen Devolution schien diese Kontrolle zunächst wiederhergestellt.

Durch den Wahlsieg der SNP (2007) und den EU-Austritt der Briten (*Brexit*, 2016) kam neue Dynamik ins Spiel. Die britische Seite reagierte auf den Erfolg der SNP sowie auf das (gescheiterte) schottische Unabhängigkeitsreferendum 2014 mit Erweiterungen der Kompetenzen von Holyrood. Dadurch nahm der Kooperationsbedarf zwischen der britischen und schottischen Ebene zu, während die Mechanismen der intergovernementalen Zusammenarbeit schwach ausgeprägt blieben.[28] Zugleich haben die Auseinandersetzungen um den Brexit und der konfrontative Stil der konservativen Regierungen unter Theresa May und Boris Johnson die territoriale Politik in eine schwere Verfassungskrise geführt. Gegen den Willen Holyroods setzten sie das Gesetz um, das europäisches in britisches Recht überführen soll (*European Union Withdrawal Act, 2018*). Dieses greift zur Herstellung eines britischen Marktes nach dem EU-Austritt massiv in die bestehenden Kompetenzen des schottischen Parlaments ein. Daher hätte es nach der Sewel Convention die Zustimmung Holyroods benötigt. Da solche Konventionen aber rechtlich nicht einklagbar sind, konnte Westminster (verfassungsrechtlich korrekt) das Gesetz verabschieden. Damit wurde sichtbar, worauf die britische Verfassungslehre seit langem hinweist: dass Konventionen mit einem Signalcharakter versehen sind und eine Verfassungskrise drohe, wenn sie ignoriert oder gebrochen würden.[29]

2 Unabhängigkeit

2.1 Nationalist*innen mit kleinem und großem N

Das Ringen der Schott*innen um ihre Selbstbestimmung ist zu einem populären Topos geworden. Dass mit diesem Autonomiestreben die staatliche Unabhängigkeit gemeint sein könnte, ist dagegen ein neues Phänomen (seit den 1930er Jahren), und dass die Loslösung vom VK eine real erreichbare politische Option wurde, ist eines noch viel jüngeren Datums (seit 2007). Forderungen einer größeren schottischen Selbstbestimmung sind im Laufe der Zeit von allen politischen Parteien Schottlands erhoben worden.[30] Lange galt es als kein

---

27 Gerechtigkeitshalber sei angemerkt, dass Thatcher in Folge der Interventionen ihrer Schottlandminister, insbesondere von George Younger, für Schottland Ausnahmen zuließ, die sie für England nicht akzeptiert hätte, vgl. *Meisch* 2014 (Fn. 10), S. 206 f.

28 *McEwen, Nicola/Petersohn, Bettina* 2015: Between Autonomy and Interdependence: The Challenges of Shared Rule after the Scottish Referendum, in: The Political Quarterly 86(2), S. 192–200; *McEwen, Nicola* 2017: Still better together? Purpose and power in intergovernmental councils in the UK, in: Regional & Federal Studies 27(5), S. 667–690.

29 *Bogdanor, Vernon* 2019: Beyond Brexit. Towards a British Constitution, London, S. 173 f.

30 *Finlay* 1997 (Fn. 25); *Mitchell, James* 1996: Strategies for Self-government. The Campaign for a Scottish Parliament, Edinburgh.

Widerspruch, schottische*r Nationalist*in und glühende*r Anhänger*in der Union und des Empires zu sein.[31] Mit dem Aufkommen der SNP wurde es üblich, zwischen Nationalist*innen mit kleinem n (*nationalists*) und großem N (*Nationalists*) zu unterscheiden. Letzteres beschrieb Anhänger*innen der schottischen Unabhängigkeit und die Mitglieder der SNP, während erstere in allen politischen Lagern Schottlands zu finden waren. Schottlandminister aus unterschiedlichen Parteien wie Labours Thomas Johnston oder William Ross oder der Konservative Walter Elliot galten als ausgewiesene Nationalisten (mit kleinem n).[32] Somit zeugt es von einem erheblichen Wandel der politischen Kultur Schottlands, dass mittlerweile die SNP und ihre Verbündeten (Scottish Green Party und Scottish Socialist Party) als die nationalistischen Parteien wahrgenommen werden und die Scottish Labour Party, Scottish Conservative Party und Scottish Liberal Democrats als die unionistischen, was sie heute als die Parteien Londons markiert.[33] Historisch ist es also nicht korrekt, die SNP als die vorrangige politische Heimat schottischer Autonomieforderungen zu betrachten; ganz sicher ist sie jedoch die entscheidende Treiberin der Sezessionsbewegung.

2.2 Die SNP bis 1999

Die SNP entstand in den 1930er Jahren an den Rändern des britischen Parteiensystems aus dem Zusammenschluss der National Party of Scotland und der Scottish Party.[34] Erstere stand links der politischen Mitte und setzte sich für die schottische Unabhängigkeit ein, während letztere einem konservativen Milieu entstammte und Home Rule forderte. Die SNP war somit von Anfang an zwischen den Polen Unabhängigkeit vs. Home Rule sowie links-republikanisch vs. konservativ zerrissen. Der Zweite Weltkrieg erhöhte den Druck auf die Partei weiter, weil ihre radikaleren Teile eine pazifistische und antiimperialistische Position vertraten und sich nicht zum Militärdienst einziehen lassen wollten.[35] 1942 spaltete sich der moderatere Teil ab und versuchte, mit der überparteilichen *Scottish Covenant Association* für Home Rule zu mobilisieren.[36] In den beiden nachfolgenden Jahrzehnten bestand laut H. J. Hanham der größte Erfolg der SNP darin, überhaupt überlebt zu haben.[37] Bei Wahlen war sie nicht erfolgreich und stand mehrfach vor dem Scheitern.[38] In den 1960er Jahren änderten sich allerdings die gesellschaftlichen Rahmenbedingungen. Der Durchbruch der SNP bei Nachwahlen in den 1960er Jahren und den beiden Unterhauswahlen der Jahre 1974

---

31 *Smout, T.C.* 1994: Perspectives on the Scottish identity, in: Scottish Affairs 6 (1), S. 101–113, *Devine, Tom* 2003: Scotland's Empire 1600-1815, London; *Brown, Alice/McCrone, David/Paterson, Lindsay* 1996: Politics and Society in Scotland, Basingstroke.

32 *Torrance, David* 2006: The Scottish Secretaries, Edinburgh.

33 *Keating, Michael* 2012: The Independence of Scotland. Self-government & the Shifting Politics of Union, Oxford; *Sturm, Roland* 2015: Das Schottland-Referendum. Hintergrundinformationen und Einordnung, Wiesbaden.

34 *Mitchell* 1996 (Fn. 30); *Finlay, Richard* 1994c: Independent and Free. Scottish Politics and the Origins of the Scottish National Party 1918–1945, Edinburgh.

35 *Hanham, H.J.* 1969: Scottish Nationalism, Cambridge, MA, S. 163–177; *Finlay* 1997 (Fn. 25), S. 70–92; *Mitchell* 1996 (Fn. 30), S. 172–189.

36 *Finlay* 1994c (Fn. 34); *Mitchell* 1996 (Fn. 30); *Finlay, Richard* 1992: 'For or Against?' Scottish Nationalists and the British Empire, 1919–39, in: The Scottish Historical Review 71(191/192), S. 184–206.

37 *Hanham* 1969 (Fn. 35), S. 179.

38 *Cameron, Ewen* 2010: Impaled Upon a Thistle. Scotland since 1880, Edinburgh.

hatte eine Vielzahl an Gründen. Der ökonomische Aufschwung der Nachkriegsjahre war zu Ende gegangen und die Arbeitslosigkeit in Schottland hoch. Die Bindung an die traditionellen politischen Parteien hatte nachgelassen. Daneben machte die SNP den schottischen Wähler*innen ein interessantes personelles Angebot und professionierte ihre Parteistrukturen. Vor diesem Hintergrund verlieh die Entdeckung von Erdöl in der Nordsee der Forderung der SNP nach einem unabhängigen Schottland weitere Plausibilität, insbesondere in den Jahren der ersten Erdölkrise. Mit dem Slogan *It's Scotland's Oil* brachte die SNP in den 1970er Jahren diesen Zusammenhang erfolgreich auf einen Begriff. Die Entwicklung des skandinavischen Nachbarn Norwegen zeigte, welche enormen Möglichkeiten diese Einnahmen kleinen demokatischen Rentier-Staaten in sozioökonomischer Hinsicht boten.

Die 1960er und die 1970er Jahre waren zwar keine ungebrochene Erfolgsgeschichte der SNP, zu wechselhaft waren ihre Ergebnisse bei Unterhaus-, Kommunal- oder Nachwahlen. Allerdings stellte die Partei in einer Zeit knapper parlamentarischer Mehrheiten und Minderheitsregierungen eine Herausforderung für beide großen britischen Parteien dar.[39] Dies gilt insbesondere für die beiden Unterhauswahlen 1974. Üblicherweise benachteiligt das relative Mehrheitswahlrecht kleine Parteien; somit wird die Stimmabgabe für diese Parteien leicht zu einer sogenannten verlorenen Stimme (*lost vote*).[40] In der spezifischen Situation der 1970er Jahre mit ihren knappen Mehrheiten und einer höheren Wählervolatilität schien die Wahl der SNP allerdings einen realen Unterschied für die Regierungsbildung in London auszumachen. Bei den Wahlen 1974 gewann sie im Februar 21,9 Prozent der abgegebenen Stimmen in Schottland und damit sieben Mandate sowie im Oktober 30,4 Prozent und elf Mandate. Trotz dieser für die SNP ungewöhnlich guten Ergebnisse war sie dennoch durch das Wahlrecht benachteiligt. So gewann sie bei der Oktoberwahl mit etwa einem Drittel der Stimmen nur etwa ein Sechstel der Mandate. Allerdings fehlten der SNP nur wenige Prozentpunkte, bevor das relative Mehrheitswahlrecht zu ihren Gunsten gewirkt hätte.[41] Auf das gute Abschneiden der schottischen Nationalist*innen und ihrer Forderung nach staatlicher Unabhängigkeit reagierten die Regierungen unter Harold Wilson und James Callaghan mit einer Stärkung der Devolution und dem (letztlich erfolglosen) Vorstoß, ein schottisches Parlament (*Scottish Assembly*) zu schaffen. Mit dem Scheitern Labours und dem Wahlsieg der Konservativen, die sich unter Thatcher gegen die legislative Devolution aussprachen, war nicht nur Home Rule von der politischen Agenda gestrichen. Auch die SNP konnte bei der Wahl 1979 nicht mehr an ihre früheren Erfolge anknüpfen und verlor fast alle ihre Sitze. In der Folgezeit fiel sie aber nie mehr hinter ihr Ergebnis von 1970 (11,4 Prozent) zurück. In den 1980er Jahren erneuerte sich die SNP personell und inhaltlich. Sie rückte nach links und vertrat nun eine offen proeuropäische Position. Beim Parteitag 1988 verabschiedete die SNP ihr neues programmatisches Flaggschiff *Independence in Europe*, das ihr separatistisches mit einem international ausgerichteten Profil verbinden sollte. Zugleich übernahm mit Alex Salmond oder Jim Sillars eine jüngere Politikergeneration die Verantwortung in der

39 *Kellas* 1989 (Fn. 19); *Finlay* 1997 (Fn. 25); *Mitchell* 1996 (Fn. 30).
40 *Nohlen, Dieter* 2004: Wahlrecht und Parteiensystem, Stuttgart.
41 *Johns, Rob/Mitchell, James* 2016: Takeover. Explaining the Extraordinary Rise of the SNP, London, S. 1–26.

Partei. In diesen Jahren entwickelte sich die SNP im linken politischen Spektrum Schottlands zur Rivalin der Labour Party.[42]

2.3 Die SNP: über die legislative Devolution zum Unabhängigkeitsreferendum

Aus einem Zusammenschluss politischer Parteien, der Kirchen und zivilgesellschaftlicher Akteure entstand 1989 die *Scottish Constitutional Convention* (SCC), die unter dem Eindruck der Thatcher-Jahre eine neue politische Ordnung für Schottland ausarbeiten wollte. Aus inhaltlichen und strategischen Gründen zog sich die SNP aber bald daraus zurück. Zum einen wurde deutlich, dass die beteiligten Gruppen der legislativen Devolution vor der Unabhängigkeit den Vorrang gaben. Zum anderen hätte bei einem Erfolg der SCC das neue Parlament für die SNP zum Sprungbrett für weiterreichende Forderungen werden können; bei einem Scheitern wäre die Partei als politische Nutznießerin bereitgestanden.[43] Nach ihrem Wahlsieg 1997 brachte die Labour Party die Devolution-Gesetzgebung auf den Weg. Beim anschließenden Referendum entschied sich die SNP dafür, an der offiziellen Kampagne teilzunehmen, die für die Schaffung eines schottischen Parlaments warb. Innerparteilich war dies nicht unumstritten, denn ihr politisches Ziel stellte eigentlich die staatliche Unabhängigkeit dar. Zudem richtete sich die neue Ordnung klar gegen die SNP. Bekannt wurde die mittlerweile vielfach widerlegte Voraussage des früheren Schattenministers für Schottland George Robertson: „Devolution will kill Nationalism stone dead!". Zudem stimmte die schottische Labour Party für ein Wahlrecht zum schottischen Parlament, das der SNP eine absolute Mehrheit verwehren würde, auch um den Preis, dass sie selbst keine erlangen könnte. Dennoch überzeugte der damalige Parteivorsitzende Salmond seine Partei, die Devolution-Ordnung zu unterstützen.[43] Dies änderte auch die Rolle der SNP. Im neuen schottischen Parlament führte sie die Opposition an und konnte sich als künftige Regierungspartei empfehlen. Nach dem überraschenden Tod von Donald Dewar, dem ersten schottischen Regierungschef (*First Minister*), etablierte sich Salmond zur dominanten Führungspersönlichkeit auf schottischer Ebene. Bei der dritten Holyrood-Wahl gewann die SNP 2007 einen Sitz mehr als die zweitplatzierte Labour Party, verfehlte aber die absolute Mehrheit. Keine Partei wollte mit ihr koalieren, alle erkannten aber ihren Anspruch an, eine Regierung zu bilden. So regierte die SNP nach 2007 erfolgreich in einer Minderheitsregierung. Mit ihrem zentralen Anliegen, der schottischen Unabhängigkeit, war sie in diesem Parlament weiterhin in der Minderheit. Stattdessen startete sie von 2007–2009 einen öffentlichen Konsultationsprozess über die künftige staatliche Ordnung Schottlands (*National Conversation*), der neben Änderungen an der legislativen Devolution auch die Unabhängigkeit zum Gegenstand hatte. Ein Ergebnis dieses Prozesses war das Weißbuch für ein *Referendum (Scotland) Bill, 2010*. Demzufolge sollten die Schott*innen die Möglichkeit erhalten, in einem Referendum über mehrere Optionen abzustimmen: von der Ablehnung jeglichen Wandels über Weiterentwicklungen der Devolution bis zur Unabhängigkeit. Da die SNP gemeinsam mit

---

42 Ebenda; *Devine* 2012 (Fn. 22), S. 607 f.
43 *Meisch* 2014 (Fn. 10), S. 14, 228; *Finlay, Richard* 2000: The Scottish National Party: A Party Trapped by the Past?, in: Journal for the Study of British Cultures 7(1), S. 19–28.

ihren Verbündeten (zwei grüne und eine unabhängige Abgeordnete) für dieses Gesetzesvorhaben keine Mehrheit fand, zog sie es Ende 2010 wieder zurück. Bei der schottischen Wahl 2011 gelang der SNP das Kunststück, die absolute Mehrheit der Abgeordneten zu gewinnen. Die Gründe für diesen Wahlsieg sind vielschichtig und lassen sich sicher nicht allein mit einer gestiegenen Unterstützung für die schottische Unabhängigkeit erklären. Vielmehr wurde die SNP als fähige Regierungspartei wahrgenommen und als die Partei, die sich für Schottlands Interesse einsetzt.[44] Der Wahlsieg gab der SNP die einmalige Gelegenheit, ihr Wahlversprechen eines Unabhängigkeitsreferendums umzusetzen. Die schottische Regierung einigte sich 2012 im *Edinburgh Agreement* mit der konservativ-liberalen Koalitionsregierung unter David Cameron auf die Modalitäten eines Unabhängigkeitsreferendums. Das Abkommen sollte dem Referendum eine klare rechtliche Basis geben. Über eine *Section 30 Order* erhielt das schottische Parlament anschließend die Kompetenz, diese Abstimmung durchzuführen. Während die schottische Regierung über drei Optionen abstimmen lassen wollte – den Status quo, eine umfangreiche Dezentralisierung (*DevoMax*) oder die Unabhängigkeit –, setzte Cameron durch, dass allein die Sezession zur Abstimmung gestellt würde. Aus der Sicht der britischen Regierung schien dies eine sichere Angelegenheit, denn die Zustimmung für die schottische Unabhängigkeit lag über Jahrzehnte hinweg, kaum über 30 Prozent. Am 18. September 2014 fand das schottische Unabhängigkeitsreferendum statt, bei dem die Schotten mehrheitlich (55,3 Prozent) für den Verbleib im Vereinigten Königreich votierten. Auch wenn das Ergebnis schließlich eindeutig war, schien wenige Tage vor der Abstimmung doch ein Sieg der Unabhängigkeitsbefürworter als wahrscheinlich. Dies versetzte das politische London in Aufruhr. Die Parteiführer der drei großen Parteien im Unterhaus versprachen eine umfangreiche Dezentralisierung, sollten sich die Schott*innen nicht abspalten. Die Kampagne *Better together*, die sich für den Verbleib Schottlands im VK einsetzte, aktivierte den aus Schottland stammenden früheren Premierminister Gordon Brown. Seine Intervention gilt als ein wesentlicher Grund für das Ergebnis der Abstimmung.[45] Zudem würde jüngst bekannt, dass Cameron in seiner Verzweiflung auch die zu politischer Neutralität verpflichtete Königin bat, zu Gunsten der Union zu intervenieren – ein Wunsch, dem sie tatsächlich nachkam.[46] Am Ende spielten für die Entscheidung der Schotten weitere Faktoren eine Rolle. Ein wesentlicher Punkt war die Unsicherheit darüber, ob ein unabhängiges Schottland in der EU verbleiben könnte.[47]

---

44 *Johns, Robert/Mitchell, James/Carman, Christopher J.* 2013: Constitution or Competence? The SNP's Re-Election in 2011, in: Political Studies 61(1), S. 158–178; *Dardanelli, Paolo/Mitchell James* 2014: An Independent Scotland? The Scottish National Party's Bid for Independence and its Prospects, in: The International Spectator 49(3), S. 88–105.
45 *Sturm* 2015 (Fn. 33).
46 *Quinn, Ben* 2019: David Cameron sought intervention from Queen on Scottish independence, in: The Guardian vom 19.09.2019.
47 *Sturm* 2015 (Fn. 33); *Stoffels, Markus* 2017: EU-Mitgliedschaft und Abspaltung, Baden-Baden.

2.4 Nach dem Referendum ist vor dem Referendum?

Im Frühjahr 2020 ist das schottische Unabhängigkeitsreferendum zurück auf der politischen Agenda.[48] Eine wesentliche Rolle spielt der Brexit. Allerdings ist und war sein Einfluss auf die schottische Unabhängigkeitsbewegung ambivalent.[49] Der Brexit hat neben der Referendumskampagne die politische Landschaft Schottlands tiefgreifend verändert.

Erstaunlicherweise ging die schottische Unabhängigkeitsbewegung gestärkt aus ihrer Niederlage im Referendum hervor.[50] Die SNP und ihre Verbündeten hatten den Wahlkampf mit einer positiven Vision eines zukünftigen Schottlands geführt – im Gegensatz zu ihren Gegner*innen, die insbesondere mit negativen Botschaften arbeiteten und die Gefahren der Unabhängigkeit für Schottland betonten (*Project Fear*). Die Kampagne führte zu einer ungewöhnlichen politischen Mobilisierung. Bei der anschließenden Unterhauswahl 2015 errang die SNP einen historischen Erfolg, indem sie nicht nur bei einer gesamtbritischen Wahl zur stärksten Partei in Schottland wurde, sondern auch 53 der dortigen 56 Mandate gewann. Bei der Holyrood-Wahl 2016 verlor sie zwar ihre absolute Mehrheit, stellte aber mit Abstand die größte Fraktion und bildete eine durch die Grünen geduldete Minderheitsregierung. Auf der anderen Seite zeichnete sich nicht nur ab, dass die Labour Party endgültig ihre Führungsrolle in Schottland an die SNP verloren hatte, Labour wurde erstaunlicherweise durch die Konservativen auf den dritten Platz verdrängt. Entlang der Achsen nationalistisch-unionistisch sowie sozialdemokratisch-konservativ entwickelten sich die SNP und die Konservativen zu den Hauptkontrahentinnen in Schottland.[51]

Mit dem Brexit entstand eine neue Dynamik. Während das VK insgesamt mehrheitlich für den Austritt stimmte, waren die Schott*innen mit über 60 Prozent für den Verbleib in der EU. In keinem schottischen Wahlkreis fand der Brexit eine Mehrheit. Da die Brit*innen im Referendum über keine konkreten Alternativen abstimmten, war das Endergebnis für Interpretationen offen, die von einem sehr schwachen (Austritt aus der EU, aber nicht aus der Zollunion und dem Binnenmarkt) bis zu einem sehr harten Brexit (VK als Drittstaat, Handel auf der Grundlage der Welthandelsorganisation) reichten. Die schottische Regierung plädierte für einen schwachen oder einen dynamischen Brexit, sprich: das VK tritt aus der EU aus, Schottland verbleibt aber im Binnenmarkt oder der Zollunion. Die britische Regierung wies dies zurück, versprach aber, die devolvierten Regierungen an der Suche nach einer Post-Brexit-Lösung zu beteiligen. Es zeigte sich bald, dass sie diese Versprechen nicht nur

---

48 *Proctor, Kate* 2019: Sturgeon to request fresh independence referendum 'within weeks', in: The Guardian vom 13.10.2019.

49 *Meisch, Simon* 2019: Brexit ohne Ende, in: *Europäisches Zentrum für Föderalismus-Forschung Tübingen (Hrsg.)*: Jahrbuch des Föderalismus 2019. Föderalismus, Subsidiarität und Regionen in Europa, Baden-Baden, S. 357–372.

50 *Johns et al.* 2013 (Fn. 44).

51 *Meisch, Simon* 2016: Von Tsunamis und tektonischen Verschiebungen in Schottland: Die britische Territorialverfassung unter zunehmendem Druck, in: *Europäisches Zentrum für Föderalismus-Forschung Tübingen (Hrsg.)*: Jahrbuch des Föderalismus 2016. Föderalismus, Subsidiarität und Regionen in Europa, Baden-Baden, S. 286–300; *Meisch, Simon* 2017: Ein *vereinigtes* Königreich nach dem Brexit?, in: *Europäisches Zentrum für Föderalismus-Forschung Tübingen (Hrsg.)*: Jahrbuch des Föderalismus 2017. Föderalismus, Subsidiarität und Regionen in Europa, Baden-Baden, S. 384–298.

nicht einlöste, sondern auch Entscheidungen gegen die devolvierten Institutionen durch-setzte, auch in den Politikfeldern, bei denen es deren Zustimmung gebraucht hätte.[52]

Diese Ausgangssituation lässt annehmen, dass der Brexit zu einer klaren Unterstützung der Unabhängigkeitsbewegung hätte führen müssen. Die SNP und die schottischen Grünen deuteten die politische Lage zunächst auch so. Im Frühjahr 2017 stellte das schottische Par-lament mehrheitlich mit den Stimmen der beiden Parteien bei der britischen Regierung einen Antrag für eine *Section 30 Order*, um über die schottische Unabhängigkeit und den Verbleib in der EU abstimmen lassen zu können. Die britische Regierung wies dieses Ansinnen zu-rück. Zugleich kam eine neue Bewegung ins schottische Parteiensystem. Bei den Kommu-nalwahlen 2017 wurde die SNP zwar mit Abstand stärkste Partei, konnte aber nicht die er-warteten Erfolge realisieren. Bei der Unterhauswahl 2017 verlor sie 21 ihrer Mandate. Da-gegen konnte insbesondere die Konservative Partei hinzugewinnen. Daraufhin legte die schottische Regierung im Sommer 2017 ihre Planungen für ein Unabhängigkeitsreferendum auf Eis.[53] Die SNP erkannte, dass ein substantieller Anteil ihrer Wähler*innen die proeuro-päische Haltung der Partei nicht teilte. Auch die Unterstützung für die schottische Unabhän-gigkeit veränderte sich nicht substantiell. Auf der anderen Seite konnte sich die Konservative Partei als politische Alternative für Wähler*innen inszenieren, die die schottische Unabhän-gigkeit ablehnen sowie euroskeptisch und gesellschaftspolitisch konservativ eingestellt sind.

Für die SNP wurde auch die wachsende Gefahr eines harten Brexit zu einem politischen Problem, denn in diesem Falle hätte einem unabhängigen Schottland zum wichtigsten Han-delspartner England eine harte Grenze gedroht. Damit hätten sich die Schott*innen zwischen dem englischen und dem europäischen Markt entscheiden müssen. Bei einem EU-Austritt des VK mit einem Abkommen und entsprechenden Übergangslösungen hätte sich dieses Dilemma nicht gestellt. Die Problematik einer solchen Konstellation war am Beispiel Nord-irlands zu sehen. Entgegen der politischen Polemik in London hatte die SNP für ihr Projekt Unabhängigkeit kein Interesse an einer Eskalation des Brexit-Streits. Zugleich unterstrich die Auseinandersetzung um Nordirland die Plausibilität des SNP-Slogans *Independence in Europe*. Das kleine Mitgliedsland Irland erfuhr durch die EU eine Unterstützung, mit der die Brexiteers in London nicht gerechnet hatten und die Schottland umgekehrt durch die briti-sche Regierung nicht zuteilwurde.[54]

Der Machtkampf im britischen Parlament sowie in der Konservativen Partei um den Brexit veränderte die Situation abermals. In der Konservativen Partei setzte sich Boris John-son und in seinem Kielwasser ein englischer Nationalismus durch, der für den EU-Austritt die Union mit Schottland bereitwillig opfern würde.[55] Über die Auseinandersetzung um den

52 *Meisch* 2019 (Fn. 49); *Meisch, Simon* 2018: Das Vereinigte Königreich auf dem Weg in den Brexit, in: *Europäisches Zentrum für Föderalismus-Forschung Tübingen (Hrsg.)*: Jahrbuch des Föderalismus 2018. Föderalismus, Subsidiarität und Regionen in Europa, Baden-Baden, S. 322–336.

53 *Meisch* 2018 (Fn. 52).

54 Diesen Punkt betonte Nicola Sturgeon in einer Twitter-Nachricht von 17. Oktober 2019: „Taoiseach – "as a small nation I've felt solidarity of other nations". Exactly why Scotland should be independent in Europe rather than continue to be treated with contempt by Westminster. #indyref2". Vgl. auch *Wishart, Ruth* 2019: A second referendum on Scottish independence is suddenly very likely, in: The Guardian vom 18.10.2019.

55 *McKenna, Kevin* 2019: English Tories have lost the slightest reason to care about the union, in: The Guard-ian vom 27.10.2019; *Campbell, Glenn* 2019: Tory tensions over keeping the UK intact, in: BBC vom

Brexit trat die Vorsitzende der schottischen Konservativen Ruth Davidson zurück, die den harten Kurs ihrer Partei nicht mittragen wollte. Ihr war es zuvor wie keiner anderen Person gelungen, die Partei nach den als toxisch wahrgenommenen Thatcher-Jahren in Schottland wieder wählbar zu machen. Schließlich war auch die Bereitschaft in der britischen Regierung, auf die Anliegen der schottischen Seite einzugehen, gering, selbst dann wenn sie durch parlamentarische Mehrheiten über das nationalistische Lager hinaus vorgebracht wurden.[56] Damit ist der Brexit die erste ernsthafte Erschütterung des Devolution-Prozesses;[57] das Vertrauen zwischen der schottischen und britischen Ebene ist derzeit zutiefst gestört.[58]

Im Frühjahr 2019 drehte sich die politische Stimmung in Schottland. Bereits im Mai konnte die SNP ihr bestes Ergebnis bei Europawahlen erzielen.[59] Ab dem Sommer zeichnete sich ein robuster Trend ab, wonach jene Schott*innen, die für den Verbleib in der EU gestimmt hatten, ins Lager derjenigen wechseln, die die Unabhängigkeit befürworten; eine Mehrheit für die Unabhängigkeit scheint nun möglich.[60] Vor diesem Hintergrund hat die SNP eine Rahmengesetzgebung verabschiedet, die es ihr erlaubt, ein Unabhängigkeitsreferendum durchzuführen – sollte eine entsprechende *Section 30 Order* erlassen werden.[61]

Damit spielte im schottischen Wahlkampf zur Unterhauswahl am 12. Dezember 2019 das zweite Unabhängigkeitsreferendum neben dem Brexit die zentrale Rolle. Die Konservative Partei unter Boris Johnson konnte eine überwältigende Parlamentsmehrheit erringen und ist damit in der Lage, ihre Vorstellungen eines EU-Austritts des VK durchzusetzen. In Schottland dagegen siegte die SNP deutlich, gewann 48 der 59 schottischen Mandate und stellt nun die drittstärkste Unterhausfraktion.[62] Die schottische Regierung wertete dieses Ergebnis – wie Umfragen zeigen, nicht zu Unrecht[63] – als Bestätigung ihres proeuropäischen Unabhängigkeitskurses und veröffentlichte kurz nach der Wahl das Positionspapier „Scotland's right to choose: putting Scotland's future in Scotland's hands". Darin argumentierte sie für ein zweites Unabhängigkeitsreferendum noch im Jahr 2020.[64] Erwartungsgemäß wies die britische Regierung das Ansinnen zurück. Sie würde selbst dann keine *Section 30 Order* gewähren, wenn der SNP ein deutlicher Sieg bei der Holyrood-Wahl 2021 gelänge. Das Ergebnis des Referendums von 2014 sei zu respektieren. In diesem Zusammenhang verweisen Mitglieder der britischen Regierung auf die Aussage von Alex Salmond, das Unabhängigkeitsreferendum von 2014 sei eine Gelegenheit, die sich pro Generation nur einmal stelle.[65] Für

---

22.06.2019; *MacNab, Scott* 2019: English 'indifference' to the Union threatens the UK, says Theresa May's Deputy, in: The Scotsman vom 24.06.2019.

56 *Meisch* 2019 (Fn. 49).
57 *Mitchell* 2019 (Fn. 17).
58 *McEwen, Nicola* 2017: Trust in a Time of Brexit. In: Centre on Constitutional Change Blog vom 28.11.2017.
59 *Meisch* 2019 (Fn. 49).
60 *Curtice, John* 2019a: Could Brexit Yet Undermine the Future of the British State?, in: What Scotland Thinks Blog vom 01.07.2019.
61 *Proctor* 2019 (Fn. 48).
62 UK results: Conservatives win majority, in: BBC vom 13.12.2019.
63 *Curtice, John* 2019b: Brexit or Indyref2? The Foundations of the SNP's Electoral Advance, in: What Scotland Thinks Blog vom 19.12.2019.
64 *Scottish Government* 2019: Scotland's Right to Choose. Putting Scotland's Future in Scotland's Hands (December 2019).
65 Salmond: 'Referendum is once in a generation opportunity', in: BBC vom 14.09.2014; *Sim, Philip* 2020: Scottish independence: Could a new referendum still be held?, in BBC vom 31.01.2020.

eine erneute Abstimmung sei nicht ausreichend Zeit vergangen; dagegen müsse nun der Brexit zu einem Erfolg gemacht werden. Die schottische Regierung hält dagegen, dass erstens Schottland mit England einvernehmlich eine Union eingegangen sei und es daher das demokratische Recht habe, darüber abzustimmen, diese auch wieder zu verlassen; zweitens durch den Brexit eine neue Ausgangssituation entstanden sei, denn Schottland sei gegen seinen Willen aus der EU gerissen worden; und sich drittens am Wahlverhalten der Schott*innen der Wunsch nach einer weiteren Abstimmung zeige.[66] Tatsächlich scheint die Unterstützung zu einer weiteren Abstimmung sowie für die Unabhängigkeit zuzunehmen.[67] Zugleich betont die schottische Regierung (in deutlicher Abgrenzung zum katalanischen Fall)[68], dass sie das VK nur verfassungskonform verlassen wolle. Das bedeutet, sie ist darauf angewiesen, dass die britische Regierung einer *Section 30 Order* zustimmt – was sie bisher allerdings strikt ablehnt.[69] Überlegungen, die britische Regierung auf rechtlichem Wege dazu zu zwingen, eine derartige Order zu gewähren, scheinen von Anfang an wenig erfolgversprechend.[70] Die Auseinandersetzung um ein weiteres schottisches Unabhängigkeitsreferendum wird in der politischen Arena entschieden werden müssen.

3 Perspektiven

Mit guten Gründen kann konstatiert werden, dass sich die territoriale Politik des VK in einer Krise befindet. Das betrifft nicht allein den in diesem Beitrag beschrieben schottischen Fall, sondern auch das in besonderer Weise durch den Brexit betroffene Nordirland, wo bei der Unterhauswahl 2019 zum ersten Mal die irisch-nationalistischen Parteien (Sinn Féin, Social Democratic and Labour Party) mehr Sitze als die unionistischen (Democratic Unionist Party, Ulster Unionist Party) errangen.[71] Auch in Wales werden zarte Anzeichen einer Sezessionbewegung sichtbar.[72] Gegenwärtig gibt es keinen Grund zur Annahme, dass sich die Spannungen zwischen der schottischen und gesamtstaatlichen Ebene verringern werden. Dies betrifft nicht allein die strittige Frage eines schottischen Unabhängigkeitsreferendums, sondern auch die Zukunft in der bestehenden Ordnung.

Durch die Reformen der legislativen Devolution und die künftige Umsetzung des Brexits wird sich der Kooperationsbedarf zwischen beiden Ebenen vergrößern, während die bestehenden Mechanismen nicht tragfähig sind und es keine politische Schlichtungsinstanz gibt (wie etwa einen Staatspräsidenten). Das erst 2009 geschaffene britische Verfassungsgericht ist zu

---

66 *Scottish Government* 2019 (Fn. 64); *McCorkindale, Chris/McHarg, Aileen* 2020: Constitutional Pathways to a Second Scottish Independence Referendum, in: UK Constitutional Law Association Blog vom 13.01.2020.

67 *Curtice, John* 2020: Brexit Day Polls Show Increased Support for Yes, in: What Scotland Thinks Blog vom 07.02.2020.

68 Vgl. Beitrag von *Sabine Riedel* in diesem Band, S. 76–90.

69 *Sim, Sarah* 2020: Scottish independence: Sturgeon is trapped in a constitutional stalemate, in: BBC vom 31.01.2020.

70 *Paun, Akash et al.* 2019: No Deal Brexit and the Union, London; *McCorkindale/McHarg* 2020 (Fn. 66).

71 UK results: Conservatives win majority, in: BBC vom 13.12.2019; *Meisch* 2018 (Fn. 52); *Meisch* 2019 (Fn. 49).

72 *Cosslett, Rhiannon Lucy* 2019: Brexit is giving Welsh nationalism a new popular appeal, in: The Guardian vom 28.09.2019; *Browne, Adrian* 2019: Welsh independence: Is Wales becoming indy-curious?, in: BBC vom 18.07.2019.

einer solchen vermittelnden Rolle bisher nicht bereit oder fähig.[73] Um mit der neuen Situation nach dem Brexit besser umgehen zu können, wird jüngst wieder die Schaffung einer britischen Verfassung vorgeschlagen;[74] dass dies zu einer Befriedung führen kann, wird bezweifelt.[75] Im Moment stehen unterschiedliche Vorstellungen nationaler Projekte teils unvereinbar gegenüber. Auf der einen Seite befindet sich die Brexit-Vision der konservativen Regierung unter Johnson, die im Brexit das große einende nationale Projekt der Erneuerung sieht, dabei aber verkennt, dass es sich um das Projekt eines „Englands-ohne-London"[76] handelt, das in London, Schottland, Nordirland und in Wales keine Zustimmung findet. Auf der anderen Seite betonen schottische (und nordirische) Nationalist*innen das demokratische Recht der nationalen Selbstbestimmung, was auch das zur Sezession umfasst.[77] Selbst was die Beteiligung der devolvierten Institutionen an der von ihnen abgelehnten Post-Brexit-Ordnung angeht, wird es zu Spannungen kommen. Sie sollen zwar an der Schaffung eines britischen Wirtschaftsraums nach dem Brexit beteiligt werden. Allerdings ist angesichts der politischen Differenzen der eher sozialdemokratisch-grünen SNP und der neoliberalen, gesellschaftspolitisch rechten Konservativen Partei Streit in prozeduralen wie substantiellen Politikfragen vorgezeichnet.

Eine Befriedung der territorialen Politik des VK zeichnet sich gegenwärtig also nicht ab. Dies gilt sowohl für die Entwicklung der legislativen Devolution wie auch die schottische Unabhängigkeit. Einen Eindruck kommender Argumentationslinien bietet die anlässlich des *Brexit Days* entstandene Kolume der schottischen Erfolgsautorin A.L. Kennedy[78]:

> „,Auld Lang Syne' ist ein Lied für alle Freunde, überall. Die schottische Öffentlichkeit begeistert sich für einen inklusiven, progressiven, internationalistischen Nationalismus – und für die EU; es geht um die Möglichkeit, überall Freunde zu haben. [... Eine Identität], die auf Akzeptanz und Inklusion beruht, ist radikal, und genau das hat Schottlands Gemeinwohl gefördert. Demokratie braucht bürgerschaftliches Engagement mit allen Rechten und Pflichten, um multinationalen Konzernen Widerstand entgegenzusetzen, die uns zu bloßen Konsumenten degradieren wollen. Für Schottland wird es eine komplexe und riskante Aufgabe, sich von einer britischen Regierung zu lösen, die in einer verzweifelt kolonialen Mentalität gefangen ist. Doch der Brexit hat die schottische Unabhängigkeit innerhalb der EU zugleich notwendig und ernsthaft möglich gemacht."

Es wird sich zeigen, ob die britische Politik die Ausgestaltung des Brexits zum gemeinsamen Projekt eines *vereinigten* Königreichs machen kann oder ob in Schottland Autonomiebestrebungen und Sezessionsforderungen doch noch in eins fallen.

---

73 *McHarg, Aileen/Mitchell, James* 2017: Brexit and Scotland, in: The British Journal of Politics and International Relations 19(3), S. 512–526.
74 *Bogdanor* 2019 (Fn. 29).
75 *Keating, Michael* 2019: Brexit and the Nations, in: The Political Quarterly 90(S2), S. 167–176.
76 *O'Toole, Fintan* 2020: Ein nationalistisches Projekt ohne Nation, in: Die Zeit vom 31.01.2020.
77 Ebenda; *Stewart, Heather/Boffey, Daniel/Syal, Rajeev* 2020: Boris Johnson promises Brexit will lead to national revival, in The Guardian vom 31.01.2020; Rückenwind für die Nationalisten, in: Tagesschau vom 13.12.2019.
78 *Kennedy, A.L.* 2020: Für alle Freunde, überall, in: Süddeutsche Zeitung vom 04.02.2020. Vgl. auch: John Burnside: Über Liebe, Magie und der Fluch des Brexits, in: ARD: ttt – Titel, Thesen, Temperatente vom 15.12.2019.

Zypern: Erklärungsmuster für die ausgebliebene Konfliktbeilegung

Heinz-Jürgen Axt

Der Volksgruppenkonflikt auf Zypern gehört sicher zu den intensiver erforschten Konflikt-fällen. Um neue Einsichten zu gewinnen, bieten sich theoriegeleitete Fragestellungen an. In der vorliegenden Studie sollen drei Ansätze verfolgt werden: erstens die Konfliktforschung, zweitens der Föderalismus und drittens die Europäisierung. Die Frage ist zu beantworten, warum eine Versöhnung und Vereinigung zwischen beiden Volkgruppen bis heute keinen Erfolg hatte. Während die Konfliktforschung und das Konzept des Föderalismus seit der zyprischen Staatsgründung bis heute zur Klärung dieser Frage herangezogen werden kön-nen, gilt dies für das Europäisierungstheorem erst, seitdem die Europäische Union den Bei-trittsantrag Zyperns im Jahr 1995 positiv beschieden hat. Die Europäisierung wurde beson-ders im Vorfeld des 2004 vom Generalsekretär der Vereinten Nationen (VN) Kofi Annan vorgelegten Vereinigungs- und Versöhnungsplans als Möglichkeit zur Lösung des Konflikts diskutiert. Zunächst wird im Folgenden die historische Entwicklung Zyperns seit der Unab-hängigkeitserklärung 1960 geschildert, bevor die alternativen Erklärungsansätze für die über-dauernde Problematik bemüht werden. Schlussfolgerungen schließen die Darstellung ab.

Staatsaufbau und historische Entwicklung

Würde man Vertreter beider Volksgruppen fragen, auf welches Datum der Beginn des Kon-flikts auf der Insel zu datieren sei, so würden türkische Zyprer wahrscheinlich an das Jahr 1963 erinnern, als in ihrer Wahrnehmung die griechischen Zyprer die Grundlagen der Ver-fassung von 1960 zu ihren Gunsten verändern wollten und die Konflikte eskalierten. Grie-chische Zyprer würden sicher das Datum 1974 angeben, als die türkische Armee auf Zypern landete und einen Teil der Insel seitdem besetzt hält. Die heute in getrennten Territorien lebenden Volksgruppen streiten bis heute darüber, wie eine Wiedervereinigung der Insel in einem bizonalen und bikommunalen Staat erreicht werden kann. Die griechischen Zyprer erheben den von der Staatengemeinschaft akzeptierten Anspruch, die legitime Vertretung des Staates „Republik Zypern" zu sein. Den Anspruch auf eine eigene separate Staatlichkeit erhebt aber auch die türkische Volksgruppe. Auch wenn der 1983 gegründeten „Türkischen Republik Nordzypern" (TRNZ) von der Staatengemeinschaft bis auf Ausnahme der Türkei die internationale Anerkennung verwehrt bleibt, so kann nicht bestritten werden, dass im Norden Zyperns heute de facto ein Staat besteht, der nach der klassischen „Drei-Elementen-Lehre" auf eine politische Einheit von Menschen (Staatsvolk) in einem bestimmten Gebiet (Staatsgebiet) unter einer obersten Herrschaft (Staatsgewalt) verweisen kann.

Geht man historisch weiter zurück, dann ist zu konstatieren, dass die wechselvolle Ge-schichte auf Zypern ihre Spuren in der Bevölkerungsstruktur hinterlassen hat. Bevor die Ge-schichtsschreibung Zypern seit dem Jahr 333 v. Chr. dem hellenischen Raum zuschreibt, stand die Insel unter der Herrschaft der Phönizier, der Ägypter und der Perser.[1] 58 v. Chr. wurde Zypern Teil des Römischen Reiches, um nach dem Interregnum der Franken und Venezianer 1570 von den Osmanen erobert zu werden. Damit erklären sich die historischen Wurzeln der heutigen türkischen Bevölkerung auf Zypern. 1878 musste das geschwächte Osmanenreich Zypern an Großbritannien abgeben, die Insel verblieb freilich formell unter der Herrschaft des Sultans. 1914 wurde die Insel von Großbritannien annektiert, 1925 wurde sie zur Kronkolonie erklärt. 1931 kam es zum Aufstand der griechischen Zyprer und zur Forderung nach „Enosis", dem Anschluss an Griechenland. 1955 setzte der bewaffnete Kampf gegen die britische Herrschaft ein. Die türkischen Zyprer konterten 1956 mit der Forderung nach „Taksim", der Aufteilung der Insel auf die beiden Bevölkerungsgruppen und deren Integration in die beiden Mutterländer Griechenland und Türkei. Nachdem sich die Ministerpräsidenten Griechenlands und der Türkei in Zürich (5. bis 11. Februar 1959) auf einen Kompromiss zur Gründung eines unabhängigen Zyperns verständigt hatten, einigten sich auf der Londoner Konferenz vom 17. bis 19. Februar 1959 Großbritannien, Griechenland und die Türkei auf ein Abkommen zur Errichtung einer unabhängigen Republik Zypern. Am 6. April 1960 trat die Verfassung der Republik Zypern in Kraft.

Die Verfassung von 1960 sah ein ausgeklügeltes Proporzsystem vor, das differenziert die Beteiligungsrechte der beiden Bevölkerungsgruppen regelte. So sollte im Präsidialsystem der Präsident von den griechischen Zyprern gestellt und von einem türkisch-zyprischen Vizepräsidenten unterstützt werden, der auch vom Vetorecht gegen Entscheidungen des Präsidenten Gebrauch machen konnte. Das Amt des Präsidenten musste einheitlich vom Präsidenten und Vizepräsidenten wahrgenommen werden.[2] Die Kompetenzen des Präsidenten waren weitreichend, er konnte im Bereich der Außen-, Sicherheits- und Verteidigungspolitik ein finales Veto aussprechen. Den ihn unterstützenden Ministerrat konnte der Präsident unabhängig von der politischen Zusammensetzung des Parlaments auswählen. Die Verträge von Zürich und London sowie die Verfassung sahen vor, dass der Ministerrat aus sieben Vertretern der griechischen und drei Ministern der türkischen Volksgruppe bestehen sollte. So wie in den USA existierte nach der Verfassung auch in Zypern kein Ministerpräsident, mit dem sich der Präsident (wie etwa in Frankreich) die Macht teilen müsste.[3] Nach den 1960 getroffenen Bestimmungen bestand der öffentliche Dienst zu 70 Prozent aus griechischen und zu 30 Prozent aus türkischen Zyprern. Die Polizei war wegen ihrer sensitiven Stellung zur Gewährleistung innerer Sicherheit paritätisch zusammengesetzt.[4]

---

1 Vgl. *Zervakis, Peter* 1998: Historische Grundlagen, in: *Grothusen, Klaus-Detlev/Steffani, Winfried/Zervakis, Peter (Hrsg.)*: Zypern. Südosteuropa-Handbuch, Bd. 8, Göttingen, S. 38–90 und *Bahcheli, Tozun* 1998: Domestic Political Developments, in: ebenda, S. 91–125.

2 Zur Verfassung von 1960 vgl. *Xydis, Dorothy Peaslee* 1968: Constitutions of Nations. Bd. 3, New York, S. 138–221.

3 Diese Regelungen gelten im Süden der Insel bis heute fort. Allerdings finden sich dort keine Vertreter der türkischen Zyprer mehr in Exekutive, Legislative, Judikative und Administration. In der TRNZ gibt es zwar auch ein Präsidialsystem, doch teilt sich hier der Präsident die Macht mit einem Ministerpräsidenten.

4 Vgl. im Einzelnen *Axt, Heinz-Jürgen/Choisi, Jeanette* 1998: Politisches System, in: *Grothusen et al.* 1998 (Fn. 1), S. 196–239.

1960 zählte man in Zypern eine Bevölkerung von 556.660 Einwohnern, die sich zu 79,5 Prozent aus griechischen und 18,8 Prozent türkischen Zyprern zusammensetzte. In ungefährer Anlehnung an den Bevölkerungsproporz war das fünfzigköpfige Parlament mit 35 Vertretern der griechischen und 15 Vertretern der türkischen Bevölkerung zusammengesetzt. Auch hier musste der Präsident ein griechischer und der Vizepräsident ein türkischer Zyprer sein. Die legislative Gewalt lag beim Parlament. Während Gesetze mit einfacher Mehrheit zu beschließen waren, bedurfte es bei Wahlrechtsänderungen, Steuermodifikationen und Bestimmungen bezüglich der Volksgruppen doppelter Mehrheiten sowohl der griechischen als auch der türkischen Abgeordneten. Die Verfassung legte eine bikommunale Struktur des politischen Systems vor. Der Staat wurde von zwei politisch gleichberechtigten Volksgruppen gebildet. Es existierte also keine Mehrheits- und Minderheitsbevölkerung. Anders als spätere Bemühungen zur Wiedervereinigung der Insel kannte die Verfassung von 1960 nicht das Prinzip der Bizonalität. Türkische und griechische Zyprer lebten vielmehr gemischt über die ganze Insel verteilt.[5]

Auch das nach dem Prinzip des ethnischen Proporzes ausgeklügelte System der Verfassung konnte die Differenzen zwischen den Bevölkerungsgruppen nicht ausräumen. Schon 1960 kam es zu Auseinandersetzungen wegen des in der Verfassung festgelegten Proporzes von 70 zu 30. Der türkische Vizepräsident verlangte die Anwendung des paritätischen Prinzips in allen Bereichen der Verwaltung. 1961 konnte sich das Parlament nicht über die Steuergesetzgebung einigen, woraufhin der griechische Präsident Makarios diese entgegen der Verfassungsbestimmungen per Präsidialdekret durchsetzte. Im selben Jahr gerieten Präsident und Vizepräsident über die Auslegung des Vetorechts des Vizepräsidenten bei außenpolitischen Entscheidungen aneinander. Die griechisch-zyprische Seite strebte eine Änderung der Verfassung mit der Einschränkung der Vetomöglichkeiten des Vizepräsidenten an, weil ansonsten politische Entscheidungen permanent blockiert würden. Als im Dezember 1963 ein 13-Punkte-Programm von Präsident Makarios zur Änderung der Verfassung von der Türkei abgelehnt wurde, kam es am 21. Dezember 1963 zu blutigen Zusammenstößen zwischen Vertretern beider Volksgruppen, die zu bürgerkriegsähnlichen Zuständen eskalierten und zur Bildung von zypern-türkischen Enklaven führten.[6] Fortan verfestigte sich die Erfahrung aus dem Jahr 1963 unter der türkischen Volksgruppe zu einem Trauma.[7]

Nach der Eskalation des Volksgruppenkonflikts kam es 1964 auf Seiten der türkischen Zyprer zu einer folgenschweren Entscheidung: Sie zogen ihre Vertreter aus der Regierung und der Verwaltung zurück, weil sie hier ihre Rechte nicht ausreichend gewahrt sahen. Für die Staatengemeinschaft stellte sich nunmehr die Frage, wer als legitime Vertretung Zyperns anzusehen sei. Die Wahl des Sicherheitsrates der VN fiel auf die Regierung von Erzbischof Makarios, die sich – nach dem Ausscheiden der türkisch-zyprischen Vertreter – ausschließlich aus Zyperngriechen zusammensetzte. Resolution 186 des Sicherheitsrates der VN vom

---

5   Vgl. *Heinritz, Günter* 1998: Geographische Grundlagen, in: *Grothusen et al.* 1998 (Fn. 1), S. 19–37.
6   Zum 13-Punkte-Programm und den nachfolgenden Entwicklungen vgl. *Richter, Heinz* 2007: Geschichte der Insel Zypern 1959–1965, Ruhpolding, S. 249 ff. Eine Karte mit den Enklaven findet sich unter: http://www.trncinfo.com/TANITMADAIRESI/2002/ENGLISH/DOCUMENTS/24.htm.
7   Zur Befindlichkeit der türkischen und griechischen Zyprer vgl. *Axt, Heinz-Jürgen* 1999: The Island of Cyprus and the European Union, in: *Dodd, Clement (Hrsg.)*: Cyprus. The Need for New Perspectives, Huntingdon, S. 174–194.

4. März 1964 reagierte auf die interethnischen Auseinandersetzungen und forderte die „Regierung Zyperns" dazu auf, Recht und Ordnung wiederherzustellen. Auch sollte die „Regierung Zyperns" der Aufstellung einer Friedenstruppe durch die VN zustimmen, was sie auch tat.[8] Für den Sicherheitsrat stellten die im Amt verbliebenen griechischen Minister ohne Einschränkung die „Regierung" dar. Wie Stephens festgestellte, blieb die VN-Resolution in dem Punkt, wer die Regierung Zypern darstellt, „vage", letztlich allerdings folgenschwer, da die VN und die internationale Staatengemeinschaft nämlich fortan die Regierung Makarios und ihre Nachfolger, die sich ausschließlich aus griechischen Zyprern konstituierten, als legitime Vertreter der gesamten Republik Zypern anerkannten.[9] Folglich akzeptierten die VN bei ihren diversen Vermittlungsbemühungen den Vertreter der türkisch-zyprischen Seite nicht als „Präsidenten", sondern lediglich als „Volksgruppenführer".

Basierend auf der Resolution 186 des Sicherheitsrates prallen bis heute die Ansichten der beiden Volksgruppen auf Zypern hinsichtlich der Frage, wer als legitimer Vertreter des Republik Zypern anzusehen ist, scharf aufeinander: Die griechisch-zyprische Seite geht davon aus, dass Resolution 186 und alle nachfolgenden Resolutionen des Sicherheitsrates, aber auch der Vollversammlung der VN die Regierung Makarios und ihre Nachfolger als einzig legitime Repräsentanten der gesamten Republik Zypern bestätigt haben. Die de facto griechisch-zyprische Regierung vertritt demnach de jure auch den Nordteil der Insel. Die EU hat die Beitrittsverhandlungen ausschließlich mit Repräsentanten der griechischen Zyprer als legitime Vertreter der gesamten „Republik Zypern" geführt. Begründet auf der Rechtsnachfolge wird ein Alleinvertretungsanspruch erhoben. Das sieht die türkisch-zyprische Seite natürlich völlig anders. Hier vertritt man die Auffassung, dass die Regierung Makarios die Grundlagen des gemeinsamen Staates zerstört habe, als sie eine Revision der Verfassung in Form des „13 Punkte-Programms" angestrebt habe. Diese Position führte schließlich zu der sich auf türkisch-zyprischer Seite immer stärker verfestigenden Auffassung, dass es in Zypern zwei Völker gebe, weshalb es folglich auch zwei Staaten geben müsse. Diese Haltung ist vom türkisch-zyprischen Volksgruppenführer Rauf Denktaş mit besonderem Nachdruck verfolgt worden und mündete schließlich in der Gründung der TRNZ im Jahr 1983.

Nach dem Ausbruch der Feindseligkeiten beschlossen die VN 1964 die Blauhelm-Mission „UNFICYP" (United Nations Forces in Cyprus). VN-Soldaten haben seitdem den Auftrag, Gewalttätigkeiten zwischen beiden Bevölkerungsgruppen zu verhindern. Freilich gelang es den VN-Einheiten nicht zu verhindern, dass 1974 auf Veranlassung der 1967 in Griechenland an die Macht gelangten Militärjunta ein Staatsstreich der zyprischen Nationalgarde gegen die Regierung Makarios mit dem Ziel des Anschlusses Zyperns an Griechenland durchgeführt wurde. Die Reaktion der 1960 (zusammen mit Griechenland und Großbritannien) zur Garantiemacht erklärten Türkei ließ nicht lange auf sich warten: Im Norden der Insel landeten türkische Truppen, die schließlich 36 Prozent des Inselterritoriums unter ihre

---

8   Vgl. Security Council Resolutions 1946–1964, Resolutions 1–199, New York 1966, S. 2–4, zitiert nach: *Ministry of Foreign Affairs of the Republic of Cyprus* 2006: United Nations Security Council and General Assembly Resolutions on Cyprus 1960–2006, Nicosia, S. 12 f.
9   Vgl. *Stephens, Robert* 1996: Cyprus. A place of Arms, London, S. 193.

Kontrolle brachten. Seit 1974 ist Zypern de facto geteilt. An der Grenze („Green Line") übernahmen VN-Blauhelmsoldaten ihren Dienst, um Feindseligkeiten zu verhindern.[10]

Abb. 1: Das geteilte Zypern

Quelle: eigene Zusammenstellung.

VN-Vorschläge zur Modifikation der Verfassung

Nach mehreren letztlich fehlgeschlagenen Versuchen der VN präsentierte deren General-sekretär Boutros Boutros-Ghali 1992 sein „Set of Ideas", das den Konflikt entschärfen und zu einer Annäherung der Volksgruppen führen sollte.[11] Das Set of Ideas entwickelte eine revidierte staatliche Grundordnung, die die von beiden Seiten vorgebrachte Kritik an der Verfassung von 1960 berücksichtigen und von beiden Volksgruppen in getrennten Referen-den akzeptiert werden sollte. Von zentraler Bedeutung war die Festlegung, dass Zypern explizit ein föderaler Staat („federal republic of Cyprus") sein sollte, der keine Mehrheits-und Minderheitsbevölkerung kennt sowie bikommunal und bizonal organisiert ist. Politisch wurde die Gleichheit beider Volksgruppen etabliert. Auf einem gemeinsamen Territorium sollten zwei politisch gleichberechtigte Staaten in einer Föderation zusammengeschlossen sein. Alle Gewalten, die nicht dem Bundesstaat zugesprochen wurden, sollten an die Glied-staaten fallen. Die politische, ökonomische, soziale, kulturelle, linguistische und religiöse

---

10 Vgl. *Faustmann, Hubert* 2009: Die Verhandlungen zur Wiedervereinigung Zyperns 1974–2008, in: Aus Politik und Zeitgeschichte, 12, S. 9–13.
11 Vgl. als Quelle: *Report of the Secretary-General on his Mission of Good Offices in Cyprus S 24472* 1992: Set of Ideas on an overall framework agreement on Cyprus, S. 8–25. Das Dokument findet sich auch in: *Axt, Heinz-Jürgen/Brey, Hansjörg (Hrsg.)* 1997: Cyprus and the European Union. New Chances for Solving an Old Conflict?, München, S. 215–232.

Identität beider Volksgruppen sollte gewahrt werden. Die dem Bundesstaat zugesprochenen Kompetenzen wurden detailliert aufgelistet. Darunter befanden sich unter anderem die Außen- und Verteidigungspolitik, der internationale Handel, das Bundesbudget, die Einwanderung und Staatsbürgerschaft sowie die Bundespolizei.

Änderungen gegenüber der Verfassung von 1960 ergaben sich unter anderem in folgenden Bereichen: Statt des gemäß den Bevölkerungsanteilen im Verhältnis 70:30 zusammengesetzten Repräsentantenhauses sollte nach dem Set of Ideas die Legislative durch zwei Kammern gebildet werden. Das Oberhaus sollte paritätisch aus Vertretern beider Volksgruppen besetzt sein, das Unterhaus dagegen im Verhältnis 70:30. Aus welcher Volksgruppe Präsidenten und Vizepräsidenten stammen sollten, wurde nicht festgelegt, wohl aber durften beide nicht aus derselben Volksgruppe stammen. Gesetze bedurften der Zustimmung in beiden Häusern. Die Gewaltenverschränkung zwischen beiden Volksgruppen war ein herausstechendes Merkmal. Bei der wichtigen Frage der Exekutive konnte Boutros-Ghali nur Differenzen markieren: Die griechisch-zyprische Seite beharrte auf einer allgemeinen Direktwahl, was angesichts der ethnischen Mehrheitsverhältnisse zwangsläufig zu einem griechisch-zyprischen Präsidenten geführt hätte. Dem widersetzte sich die türkisch-zyprische Seite und verlangte bei der Besetzung des Präsidentenamtes ein Rotationsprinzip.

An dieser Kontroverse wurden gleichsam paradigmatisch die grundlegenden Differenzen zwischen den Vertretern beider Volksgruppen offenkundig: Die griechischen Zyprer verstanden Demokratie weitgehend darin, dass das Mehrheitsprinzip gelten und nicht zu sehr durch Rücksichtnahme auf das Prinzip der politischen Gleichheit beider Volksgruppen eingeschränkt werden sollte. Genau dies war dagegen das Anliegen der türkisch-zyprischen Seite. Für sie war der gemeinsame Staat nur dann akzeptabel, wenn ihnen weitgehend dieselben Rechte wie den griechischen Zyprern zugestanden würden. Ihre Präferenzen kamen der Etablierung eines eigenständigen Staates gleich. Letztendlich wählte die türkisch-zyprische Seite dann auch diesen Weg, indem sie 1975 den „Türkischen Föderativstaat von Zypern" und 1983 den Bezug auf einen Föderalstaat fallenließ und die „Türkische Republik Nordzypern" ausrief. Damit setzte die türkisch-zyprische Führung ihre Doktrin um, dass die Existenz zweier Völker auch zweier Staaten auf Zypern bedürfe. Die griechisch-zyprische Seite stimmte dem Set of Ideas zwar zunächst zu, doch die türkisch-zyprische Seite lehnte die Vorschläge ab. Als 1993 ein neuer griechisch-zyprischer Präsident gewählt worden war, lehnte aber auch dieser den VN-Vorschlag ab.

EU-Perspektive und Konfliktbeilegung: der Annan-Plan

Die Europäische Union hatte, wenn es um Zypern ging, zwar stets den VN den Vortritt bei den Bemühungen um Konfliktbeilegung gelassen, doch ist sie letzten Ende wider Willen in den Volksgruppenkonflikt hineingezogen worden. Allerdings hat die Perspektive, dass Zypern Mitglied der EU werden konnte, auch der Hoffnung Auftrieb gegeben, dass es zu einer Verständigung kommen könnte. Dass die EU von ihrem ursprünglichen Grundsatz abgewichen ist, dass nur eine vereinte Insel EU-Mitglied werden könne, muss letztendlich der griechischen Verhandlungsdiplomatie – viele sprechen von Erpressungspolitik – zugeschrieben werden. Griechenlands Regierung hatte damit gedroht, die Osterweiterung der EU zu blockieren, falls Zypern nicht in die EU aufgenommen würde. Bereits am 6. März 1995 hatte Griechenland auf ein Veto gegen die Herstellung der Zollunion mit der Türkei verzichtet, weil zugesichert wurde, dass sechs Monate nach Beendigung der Regierungskonferenz (von Amsterdam) die Beitrittsverhandlungen mit Zypern beginnen.[12]

2004 schaltete sich der Generalsekretär der VN Kofi Annan mit dem Plan „The Comprehensive Settlement of the Cyprus Problem" aktiv in die Bemühungen um Vereinigung und Versöhnung auf Zypern ein. Danach sollte die Vereinigte Republik Zypern mit ihren beiden Teilstaaten ein bikommunaler föderaler Staat sein. Annan hob die politische Gleichberechtigung beider Volksgruppen hervor. Der Schweizer und der belgische Föderalismus dienten als Orientierung. Zu den Kompetenzen der Föderation sollten zählen: die Außen- und Europapolitik, die Zentralbank-Funktion, die Finanzen der Föderation, die Bewirtschaftung der natürlichen Ressourcen, die Meteorologie und Luftfahrt, das Kommunikationswesen, die zyprische Staatsbürgerschaft, die Bekämpfung von Terrorismus, Drogen, Geldwäsche und organisiertes Verbrechen, das Amnestiewesen sowie die Altertümer. Alle übrigen Kompetenzen sollten an die Teilstaaten fallen. Als Legislative fungierte ein Parlament mit zwei Kammern. Die Exekutive sollte von einem Präsidialrat („Presidential Council") gebildet werden und sechs nach Bevölkerungsproporz bestimmte Mitglieder umfassen. Zwei Mitglieder des Präsidialrates sollten als Präsident und Vizepräsident fungieren und aus verschiedenen Teilstaaten kommen, wobei alle 20 Monate zwischen diesen beiden Amtsträgern eine Rotation stattfinden sollte.

Das vereinigte Zypern sollte demilitarisiert werden. Lediglich die Türkei und Griechenland sollten im Rahmen des Allianzvertrags Truppen auf Zypern stationieren dürfen. Annan wollte die Perspektive des Beitritts Zyperns zur EU nutzen, um den Volksgruppenkonflikt beizulegen. Folglich musste sein Plan mit dem Acquis Communautaire verträglich sein, bzw. mussten Ausnahmeregelungen zugunsten des Nordens Zyperns getroffen werden. Der Annan-Plan bestätigte als EU-Beitrittstermin den 1. Mai 2004. Gleich in Art. 1 des Gründungsabkommens wurde der neue Mitgliedstaat darauf verpflichtet, den Beitritt der Türkei zur EU zu unterstützen. Als der Annan-Plan am 24. April 2004 in zwei getrennten Referenden den beiden Volksgruppen zur Abstimmung vorgelegt wurde, sprachen sich die griechischen Zyprer mit 76 Prozent dagegen aus, während die Zyperntürken mit 65 Prozent dem Plan zustimmten. Der Versuch, den Zypernkonflikt im Zusammenhang mit der Heranführung der Insel an die EU zu lösen, war gescheitert.

Theoretische Konzepte

Betrachtet man den Stand der Forschung, dann fällt auf, dass sich viele Disziplinen mit der Entwicklung Zyperns und den Ursachen des Konflikts beschäftigt haben. Historische Arbeiten haben im Bereich der Neuzeit unter anderem die englische Kolonialgeschichte, die

---

12 Vgl. zu den Einzelheiten und Hintergründen *Axt, Heinz-Jürgen/Schwarz, Oliver/Wiegand, Simon* 2008: Konfliktbeilegung durch Europäisierung? Zypernfrage, Ägäis-Konflikt und griechisch-mazedonischer Namensstreit, Baden-Baden, S. 66–72.

Gründung der Republik Zypern und die Beziehungen zwischen den Volksgruppen aufgearbeitet.[13] Sozialwissenschaftliche Forschungsarbeiten im weiteren Sinne haben beispielsweise die für Zypern eminent wichtige Entwicklung der Bevölkerungsstruktur unter dem besonderen Blickwinkel beider Volksgruppen analysiert.[14] Politikwissenschaftler haben sich unter anderem mit der Frage beschäftigt, in welcher Weise sich Identitäten auf Zypern entwickelt haben und warum sich in Zypern kein gesamtzyprischer Nationalismus herausbilden konnte.[15] Für die Rechtswissenschaft stand und steht die Interpretation der Verfassung und der Gründungsverträge naturgemäß im Mittelpunkt, ist mit diesen Rechtsgrundlagen doch versucht worden, eine Insel mit zwei wenig versöhnlichen Volksgruppen in einem neuen und unabhängigen Gesamtstaat zusammenzufassen.[16]

Soweit es um Erklärungsansätze zur Konfliktbeilegung im Falle Zyperns geht, stehen die VN deutlich im Vordergrund. Dabei stehen realistisch orientierte Konzepte idealistisch inspirierten Ansätzen ebenso gegenüber wie die institutionalistischen den funktionalistischen. Eine besondere Rolle kommt der Mediation zu, weshalb in der Forschung die Analyse der von den VN getragenen Vermittlungsbemühungen deutlich dominiert.[17]

Konflikttheoretische Ansätze

Konflikttheoretische Ansätze verlangen danach zu klären, was die relevanten Streitfragen sind. Im Fall der beiden zyprischen Volksgruppen geht es vor allem um die Frage, wie die staatliche Struktur eines wiedervereinigten Zypern aussehen soll. Während die griechischen Zyprer den Einheitsstaat und als zweitbeste Lösung die Bundesstaatlichkeit mit starker Zentralregierung bevorzugen, will die Führung der türkischen Volksgruppe eher die Konföderation. Eine Zwei-Staaten-Lösung wird bevorzugt und die Existenz zweier separater Völker mit unterschiedlichen Kulturen, Religionen und Sprachen wird betont. Eine weitere Differenz betrifft die historische Kontinuität, das heißt, dass die griechischen Zyprer den Status

---

13 Folgende Bibliographien können herangezogen werden: *Kitromilidis, Paschalis* 1995: Cyprus, Oxford und *Richter, Heinz* 1920: Greece and Cyprus since 1920, Heidelberg.
14 Vgl. exemplarisch folgende Arbeiten: *Heinritz* 1998 (Fn. 5), S. 19–37; *Brey, Hansjörg* 1998: Bevölkerungsstruktur, in: *Grothusen et al.* 1998 (Fn. 1), S. 488–515.
15 Vgl. *Loizos, Peter* 1975: The Greek Gift: Politics in a Cypriot Village, Oxford; *Choisi, Jeanette* 1993: Wurzeln und Strukturen des Zypernkonfliktes, Stuttgart; *Loizides, Neophytos G* 2007: Ethnic Nationalism and Adaptation in Cyprus, in: International Studies Perspectives, 8, S. 172–189.
16 Vgl. *Polyviou, Polyvios G.* 1976: Cyprus. In Search of a Constitution, Nicosia. Aufschlussreich auch die Ausführungen von *Rumpf, Christian* 1998: Verfassung und Politik, in: *Grothusen et al.* 1989 (Fn. 1), S. 155–195 zu den kontrovers diskutierten Themen Sezession und Staatlichkeit der TRNZ.
17 Vgl. u.a. *Bahcheli, Tozun* 2004: Saddled with a divided Cyprus: an EU dilemma, in The International Spectator, 39 (July–September) 3, S. 29–37; *Broome, Benjamin J.* 2004: Reaching across the dividing line: building a collective vision for peace in Cyprus, in: Journal of Peace Research, 41 (March) 2, S. 191–209; *Faustmann, Hubert* 2004: The Cyprus question still unsolved: security concerns and the failure of the Annan plan, in: Südosteuropa Mitteilungen, 44, 6, S. 44–68; *Güney, Aylin* 2004: The USA's role in mediating the Cyprus conflict: A story of success or failure?, in: Security Dialogue (London), 35 (March) 1, S. 27–42; *Diez, Thomas* 2000: Last exit to paradise? The EU, the Cyprus conflict, and the problematic 'catalytic effect', Kopenhagen (Working Papers/Copenhagen Peace Research Institute; 4); *Emerson, Michael/Tocci, Nathalie* 2002: Towards resolution of the Cyprus Conflict, Report Enlargement, in: Survival. 43, 1, S. 155–65; *Kramer, Heinz* 2002: Patt auf Zypern. Bietet der EU-Beitritt einen Ausweg? Berlin (SWP-aktuell; 13).

quo ante vor 1974 und damit die 1960 gegründete Republik Zypern beibehalten wollen, während die türkischen Zyprer die alte Republik durch eine neue Staatsgründung ersetzen wollen. Für sie soll die politische Gleichberechtigung beider Volksgruppen weitgehend verwirklicht werden. Das gestehen die griechischen Zyprer zwar prinzipiell zu, schränken aber immer wieder ein, dass die Mehrheitsverhältnisse der Bevölkerung ebenfalls Berücksichtigung finden müssten.

Mit der Beendigung der Legitimität der alten Republik soll für die türkischen Zyprer das Recht der griechischen Zyprer entfallen, international im Namen der gesamten Insel aufzutreten. Eine Beilegung des Konflikts soll für die griechischen Zyprer die Personenfreizügigkeit auf der ganzen Insel, den ungehinderten Eigentumserwerb und die unbeschränkte Niederlassungsfreiheit sowie die volle Umsetzung des Acquis der Europäischen Union auf der Insel mit sich bringen. Das im Zuge der türkischen Intervention und Invasion verlorengegangene Eigentum griechischer Zyprer soll zurückgegeben werden. Der Bevölkerungsproporz soll bei der territorialen Aufteilung maßgeblich sein. Dem widersetzen sich die türkischen Zyprer, sie wollen die genannten Prinzipien nur sehr eingeschränkt akzeptieren. Also soll verlorengegangenes Eigentum eher entschädigt, sollen territoriale Anpassungen restriktiv gehandhabt und sollen Personenfreizügigkeit, Niederlassungsfreiheit sowie freier Eigentumserwerb eingeschränkt werden. Insbesondere die türkisch-zyprische Seite besteht auf Sicherheitsgarantien, womit die Präsenz türkischer Truppen auf Zypern verbunden ist. Von griechisch-zyprischer Seite hört man dann oft, die Tatsache, dass ein wiedervereinigtes Zypern der EU angehöre, böte genügend Sicherheit für beide Volksgruppen.

Konfliktforscher wie Singer und Small fragen danach, ob es sich bei Zypern überhaupt um einen Konflikt handelt. Sie definieren Konflikte anhand folgender Merkmale: erstens die organisierte und langanhaltende Anwendung militärischer Gewalt, zweitens die Beteiligung mindestens eines Staates und drittens ein Minimum von 100 Todesopfern.[18] Legt man diese strikt operationalisierte Definition zugrunde, dann wird man die Auseinandersetzungen Anfang der 1960er Jahre, aber auch die Landung türkischer Truppen auf Zypern 1974 und die unmittelbar nachfolgenden Kampfhandlungen als Konflikt typisieren müssen. Spätestens seit den 1980er Jahren kann das so aber nicht mehr behauptet werden. Bis auf einzelne und begrenzte Grenzzwischenfälle, oft durch nationalistische Individuen auf beiden Seiten, gibt es keine organisierte und langanhaltende Anwendung militärischer Gewalt mehr. Staaten sind nur indirekt involviert und die genannte Zahl an Todesopfern wird auch nicht erreicht. Vieles spricht daher dafür, dass die Separation der beiden Volksgruppen zwar nicht befriedigend ist, dass der Status quo aber das gewaltsame Konfliktpotential gemindert hat. Dennoch haben beide Volksgruppen am aktuellen Zustand viel auszusetzen – die griechischen Zyprer zum Beispiel bedauern den Verlust der staatlichen Einheit, die türkischen Zyprer wiederum den ökonomischen Rückstand. Die anfallenden „Kosten" der Auseinandersetzung sind indes relativ niedrig. Gerade das kann dazu beitragen, dass die Kompromissfähigkeit auf beiden Seiten erheblich begrenzt ist und die Interessendivergenzen so stark betont werden. Wären die Verluste durch Anwendung physischer Gewalt massiver, wäre womöglich der Einigungswille stärker.

---

18 Vgl. *Singer, David J./Small, Melvin* 1982: Resort to Arms. International and Civil War, 1816–1980, Beverly Hills.

Um die Auseinandersetzungen auf Zypern weiter zu klassifizieren bietet sich der Rückgriff auf Frank Pfetsch an.[19] Konflikte können diesem zufolge interethnisch, innerstaatlich, zwischenstaatlich oder international sein. Bei Zypern treffen mehrere Typisierungen zu. Unstreitig liegt ein interethnischer Konflikt zwischen beiden Volksgruppen vor, der in der Vergangenheit am deutlichsten hervortrat, als sich die griechische Volksgruppe für „Enosis", also den Anschluss an Griechenland und die türkische Volksgruppe für „Taksim", also die Teilung der Insel aussprachen. Sicher stärker als die türkischen empfinden die griechischen Zyprer den Konflikt als innerstaatlich, weil sie von der staatlichen Einheit Zyperns ausgehen. Die ihnen dabei freilich vorschwebenden Strukturprinzipien des geeinten Staates sind für die türkischen Zyprer kaum annehmbar. Deswegen sehen diese auch eher eine zwischenstaatliche Auseinandersetzung, zumindest seit sie auf ihre eigenständige staatliche Einheit gesetzt haben. Für diese Option hatte sich besonders Rauf Denktaş stark gemacht, der von 1983 bis 2005 Präsident der Türkischen Republik Nordzypern war.

Die auf Separation setzende Politik von Denktaş ist im Norden Zyperns über lange Zeit unterstützt worden, doch zeigte spätestens die Zustimmung zum Annan-Plan am 24. April 2004, dass einer Mehrheit der türkischen Zyprer eine Zukunft als Mitglied der EU doch attraktiver erschien als eine weitere Verfolgung der Separationspolitik. Internationale Momente enthält der Zypernkonflikt in zweierlei Hinsicht: Zum einen sind die sogenannten Mutterländer Griechenland und Türkei mal mehr mal weniger in den Konflikt involviert. Beide Seiten unterstützen „ihre" Volksgruppe und verfolgen dabei auch eigene Interessen. Während bis 1974 die Regierung in Athen in direkter Weise Einfluss nahm, sich danach aber zurückhalten musste, geht es der Türkei nicht nur um die Unterstützung der Zyperntürken, sondern auch darum, auf Zypern präsent zu sein, um im östlichen Mittelmeer eigene Interessen zu verfolgen, unter anderem um Griechenland von Süden her bei den Streitigkeiten in der Ägäis unter Druck setzen zu können.[20] Bei allem hat die griechisch-zyprische Seite nach 1974 aktiv die Internationalisierung des Konflikts forciert, indem sie die Vereinten Nationen mit ihrem Generalsekretär zur Beschäftigung mit dem Konflikt aufgefordert hat. Die türkischen Zyprer waren in diesem Punkt stets reservierter, weil in ihrer Wahrnehmung die VN parteiisch zugunsten der Zyperngriechen agierten.

Wiederum mit Rückgriff auf Pfetsch lassen sich die Konfliktgegenstände definieren: Der Kampf um Unabhängigkeit ist danach heute nicht mehr relevant, wohl aber der um Herrschaft und Regimegestaltung, was bei den unterschiedlichen Präferenzen für eine föderale oder konföderale Staatsgestaltung vielleicht am deutlichsten wird. Auch territoriale Fragen sind von Relevanz, weil seit 1974 der Proporz zwischen Bevölkerungs- und territorialer Größe keinen Bestand mehr hat. Ebenso spielen wirtschaftliche Aspekte eine Rolle. Die türkischen Zyprer beklagen die von den griechischen Zyprern gegen sie verfolgte „Boykottpolitik", die den Wirtschaftsaustausch mit dem Norden zumindest erschwert. Der wirtschaftliche Rückstand des Nordens lässt sich damit zumindest in Teilen erklären. Und auch hier liegt ein Grund, weshalb sich die türkischen Zyprer für den Annan-Plan ausgesprochen haben, offerierte er doch im Zusammenhang mit der Aufnahme in die EU auch eine ökonomische

---

19 Vgl. *Pfetsch, Frank R.* 1994: Internationale Politik, Stuttgart/Berlin/Köln.
20 Vgl. *Axt, Heinz-Jürgen/Kramer, Heinz* 1990: Entspannung im Ägäiskonflikt? Griechisch-türkische Beziehungen nach Davos. Aktuelle Materialien zur internationalen Politik, Bd. 22, Baden-Baden.

Besserung. Auch wenn Analysen immer wieder hervorheben, dass die türkischen Zyprer weniger als die Bevölkerung in der Türkei einer Re-Islamisierung zuneigen, so kann die kulturell-religiöse Differenz zwischen dem orthodoxen Süden und dem muslimischen Norden nicht ignoriert werden. Dies wurde auch in den verschiedenen Plänen zur Wiedervereinigung der Insel explizit berücksichtigt.

Wenn man der Frage nachgeht, was bislang die Beilegung des Konflikts auf Zypern verhindert hat, dann muss das Argument wohl lauten, dass beide Seiten letztlich doch mit dem Konflikt leben können, weil die zu registrierenden Kosten gering sind und weil die Bereitschaft, substantielle Kompromisse einzugehen, schwach ausgeprägt ist. So orientiert man sich auf beiden Seiten eher an dem, was jeweils als eine optimale Konfliktbeilegung zur Gründung eines wiedervereinten Staates angesehen wird. Hätte man annehmen können, dass die Erinnerung an die von der Gegenseite verübten Übergriffe im Laufe der Zeit verblassen würden, so scheint dies kaum der Fall zu sein. Vielmehr spricht viel dafür, dass sich auch heute noch viele Politiker darum bemühen, Negativperzeptionen, wenn nicht gar „Feindbilder" wachzuhalten, um in der jeweils eigenen Volksgruppe Zustimmung zu erhalten. Der entsprechende „Resonanzboden" kann bei beiden Volksgruppen offenbar recht schnell aktiviert werden. Sicher gibt es etliche „bikommunale" Aktivitäten und Projekte, die auf Überwindung der Trennung und Distanz hinarbeiten, doch ihre Wirksamkeit – so positiv die Projekte auch zu bewerten sind – bleibt begrenzt.

Das führt zu der Frage, wie die Voraussetzungen für eine erfolgreiche Mediation aussehen müssten. Geht man von Jacob Bercovitch aus, dann erweist sich Mediation dann erfolgreich, wenn vier Bedingungen erfüllt sind: Ein Konflikt muss erstens schon eine Weile andauern, zweitens müssen Bemühungen um eine Beilegung in eine Sackgasse geraten sein, drittens muss keiner der Beteiligten mehr bereit sein, die Kosten zu tragen und viertens müssen beide Parteien bereit sein, sich an einem direkten oder indirekten Dialog zu beteiligen.[21] Drei der vier Bedingungen dürfen im Falle Zyperns als gegeben angesehen werden. Lediglich die dritte Bedingung, dass keiner mehr bereit ist, die Kosten zu tragen, liegt zumindest akut nicht vor. Womöglich würde die Bereitschaft zum Kompromiss wachsen, wenn die Lage in beiden Teilen in stärkerem Maße als nicht länger tragbar empfunden würde. Schließlich sollte nicht übersehen werden, dass in absehbarer Zeit kaum mehr mit einem Anreiz wie vor 2004 mit dem Beitritt zur EU zu rechnen ist. Dabei war dieser Anreiz freilich asymmetrisch: Den Zyperngriechen war der EU-Beitritt auch ohne Zustimmung zum Annan-Plan garantiert, den Zyperntürken dagegen nicht.

Föderalismus

Wie bereits dargestellt, ist Zypern 1960 als föderaler Staat gegründet worden. Auch die nachfolgenden Bemühungen zur Beilegung des Volksgruppenkonflikts haben auf die Grundelemente des Föderalismus zurückgegriffen. Man müsste eigentlich davon ausgehen, dass sich

---

21 Vgl. *Bercovitch, Jacob* 1996: Resolving International Conflicts: The Theory and Practice of Mediation, Boulder/Col.

Prinzipien des Föderalismus als besonders geeignet erweisen, eine ethnisch heterogene Gesellschaft wie die Zyperns zu befrieden, weil das maßgebliche Prinzip das der horizontalen und vertikalen Gewaltenteilung ist. Nicht nur die Teilung der politischen Macht in Exekutive, Legislative und Judikative, sondern auch die Zuordnung von Kompetenzen einerseits an den Zentralstaat und andererseits an die Gliedstaaten sollte zu einer allseits befriedigenden Lösung führen. Handlungsfähigkeit wäre gesichert, wenn dem Bund verfassungsmäßig festgeschriebene Zuständigkeiten etwa in den auswärtigen Beziehungen zugeschrieben und den Gliedstaaten weitgehende Kompetenzen zugeordnet werden, was deren Streben nach Eigenständigkeit entgegenkommt. Wo Bevölkerungsgruppen im Zentralstaat in einer Minderheitenposition sind, sind sie in ihren Gliedstaaten Mehrheitsbevölkerung. Machtteilung, aber auch das Streben nach einer dem Gesamtstaat nicht abträglichen, weitgehenden kulturellen und religiösen Identität können erreicht werden. Minderheitenschutz – im Falle Zyperns der einer Volksgruppe – kann gesichert werden.

Ähnlich wie im Fall der Bundesrepublik Deutschland, in der die westlichen Alliierten auf eine föderale Struktur des neu gegründeten Staates gedrängt hatten, verhielt es sich auch bei Zypern. Auch hier war die Bevölkerung nur eingeschränkt daran beteiligt, die neue Verfassung auszuarbeiten. Christian Rumpf spricht von einem „octroi der ehemaligen Kolonialmacht Großbritannien und der beiden interessierten Staaten Griechenland und Türkei".[22] Nicht Mehrheit oder Minderheit waren die Ordnungsprinzipien der Verfassung, sondern die Idee politisch gleichberechtigter Volksgruppen.[23] „Allein die Volksgruppenverfassung war unter den konkreten historischen Bedingungen – theoretisch – geeignet, die ursprünglich konfliktbestimmenden, zentripetalen Kräfte der griechischen Vereinigungsbewegung (enosis) und der türkischen Bewegung des Auseinanderdividierens (taksim) zu neutralisieren. Es dürfte jedoch kaum zu bestreiten sein, dass – ungeachtet des Fehlens einer besseren Alternative – ihre Funktionstüchtigkeit von vornherein fragwürdig war."[24]

Die hochkomplexe Zuteilung von Kompetenzen auf die Vertreter beider Volksgruppen, die Verschränkung der Gewalten und die weitreichenden Vetomöglichkeiten haben sich zumindest aus Sicht der griechischen Zyprer als ineffektiv erwiesen und haben den neuen Staat handlungsunfähig werden lassen. Das war denn auch der Grund dafür, weshalb Erzbischof Makarios 1963 mit einer Verfassungsreform und einer Einschränkung der Blockademöglichkeiten die Effizienz des staatlichen Handelns optimieren wollte. Auf türkisch-zyprischer Seite sah man darin jedoch lediglich den Versuch der Zyperngriechen, die eigene Machtstellung auszuweiten. Die Orientierung am Volksgruppenwohl war vorrangig und die Verpflichtung gegenüber dem Gesamtstaat nachrangig. Identität entwickelte sich im Rahmen der eigenen Volksgruppe mit der Rückkopplung an das jeweilige Mutterland Griechenland oder die Türkei, nicht aber im Rahmen der neu gegründeten Republik. Dabei hat der Konflikt zwischen den beiden Volksgruppen nicht nur eine ethnische Komponente. Es ist zu Recht darauf verwiesen worden, dass es die politischen Eliten beider Volksgruppen verstanden haben, ethnische Fragen zur Festigung ihrer jeweiligen Machtstellung bei den eigenen

---

22 *Rumpf, Christian* 1998: Verfassung und Recht, in: *Grothusen et al.* 1998 (Fn. 1), S. 155–195 (160).
23 Als Minderheiten tauchten in der Verfassung nur die Maroniten und die Armenier auf.
24 *Rumpf* 1998 (Fn. 22), S. 158.

Volksgruppen zu nutzen.[25] Es wäre also angemessener von einem „Ethno-Nationalismus" zu sprechen. Unter diesen Bedingungen leidet natürlich die Bereitschaft zum Kompromiss, weil allzu schnell der Verdacht des „nationalen Verrats" hochkommt. So wie die türkischen Zyprer bei ihrer Zustimmung zum Annan-Plan die auf ihrer Seite lang gepflegte und insbesondere von Rauf Denktaş kultivierte Politik der Separation und Abgrenzung zurückgestellt haben, um eine bessere Zukunft im Rahmen der EU zu erleben, hat der griechisch-zyprische Präsident Tassos Papadopoulos die vermeintlich negativen Aspekte des Annan-Plans zugespitzt, um seine eigene Position nicht zu schwächen. Eine noch so komplexe und diffizile Gewaltenteilung, wie sie die Verfassung von 1960, das „Set of Ideas" und auch der Annan-Plan vorgesehen haben, konnte diesen Wirkungsmechanismus nicht aushebeln.

Dass der Zypernkonflikt *auch* als ein Elitenproblem zu begreifen ist, ist zutreffend, sollte indes nicht verabsolutiert werden. Ethno-nationale Politik hatte nur eine Chance, weil in beiden Volksgruppen die Fixierung auf eigene Interessenlagen extrem stark ausgeprägt war – und ist. Meinungsumfragen machen das deutlich. Nach einer Umfrage von 2005 sahen nur 14,7 Prozent der befragten griechischen Zyprer in der bikommunalen Föderation eine „ideale Lösung".[26] Dass Entscheidungen auf Föderationsebene der Zustimmung beider Volksgruppen bedürfen sollten, hielten 64,5 Prozent der griechischen Zyprer für überflüssig.[27] Der Mehrheitsmeinung in der Bevölkerung entsprach die politische Ausrichtung von Präsident Papadopoulos. Als er am 16. Februar 2003 zum Präsidenten gewählt worden war, war dies so etwas wie ein vorgezogenes Referendum gegen den Annan-Plan. Für Papadopoulos war es nicht hinnehmbar, dass in einer Föderation Mehrheits- und Minderheitsverhältnisse nur eine sekundäre Rolle spielen sollten. Für ihn war Demokratie an Mehrheit gekoppelt. Die stark am Modell der Konkordanz ausgerichteten Grundüberlegungen des Annan-Plans wurden abgelehnt. Deshalb positionierte sich Papadopoulos scharf gegen den Annan-Plan. Der Sonderberater des VN-Generalsekretär Alvaro de Soto brachte es mit Bezug auf eine Rede von Papadopoulos am 7. April 2004 auf den Punkt: Der Präsident sprach „55 Minuten lang über die negativen Punkte des Annan-Plans, für die Vorteile, die der VN-Plan den griechischen Zyprern bringt, hatte er keine fünf Sekunden übrig."[28] Die Haltung der türkischen Zyprer gegenüber der von Kofi Annan vorgeschlagenen bikommunalen Föderation war deutlich positiver: 29,2 Prozent der Befragten sahen darin eine ideale Lösung. Dem entsprach die Tatsache, dass der den Annan-Plan ablehnende Präsident Denktaş gegenüber dem der VN-Initiative positiv eingestellten Ministerpräsidenten Mehmet Ali Talat an Einfluss verloren hatte. Unter den türkischen Zyprern herrschte ein auf die EU-Perspektive setzender utilitaristischer Trend vor.

---

25 Vgl. *Choisi, Jeanette* 1997: The Problem of the Cypriot Identity: Ethnic or Elite Conflict?, in: *Axt/Brey* 1997 (Fn. 11), S. 24–35.

26 Vgl. *Lordos, Alexandros* 2005: Civil Society Diplomacy: A new approach for Cyprus? http://www.philo kypros.net/resources/new-approach-for-cyprus.pdf (28.06.2019).

27 Dass jede Volksgruppe das Recht haben sollte, unilateral Entscheidungen der Bundesregierung zu blockieren, hielten nach einer weiteren Umfrage 72 Prozent der türkischen, aber nur 41 Prozent der griechischen Zyprer für gerechtfertigt. Vgl. *Kaymak, Erol /Lordos, Alexandros/Tocci, Natalie* 2008: Building Confidence in Peace. Public Opinion and the Cyprus Peace Process. https://www.ceps.eu/ceps-publications/ building-confidence-peace/ (28.06.2019).

28 *Kadritzke, Niels* 2004: Ein donnerndes Ochi. In Zypern hat noch einmal das Gestern über das Morgen gesiegt. https://www.eurozine.com/ein-donnerndes-ochi/ (28.06.2019).

Konfliktbeilegung im Kontext von Europäisierung

Weil der Annan-Plan das Bemühen um Konfliktbeilegung und Versöhnung mit der Perspektive einer Mitgliedschaft Zyperns in der EU verknüpft hat, soll auch die in diesem Zusammenhang entwickelte Europäisierungsforschung aufgegriffen werden, um Antworten dafür zu finden, weshalb der Zypernkonflikt bis heute nicht beigelegt wurde. Zu diesem Zweck wird aus der Vielzahl mittlerweile vorgelegter Ansätze auf das „Hexagon der Konfliktbeilegung" zurückgegriffen, das der Autor gemeinsam mit Oliver Schwarz und Simon Wiegand entwickelt hat.[29]

Konfliktbeilegung durch Europäisierung meint, dass Konfliktpartner bereit und in der Lage sind, einen bestehenden Konflikt im Rahmen europäischer Normen und Werte, Prozeduren und Institutionen beizulegen.[30] Das beinhaltet zunächst einmal die gewaltfreie Beilegung eines Konflikts. Darüber hinaus sind, so wie in den EU-Verträgen festgehalten, Demokratie, Menschenrechte, Grundfreiheiten und Rechtsstaatlichkeit angesprochen. Entscheidungsfindung im Rahmen der EU ist – und das wäre für Zypern besonders wichtig – auf Konsens und Kompromiss angelegt. Regieren im europäischen Mehrebenensystem weist starke Elemente eines Konkordanzsystems auf, bei dem möglichst darauf verzichtet wird, dass sich Gewinner und Verlierer gegenüberstehen.[31]

Das Hexagon der Konfliktbeilegung weist insgesamt sechs Variablen auf: das Europäisierungsniveau der Konfliktparteien, die Perzeption des Konflikts, die Intensität des Konflikts, das Agieren der EU, das Verhalten externer Akteure und die ökonomische Interdependenz zwischen den Kontrahenten. Das Europäisierungsniveau wird dabei als die determinierende Variable verstanden. Sie bestimmt die Wahrscheinlichkeit der Konfliktbeilegung durch Europäisierung, während die übrigen Variablen den Prozess der Konfliktbeilegung lediglich hemmen oder fördern können.[32]

Was die Intensität des Konflikts angeht, so war bereits darauf verwiesen worden, dass diese auf Zypern relativ niedrig ist. Das sollte eigentlich einer Konfliktbeilegung förderlich sein. Das Verhalten der externen Akteure war gerade bei den Verhandlungen zum Annan-Plan kohärent. Die Vereinten Nationen, Griechenland, die Türkei, Großbritannien und die Vereinigten Staaten unterstützten die Initiative des VN-Generalsekretärs. Die bilateralen Differenzen zwischen Griechenland und der Türkei hinderten beide Staaten nicht daran, den Annan-Plan zu unterstützen. Die Türkei unterstützte nicht länger Rauf Denktaş und seine Präferenz für eine „Zwei-Staaten-Lösung".

---

29 Vgl. *Axt et al.* (Fn. 12), S. 24–42.

30 Europäisierung der Konfliktbeilegung kann verstanden werden als „ process of a) construction, b) diffusion, and c) institutionalisation of formal and informal rules, procedures, policy paradigms, styles, , ways of doing things', and shared beliefs and norms which are first defined and consolidated in the EU policy process and then incorporated in the logic of domestic (national and subnational) discourse, political structures and public policies", vgl. *Radaelli, Claudio* 2004: Europeanisation: solution or problem?, in: European Integration Online Papers, Bd. 8, Nr. 16. http://eiop.or.at/eiop/pdf/2004-016.pdf (28.06.2019), S. 4.

31 Vgl. als „Klassiker" *Lehmbruch, Gerhard* 1969: Konkordanzdemokratie im internationalen System, in: *Czempiel, Ernst-Otto (Hrsg.)*: Die anachronistische Souveränität (Sonderheft 1 der Politischen Vierteljahresschrift), Opladen, S. 139–163; *Lijphart, Arend* 1970: Democracy in Plural Societies, New Haven/London.

32 Um Missverständnisse zu vermeiden, sei betont: Das Europäisierungsniveau ist nicht mit „europäischer Reife" eines Staates (etwa im Sinne der EU-Beitrittsfähigkeit) gleichzusetzen, sondern es gibt an, ob ein Staat einen Konflikt gemäß einer europäisierten Denk- und Handlungslogik zu bearbeiten gedenkt.

Die Konfliktperzeptionen waren und sind im Falle Zyperns noch immer in hohem Maße konträr: Während die griechischen Zyprer mit Bezug auf die Ereignisse von 1974 ein Sicherheitsproblem ausmachen, sehen die türkischen Zyprer in Erinnerung an die Auseinandersetzungen der Jahre 1963 und 1964 die Konfliktursache in dem Bemühen der griechischen Zyprer, den türkischen Inselbewohnern gleiche Rechte vorzuenthalten.[33] Das niedrige Niveau des Handels über die Green Line lässt positive Impulse, die von der ökonomischen Interdependenz ausgehen können, vermissen. Der Akteur EU unterstützte den Annan-Plan und offerierte die Mitgliedschaftsperspektive. Für die türkischen Zyprer war damit ein starker Anreiz gegeben, den Annan-Plan positiv zu bescheiden. Für die griechischen Zyprer war dagegen der Beitritt zur EU auch ohne Konfliktbeilegung garantiert.

Unter den genannten sechs Variablen ist das Europäisierungsniveau der entscheidende Faktor. Sofern überhaupt Europäisierungsprozesse zu beobachten sind, sind sie entweder das Ergebnis eines „calculus approach" oder eines „cultural approach". Beim ersten Konzept dominiert eine Kosten-Nutzen-Kalkulation, während beim zweiten soziales Lernen dazu führt, dass europäische Normen und Werte übernommen werden, weil sie als solche akzeptiert werden. Es wird dabei davon ausgegangen, dass ein Europäisierungsniveau gemäß dem „cultural approach" am ehesten zu einer Konfliktbeilegung durch Europäisierung führt.

Die griechische Volksgruppe hat – das sollten die bisherigen Ausführungen verdeutlicht haben – keine Europäisierungsstrategie verfolgt, weder im Sinnes eines „calculus approach" noch eines „cultural approach". Dass der Volksgruppenkonflikt in Übereinstimmung mit Werten und Normen, die auf Kompromisse angelegt sind, zu lösen sei, hat für die griechischen Zyprer keine Rolle gespielt. Sie haben den Annan-Plan unter dem Aspekt beurteilt, inwieweit er ihren Vorstellungen einer optimalen Konfliktbeilegung entspricht. Da sie hier erhebliche Defizite ausmachten, konnten sie keinen Vorteil darin sehen, den Konflikt durch Europäisierung beizulegen. Die EU-Perspektive war für sie kein Anlass, ihre Vorstellungen zur Konfliktbeilegung an Normen und Werten der EU auszurichten, weil für sie der EU-Beitritt ohnehin gesichert war.

Die türkischen Zyprer verfolgten zwar eine Strategie der Europäisierung, doch war diese von einem klaren „calculus approach" gekennzeichnet, denn man wollte auf jeden Fall den Beitritt zur EU sichern. Man war aus diesem Grund bei der Verhandlung zum Annan-Plan kompromissbereiter und votierte positiv bei der abschließenden Volksabstimmung. Die Volksgruppe ließ sich durch die ablehnende Haltung ihres Präsidenten Denktaş davon nicht abhalten. Das unterschied ihre Haltung 2004 gegenüber derjenigen der Vergangenheit, als das kompromisslose Auftreten von Denktaş auch von seiner Volksgruppe geteilt wurde. Die veränderte Einstellung der Bevölkerung deutete sich bereits an, als bei den Parlamentswahlen vom 13. Dezember 2003 politische Kräfte, die positiv zum Annan-Plan und der EU-Perspektive eingestellt waren, obsiegten. Der neu gewählte Ministerpräsident Mehmet Ali Talat bezeichnete den Annan-Plan als den „besten Plan", den man erreichen konnte.[34] Damit entsprach Talats Stimmung derjenigen unter seinen Landsleuten und konnte so etwas wie

33 Zum kollektiven Gedächtnis beider Volksgruppen vgl. *Stavrinides, Zenon* 1999: Greek Cypriot Perceptions, in: *Dodd* 1999 (Fn. 7), S. 54–96.
34 Vgl. *Press and Information Office* 2004: Turkish Press, Turkish Mass Media Bulletin 01.–02.04.2004. http://www.moi.gov.cy/moi/pio/pio.nsf/All/59C8631EA0F6F930C2256E6A00388B59?OpenDocument (28.06.2019).

die „kulturelle Hegemonie" gewinnen.[35] Unter den türkischen Zyprern war ein Kosten-Nutzen-Kalkül zu beobachten. Das wird durch entsprechende Umfragen bestätigt. Nach Lordos/Kaymak/Faiz haben 69 Prozent der türkischen Zyprer die Aussicht auf die EU-Mitgliedschaft als entscheidendes Motiv für die positive Haltung zum Annan-Plan angegeben:

> „For Turkish Cypriots, an indirect aspect of the Annan Plan was that it would immediately render them full members of the European Union. This factor was indeed a prime determinant of referendum vote: For Turkish Cypriots the Annan Plan referendum was partly a referendum on EU accession."[36]

Bei der Frage, welche Motive mit der Bereitschaft zur Lösung des Zypernproblems verbunden waren, rangierte das Streben nach besseren ökonomischen Bedingungen an der Spitze, gefolgt von den Wünschen, international eine stärkere Stimme zu besitzen, das Risiko eines Krieges zu vermeiden und die Vergünstigungen der EU-Mitgliedschaft zu genießen.[37] Eine Konfliktbeilegung durch Europäisierung konnte nicht gelingen, weil die türkischen Zyprer zwar einen Europäisierungsansatz kalkulatorischer Art verfolgten, die griechischen Zyprer sich aber auf gar keine Form von Europäisierung einlassen wollten.

Schlussfolgerungen

Die Befunde aus den alternativen Erklärungsansätzen lassen sich zu einer komplexeren Antwort auf die Frage danach zusammenfassen, warum der Zypernkonflikt bis heute nicht hat beigelegt werden können. Zunächst einmal werden die Wurzeln des Konflikts von beiden Volksgruppen sehr unterschiedlich identifiziert. Für die türkischen Zyprer liegen sie in dem 1963 zum Ausdruck gekommenen Bestreben der griechischen Zyprer, die türkische Volksgruppe zu majorisieren. Und in der Tat haben sich die griechischen Zyprer bis heute kaum mit der Vorstellung anfreunden können, dass in einem wiedervereinigten Zypern die Mehrheitsdemokratie durch komplizierte Proporzregeln eingeschränkt werden soll. Wenn die griechischen Zyprer die Landung türkischer Truppen 1974 und das nachfolgende Besatzungsregime als zentrale Konfliktursache ausmachen, verweisen sie zugleich darauf, dass der Zypernkonflikt nicht isoliert, sondern immer im Zusammenhang mit den übrigen Streitfragen zwischen den „Mutterländern" Griechenland und Türkei (Rechte in der Ägäis und „türkische" Minderheit in Nordgriechenland) zu betrachten ist. Darin liegt dann auch der Grund

---

35 Nach Antonio Gramsci ist die Produktion zustimmungsfähiger Ideen, also kulturelle Hegemonie, entscheidend für die Aufrechterhaltung von Herrschaft. Übertragen auf die Situation auf Zypern, war Talats Verknüpfung von Kompromissbereitschaft und Setzen auf die EU-Perspektive gleichermaßen die Basis für seine politisch dominante Position wie für den in der zyprisch-türkischen Gesellschaft weit verbreiteten Konsens. Vgl. *Gramsci, Antonio* 1991–2002: Gefängnishefte, 10 Bände, Hamburg.

36 Vgl. *Lordos, Alexandros* 2005: Rational Agent or Unthinking Follower? A survey-based profile analysis of Greek Cypriot and Turkish Cypriot referendum voters. http://www.cypruspolls.org/RationalOr Unthinking.pdf, zitiert nach *Axt, Heinz-Jürgen* 2009: Cyprus: Conflict Resolution through Europeanisation? Most Recent Experiences and Perspectives, in: The Cyprus Review, 21, 2, S. 69–89.

37 Von der Beilegung des Zypernkonflikts erwarteten die türkischen Zyprer: „To become members of the European Union, to escape economic isolation, to become ‚the masters of their own house', to overcome the risk of another war, to be re-united with the Greek Cypriots (secondary motive), to be able to return to ancestral homes that are now in the south (secondary motive)." *Lordos, Alexandros/Faiz, Muharrem/ Carras, Costa* 2005: Options for Peace. Mapping the possibilities for a Comprehensive Settlement in Cyprus, Nicosia, S. 32. http://www.cypruspolls.org/OptionsForPeaceTextAndCharts.pdf (28.06.2019).

dafür, dass der an sich interethnische Konflikt nicht bloß als innerstaatlicher zu bewerten ist, wie dies die griechischen Zyprer bevorzugen, sondern auch als zwischenstaatlicher, wie dies die Zyperntürken tun, wenn sie auf Separation setzen. Auf Seiten der türkischen Zyprer ist diese Präferenz eigentlich nur einmal nachhaltig durchbrochen worden, als bei der Abstimmung zum Annan-Plan die traditionelle und von Denktaş bevorzugte Zweistaatenlogik von der Mehrheit der türkischen Volksgruppe abgelehnt worden ist.

Nicht nur die Verfassung von 1960, sondern auch die späteren Pläne der VN zur Beilegung des Konflikts haben die positive Wirkung des zugrunde gelegten Föderalismusprinzips dadurch eingeschränkt, dass einerseits hochkomplizierte Proporzregeln eingeführt und andererseits als grundlegendes Strukturprinzip die Zuordnung der Bevölkerung zu Volksgruppen verordnet wurden. Das hat begünstigt, dass die ethnonationale Zuordnung die Loyalität gegenüber dem Gesamtstaat eingeschränkt hat. Die in der Verfassung und den Vereinigungsplänen inkludierte diffizile Gewaltenteilung hat diesen Wirkungszusammenhang nicht zurückdrängen können. Auf das Modell der Konkordanz wollte man sich nicht einlassen. Die weit verbreitete Auffassung, dass die Verfassung von 1960 der zyprischen Bevölkerung „übergestülpt" worden sei, hätte an Überzeugungskraft verloren, wenn beide Volksgruppen in der neuen Staatskonstruktion zuerst die positiven Seiten gesehen hätten. Der tief verwurzelte ethnonationale Konflikt aber hat das verhindert. Dass der hochkomplexe föderale Staatsaufbau zu einem Dilemma zwischen Partizipation und Handlungsfähigkeit geführt hat, war eigentlich nur für die griechischen Zyprer ein Problem, weil die türkischen Zyprer traditionell der Zweistaatlichkeit zuneigten. Unter diesen Bedingungen mussten dann auch die Leitprinzipien einer bikommunalen und bizonalen Staatsstruktur Einheit und Trennung zugleich bewirken.

Dass nach 1974 die jeweilige Regierung der griechischen Zyprer mit der Zustimmung der Staatengemeinschaft eine Art Alleinvertretungsanspruch beanspruchen konnte, hat die Annäherung der beiden Volksgruppen erheblich erschwert. Die griechischen Zyprer konnten auf ihren Legitimitätsanspruch zur Vertretung der Insel pochen, während sich die türkischen Zyprer auf internationaler Ebene als zweitklassig empfanden. Auch das hat dazu beigetragen, dass die türkisch-zyprische Elite internationalen Organisationen wie den VN, aber auch der EU mit Skepsis gegenübertraten. Für die Eliten beider Seiten war das Aufrechterhalten von „Feindbildern" augenscheinlich zu verführerisch.

Der Anreiz einer EU-Mitgliedschaft hat die traditionelle Gemengelage des Zypernkonflikts kräftig durcheinandergebracht. Die bislang der „Zweistaaten-Lösung" anhängenden türkischen Zyprer konnten sich mit dem Versöhnungs- und Vereinigungsplan von Kofi Annan anfreunden und stimmten seinem revidierten Föderalismusmodell für ein vereinigtes Zypern zu. Doch sollte diese Entwicklung nicht überschätzt werden: Im Vordergrund stand nicht die Identifikation mit den von der EU vertretenen Prinzipien, Werten und Normen. Vielmehr wurde ein utilitaristischer Ansatz erkennbar, oder, wie die Europäisierungsforschung es bezeichnet, ein „calculus approach". Auch bei anderen EU-Beitrittsstaaten haben Kosten-Nutzen-Kalküle eine Rolle gespielt, doch bei Zypern stellte sich die Herausforderung, wie ein Staat, der sich in einem ungelösten Binnenkonflikt befindet, befriedet und versöhnt werden kann. Dass dieses Ziel verfehlt wurde, liegt auch daran, dass Griechenland gedroht hat, die gesamte Osterweiterung der EU zu blockieren, falls nicht auch ein nicht vereintes Zypern in die EU aufgenommen würde. Die Europäisierungsfrage ist also auch bei manchen EU-Staaten zu stellen. Und auf türkisch-zyprischer Seite ist die Zuneigung zu einem auch im Annan-Plan vertretenen föderalen Modell der Vereinigung geschwunden, wie das aktuelle Statement des stellvertretenden Ministerpräsidenten Kudret Özersay klarmacht: „[…] the federal partnership model which has been the basis of the endless Cyprus negotiations that started in 1968 and has continued for 50 years, is now worn out."[38]

Am 15. Mai 2015 nahmen die Vertreter beider Volksgruppen, Nikos Anastasiadis für die griechischen und Mustafa Akinci für die türkischen Zyprer, zum vorläufig letzten Mal Verhandlungen auf. Dadurch keimte die Hoffnung auf, dass der Konflikt doch zu lösen sei. Der Verhandlungsprozess unter Vermittlung des UN-Generalsekretärs Guterres blieb indes erfolglos. Guterres konnte in seinem Bericht an den Sicherheitsrat vom 28.9.2017 nur resigniert konstatieren: „a historic chance was missed".[39]

Dem Bericht des UN-Generalsekretärs ist zu entnehmen, welche Fortschritte während des Verhandlungsprozesses erreicht wurden und in welchen Punkten eine Einigung nicht möglich war. Die mit der EU im Zusammenhang stehenden Probleme konnten fast vollständig einvernehmlich gelöst werden. Lediglich die Fragen, wie mit ständigen Ausnahmen vom Primärrecht und der Besetzung von EU-Organen durch Vertreter beider Volksgruppen zu verfahren sei, blieben offen. Beim Kapitel „Regieren und Gewaltenteilung" konvergierten die Positionen in vielen Bereichen. Es bestand weitgehende Einigkeit über die Grundsätze einer bizonalen und bikommunalen Föderation mit politischer Gleichheit beider Volksgruppen. Sogar bei dem in der Vergangenheit so umstrittenen Thema, wie Entscheidungsblockaden zu überwinden seien, stimmten beide Konfliktparteien überein. Weitgehenden Konsens gab es auch bezüglich der Kompetenzverteilung in der Föderation und der Staatsbürgerschaft. Hinsichtlich der Rechte der Bürger in einem vereinigten Zypern waren nur noch Details zu klären. Im Kapitel „Wirtschaft" konnte fast komplett eine Verständigung herbeigeführt werden. Das betraf auch die Frage, wie die Rückständigkeit des Nordteils der Insel überwunden werden könnte. Über die strittige Frage, wie mit Vermögen umzugehen sei, das im Zuge der Teilung der Insel verloren gegangen ist, wurde dahingehend beschieden, dass es entweder an die früheren Eigentümer zurückgegeben würde oder aber eine Kompensation in finanzieller Form oder durch Tausch ermöglicht werden sollte.

Beim Kapitel „Territorium" gingen die Verhandlungsführer weit und einigten sich auf jeweilige Prozentsätze für die beiden Teilstaaten. Beim traditionell strittigen Thema „Sicherheit und Garantien" gab es wenig Fortschritte, man einigte sich nur auf die Formel, dass die Empfindsamkeiten beider Seiten zu berücksichtigen seien. Im schweizerischen Mont Pèlerin sollten die Verhandlungsteams vom 18. bis 19. Januar 2017 eine Einigung herbeiführen, was jedoch misslang, weil das griechisch-zyprische Parlament beschlossen hatte, künftig einen Gedenktag an öffentlichen Schulen einzurichten. An diesem sollte des Referendums vom Januar 1950, bei dem sich die griechischen Zyprer für eine Vereinigung mit Griechenland („Enosis") ausgesprochen hatten, gedacht werden. Erst am 11. April 2017 wurden die Verhandlungen wiederaufgenommen. In Crans Montana konnte jedoch die Frage

---

38 *TRNC News Headlines* 5 July 2019: Özersay: „Negotiations have now turned into a vicious circle". https://pio.mfa.gov.ct.tr/en/ozersay-negotiations-have-now-turned-into-a-vicious-circle (05.07.2019).
39 *United Nations Security Council* 2017: Report of the Secretary-General on his mission of good offices in Cyprus, S/2017/814, 28.09.2017, S. 10.

nicht geklärt werden, ob im Fall einer Einigung türkischen Staatsbürgern in Zukunft die gleichen Rechte wie den Bürgern Griechenlands in der EU zustünden. Am 7. Juli 2017 gingen die beiden Verhandlungsführer im schweizerischen Crans Montana schließlich auseinander und kehrten nicht mehr an den Verhandlungstisch zurück.

Kurdistan im Schatten patrimonialer Herrschaft: Spielräume und Grenzen funktionaler Autonomie im Vorderen Orient

Peter Pawelka

In diesem Sammelband geht es um Bevölkerungsgruppen, die in ihren Staaten unzufrieden sind und nach Autonomie oder gar Verselbständigung streben. Sie sind unzufrieden, weil sie
- ihre ethnische oder kulturelle Identität nicht ausleben können oder
- sozio-ökonomisch diskriminiert werden oder
- politisch nicht angemessen partizipieren können.

Im Vorderen Orient sind die Kurden das markanteste Beispiel für so eine Bevölkerungsgruppe. Sie sind nach dem Ersten Weltkrieg politisch übergangen worden und in vier Staaten als diskriminierte Minoritäten gelandet: Türkei, Iran, Irak und Syrien. In ihrem Fall können wir anhand von vier Beispielen über 100 Jahre hinweg *vergleichend* zeigen, mit welchen Strategien sie sich gewehrt und wie die Staaten darauf reagiert haben.

Im Gegensatz zu den meisten anderen Studien dieses Sammelbandes findet der kurdische Kampf um Autonomie ausschließlich in *autoritären Systemen* statt. Wir werden also auch zu klären haben, ob und wie „Eigenständigkeit" sozialer (ethnischer) Gruppen im Autoritarismus möglich ist.

1   Die ethnische Gruppe der Kurden

Unsere Tabelle 1 zu den Bevölkerungsstatistiken der Kurden zeigt zum einen, wie stark sich die Angaben der verschiedenen Quellen unterscheiden und wie die Höhe der Daten in den letzten Jahren (über ein natürliches Wachstum hinaus) zugenommen hat. Es handelt sich primär um Schätzungen und diese sind stark politisiert, sowohl von Seiten der Staaten als auch der kurdischen Organisationen. Die wissenschaftlichen Publikationsorgane wiederum haben sich noch in den 1980er Jahren mehr als heute an den staatlichen Angaben orientiert; die Literatur über die Kurden dagegen neigt eher zu den konträr höheren Daten ihres Forschungsgegenstandes. Auf dieser insgesamt nicht sehr zuverlässigen Basis schätzen wir die Anzahl der Kurden heute auf mindestens 30 Millionen.

Die beiliegende Karte (Abb. 1) zeigt die lokalen und regionalen Siedlungsgebiete der Kurden im Vorderen Orient mit ihrer jeweiligen Verdichtung in der Gesamtbevölkerung. Darüber hinaus sind hohe Kurdenpopulationen in den meisten Großstädten der betroffenen Länder zu berücksichtigen.

Abb. 1: Geographische Verteilung der Kurden im Vorderen Orient

Quelle: *Maximilian Dörrbecker*. https://de.wikipedia.org/wiki/Kurdistan#/media/Datei:Umgriffe_Kurdistans.png
(12.11.2019).

Tab. 1: Kurdische Bevölkerungsstatistiken im Vergleich

	Middle East Dictionary	Wiss. Literatur 1980/90er	Internationale Statistik 2001	Internet	Wiss. Kurden-Literatur	Bevölkerungsanteil pro Land
Türkei	> 2 Mio.	> 4 Mio.	12 Mio.	10–12,5 Mio.	12–15 Mio.	18–20 %
Irak	> 1 Mio	3 Mio.		5,8 Mio.	8,5 Mio.	15–23 %
Iran	1 Mio.	2,5–4 Mio.		5 Mio.	9 Mio.	10–16 %
Syrien	350.000	300.000		1,8 Mio.		9–15 %
Armenien	50.000	140.000				
Europa				1,5 Mio		
Deutschland				0,5–0,8 Mio.*		
Insgesamt	Mindestens 30 Mio.					

* Davon zwei Prozent PKK-Anhänger. Entspricht Schätzungen, u.a. des Verfassungsschutzes.

Die Kurden gehören zur indogermanischen Sprachgruppe, wie zum Beispiel auch die Iraner,
sind jedoch intern in verschiedene Dialekte (oder Sprachen) ohne verbindende Schriftspra-
che gespalten. Zwei kurdische Dialekte im Bereich der Türkei, Kurmanci und Zazaki, stehen
heute im Mittelpunkt kurdischsprachiger Literaturentwicklung. Kurden sind überwiegend

145

sunnitische Muslime, dazu kommen aber konfessionelle Mischformen, die auch nicht-islamische Aspekte des Glaubens integriert haben (zum Beispiel Jesiden, Aleviten). Bis ins 20. Jahrhundert waren die Kurden als Nomaden und Bauern in Stammesstrukturen gegliedert. Doch spätestens seit Mitte des Jahrhunderts nahmen sie an der allgemeinen Urbanisierung der Region teil und leben auch in den großen Metropolen außerhalb ihrer traditionellen Siedlungsgebiete. Vom Ende des 19. Jahrhunderts an kristallisierten sich unter den Kurden Bildungseliten heraus, die Träger nationalistischer und später auch marxistischer Ideologien wurden. Daraus ergaben sich seit Mitte des 20. Jahrhunderts innerkurdische Konflikte zwischen traditionalen und modernen Eliten mit starken sozialen, politischen und kulturellen Verwerfungen.[1]

2   Autonomie im traditionalen Patrimonialismus

Im Vorderen Orient entstand vor rund 5000 Jahren auf der Grundlage des Wassermanagements in Ägypten und Mesopotamien der *Patrimoniale Staat*, der in den Zentren der Region zum Systemmodell wurde: An seiner Spitze stand ein *Herrscher* (selbst ein Gott oder Stellvertreter Gottes) mit einer großen (nur von ihm abhängigen) *Bürokratie*. Dieser Staat wurde vom „Gottkönig" (paternalistisch) wie sein *Eigentum* regiert (Pharao, oströmischer/byzantinischer Kaiser, Sultan, Shah).[2]

Struktur und Ideologie dieser Herrschaftsform blieben bis in die Moderne weitgehend intakt. Zu beachten ist hierbei, dass es in diesem politischen Kontext im Vorderen Orient nie einen *Feudalismus* gab, keine Aristokratie (oder andere Gruppe) mit eigenen legitimen Rechtsansprüchen. Nach Krisen und Verselbständigung lokaler Machthaber liquidierte die Zentralmacht, sobald sie wieder erstarkt war, alle politischen Gebilde, die sich unabhängig gemacht hatten.

Nach einer relativ kurzen Phase westlichen Einflusses während des Imperialismus und des Neokolonialismus kehrte der Vordere Orient seit den 1950er Jahren zu einer Art modernisierter Form des Patrimonialismus zurück. Von Ägypten ausgehend, breitete sich dieser Systemtyp fast über die gesamte Region aus. Auch die Türkei sollte nach Jahrzehnten der Demokratisierung seit 2015 nicht davon verschont bleiben; unter Edoğan griff das politische System auf die autoritär-patrimonialen Züge des Osmanischen Reiches zurück.

Patrimoniale Systeme sind Zentralstaaten. Aber sie herrschen (fast überall) über *segmentierte Gesellschaften*, soziale Systeme, die in Ethnien, Konfessionen, Stämme, religiöse Orden oder Familienverbände vertikal gegliedert sind und nicht (oder jedenfalls nicht primär) in soziale Klassen und Schichten (horizontal). Über alle Epochen hinweg bis zum Ersten Weltkrieg hat der Patrimoniale Staat den Segmenten „*funktionale Autonomie*" zugestanden:

- Die Segmente haben sich intern verwaltet und sie wurden durch das System geschützt.
- Dafür mussten sie Funktionen für den Zentralstaat übernehmen:
- vor allem die kollektive Steuereintreibung,

---

1   Vgl. als Grundlagenwerk zu den Kurden *van Bruinessen, Martin* 1989: Agha, Scheich und Staat – Politik und Gesellschaft Kurdistans, Berlin.
2   *Pawelka, Peter (Hrsg.)* 2008: Der Staat im Vorderen Orient. Konstruktion und Legitimation politischer Herrschaft, Baden-Baden.

- die Beteiligung an militärischen Aufgaben und
- die Herrschaftsstabilisierung: klientelistischer Austausch über die Eliten der Segmente (Stammesführer, religiöse Autoritäten, Clanführer und andere).

Eine Verselbständigung der Segmente (Unabhängigkeit oder maßgeblichen Einfluss auf die Zentralgewalt) wurde hingegen rigoros unterbunden.

Bis zum Ersten Weltkrieg waren die *Kurden* im Rahmen verschiedener Stammessegmente in das Osmanische und das Qadjaren-Reich integriert. Wie gut, zeigt zum Beispiel, dass die Briten sie nicht wie die Araber gegen den Sultan aufwiegeln konnten. Aber dann zerbrachen die multi-ethnischen Großreiche auch im Vorderen Orient. Die Kurden fanden sich als Minoritäten in modernen Systemen wieder, die den europäischen Nationalstaaten nacheiferten:

In der Türkei und in Iran kamen *bürokratische Regime* mit entwicklungspolitischen Ambitionen an die Macht. Die Gesellschaften und die Wirtschaftssysteme sollten zentral modernisiert werden. Hier wurde kein Gedanke an Autonomie verschwendet; die Kurden kamen unter die Räder eines Tabula Rasa.

Im Irak und in Syrien bildeten sich *bürgerlich-kapitalistische Regime* heraus (im Irak eine Monarchie, in Syrien ein französisches Mandat, später dann eine Republik), die den traditionellen Klientelstrukturen treu blieben. Hier ging es darum, die Kurden an eine allmähliche Modernisierung anzupassen. Daraus folgten jahrzehntelange Konflikte über eine *angemessene Art der Autonomie.*

3   „Funktionale Autonomie" als soziologische Kategorie

In der soziologischen Theoriebildung findet man zahlreiche Arbeiten über *soziale Systeme* mit *autonomen Subsystemen* (Talcott Parsons, Robert K. Merton, George C. Homans, Alvin W. Gouldner und andere). Die Autonomie der Subsysteme dient der Bedürfnisbefriedigung sowohl des Zentralsystems als auch des Subsystems und hält die beiden in einem latenten (reziproken) Spannungsverhältnis, das in der Regel jederzeit in einen Konflikt umkippen kann.[3]

Diese Theorie diskutiert unter anderem ausführlich, welche Strategien autonome Subsysteme im Konfliktfall verfolgen, wie die Zentralsysteme reagieren und welche Vorteile es sozialen Systemen bringt, über autonome Subsysteme zu verfügen. Ich verwende einige Teile dieser Theoriebildung, um die 100 Jahre währenden Autonomiekonflikte der Kurden in vier Staaten zu kategorisieren, vergleichbar zu machen und um analytische Anregungen zu erhalten. Ohne diese Konzeptualisierung könnte ich nur vier unterschiedliche Prozesse hoher Komplexität nebeneinander darstellen und impressionistisch deuten.

Auf dieser Basis ist es prinzipiell möglich, je vier Problemlösungsstrategien der nach Autonomie strebenden Kurden und der auf Kontrolle bedachten Staaten zu unterscheiden:

---

3   *Gouldner, Alvin W.* 1967: Reziprozität und Autonomie in der funktionalen Theorie, in: *Hartmann, Heinz (Hrsg.)*: Moderne Amerikanische Soziologie, Stuttgart, S. 293–309.

A   Problemlösungsstrategien autonomer Systemteile (hier Kurden) bei Spannungen mit dem Zentralsystem (hier Staat)

Systemwandel

Politischer Druck wird ausgeübt zugunsten größerer Partizipation im Zentralsystem und einer Modifikation bestehender Systemregeln gegenüber der Minorität. Wenn sich diese Politik radikalisiert, wird ein Wandel der Herrschaftsverhältnisse angestrebt, sogar auf revolutionäre Art und Weise.

Konstitutionelle Autonomie

Angestrebt wird eine verfassungsrechtliche Fixierung der Autonomie sowie Einbindung in und Repräsentation der Minorität im Kontext der zentralen Entscheidungssysteme.

Risikoverteilung

Die nach einer nachhaltigen Autonomie strebenden Systemteile suchen Hilfe bei benachbarten Staaten oder bei externen Subsystemen. Sie können auch Organisationen und Ressourcen außerhalb des eigenen Systems aufbauen, um einer totalen Entmachtung durch die Zentralmacht entgegenzuwirken.

Sezession

Hier ist das Ziel eine endgültige Trennung vom Zentralsystem. Dafür werden finanzielle Mittel gesammelt und diplomatische sowie politisch-militärische Kapazitäten inter- und transnational aufgebaut.

B   Problemlösungsstrategien sozialer Systeme (hier Staaten) bei Spannungen mit autonomen Subsystemen (hier Kurden)

Repressive Assimilation

Der politische Druck autonomer Subsysteme wird vom Staat seinerseits bekämpft. Er kann die bereits gewährten Privilegien aberkennen und die Gegenspieler auf das Niveau „normaler" Systemteile zurückstufen. Eine eigenständige Identität wird geleugnet, Minoritäten in großen Städten neutralisiert oder im Extremfall zwangsumgesiedelt (ethnische Säuberung).

Externe Intervention

Beziehungen der Subsysteme zu Nachbarstaaten und fremden Subsystemen werden staatlicherseits unterbunden. Notfalls werden externe Unterstützer und Unterstützungsstrukturen militärisch bekämpft. Gleichzeitig wird das internationale Umfeld durch politischen Druck und Propaganda gegen das autonome Subsystem beeinflusst.

Reorganisation traditionaler Autonomieformen

Der Staat gewährt eine von ihm diktierte Art von Autonomie. In Anlehnung an traditionale Formen der „gewährten Eigenständigkeit" werden zum Beispiel moderne Klientelstrukturen (in Parteien, Verbänden oder über Bürokratien) angeboten sowie eine asymmetrische Integration in die zentrale Herrschaftsstruktur.

Extraktion

Krisen in Autonomiekonflikten können aus Sicht des Zentralsystems Kosten verursachen, die den Gewinn einer Integration übersteigen. Unter diesen Umständen entzieht die Zentrale dem widerspenstigen Subsystem allmählich staatliche Ressourcen und entledigt sich seiner durch Freigabe.

Im folgenden Abschnitt beabsichtigen wir, eine jeweils geraffte Geschichte der kurdischen Autonomiekonflikte in vier Ländern in Verbindung zu bringen mit den hier theoretisch abgeleiteten Strategien der Kontrahenten (Tabellen 2 bis 5).

4   Der kurdische Autonomie-Konflikt in vier Staaten 1918–2018/19[4]

Ein erster Vergleich der vier historischen Kurdenkonflikte um Autonomie in der Türkei, im Irak, in Iran und in Syrien ergibt zunächst eine eindeutige Dichotomie zwischen der Türkei und Iran einerseits, dem Irak und Syrien andererseits. Von einer winzigen Ausnahme abgesehen (Türkei 2009–2015) gab es in der Türkei und in Iran staatlicherseits über 100 Jahre hinweg nur eine Politik der repressiven Assimilation. In der Türkei sind die Kurden politisch nur unwesentlich aus dem Untergrund hervorgetreten. In Iran wurde das dreimalige militärische Aufbegehren der Kurden in kürzester Zeit niedergeschlagen. Dem gegenüber haben die Zentren im Irak und in Syrien (fast) durchgängig eine kurdische Identität und ein Anrecht auf ein gewisses Maß an Selbstbestimmung anerkannt. Allerdings gelang es auch hier nur den irakischen Kurden (mit externer Hilfe der USA), eine Autonomie verfassungsrechtlich abzusichern. Vorherrschend waren informelle Autonomiestrukturen im Rahmen moderner Klientelsysteme.

Die Ursachen dieser Unterschiede mögen komplex sein; dennoch halten wir den *Regimetyp* des Systems maßgeblich verantwortlich dafür, wie die Kurden vom Staat behandelt wurden. In der Türkei und in Iran haben bürokratische Regime ihren politischen Schwerpunkt auf eine zentral gesteuerte ökonomische Entwicklung gelegt, die über lange Phasen hinweg mit dem kapitalistischen Weltmarkt in Konflikt stand. Auch im Irak verweist die Periode gewaltsamer Unterdrückung der Kurden unter Saddam Hussein auf ein bürokratisches Regime mit entwicklungspolitischen Zielsetzungen. In allen diesen Fällen ging es um eine Konzentration gesellschaftlicher Kapazitäten im Rahmen eines nationalen Aufbruchs, wobei ethnische Identitäten als kontraproduktiv galten. Darüber hinaus haben sich diese Regime an traditionalen Herrschaftsstrukturen orientiert, die nur eine Machtkonzentration im politischen Zentrum legitimiert hatten. Dass sich die Unterdrückung der Kurden nicht im gleichen Ausmaß unter den bürokratischen Regimen Syriens zeigte, lag wohl daran, dass hier die Kurden in den 1960er Jahren zu den Minoritäten gehört hatten, die für den revolutionär-bürokratischen Impuls verantwortlich waren. Trotz deutlicher Unterschiede in der Behand-

---

4   Vgl. dazu folgende Literatur: *Allsopp, Harriet* 2014: The Kurds of Syria: political parties and identity in the Middle East, London; *Aydin, Aysegul/Emrence, Cem* 2015: Zones of rebellion: Kurdish insurgents and the Turkish state, Ithaca, London; *Bengô, Ofra* 2012: The Kurds of Iraq: building a state within a state, Boulder; *Ebert, Hans-Georg/Fürtig, Henner/Müller, Hans-Georg* 1987: Die Islamische Republik Iran, Köln; *Heper, Metin* 2007: The State and Kurds in Turkey, Basingstoke u.a; *Kesen, Nebi* 2009: Die Kurdenfrage im Kontext des Beitritts der Türkei zur Europäischen Union, Baden-Baden; *Natali, Denise (Hrsg.)* 2007: The Kurds and the State: Evolving national identity in Iraq, Turkey, and Iran, Syracuse, N.Y; *Sluglett, Peter* 1989: The Kurds, in: *CARDRI (Hrsg.):* Saddam's Iraq. Revolution or Reaction?, London u.a; *Tejel, Jordi* 2009: Syria's Kurds: History, Politics and Society, London et al.

lung der Kurden durch den Staat sollten wir aber nicht übersehen, dass die Differenzen zwischen den vier Staaten bezüglich einer Autonomie nicht allzu groß waren. Auch im Irak, wo die Autonomie am ausgeprägtesten ist, hätte das politische System ohne externe Intervention höchstens eine informelle Eigenständigkeit zugestanden und ob sich die „US-Verfassung" von 2005 im Irak wird halten können, bleibt abzuwarten.

Tab. 2: Kurdenkonflikte in der Türkei

Jahr	Regime		
1920	Osmanisches Reich		
1930 1940	Kemalistische Staatsklasse	Repressive Assimilation Kemalistische Ideologie erkennt keine ethnischen Minoritäten an (Kurden = Bergtürken) - Unterdrückung von Aufständen - Liquidierung ganzer Stämme (Massaker) - Deportationen - Verbot der kurdischen Sprache (Assimilierten Kurden stehen soziale und politische Karrieren offen)	Rd. 20 Aufstände kurdischer Stämme zwischen - Shaikh Sa'id-Aufstand 1925 und - Dersim-Rebellion 1937
1950 1960 1970	Bürokratisch-parlamentarisches Regime	Kurdischer Elitenwandel: traditional > modern Kurden organisieren sich im Rahmen des Mehrparteien-Systems Organisation in illegalen Bewegungen und Parteien > Konzentration in der Arbeiterpartei Kurdistans (PKK) 1978 (sozialistisch-autoritär)	Konstitutionelle Autonomie Oszilliert zwischen konstitutioneller Autonomie und Sezession
1980 1990 2000	Militärdiktatur	Sezession Bewaffneter Unabhängigkeitskampf der PKK unter Abdullah Öcalan (charismatisch) 1984 –2009 (rund 45.000 Opfer) Militärisch eingedämmt: Öcalan seit 1999 in Haft	Risikoverteilung Organisatorisches Netzwerk im Irak, in Syrien, in Europa (D) Neues ideologisches Konzept: Demokratischer Konföderalismus (mit ökologischen und feministischen Komponenten)
2010	AKP-Regime	Reorganisation traditionaler Autonomie Minoritäten-Initiative der AKP 2009 ff (Sprache, Medien, Parteien) Konstitutionelle Autonomie Demokratische Partei der Völker (HDP); seit 2015	>System-krise > Remilitarisierung des Konflikts Externe Interventionen Invasion Nord-Syrien; Europa: politischer und medialer Druck

Quelle: eigene Darstellung.

150

Tab. 3: Kurdenkonflikte im Irak

1920	Osmanisches Reich		
	Machtvakuum	Sezession: Erster kurdischer Staat (Sulaimanija); unter Sheikh Mahmud Barzinij; von GB zerschlagen	
1930	Britisch dominierte Monarchie	Reorganisation traditioneller Autonomie - Anerkennung kurdischer Ethnizität - Traditionelle Eigenständigkeit auf dem Lande - Anerkennung der kurdischen Sprache - Kurdische Minister in der Zentralregierung	Konstitutionelle Autonomie Politischer Konflikt um gesetzliche Regelung
1940 1950	Bürgerlich-kapitalistisches Regime	Politische Ausdifferenzierung der Kurden: 1. Mullah Mustafa Barzani (1930er–1979), traditionell-charismatisch 2. Neue kurdische Mittelschicht in den Städten (modern, gebildet) 3. 1934 *Kommunistische Partei Kurdistans* mit starkem Anhang	Risikoverteilung Barzani kooperiert mit SU (teilweise im Exil dort) und iranischen Kurden
1960 1970	Revolution	Balance kurdischer Eliten im revolutionären Machtkampf	- Barzani: Konstitutionelle Autonomie / Risikoverteilung (Koop. mit Shah-Iran) - 1966 und 1970 Autonomiestatut beinahe erreicht - Linke Kurden: Systemwandel (Agrarreform, sozialer Wandel) - Periodische Kämpfe zwischen beiden Fraktionen
1980 1990 2000	Ba'th-Regime	Repressive Assimilation Saddam Husseins Entwicklungsprojekt kennt keine ethnische Identität (Staatsbürger = Ba'thist) - Zerschlagung der politischen Strukturen der Kurden - Militärische Vernichtung (Phosphor, Gas) - Deportationen (350.000) Kurdische Eliten gehen ins Exil > Reorganisation der Kurden in zwei konkurrierenden Parteien: - Demokratische Partei Kurdistans (DPK; Barzani-Clan) - Patriotische Union Kurdistans (PUK; Talabani; Mittelschichten) Flugverbotszone 1991: Wiedererstehung eines informell-autonomen Kurdistan im Nordosten des Irak	
2010	US-Okkupation /Zerfall Elitenkartell mit shiitischer Dominanz	Kurden auf Seiten der USA im Irak-Krieg >> Konstitutionelle Autonomie US-Verfassung des Irak 2005 - Selbstverwaltung: Regionalparlament mit Regional-Präsident und eigener Administration - Anteil an Machtverteilung im Zentralsystem (Staatspräsident und andere) - Kulturelle Autonomie Hinzu kamen informell: - Eigene finanzielle Basis: regionales Erdöl - Eigene Regionalarmee (Peschmergas; de facto Parteimilizen) - Autoritäres Regime des Barzani-Clans mit Einbezug der PUK-Eliten Sezession Volksabstimmung 25.09.2017 - Vom Irak (+ USA und Nachbarstaaten) nicht anerkannt - Militärisch zurückgedrängt - Finanziell-ökonomisch geschwächt (Verlust von Kirkuk) Heute intra-elitärer Machtkampf zwischen den Zielen - Sezession (DPK; Barzani-Clan) und - Systemwandel des irakischen Zentralstaats (PUK; Barham Salih)	Reorganisation traditioneller Autonomie

Quelle: eigene Darstellung.

151

Tab. 4: Kurdenkonflikte im Iran

Jahr			
	Qadjiaren-Reich		
1920	Machtvakuum	Sezession: Erster kurdischer Staat Mohabad-Khoi unter Simko Agha 1922 von iranischer Armee zerschlagen	
1930	Pahlewi-Dynastie: Reza Khan	Repressive Assimilation Unter der Pahlewi-Dynastie keine Anerkennung einer speziellen kurdischen Ethnie (es gibt nur Iraner)	
1940			
1950	Anglo-russische Okkupation	Konstitutionelle Autonomie/ Sezession/Risikoverteilung Kurdische Republik Mahabd unter Qaghi Muhammad	Unter Schutz der SU und 3.000 Stammeskriegern aus dem Irak (Barzani) Traditional-national: Föderation mit Iran > - Lokale kurdische Administration - Kurdisches Militär - Kurdische Kultur
	Pahlewi-Dynastie:	Repressive Assimilation 1947 Rückeroberung und Hinrichtung der kurdischen Eliten	Ziele: Föderation mit Iran (alle ethnischen Segmente)
1960	Mohammad Reza		
1970			
1980	Revolution	Systemwandel Kurdischer Aufstand (Kurdische Demokratische Partei Irans) kooperiert mit links-islamischen Fedajin	Minorität der Aufständischen: Beseitigung des kurdischen Großgrundbesitzes (Sozialrevolutionäre)
1990	Islamische Republik	Repressive Assimilation 1984 von iranischer Armee und Pasdaran niedergeschlagen > keine Anerkennung kurdischer Ethnizität (es gibt nur muslimische Glaubensgenossen)	
2000		Kurden heute organisiert in drei illegalen Parteien Lokale Aufstände in kurdischen Städten, die niedergeschlagen wurden	
2010			

Quelle: eigene Darstellung.

Tab. 5: Kurdenkonflikte in Syrien

1920	Osmanisches Reich		
1930	Französisches Mandat	Frankreich balanciert sunnitische Mehrheit mit Hilfe der Minoritäten-Segmente aus > Aufstieg der Minoritäten im Militär (auch Kurden)	
1940			
1950	Bürgerliches Regime	Sunnitisches bürgerliches Regime diskriminiert die Minoritäten. Erste kurdische Partei (Osman Sabri) vom Staat nicht anerkannt (1957) Minoritäten organisieren sich in den Oppositionsparteien und im Militär	
1960 1970	Revolutions-regime	Systemwandel Politischer Aufstieg der Minoritäten durch Revolution (Aleviten, Drusen, Kurden, Christen) Kurdische Spezialeinheiten im Militär	Aber: Blockierung ethnisch-kurdischer Organisation und damit der konstitutionellen Autonomie
1980 1990 2000 2010	Asad-Regime	Reorganisation traditionaler Autonomie Im Kontext neuer Klientelstrukturen	
		Im Bürgerkrieg entstehen vier ideologisch konkurrierende kurdische Parteien Risikoverteilung Kooperation mit irakischen Kurden, türkischer PKK und USA 2014 Hegemonie der Partei der Demokratischen Union (PYD) Externe Intervention (der Türkei) 2018/19 PYD eingedämmt	

Quelle: eigene Darstellung.

153

Auf der anderen Seite ist eine ständige Zunahme kurdischen Widerstands deutlich zu erkennen. In allen vier Ländern kämpfen seit Jahrzehnten immer größere Teile der kurdischen Bevölkerung um autonome Freiräume. Spektakuläre, wenn auch meist nur kurzfristige Erfolge, sind ihnen allerdings nur dort gelungen, wo Systemkrisen die Zentren erschüttert hatten und/oder externe (internationale) Akteure zu ihren Gunsten intervenierten. Das war in Iran, im Irak und in Syrien der Fall, nicht jedoch in der Türkei.

Doch systemische Schwächeperioden gingen vorüber und die Interessen von Großmächten veränderten sich; keiner dieser kurdischen Erfolge war von langer Dauer. Eine gewisse nachhaltige Perspektive für eine kurdische Autonomie hätte sich möglicherweise in der Türkei durch regionale und föderative Strukturen ergeben, wenn sich EU und Türkei „angenähert" hätten; doch dieser Prozess ist sowohl von der EU als auch vom türkischen Regime torpediert worden.

Am Beispiel des Irak lässt sich ein interner Faktor identifizieren, der vermutlich Vorteile im Kampf um Autonomie bringt. Die irakischen Kurden waren wie keine andere Kurdenpopulation schon sehr früh ideologisch, politisch und sozial gespalten. Dies führte zwar auch zu gewaltsamen Auseinandersetzungen zwischen ihren Gruppen, doch haben die Kurden des Irak ihre Politik auch stark differenziert. Teile von ihnen strebten einen Wandel des Systems an und kämpften um die Macht im Zentralsystem, andere strebten Autonomie, wieder andere einen eigenen Staat an, wieder andere kooperierten mit externen Kräften, was von vielen anderen Kurden abgelehnt wurde. Daraus ergaben sich unterschiedliche Strategien, die kontrovers diskutiert wurden, und sozio-politische Beziehungen zu verschiedenen nichtkurdischen Kräften im Irak. Dies machte die Politik der irakischen Kurden flexibler und komplexer als die der anderen Kurden. Selbst heute, da die Kurden im Irak eine verfassungsrechtliche Autonomiegarantie besitzen, neigt eine ihrer Fraktionen eher zur Kooperation im Zentralsystem und einer Politik des Systemwandels als zur Trennung. Das Fallbeispiel zeigt, dass eine gewisse Multilateralität in der Autonomiepolitik, was Koalitionspartner, Strategien und Ziele anbelangt, eher von Nutzen ist als eine einseitige Konzentration auf eine rigide verfolgte Zielsetzung, wie dies für die türkischen Kurden zuzutreffen scheint.

5   Bilanzen, Trends und Perspektiven

Ein weiterer Vergleich der kurdischen Autonomie-Konflikte ergibt sich aus der folgenden Graphik, in der die kurdischen und die staatlichen Konfliktstrategien einander gegenübergestellt und die Konfliktphasen diesen Merkmalen zugeordnet werden. Unsere Graphik besteht aus einer Matrix, in der die wesentlichen Konfliktphasen der vier Länder je nach ihrer Strategiekonstellation zwischen Kurden und Staaten verortet wurden. Im obersten linken Quadrat stehen einander Staaten mit Assimilationspolitiken und Kurdenminoritäten gegenüber, die das gesamte System zu ihren Gunsten verändern möchten. Im untersten rechten Quadrat werden die Sezessionsforderungen der Kurden mit einer staatlichen Bereitschaft, sie ziehen zu lassen, beantwortet.

Die Matrix wird von Diagonalen durchzogen, die zum einen ein Kontinuum zwischen Zentralisation und Auflösung, zum anderen den Grad der Gewaltsamkeit von Autonomiekonflikten charakterisieren. Konflikte im oberen linken Dreieck der Graphik neigen eher dazu, die Dominanz des Systems aufrechtzuerhalten, Konflikte im unteren rechten Dreieck tendieren eher zur Dezentralisation oder Auflösung. Die zweite Diagonale (von unten links nach oben rechts) verweist auf einen hoch gewaltsamen Konfliktcharakter (rechtes oberes Dreieck) und auf Auseinandersetzungen geringeren Spannungsgrades (unteres linkes Dreieck).

Abb. 2: Strategische Konstellationen kurdischer Autonomie-Konflikte 1918–2018

	Konfliktstrategien der Kurden				Gewaltsamer Konflikt
Zentralisation	Systemwandel	Konstitutionelle Autonomie	Risikoverteilung	Sezession	
Repressive Assimilation	Iran 1980er	Türkei 1920er–70er Iran 1990er–10er Irak 1970er–00er	Türkei 1990er–10er	Türkei 1980er–10er Iran 1920er–40er	
Externe Intervention		Türkei 1990er–10er Irak 2018			
Reorganisation traditioneller Autonomie	Syrien 1960er Irak 1960er–70er	Türkei 2009–15 Syrien 1970er–00er Irak 1940er–70er Irak 2000er–10er	Irak 1940er–70er	Irak 1920er–30er	
Extraktion					

(linke Achsenbeschriftung: Konfliktstrategien der Staaten)

Latenter Konflikt (politisch-militärisch)   Auflösung

Quelle: eigene Darstellung.

Eine Interpretation der so verarbeiteten Datenlage führt uns zu folgenden Thesen:

1   Der überwiegende Teil der Konflikte bewegt sich nahe an einer *Zentalisation des Systems* (oberes linkes Dreieck). Anders ausgedrückt: Eine wirkliche Entwicklung zu gößerer Eigenständigkeit der Kurden (unteres rechtes Dreieck) im Laufe von 100 Jahren ist kaum zu erkennen.

2   Der größere Teil der Autonomie-Konflikte war *äußerst gewaltsam* (oberes rechtes Dreieck); nur ein kleinerer Teil der Konflikte oszillierte zwischen politischen und militärischen Auseinandersetzungen (unteres linkes Dreieck).

3   Autoritäre Systeme im Vorderen Orient haben eine *Tradition* der Gewährung von *Autonomie* an spezielle Subsysteme. Doch ist dies eine Frage elitärer Benevolenz und

155

Nützlichkeit. Unsere Analyse ergab keinen Hinweis darauf, dass sich dies in absehbarer Zeit ändern könnte.

4   Dass Minoritäten politische Freiräume anstreben, ist absolut nachvollziehbar und muss nicht hinterfragt werden. Interessant ist hingegen die Frage, ob und inwiefern autonome Subsysteme dem übergeordneten System nützen. In der soziologischen Literatur wird auf den speziellen Fall verwiesen, dass Systeme in Existenznot (extremer Stress) vom Vorhandensein autonomer Subsysteme profitieren können.

- Systemen *ohne* autonome Subsysteme bleibt in der Existenzkrise nur die Möglichkeit einer totalen internen Umstrukturierung oder der Untergang.
- Systeme *mit* autonomen Subsystemen können sich (zusätzlich) in weniger komplexe Einheiten (auf Subsystem-Ebene) auflösen, gesellschaftlich überleben und eventuell später wieder eine komplexere Reorganisation anstreben (Theorie der Entdifferenzierung).

Getestet wurde diese Theorie mit Hilfe empirischer Analysen bei Indianerstämmen, politischen Strukturen in Nigeria und in Oman sowie Finanzstrukturen im Libanon.

Auf unsere Problematik angewandt, können wir am Beispiel des Irak und eventuell Syriens zeigen, dass sich autonome Freiräume von Subsystemen durchaus positiv auf das System in der Krise auswirken können. Andererseits zeigt der türkische Fall, wie eine fehlende Autonomie den Aktionsradius des Systems in der Krise verengt.

Der Irak wurde 2003 von den USA als politisches System zerschlagen. Aber er überlebte als Gesellschaft in den regional organisierten Segmenten der Shiiten, Kurden und (weniger gut) der Sunniten. Vor allem das kurdische Segment trug entscheidend zur wirtschaftlichen Stabilisierung und politischen Reorganisation des irakischen Staates bei. Militärisch halfen die Kurden bei der Eindämmung des Islamischen Staates und beim Überleben großer Teile der Bevölkerung im Norden des Irak. Hier machte sich die lange Tradition autonomer oder halb-autonomer Eigenständigkeit der Kurden bezahlt. In Syrien ist die Funktionalität der Autonomie von Subsystemen weniger deutlich hervorgetreten. Immerhin konnte sich das Asad-Regime in der Systemkrise nach 2012 nicht nur auf die Alawiten, sondern auch auf die anderen Minoritäten stützen. Und als sich die syrischen Kurden in den Nordprovinzen quasi verselbständigt hatten (Rojava), brachen sie ihre Beziehungen zum Zentrum keineswegs ab. Sie bekämpften verschiedene Separatistenmilizen und liquidierten (mit US-Hilfe) den Islamischen Staat. Inwiefern ihnen nach dem Angriff der türkischen Armee 2019 die Wiederherstellung der Systemgrenze im Norden zu verdanken sein wird, ist abzuwarten. Aber zweifellos wird ein Beitrag der Kurden zur Reorganisation Syriens bleiben.

Ganz anders in der Türkei. Dort wurde die Existenzkrise geradezu deshalb akut, weil das Subsystem der Kurden in einer kritischen außenpolitischen Lage unzuverlässig erschien und das Gesamtsystem gefährdete. Nach 2011 zerbrachen im Chaos des Vorderen Orients sowohl die politischen Zielsetzungen als auch die Exportperspektiven der Türkei. Hinzu kam aufgrund der russischen Expansion nach Süden und der Zerwürfnisse mit der EU eine außenpolitische Isolation. Als sich dann noch gleich zwei kurdische Staaten herauszubilden begannen (im Irak und in Syrien), deren Ideologien und politische Dynamik bei den türkischen Kurden auf Resonanz stießen, sah das Regime Erdoğan die Türkei in einer Existenz-krise. Das politische System reagierte darauf durch interne Umstrukturierung zurück zum patrimonialen Autoritarismus.

Wir haben in diesem Aufsatz die Kurdenkonflikte in vier Ländern über einhundert Jahre hinweg verglichen. Dabei ging es primär um die internen Beziehungen zwischen Kurden und Staat, weniger um die internationalen Verflechtungen der Kurdenkonflikte. Die Auto-nomiebestrebungen der Kurden hatten seit dem Ersten Weltkrieg (Hoch-)Konjunkturen und Ruhepausen erlebt. Zur Zeit der Niederschrift dieses Artikels standen erstmals in der Ge-schichte die syrischen Kurden im Mittelpunkt. Sie hatten nach dem (vorübergehenden) Zu-sammenbruch Syriens fast ein Drittel seines Territoriums unter Kontrolle gebracht und streb-ten ein weitgehend unabhängiges West-Kurdistan (Rojava) an. Dieses Projekt zerfiel jedoch als Folge internationaler Intervention. Die USA ließen die kurdischen Bündnispartner gegen den Islamischen Staat fallen und den türkischen und russischen Interessen freie Bahn. Dieser Fall verweist darauf, dass ein Projekt „Kurdistan" nicht nur von den internen Konstellationen zwischen Staat und Minorität abhängig ist, sondern auch von den regionalen und weltpoliti-schen Strukturen. So müsste eine weitere Analyse zeigen, wie kooperativ die vier betroffe-nen Staaten trotz aller Konfliktmaterien in der Frage „kurdischer Eigenständigkeit" sind und wie gleichgültig sich die Großmächte den kurdischen Interessen gegenüber verhalten.

Prekäre Autonomie, zunehmende „Lokalisierung": die Sonderverwaltungsregion Hongkong und ihr schwieriges Verhältnis zur VR China

Gunter Schubert

1 Einleitung

In einem Sammelband, der sich eine vergleichende Analyse von Autonomieforderungen und Sezessionsbestrebungen zum Ziel setzt und damit überaus ernste innerstaatliche Probleme in den Blick nimmt, wäre noch vor wenigen Jahren eine Behandlung der chinesischen Sonderverwaltungsregion Hongkong (hinfort: SVR Hongkong) überraschend und eher theoretischer Natur gewesen. Dies hat sich gründlich geändert. Seit den Demonstrationen gegen ein von der SVR-Regierung angestrengtes Auslieferungsgesetz, die im Frühjahr 2019 begannen und alsbald in eine breite Protestbewegung mündeten, hat sich in Teilen der Bevölkerung offenbar ein „sezessionistisches Bewusstsein" formiert. Vereinzelte Forderungen nach einer Unabhängigkeit Hongkongs haben auch die westliche Öffentlichkeit erreicht. Gut zwanzig Jahre nach dem *handover*, der Entlassung Hongkongs aus britischer Kolonialherrschaft und der Übergabe des Territoriums an die VR China zum 1. Juli 1997, reicht der Unmut eines großen Teils der Hongkonger Bevölkerung über den Zustand ihrer von der chinesischen Zentralregierung für den Zeitraum von 50 Jahren garantierten Autonomie tief. Die Gründe dafür sind teilweise ökonomisch bedingt. Vor allem aber nehmen die Bürger Hongkongs seit geraumer Zeit eine schleichende Erosion ihrer durch das *Basic Law* (BL) garantierten Autonomierechte wahr. Damit koppelt sich eine anhaltende und steigende Unzufriedenheit mit der Weigerung der Zentralregierung, freie Wahlen für das Amt des Hongkonger Regierungschefs, des *Chief Executive*, sowie des Hongkonger Parlaments, des *Legislative Council* (*Legco*), zuzulassen. Die demokratischen Kräfte in Hongkong berufen sich dabei auf ein von der Zentralregierung im *Basic Law* (BL), der Hongkonger Autonomieverfassung, gegebenes Versprechen, eben solche Reformen zuzulassen (siehe unten). So war der Kampf gegen das Auslieferungsgesetz der Auslöser für eine Welle gesellschaftlichen Aufbegehrens, wie sie sich in ähnlicher Weise bereits in der „Regenschirm-Bewegung" des Jahres 2014 manifestiert hatte. Der damalige mehrwöchige Protest, der das Leben in Hongkong weitgehend lahmlegte, war im Fahrwasser der globalen „Occupy"-Bewegung entstanden und hatte sich bald auf den Kampf um freie Wahlen in Hongkong konzentriert. Die „Regenschirm-Bewegung" hatte eine katalysatorische Wirkung für die Forderung nach echter und nachhaltiger Demokratie sowie für die Entstehung des erwähnten „sezessionistischen Bewusstseins" in Hongkong. Dieses basiert auf der Formierung einer eigenen „Hongkong-Identität", die letztlich auf die Kolonialzeit zurückgeht, sich seit dem *handover* kontinuierlich verfestigt hat und heute auf verschiedenen Plattformen offen artikuliert wird. Ziel der jüngsten Protestbewegung ist insofern mindestens der Schutz bzw. der Ausbau der Autonomierechte über das Jahr 2047 hinaus; nur in ihren radikalsten Ausprägungen verlangt diese Bewegung nach einer Unabhängigkeit Hongkongs *(xianggang duli)*. Auch wenn diese Forderung wahrscheinlich von der großen Mehrheit der Hongkonger abgelehnt wird, weil sie auf den entschiedenen Widerstand der Zentralregierung in Beijing stößt und somit die Gefahr einer gewaltsamen Eskalation birgt, scheint die Kluft zwischen der SVR und dem „Mutterland" im Laufe der Zeit zunehmend größer geworden zu sein – ganz entgegen der Zielsetzung des Modells „Ein Land, zwei Systeme", mit dem die chinesische Regierung den *handover* abfedern und langfristig die Grundlagen für eine geräuschlose Inkorporierung Hongkongs in das politische System der VR China gewährleisten wollte.

Abb. 1: Die Lage Hongkongs in der Volksrepublik China

Quelle: eigene Zusammenstellung.

Dieser Beitrag analysiert die Gründe für die sich zuspitzende Auseinandersetzung über die Autonomie der SVR Hongkong zwischen der chinesischen Zentralregierung einerseits sowie den demokratischen Kräften und weiten Teilen der Hongkonger Zivilgesellschaft anderseits. Dabei gehe ich in vier Schritten vor: Zunächst erläutere ich die rechtlichen Grundlagen der Autonomie Hongkongs bzw. des Modells „ein Land, zwei Systeme", die im Hongkonger *Basic Law* ausformuliert sind. Ein besonderes Augenmerk liegt dabei auf dem sogenannten „Demokratieversprechen" des *Basic Law*, das seit den 2000er Jahren die Parteienlandschaft Hongkongs und zunehmend auch die Hongkonger Gesellschaft spaltet. Danach zeichne ich die daraus resultierenden politischen Spannungen nach, die in der „Regenschirm-Bewegung" von 2014 vorläufig kulminierten und im Frühjahr 2019 eine erneute Protestwelle erzeugten, die zum Zeitpunkt der Niederschrift dieses Textes (Dezember 2019) noch nicht abgeklungen ist. Drittens schließlich diskutiere ich die Entstehung des so bezeichneten Hongkonger „Lokalismus", das heißt die zunehmende Politisierung einer distinkten Hongkonger Identität und das daraus entstehende „sezessionistische Bewusstsein", das sich seit der „Regenschirm-Bewegung" entfaltet und in der gegenwärtigen Protestwelle radikalisiert hat. Abschließend wird der Versuch eines Ausblicks in die Zukunft des Modells „ein Land, zwei Systeme" unternommen, das noch bis 2047 Bestand haben soll.

2 Die rechtlichen Grundlagen der Autonomie Hongkongs nach dem *handover* 1997

Am 1. Juli 1997 endete nach 155 Jahren die britische Kolonialherrschaft über Hongkong, das an diesem Tag als erste chinesische Sonderverwaltungsregion (*tese xingzhengqu*) in die VR China eingegliedert wurde.[1] Durch das am selben Tag in Kraft gesetzte *Basic Law* der SVR Hongkong erhielt diese neu geschaffene Entität ein eigenes „Grundgesetz" und ist damit nicht direkt der chinesischen Verfassung unterstellt.[2] Der chinesische Souverän erklärte sich also mit dem *handover* bereit, eine kapitalistische Enklave mit ungleich mehr Rechten und Freiheiten zu akzeptieren als irgendwo sonst auf seinem Territorium. Nach Maßgabe des Modells „ein Land, zwei Systeme" (*yiguo liangzhi/*) und auf der Grundlage des *Basic Law* soll Hongkong

- sein wirtschaftliches System 50 Jahre lang beibehalten,
- einen „hohen Grad an Autonomie" besitzen, also eigene exekutive und legislative Befugnisse haben,
- über eine unabhängige Justiz verfügen und mit dem Institut der endgültigen Rechtsprechung (*final adjudication*) ausgestattet sein.

Allerdings gilt, dass in allen Fragen der Auslegung des *Basic Law* der Ständige Ausschuss des Nationalen Volkskongresses (NVK), das chinesische Zentralparlament, in letzter Instanz entscheidet, wenn es zuvor von den Hongkonger Gerichten dazu angerufen worden ist (Art. 158, BL). Zudem kann der NVK das *Basic Law* jederzeit selbständig ändern bzw. dessen Bestimmungen eigenständig auslegen (Art. 159, BL). Der NVK kann zudem Gesetze der SVR-Regierung, die aus seiner Sicht nicht konform mit dem *Basic Law* sind, mit sofortiger Wirkung außer Kraft setzen. Doch darf er in einem solchen Fall diese Gesetze nicht selbst ändern, sondern muss sie an den Hongkonger Gesetzgeber, den *Legislative Council*, zurückverweisen.

Während die Zentralregierung die außenpolitischen Belange Hongkongs vertritt, überträgt sie im *Basic Law* der SVR gleichzeitig das Recht zur eigenständigen Gestaltung „relevanter auswärtiger Angelegenheiten" (Art. 13, BL). So kann Hongkong – unter der Bezeichnung „Hongkong, China" – ein eigenständiges Mitglied in bestimmten internationalen Organisationen sein und selbständig internationale Verträge abschließen.[3] Laut *Basic Law* ist es der SVR-Regierung zudem gestattet, besondere Beziehungen zu Drittstaaten zu unterhalten und mit diesen sowie mit internationalen Organisationen Verträge vor allem in den Bereichen Wirtschaft, Handel, Finanz- und Geldwesen, Kommunikation, Tourismus sowie Kultur und Sport abzuschließen (Art. 151, BL). Insofern verleiht das *Basic Law* der SVR Hongkong eine außenpolitische Identität, wobei sie völkerrechtlich gesehen jedoch zweifelsfrei zum Staatsgebiet der VR China gehört und deren Souveränität untersteht.

---

1   Zum 20. Dezember 1999 erfolgte dann die Rückgabe der früheren portugiesischen Kolonie Macau, das damit zur zweiten Sonderverwaltungsregion der VR China wurde.
2   Für die englische Fassung des *Basic Law* siehe https://www.basiclaw.gov.hk/en/basiclawtext/index.html (30.12.2019).
3   So ist Hongkong etwa ein eigenständiges Mitglied in der *Asian Development Bank* (ADB), der *Asia-Pacific Economic Cooperation* (APEC) und der *World Trade Organization* (WTO). Für Einzelheiten vgl. https://www.indexmundi.com/hong_kong/international_organization_participation.html (27.12.2019).

An der Spitze der Regierung der SVR Hongkong steht der *Chief Executive* (*xingzheng zhangguan*), der von einem speziellen Wahlkollegium (*Election Committee*) alle fünf Jahre gewählt und anschließend von der Zentralregierung in Beijing ernannt wird. Dieses Wahlkollegium besteht aus 1.200 Mitgliedern, die aus Vertretern der Wirtschaft, wichtiger Berufsgruppen, der Gewerkschaften, der Kirchen und weiterer gesellschaftlicher Gruppen von der Zentralregierung berufen werden; zudem *ex officio* aus den Mitgliedern des *Legislative Council*, der *District Councils* sowie den Hongkonger Abgeordneten des Nationalen Volkskongresses (seit 2012: 36) sowie die Hongkonger Mitglieder der Politischen Konsultativkonferenz der VR China (seit 2012: 51), den beiden zentralen parlamentarischen Organen der VR China (vgl. für Einzelheiten Annex 1, BL).[4] Die Mehrheit der nach einem gründlichen Screening von Beijing berufenen Mitglieder des Wahlkollegiums gilt als „chinafreundlich". Somit ist garantiert, dass der letztlich gewählte *Chief Executive* auf die Zustimmung der Zentralregierung stößt, zumal deren Hongkonger Verbindungsbüro (*Liaison Office*) einflussreiche Mitglieder des Wahlkollegiums im Vorfeld einer Wahl kontaktiert und zu einer bestimmten Wahlentscheidung „ermutigt".[5] Die vierte und jüngste Wahl zum *Chief Executive* fand am 26. März 2017 statt und wurde von Carrie Lam, einer erfahrenen Spitzenbeamtin, gewonnen. Sie ist seit dem 1. Juli 2017 im Amt.

Der *Chief Executive* ist frei in der Bestimmung seiner Regierungsmannschaft, des *Executive Council*, also das „Kabinett" der SVR Hongkong. Diesem gehören die Spitzen der Hongkonger Verwaltung, die sogenannten *Principal Officials* (PO), als „Fachminister" (derzeit 21) an. Sie werden vom *Chief Executive* nominiert und von der Zentralregierung ernannt. Seit der Einführung des *Principal Officials Accountability System* durch den damaligen *Chief Executive* Tung Chee Hwa im Juli 2002 besteht somit die höchste Ebene des Hongkonger *Civil Service* aus politischen Beamten, die dem *Chief Executive* – und nicht dem *Legislative Council* – unmittelbar unterstehen und für Fehlleistungen in ihrem Zuständigkeitsbereich politisch verantwortlich gemacht werden können.[6]

Weniger Einfluss als auf die Wahl des *Chief Executive* hat die chinesische Zentralregierung auf die Besetzung des *Legco*, des Hongkonger Parlaments. Nur 35 der derzeit insgesamt 70 Mandate werden direkt gewählt. Weitere 35 Mandate werden in insgesamt 28 speziellen

---

4   Für Einzelheiten zu der Zusammensetzung des Wahlkomitees siehe auch die von der SVR-Regierung bereitgestellten Informationen. https://www.eac.hk/en/ecse/function.htm (05.01.2020).

5   Das *Liaison Office of the Central People's Government in the Hong Kong Special Administrative Region* wurde 2000 gegründet und ersetzte damals die *New China News Agency* als inoffizielles Vertretungsorgan der VR China in Hongkong. Die wichtigsten Aufgaben des LO liegen in der Unterstützung und Koordinierung pro-chinesischer Vereinigungen und Parteien, vor allem vor Wahlen. Das LO beaufsichtigt aber auch die festlandchinesischen Unternehmen in Hongkong sowie die drei pro-chinesischen Zeitungen *Tai Kung Pao*, *Wen Wei Pao* und *Commercial Daily*. Schließlich ist das LO verantwortlich für die Arbeit der kommunistischen Parteizellen in Hongkong, also für die sogenannte *United Front*-Arbeit. Vgl. *Ma, Ngok* 2017: The China Factor in Hong Kong Elections: 1991 to 2016, in: China Perspectives, Nr. 3, S. 17–26.

6   Zu den *Principal Officials* gehören die *Secretaries* der 16 zentralen Hongkonger Verwaltungsbehörden (drei *Departments* und 13 *Policy Bureaus*) sowie fünf weitere POs, die aufgrund der Bedeutung ihrer jeweiligen Positionen berufen werden. Für Einzelheiten vgl. https://www.gov.hk/en/about/govdirectory/po/ (27.12.2019). Diese Struktur wurde 2008 durch das *Political Appointments Systems* erweitert, mit dem zwei zusätzliche Ebenen unterhalb der *Secretaries* eingezogen wurden: *Undersecretaries* und *Political Assistants*, die – mit unterschiedlichen Zuständigkeiten – den *Secretaries* bzw. *Principal Officials* zuarbeiten und ebenfalls politische Beamte sind. Für Einzelheiten vgl. auch https://www.info.gov.hk/gia/general/201903/27/P2019032700449.htm (27.12.2019).

Funktionswahlkreisen (*functional constituencies*) durch die großen Berufsverbände und Interessenorganisationen in Hongkong (30 Sitze)[7] sowie in einem weiteren Funktionswahlkreis, in dem nur die Mitglieder der direkt gewählten *District Councils* antreten können (5), vergeben.[8] Die Zusammensetzung und Wahlmethoden in den verschiedenen Funktionswahlkreisen werden in einem speziellen Wahlgesetz und durch weitere Bestimmungen geregelt.

Der *Legco* hat keine umfassende Gesetzgebungskompetenz: Alle von ihm ausgehenden Gesetzesinitiativen bedürfen der Zustimmung des *Chief Executive*. Allerdings kann dieser keine eigenen Gesetzesentwürfe über die Verwendung des Haushalts einbringen oder aber solche, die die politische Struktur bzw. das Regierungssystem der SVR Hongkong tangieren würden (Art. 74, BL). Zudem ist ein vom *Legco* beschlossenes Gesetz erst dann gültig, wenn es vom *Chief Executive* unterzeichnet und verkündet wurde (Art. 76, BL). Jedoch benötigt dieser die Zustimmung des *Legco* für alle von der SVR-Regierung eingebrachten Haushaltsentwürfe sowie für Gesetze über Besteuerung und öffentliche Aufgaben (Art. 73, BL). Der *Legco* kann auf Initiative eines Viertels seiner Abgeordneten, die dem *Chief Executive* Amtsmissbrauch oder einen Gesetzesbruch vorwerfen, ein Prüfverfahren beim *Chief Justice of the Court of Final Appeal* anstrengen, der dazu einen Untersuchungsausschuss einsetzt. Sollten sich die Vorwürfe in diesem Verfahren erhärten lassen, kann der *Legislative Council* mit Zweidrittel-Mehrheit ein *impeachment* gegen den Chief Executive aussprechen. Über dessen endgültige Absetzung entscheidet allerdings die Zentralregierung in Beijing (Art. 73 (9), BL).

Hongkongs Justizsystem folgt der britischen *Common Law*-Tradition und ist mit dem Institut der letztinstanzlichen Rechtsprechung ausgestattet, das beim *Court of Final Appeal* (CFA) liegt. Dort werden zudem Richter aus anderen *Common Law*-Jurisdiktionen eingesetzt (Art. 82, BL) – also auch solche aus der ehemaligen Kolonialmacht Großbritannien. Nach geltender Rechtslage wird jede Berufungsverhandlung des CFA von jeweils fünf Richtern geführt, unter Beteiligung des *Chief Justice*, den drei permanent bestellten Richtern sowie eines weiteren, nicht-permanent bestellten Richters aus einer anderen *Common Law*-Jurisdiktion.[9] Die Hongkonger Gerichte sollen „unabhängig, frei von jeder Einmischung" urteilen (Art. 85, BL). Ihre Richter werden vom *Chief Executive* nach einer Empfehlung einer unabhängigen Kommission aus Hongkonger Richtern, „Personen des Rechtsberufes" sowie anderen wichtigen Persönlichkeiten ernannt (Art. 88, BL). Wichtig ist, dass das *Basic Law* den Gerichten der SVR Hongkong vorschreibt, in allen die Zentralregierung oder das Verhältnis zwischen Zentralregierung und SVR betreffenden Fragen zunächst eine Interpretation der relevanten Artikel des *Basic Law* durch den Nationalen Volkskongress einzuholen, bevor ein Urteil gesprochen wird (Art. 158, BL).

Überragende Bedeutung für die politische Dynamik in Hongkong seit dem *handover* haben zwei Bestimmungen des *Basic Law*, mit denen die chinesische Zentralregierung der SVR scheinbar ein „Demokratieversprechen" gegeben hat. So heißt es mit Blick auf die Wahl des *Chief Executive* in Art. 45:

---

7 Für Einzelheiten vgl. https://www.reo.gov.hk/en/voter/FC.htm (27.12.2019).
8 Dieser Funktionswahlkreis wird als *District Council (Second)* bezeichnet. Für Einzelheiten vgl. https://www.reo.gov.hk/pdf/gn/dc2_e.pdf (27.12.2019).
9 Für Einzelheiten vgl. https://www.hkcfa.hk/en/about/who/judges/npjs/index.html (27.12.2019).

The Chief Executive of the Hong Kong Special Administrative Region shall be selected by election or through consultations held locally and be appointed by the Central People's Government. The method for selecting the Chief Executive shall be specified in the light of the actual situation in the Hong Kong Special Administrative Region and in accordance with the principle of gradual and orderly progress. *The ultimate aim is the selection of the Chief Executive by universal suffrage upon nomination by a broadly representative nominating committee in accordance with democratic procedures (Hervorhebung des Verf.).*

Und in Bezug auf den Legislative Council stipuliert Art. 68 des *Basic Law*:

The Legislative Council of the Hong Kong Special Administrative Region shall be constituted by election. The method for forming the Legislative Council shall be specified in the light of the actual situation in the Hong Kong Special Administrative Region and in accordance with the principle of gradual and orderly progress. *The ultimate aim is the election of all the members of the Legislative Council by universal suffrage (Hervorhebung des Verf.).*

Es sei hier auf die Unterschiedlichkeit der Formulierung im jeweils letzten Satz der beiden Artikel verwiesen: Während bei der Wahl zum *Chief Executive* die Perspektive des universellen Wahlrechts an die (vorangehende) Nominierung von Kandidaten durch ein repräsentatives Gremium gebunden wird, fehlt dieses Junktim im Hinblick auf den *Legislative Council*. In beiden Fällen wird in den Annexen I und II des *Basic Law* ferner festgestellt, dass im Falle der Notwendigkeit einer Änderung der geltenden Wahlmethodik diese mit der Zustimmung einer Zweidrittelmehrheit des *Legco* sowie des *Chief Executive* beschlossen und alsdann dem Ständigen Ausschuss des Nationalen Volkskongress zur Billigung (im Fall des *Chief Executive*) bzw. lediglich zur Kenntnisnahme (im Fall des *Legco*) vorgelegt werden muss. Eine solche Änderung wurde in den beiden Annexen ursprünglich explizit für die Zeit nach 2007 in Aussicht gestellt, später jedoch durch entsprechende Resolutionen des NVK wiederholt sistiert (siehe unten).

Das „Demokratieversprechen" der chinesischen Zentralregierung wurde schon bald nach dem *handover* zum Movens einer demokratischen Bewegung, die die Strukturierung des Parteiensystems – „pro-chinesische" vs. „pro-demokratische" Parteien – ebenso beeinflusste wie die zivilgesellschaftlich vorangetriebene Formierung einer eigenen „Hongkong-Identität". Dabei blieben die Hongkonger Eliten jedoch stets gespalten: Auf der einen Seite stehen die demokratischen Kräfte, die – wenn auch intern erheblich heterogen aufgestellt – für freie Wahlen und eine langfristige Absicherung der Hongkonger Autonomie vor den so wahrgenommenen Übergriffen der Zentralregierung eintreten; und auf der anderen Seite befinden sich jene „systemkonformen" bzw. konservativen Kräfte, die auf eine enge Kooperation mit Beijing setzen, um die (vor allem wirtschaftlichen) Interessen Hongkongs zu wahren.

Insgesamt ergibt die im *Basic Law* konzipierte politisch-rechtliche Struktur der SVR Hongkong eine sehr weitgehende Autonomie, der in formaler Hinsicht vor allem im Privileg der Auslegung des BL durch das chinesische Zentralparlament eine Grenze gesetzt ist. Es existiert eine, wenn auch begrenzte, Gewaltenteilung mit der für den Wirtschafts- und Finanzstandort Hongkong so wichtigen richterlichen Unabhängigkeit, Meinungs- und Pressefreiheit sowie eine weitreichende Organisations- und Vereinigungsfreiheit. Die Absicherung der politischen Suprematie der chinesischen Zentralregierung in Hongkong war daher von Beginn an sehr stark auf informelle Einflussnahme angewiesen, die sich zunächst auf die wirtschaftlichen und politischen Eliten in der SVR richtete, im Laufe der Zeit aber zunehmend auch die Praxis der vom BL garantierten Freiheiten der Hongkonger Bürger ins Visier nahm. Dieser Trend hat sich in der Ära Xi Jinping (seit 2012) fühlbar verstärkt und ist der tiefer liegende Grund für den zunehmenden politischen Protest in Honkong, der sich jüngst in dem Widerstand gegen ein Auslieferungsgesetz Bahn brach und die SVR seitdem in Atem hält.

3 Wachsender Widerstand gegen die Zentralregierung: von der „Regenschirm-Bewegung" 2014 zur Protestbewegung 2019

Schon in den ersten Jahren nach dem *handover* kam es zu Spannungen zwischen der SVR-Regierung und den demokratischen Kräften in Hongkong. So führte die 1999 ausgetragene Auseinandersetzung um das Bleiberecht von auf dem chinesischen Festland geborenen Kindern von Hongkonger Bürgern (*Right of Abode*) zur ersten Intervention der Zentralregierung in Beijing in Form einer Interpretation der relevanten Artikel des *Basic Law* durch den Nationalen Volkskongress, nachdem dieser von der SVR-Regierung angerufen worden war.[10] In den folgenden Jahren legte die Zentralregierung das *Basic Law* noch vier Mal aus: 2004, 2005, 2011 und 2016.[11] Insgesamt hielt sich die Zentralregierung bei der Auslegung des *Basic Law* zurück und die richterliche Unabhängigkeit in der SVR stand zu keinem Zeitpunkt nach dem *handover* ernsthaft infrage. Konflikte gab es jedoch auf anderer Ebene und diese nahmen über die Jahre beständig zu.

Einschneidend war das Jahr 2003. Am 1. Juli dieses Jahres zogen rund eine halbe Million Menschen durch die Straßen Hongkongs, um gegen ein von der Zentralregierung gefordertes Ausführungsgesetz zum Artikel 23 des *Basic Law* zu protestieren. Dieser fordert von der SVR-Regierung, die Sanktionierung der Straftatbestände Landesverrat, Sezession, Aufruhr, Subversion und Diebstahl von Staatsgeheimnissen durch eine ordentliche Gesetzgebung zu

---

10 Der *Court of Final Appeal* hatte in einem aufsehenerregenden Rechtsstreit entschieden, dass auf dem chinesischen Festland geborene Kinder mit mindestens einem Elternteil mit einem unbefristeten Aufenthaltsrecht in Hongkong in die SVR einreisen und bleiben dürften. Dies sollte auch dann gelten, wenn der Elternteil diesen Titel erst nach der Geburt des Kindes erworben hatte. Daraufhin malte die SVR-Regierung das Schreckgespenst einer Einwanderungswelle von knapp 1,7 Millionen Menschen in der nächsten Dekade an die Wand, die Hongkong unmöglich absorbieren könne. Sie rief den NVK an und bat dessen Ständigen Ausschuss um eine klärende Interpretation der Artikel 24 und 22 des *Basic Law*, in denen die Voraussetzungen für ein Bleiberecht und die Einholung einer Erlaubnis der chinesischen Zentralregierung für die Einreise nach Hongkong geregelt sind. Der Ständige Ausschuss entschied daraufhin im Sinne der SVR-Regierung, dass nur solche Kinder vom chinesischen Festland nach Hongkong übersiedeln dürfen, deren Vater oder Mutter zum Zeitpunkt ihrer Geburt bereits ein unbefristetes Aufenthaltsrecht in Honkong besaß.

11 Zu den einzelnen Verfassungsauslegungen vgl. The Five Cases of HKSAR Basic Law Interpretations by the PRC NPCSC 1999, 2004, 2005, 2011 and 2016 (ohne Autor), in: Chinese Law & Government, Jg. 50, Nr. 1, S. 10–18. Besonders strittig war, neben der Interpretation der *Right of Abode*-Bestimmungen im *Basic Law*, die Interpretation von 2016. Nachdem sich zwölf demokratische und „lokalistische" Abgeordnete nach den *Legco*-Wahlen von 2016 geweigert hatten, vor Aufnahme ihrer parlamentarischen Tätigkeit den von Artikel 104 des *Basic Law* geforderten Amtseid auf die Treue zur SVR Hongkong und zur VR China zu leisten (und diesen etwa durch einen Schwur auf die „Hongkonger Nation" und teilweise durch obszöne Formulierungen ersetzten), legte der Ständige Ausschuss des NVK den Artikel 104 auf eigene Initiative aus und verfügte, dass alle Abgeordneten, die den Eid nicht in der vorgesehenen Form schwören, ihren Parlamentssitz verlieren. Daraufhin wurden letztendlich sechs gewählte Abgeordnete von der Wahrnehmung ihres Mandats disqualifiziert. Siehe auch: Oath-taking antics: The acts that got six Hong Kong lawmakers disqualified, in: South China Morning Post vom 14.07.2017. https://www.scmp.com/news/hong-kong/law-crime/article/2102731/oath-taking-antics-acts-got-six-hong-kong-lawmakers (28.12.2019).

regeln.[12] Ungeachtet dessen stellte die Gesetzesinitiative aus Sicht der demokratischen Kräfte und eines großen Teils der Bevölkerung einen unverhüllten Anschlag auf die politischen Freiheiten Hongkongs dar. Der unerwartete Massenprotest verursachte sowohl bei der SVR-Regierung als auch in den Reihen der Führung in Beijing einen Schock. Im Westen war man ebenfalls überrascht, hatte man doch der oft als „apolitisch" bezeichneten Bevölkerung Hongkongs ein solches Aufbegehren nicht zugetraut. Der Entwurf für das Ausführungsgesetz zum Art. 23 wurde daraufhin vom *Chief Executive* Tung Chee Hwa, der auch wegen der SARS-Krise und einer Reihe von administrativen Fehlleistungen in seiner Regierung unter Druck stand, wieder kassiert und seitdem nicht wieder aufgelegt.

Diese erste große Protestwelle im nachkolonialen Hongkong war der eigentliche Startschuss für die Formierung einer chinakritischen Oppositionsbewegung, damals unter der Führung der *Democratic Party*, die zusammen mit den anderen demokratischen Kräften in der SVR bis heute das Ziel verfolgt, die vom *Basic Law* prinzipiell eingeräumte Möglichkeit einer freien und direkten Wahl des *Chief Executive* und der Mitglieder des *Legislative Council* zum frühestmöglichen Zeitpunkt zu verwirklichen. Unmittelbar nach den Geschehnissen vom Juli 2003 schien für kurze Zeit ein Durchbruch in dieser Richtung möglich, als die demokratischen Kräfte vehement unter Berufung auf die beiden Annexe des *Basic Law* eine Novellierung der Wahlmethodik für die Zeit nach 2007 verlangten. Dies aber wurde letztlich mit einer Auslegung des *Basic Law* durch die Zentralregierung im April 2004 blockiert und mit einem weiteren Beschluss des Ständigen Ausschusses des NVK im Jahr 2007 auch für die Wahlen von 2012 verunmöglicht.[13]

Auf der Grundlage des Beschlusses von 2007 verkündete der Nationale Volkskongress dann aber am 31. August 2014 in einem weiteren Grundsatzbeschluss zum *Basic Law*, dass für die Wahlen zum Chief Executive im Jahr 2017 ein neues Verfahren angewendet werden solle, in dem ein neues repräsentatives Wahlkomitee zunächst zwei bis drei Kandidaten nominiert, die von der Mehrheit seiner Mitglieder unterstützt werden müssen. Ist dies der Fall, werden sie der Bevölkerung Hongkongs zur freien Wahl gestellt. Der siegreiche Kandidat

---

12 Konkret heißt es im Art. 23: „The Hong Kong Special Administrative Region shall enact laws on its own to prohibit any act of treason, secession, sedition, subversion against the Central People's Government, or theft of state secrets, to prohibit foreign political organizations or bodies from conducting political activities in the Region, and to prohibit political organizations or bodies of the Region from establishing ties with foreign political organizations or bodies."

13 In der Interpretation des BL von 2004 heißt es dazu lapidar, dass eine Veränderung der Wahlmethodik eines vorangehenden Berichts des *Chief Executive* über eine entsprechende Notwendigkeit bedürfe, dem der Nationale Volkskongress zustimmen müsse. Daraufhin müsse der *Legislative Council* ein entsprechendes Gesetz verabschieden. Geschähe dies nicht, würde nach dem existierenden Verfahren weitergewählt (CLG 2018: 12). Der Beschluss von 2007 war keine von der SVR-Regierung eingeholte Auslegungsentscheidung zum *Basic Law*, sondern wurde auf eigene Initiative des NVK gefasst und bezog sich zunächst auf die Wahlen von 2012. Entschieden wurde, dass in diesem Jahr weder die Wahlen zum *Chief Executive* noch zum *Legco* vom geübten Verfahren abweichen sollten. Die Einführung des universellen Wahlrechts für beide Institutionen könne zu einer „geeigneten Zeit" in der Zukunft erfolgen. Interessanterweise macht der Beschluss im vierten Abschnitt dann aber die Konzession, dass zukünftig die Direktwahl des *Chief Executive* mithilfe der Formierung eines neuen repräsentativen Nominierungskomitees umgesetzt werden solle. Im letzten Abschnitt werden dann auch Direktwahlen für den *Legco* perspektiviert, jedoch ohne konkrete Zeitangabe. Siehe: Full text of NPC decision on Hong Kong's constitutional development. http://www.fmcoprc.gov.hk/eng/syzx/tyflsw/t944943.htm (28.12.2019).

werde danach von der Zentralregierung ernannt und ins Amt gesetzt. Der Beschluss dekretierte zudem, dass der *Chief Executive* eine Person sein müsse, die „das Land und Hongkong liebt" – eine klare Botschaft an die demokratische Opposition und die Bürger Hongkongs, dass ein Beijing nicht genehmer Kandidat in dem neuen Wahlkomitee keine Mehrheit finden würde.[14] Eine Veränderung des Wahlverfahrens für den *Legislative Council* war indes nicht vorgesehen.

Daraufhin setzten am 26. September 2014 Massenproteste in Hongkong Island und Kowloon ein, die bis Mitte Dezember 2014 anhielten und anfangs unter der Bezeichnung *Occupy Central with Love and Peace*, schon kurze Zeit später aber als *Umbrella Movement* das Hongkonger Leben paralysierten und internationale Aufmerksamkeit erhielten.[15] Zentrale Forderung der Demonstranten war die Rücknahme der August-Entscheidung des NVK und echte Reformen zur Herstellung des universellen Wahlrechts in Hongkong. An manchen Tagen waren bis zu 100.000 Menschen auf den Straßen, um gegen die SVR-Regierung und die Führung in Beijing zu protestieren. Wichtige Straßenkreuzungen und Verkehrsadern wurden wochenlang von campierenden Demonstranten, zu einem großen Teil Studenten, besetzt. Wiederholt kam es zu gewaltsamen Auseinandersetzungen zwischen Aktivisten mit der Polizei und Protestgegnern, denen auch Verbindungen zu den Hongkonger Triaden und letztlich zur chinesischen Zentralregierung nachgesagt wurden.[16]

Am Ende lief die „Regenschirm-Bewegung" ins Leere und verlief sich. Sie scheiterte, weil sich die Zentralregierung kompromisslos zeigte und die SVR-Behörden nicht den politischen Spielraum besaßen, in der Frage politischer Reformen Zugeständnisse zu machen. Auch verlor die Bewegung zunehmend an Unterstützung in den konservativen Teilen der Bevölkerung, die soziale Instabilität und langfristig auch eine Gefährdung der Autonomie Hongkongs befürchteten, wenn die Unruhen zu lange anhielten. Allerdings hatte sich auch die bereits 2003 gemachte Erfahrung bestätigt, dass die Hongkonger Bürger dazu bereit waren, entschlossen für ihre politischen Freiheiten zu kämpfen, wenn sie diese bedroht sahen. Da sich im Laufe der 2010er Jahre zudem der Eindruck einer zunehmenden Einflussnahme der Zentralregierung auf die politischen Institutionen und die Gesellschaft Hongkongs verfestigte und sich gleichzeitig immer sichtbarer eine Frontstellung zwischen Hongkongern und sogenannten Festländern[17] in der SVR aufbaute, war die nächste großflächige Protestbewegung am Ende des Jahres 2014 bereits vorprogrammiert.

---

14 Für den genauen Wortlaut in englischer Übersetzung siehe „ Decision of the Standing Committee of the National People's Congress on Issues Relating to the Selection of the Chief Executive of the Hong Kong Special Administrative Region by Universal Suffrage and on the Method for Forming the Legislative Council of the Hong Kong Special Administrative Region in the Year 2016", http://www.2017.gov.hk/file manager/template/en/doc/20140831b.pdf (28.12.2019). Das in der Überschrift des Dokumentes genannte Jahr 2016 bezieht sich auf die *Legco*-Wahlen, wohingegen die Reformvorschläge lediglich auf die Wahl zum *Chief Executive* im Jahr 2017 Bezug nehmen.

15 Vgl. *Ortmann, Stefan* 2015: The Umbrella Movement and Hong Kong's Protracted Democratization Process, in: Asian Affairs, Jg. 46, Nr. 1, S. 32–50.

16 The price of allowing triads to harass umbrella movement, in: South China Morning Post vom 14.10.2014. https://www.scmp.com/business/article/1615899/price-allowing-triads-harass-umbrella-movement (30.12.2019).

17 Damit sind entweder Personen gemeint, die als Staatsbürger der VR China keinen Pass der SVR Hongkong besitzen; oder aber solche vom chinesischen Festland stammende Personen, die einen SVR-Pass erworben haben und deshalb ein Bleiberecht in Hongkong genießen.

Im Januar 2015, nach mehreren Konsultationsrunden zu verschiedenen Vorschlägen der unterschiedlichen politischen Lager, legte die SVR-Regierung schließlich ein Reformpaket zur Wahl des *Chief Executive* im Jahr 2017 vor, das im Wesentlichen den Vorgaben der Zentralregierung folgte, wie sie in der Entscheidung vom August 2014 ausformuliert worden waren. Damit wäre es zumindest möglich gewesen, den neuen SVR-Regierungschef aus einem Pool zuvor von einem Wahlkomitee nominierter Kandidaten frei zu wählen.[18] Das offizielle Reformpaket scheiterte jedoch überraschend im *Legislative Council*, als es die notwendige Zweidrittelmehrheit verfehlte. Während die Abgeordneten des demokratischen Lagers, wie erwartet, geschlossen dagegen stimmten, nahmen viele der „Beijing-freundlichen" Abgeordneten durch einen Kommunikationsfehler an der entscheidenden Abstimmung gar nicht erst teil. Somit wurde der neue *Chief Executive* 2017 erneut nach dem alten Modus von einem Wahlkomitee indirekt gewählt. Ungeachtet der harten politischen Auseinandersetzungen in der SVR seit 2014 hatte sich also nichts geändert.

Gleichzeitig nahmen die oben bereits erwähnten innergesellschaftlichen Spannungen zu. Neben einer allgemeinen Verschlechterung der wirtschaftlichen Lage mit einem zunehmenden Auseinanderklaffen der sozialen Schere war vor allem die gefühlte Einflussnahme der Zentralregierung auf das Leben in Hongkong Grund für eine zunehmende soziale und politische Polarisierung in der SVR. Der von Beijing gesteuerte Versuch, die Curricula der Schulen stärker auf die Vermittlung patriotischer Werte zu verpflichten;[19] der steigende Druck auf die Hongkonger Medien mit dem Ziel, regierungskritische Berichterstattung abzustellen;[20] schließlich Übergriffe chinesischer Sicherheitsbehörden (oder von diesen angeheuerten Personen) auf das Territorium der SVR zur Einschüchterung von unliebsamen Regimekritikern bis hin zu deren Entführungen auf das chinesische Festland;[21] gleichzeitig die fehlende Bereitschaft der SVR-Regierung, gegen diese rechtswidrigen Eingriffe aufzubegehren

---

18 Abgelehnt worden war der von verschiedenen demokratischen Gruppierungen gemachte Vorschlag, mindestens einen Kandidaten von den Bürgern Hongkongs nominieren zu lassen.

19 Vgl. *Kan, Karita* 2012: Lessons in Patriotism: Producing national subjects and the de-Sinicisation debate in China's post-colonial city, in: China Perspectives, Nr. 4, S. 63–69.

20 Vgl. Darkest year 'in decades' for Hong Kong press: Journalists Association', in: South China Morning Post vom 06.07.2014. https://www.scmp.com/news/hong-kong/article/1548089/press-freedom-worst-several-decades-hong-kong-journalists-association (30.12.2019).

21 Die sogenannten *Causeway Bay Books Disappearances* stehen eindrücklich für diese illegalen Interventionen Chinas in die Hongkonger Autonomie. Zwischen Oktober und Dezember 2015 verschwanden fünf Mitarbeiter des Hongkonger Buchgeschäftes *Causeway Bay Books*. Der Laden war bekannt für seine regierungskritischen und dabei oft sensationsheischenden, auf dem Festland verbotenen Bücher über politische Führungsfiguren in der VR China. Diese Bücher waren nicht zuletzt bei festlandchinesischen Touristen sehr beliebt. Zwei Mitarbeiter wurden in der VR China festgesetzt, ein weiterer aus Thailand und zwei Mitarbeiter aus Hongkong entführt. Im Februar 2016 bestätigten offizielle Stellen in der Provinz Guangdong, dass sich alle fünf in China befänden und im Zusammenhang mit einem alten Verkehrsunfall verhört würden, in den einer von ihnen, der schwedische Staatsbürger Gui Minhui, verwickelt gewesen wäre. Im Januar und Februar 2016 wurden Interviews mit zwei der Entführten im chinesischen Fernsehen ausgestrahlt, in denen sie sich zu individuellen Verfehlungen bekannten und ihre freiwillige Kooperation mit den chinesischen Behörden betonten. Ein weiterer, Lam Wing-kee, der kurzfristig nach Hongkong zurückkehren durfte, berichtete dort im Juni 2016 von erzwungener Internierung, wiederholten Verhören und gestellten Geständnissen. Er siedelte im April 2019 nach Taiwan über. Während sich Gu Minghui weiterhin in chinesischem Sicherheitsgewahrsam befindet, wurden die restlichen drei Verlagsmitarbeiter im März 2016 aus chinesischer Haft entlassen. Siehe auch: Three years on from Causeway Bay booksellers'

– all dies erodierte das Vertrauen in das Modell „ein Land, zwei Systeme". In den Jahren nach der „Regenschirm-Bewegung" dynamisierte sich somit die Entfremdung großer Teile der Hongkonger Bevölkerung von der eigenen Autonomieregierung, aber auch vom „Mutterland". So bedurfte es nur eines Auslösers für eine neue große Protestwelle. Dieser ließ nicht lange auf sich warten.

Im Februar 2019 brachte die SVR-Regierung einen Entwurf für ein „Gesetz über flüchtige Straftäter und Rechtshilfe in Strafsachen" in den *Legislative Council* ein, um es damit zu ermöglichen, dass Straftäter aus Hongkong nach jedem anderen Ort außerhalb Hongkongs ausgewiesen werden konnten – auch nach Taiwan, Macau und Festlandchina, was bis dahin nach geltender Rechtslage nicht möglich war. Das angestrebte Auslieferungsgesetz löste bei Juristen, Geschäftsleuten und den demokratischen Kräften in Hongkong, aber auch bei ausländischen Regierungen, große Besorgnis aus. Man befürchtete, dass die Hongkonger Behörden unter dem Deckmantel formalrechtlicher Erwägungen Kritiker der Zentralregierung bzw. des festlandchinesischen Regimes auf Anweisung Beijings nach China ausweisen und einem willkürlichen Justizsystem aussetzen würden. Auch wurde weithin vermutet, die SVR-Regierung handele auf Anweisung Beijings. Nach monatelangen Protesten zog diese den Gesetzentwurf am 23. Oktober 2019 endgültig zurück. Doch diese nur nach großem Druck von der Straße getroffene Entscheidung konnte die politischen Gemüter in Hongkong nicht mehr beschwichtigen. Die anfänglich gegen das Auslieferungsgesetz gerichtete Protestbewegung war inzwischen zu einer gesamtgesellschaftlichen Bewegung für mehr Demokratie geworden, zu deren fünf wichtigsten Zielen wiederum die Einführung allgemeiner und freier Wahlen zählte.[22]

Die Straßenproteste begannen Ende März 2019 und nahmen in den nächsten Wochen und Monaten kontinuierlich an Umfang zu. Sie kulminierten in einer mehrtägigen Verschanzung hunderter Demonstranten vor der Polizei in der *Hong Kong Polytechnic University* im November und hatten sich bis zu diesem Zeitpunkt erheblich radikalisiert. Was anfangs noch eine friedliche Massenbewegung war, transformierte sich allmählich in maskierten und gewaltsamen Widerstand eines harten Kerns von Demonstranten, denen eine ebenso rücksichtslose Hongkonger Polizei gegenüberstand, die sich mit dem Vorwurf auseinandersetzen musste, durch ihre vorangegangene Gewalteskalation erst die Radikalisierung der Demonstranten provoziert zu haben. Hongkong erlebte bis zum Ende des Jahres 2019 eine bis dahin nie dagewesene Welle politisch motivierter, auch andersdenkende Bürger nicht verschonende Gewaltexzesse, deren politische Ziele jedoch, dies zeigte der Ausgang lokaler Wahlen

---

disappearances, mainland Chinese traders of banned books say the business is like selling ‚cocaine at the price of cabbage', in: South China Morning Post vom 28.12.2018. https://www.scmp.com/ news/hong-kong/ politics/article/2179729/three-years-causeway-bay-booksellers-disappearances-mainland (28.12.2019).

22 Konkret verfolgt(e) die Bewegung die folgenden Ziele: 1) eine vollständige Rücknahme des Auslieferungsgesetzes; 2) eine unabhängige Untersuchung der exzessiven Polizeigewalt; 3) die Rücknahme der Einstufung von Protestlern als „Aufrührer" (*rioters*), die als Verbrechen geahndet werden kann; 4) eine Amnestie aller inhaftierten Protestler; und 5) freie Wahlen für das Amt des *Chief Executive* und für den *Legislative Council*. Siehe auch: What do the Hong Kong protesters want?, in: The Guardian vom 13.08.2019. https://www.theguardian.com/world/2019/aug/13/what-do-the-hong-kong-protesters-want (28.12.2019).

im November, von einer großen Mehrheit der Hongkonger Bevölkerung geteilt wurden.[23] Das Modell „ein Land, zwei Systeme" befand sich in seiner größten Krise und es bestand die Gefahr, dass die Zentralregierung den Protesten letztendlich gewaltsam ein Ende setzen würde. Faktisch, so urteilten viele Beobachter an der Jahreswende 2019/2020, war die Hongkonger Autonomie am Ende, das zwischen Regierung und Bevölkerung zerstörte Vertrauen nicht wieder erneuerbar. Ob diese Einschätzung zutrifft, muss die Zukunft zeigen.

4 Hongkonger „Lokalismus" und die Formierung eines „sezessionistischen Bewusstseins"

Das Scheitern der „Regenschirm-Bewegung" Ende 2014 hatte zu Ernüchterung in den Reihen der demokratischen Kräfte in Hongkong geführt. Allerdings ging der politische Kampf danach weiter. Seitdem hat sich eine schon länger existierende, zunächst eher intellektuelle Strömung, die als Hongkonger „Lokalismus" (*Hong Kong Localism*) bezeichnet wird, verstärkt und zunehmend politisiert. Es handelt sich dabei um eine heterogene Bewegung, die sich in ihrer Frühphase, noch vor dem *handover*, die Bewahrung und Pflege des kolonialen Erbes Hongkongs bzw. der Hongkonger Kultur (*heritage preservation*) zum Ziel gesetzt hatte und damals auch noch nicht unter der Bezeichnung „Lokalismus" firmierte.[24] Dieser etablierte sich erst in jüngerer Vergangenheit und wurde nach den Geschehnissen von 2014 zum Sammelbegriff von zahlreichen neuen sozialen und politischen Gruppierungen, die sich zu einer von China distinkten „Hongkong-Identität" bekennen, ein „demokratisches Selbstbestimmungsrecht Hongkongs" reklamieren und in Teilen explizit für ein „unabhängiges Hongkong" eintreten. Post 2014-Parteien wie *Youngspiration* (青年新政),[25] *Hong Kong Indigenous* (本土民主前線),[26] *Demosistō* (香港眾志),[27] die *Hong Kong Independence Party*

---

23 Am 24. November fanden Wahlen zu den *District Boards* statt. Bei einer Rekordbeteiligung von über 71 Prozent gewann das demokratische Lager die Mehrheit in 17 der insgesamt 18 Kommunalparlamenten – ein Erdrutschsieg, der auf die breite Unterstützung für die Ziele der Protestbewegung in der Bevölkerung zurückgeführt wurde.

24 Manche Autoren führen den „Lokalismus" auf die Anfänge der Ausbildung einer Hongkong-Identität in den 1970er Jahren, im Zuge des Entstehens einer organisierten Zivilgesellschaft, zurück. Für eine Diskussion der Ursprünge des Hongkonger Lokalismus vgl. *Yuen, Samson/Chung, Sanho* 2018: Explaining Localism in Post-handover Hong Kong, in: China Perspectives, Nr. 3, S. 19–29.

25 *Youngspiration* wurde im Januar 2015 von einer Gruppe Aktivisten gegründet, die an der „Regenschirm-Bewegung" beteiligt waren. Die Partei hat sich dem Kampf für das Recht Hongkongs auf politische Selbstbestimmung verschrieben und strebt ein Referendum über die Zugehörigkeit Hongkongs zur VR China an.

26 *Hong Kong Indigenous* wurde ebenfalls im Januar 2015 von „Regenschirm-Aktivisten" gegründet und ist eine der radikalsten „lokalistischen" Gruppierungen in Hongkong und hält den Einsatz gewaltsamer Mittel für legitimen Widerstand. Auch sie kämpft explizit für ein „Selbstbestimmungsrecht Hongkongs" sowie gegen die „Oberhoheit des kommunistischen Regimes" und postuliert, dass Hongkong eine eigene Nation bilde und den Werten des demokratischen Westens verpflichtet sei. Zwei der führenden Mitglieder von *Hong Kong Indigenous* erhielten nach ihrer Flucht aus Hongkong im November 2017 politisches Asyl in Deutschland. Siehe: Aktivisten aus Hongkong erhielten 2018 erstmals Asyl in Deutschland, in: Deutsche Welle vom 23.05.2019. https://www.dw.com/de/aktivisten-aus-hongkong-erhielten-2018-erstmals-asyl-in-deutschland/a-48841154 (29.12.2019).

27 *Demosistō* wurde im April 2016 ebenfalls von führenden Aktivisten der „Regenschirm-Bewegung" gegründet, darunter Joshua Wong, das international bekannte „Gesicht" der Studierendenproteste 2014 und seit der Gründung der Gruppierung ihr Generalsekretär. *Demosistō* strebt ein Referendum über die Souveränität Hongkongs nach 2047 an, spricht aber eher von (echter) „Autonomie" als von „Unabhängigkeit".

(香港獨立黨)[28] oder die inzwischen verbotene *Hong Kong National Party* (香港民族黨),[29] verstehen sich als die organisierte Speerspitze dieses „Lokalismus". In den *Legco*-Wahlen vom September 2016 konnten die Parteien des „Lokalismus"-Lagers auf Anhieb 19 Prozent der Stimmen in den Direktwahlkreisen gewinnen („Beijing-freundliches" Lager: 40,17 Prozent; gemäßigtes „pan-demokratisches" Lager: 36,02 Prozent). Zusammen kamen die „Lokalisten" mit dem „pan-demokratischen" Lager auf 29 Sitze im neuen *Legislative Council* – gegenüber 40 Sitzen für die „Beijing-freundlichen" Parteien. Damit sind sie zu einer einflussreichen politischen Kraft in Hongkong geworden.[30]

Der „Lokalismus" macht sich jedoch nicht allein an der Hongkonger Parteienlandschaft fest, sondern verschafft sich auch auf zivilgesellschaftlicher Ebene zunehmend Raum – erkennbar vor allem durch die seit den frühen 2010er Jahren auftretenden heftigen Proteste gegen Festländer, die zum Symbol der wirtschaftlichen Ausbeutung Hongkongs durch die VR China sowie der Zerstörung der sozialen und kulturellen Errungenschaften Hongkongs geworden sind. So nahmen nach der „Regenschirm-Bewegung" die Beschimpfungen von festlandchinesischen Touristen, die Hongkonger Lebensmittel – etwa hochwertige Milch für Säuglinge – vor Ort aufkauften, um sie dann über die Grenze zu bringen und in Shenzhen teilweise mit Gewinn weiterzuverkaufen, zu. Der mit prall gefüllten Taschen oder Koffern die Grenze nach Shenzhen passierende *parallel trader* wurde zum Sinnbild einer so bezeichneten „Heuschrecken"-Mentalität des festlandchinesischen Touristen. Aber auch solche Festländer, die dauerhaft in Hongkong leben, gerieten zunehmend in das Fadenkreuz des „Lokalismus" – etwa durch die Verunglimpfung des Mandarin als „Kolonisatoren-Sprache"; den Vorwurf, dass die festlandchinesische Einwanderung nach Hongkong die Immobilienpreise hochtreibe, gleichzeitig aber auch die Sozialsysteme zerstöre; Attacken auf Geschäfte von Festländern; und die lautstarke Ablehnung jedweden von Festländern zur Schau gestellten gesamtchinesischen Patriotismus, etwa durch festlandchinesische Studenten an den Universitäten oder politische Aktivisten auf der Straße, die sich mit dem „Beijing-freundlichen" Lager identifizieren.[31]

Inzwischen, im Zuge der Protestwelle gegen das Auslieferungsgesetz, hat die Ablehnung der Festländer in Hongkong einen besorgniserregenden Grad erreicht. So werden Passanten, die sich auffällig verhalten, auf der Straße angehalten und durch eine Ansprache in dem in Hongkong gesprochenen Kantonesisch dahingehend überprüft, ob sie „Chinesen" seien.

---

28 Die *Hong Kong Independence Party* wurde im Februar 2015 gegründet und ließ sich in England registrieren. Sie strebt explizit eine politische Unabhängigkeit Hongkongs und dessen Mitgliedschaft in dem von Großbritannien geführten *Commonwealth of Nations* an. Offenbar nimmt sie nur Mitglieder mit einem ausländischen Pass auf, offenbar um diese so besser vor politischer Verfolgung in Hongkong zu schützen.

29 Die *Hong Kong National Party* wurde im März 2016 in Hongkong gegründet und im September 2018 von der SVR-Regierung verboten. Sie strebt(e) explizit die Gründung einer freien und unabhängigen Republik Hongkong an.

30 In den Funktionswahlkreisen konnten die „Lokalisten" zwar keine Sitze erringen. Aber eine Allianz aus „pan-demokratischen" und „lokalistischen" Parteien kann seither solche Gesetzesvorlagen der Regierung oder des „Beijing-freundlichen" Lagers verhindern, für die eine „doppelte Mehrheit" zwingend erforderlich ist – also jeweils eine Mehrheit der Mandate aus den geografischen und den Funktionswahlkreisen [siehe Annex II (II), BL].

31 Vgl. Hong Kong's hatred of mainlanders feeds the xenophobic undercurrents of its protests, in: South China Morning Post vom 11.10.2019. https://www.scmp.com/print/comment/opinion/article/3032041/hong-kongs-hatred-mainlanders-feeds-xenophobic-undercurrents-its (30.12.2019).

Festländer werden drangsaliert und mitunter körperlich angegriffen – und dies nicht nur dann, wenn sie sich offen zu ihrem chinesischen Patriotismus bekennen und ihre Ablehnung des Hongkonger „Lokalismus" öffentlich bekunden. Auch wenn diese Aggressionen nur von einem kleinen Teil der Hongkonger Bevölkerung ausgehen, verweisen sie doch auf ein sich verschlechterndes gesellschaftliches Klima, in dem sich die Frontstellung zwischen Hongkongern und Festländern kontinuierlich verschärft und stellvertretend für die Auseinandersetzung des Hongkonger „Lokalismus" mit der chinesischen Zentralregierung steht. Wie oben bereits erwähnt, ist es alles andere als sicher, ob die SVR Hongkong aus dieser schwierigen Situation herausfinden kann. Auch steht der „Lokalismus" nicht für das isolierte Denken eines radikalen, mitunter xenophoben Teils der Hongkonger Bevölkerung, sondern durchzieht – in unterschiedlicher Intensität – offenbar alle gesellschaftlichen Schichten.[32] So gesehen ist Hongkong zwar ein integraler Bestandteil des chinesischen Staates; doch, so der deutlich vernehmbare Tenor in der SVR, Hongkong ist nicht einfach China und will sich nicht (mehr) in das politische System der Volksrepublik einfügen – so wie es für die Zeit nach 2047 vorgesehen ist.

5   Fazit und Ausblick

Auf formaler Ebene hat die Zentralregierung in Beijing seit dem *handover* 1997 die institutionelle Autonomie der SVR Hongkong, so wie sie im *Basic Law* festgeschrieben und konzeptualisiert ist, respektiert. Nur in wenigen Fällen hat der Ständige Ausschuss des Nationalen Volkskongresses sein Recht in Anspruch genommen, das *Basic Law* auszulegen. Andererseits haben sich Anzeichen einer informellen Einflussnahme auf das politische Leben in Hongkong gerade in der Ära Xi Jinping, der 2012 an die Spitze der Kommunistischen Partei Chinas trat, kontinuierlich verstärkt. Dazu zählen zum Beispiel die Bemühungen Beijings um eine stärkere Vermittlung patriotischen Gedankengutes an den Schulen sowie die Drangsalierung von Journalisten und politischen Aktivisten in den letzten Jahren, die der Initiative der Zentralregierung und ihren Statthaltern in der SVR zugeschrieben werden.[33] Besonders die Inhaftierung von Hongkonger Regimekritikern durch chinesische Sicherheitsbehörden hat einen dunklen Schatten auf die Autonomie der SVR geworfen. Zudem ist es in Hongkong allenthalben bekannt, dass pro-chinesische Parteien und Basisorganisationen intensiv um Wählerstimmen für das „Beijing-freundliche" Lager werben und durch die Anwendung gut geübter *United Front*-Strategien versuchen, dem „lokalistischen" Trend entgegenzuwirken. Aus der Perspektive Beijings ist diese Politik legitim und notwendig, denn man will sicherstellen, dass Hongkong im Jahr 2047 „geräuschlos" in das politische System der VR China inkorporiert werden kann. Dies erfordert eine ständige Kontrolle über mögliche Verselbständigungstendenzen in der Sonderverwaltungsregion und entsprechendes Handeln. Für die

---

32 Vgl. *Kwong, Ying-ho* 2016: The Growth of Localism in Hong Kong: A New Path for the Democracy Movement?, in: China Perspectives, Nr. 3, S. 63–68.

33 Vgl. The trouble with trying to turn Hong Kong's young people into ‚patriotic youth', in: South China Morning Post vom 21.08.2019. https://www.scmp.com/print/news/china/politics/article/3023606/trouble-trying-turn-hong-kongs-young-people-patriotic-youth (30.12.2019).

chinesische Zentralregierung ist das Modell „ein Land, zwei Systeme" vor allem ein Geschenk an Hongkong, aber keine Option auf eine dauerhafte politische Privilegierung nach den geltenden Regeln des *Basic Law*, und schon gar nicht auf eine Loslösung vom „Mutterland".

Gleichzeitig wird das Verlangen der jungen Generation in Hongkong nach mehr und irreversibler Demokratie immer größer und ihre Identifizierung mit einer eigenen, von China differenten, „Hongkong-Identität" immer stärker. Dies wird in China – sowohl von der politischen Klasse als auch von der Bevölkerung – mit Unverständnis quittiert und in der Regel auf ausländische – sprich: westliche – Infiltration und Manipulation zurückgeführt. Dies wiederum produziert politische Kompromisslosigkeit und die Entschlossenheit, das „politische Chaos" in der SVR notfalls mit „harter Hand" zu beenden – möglichst mit den Mitteln der Hongkonger Polizei, wenn dies aber nicht ausreicht, dann auch mithilfe der chinesischen Volkspolizei oder gar der Volksbefreiungsarmee. Allein die Aussicht auf diese „finale Lösung" befeuert jedoch die Entfremdung zwischen der Zentralregierung sowie den SVR-Behörden einerseits und der Hongkonger Bevölkerung andererseits, untergräbt die Legitimität des Modells „ein Land, zwei Systeme" weiter, stärkt den Ruf nach demokratischer Selbstbestimmung und generiert ein „sezessionistisches Bewusstsein". Ende 2019 scheinen die politischen Akteure deshalb auf allen Seiten mit dem Rücken zur Wand zu stehen. Die SVR Hongkong sieht einer ungewissen Zukunft entgegen.

Ein klares Jein zu Kanada. Québecs Ambivalenzen

Helga Bories-Sawala

Niemand redet mehr von der Unabhängigkeit Québecs. Und wenn doch, dann um das Projekt für endgültig gestorben zu erklären (die einen) oder darauf hinzuweisen, wie lange doch vermeintlich tot Gesagte leben (die anderen). Das vielleicht eindrücklichste Beispiel einer verfehlten Prognose lieferte der damalige Premierminister Trudeau, als er im Mai 1976 den Separatismus für tot erklärte,[1] bevor ein halbes Jahr später der Parti Québécois einen historischen Wahlsieg in der Provinz Québec einfuhr und zum ersten Mal die Regierung stellte. Seither hatte die „nationale Frage" immer im Mittelpunkt aller Wahlkämpfe gestanden, sowohl in Québec wie auch kanadaweit, spätestens seit dem Einzug des souveränistischen Bloc québécois ins kanadische Unterhaus 1993:

„There is no denying that over the past half century the national question has been at the heart of party politics in Quebec. Ever since the emergence of René Lévesque's Parti Québécois at the end of the 1960s, the issue has become a salient one for political parties competing at the substate and state levels. In that sense, it is safe to conclude that the rise of the secessionist PQ and the valence nature of the national question have had a significant effect on Quebec party competition. Every substate or statewide political party has had to position itself on this issue, and the national question regularly comes to the fore during election campaigns in Quebec. In other words, by establishing itself as the promoter and owner of the national question, the Parti Québécois has initiated a movement whereby the other parties have all tried to compete on the PQ's issue to one degree or another. For a time, this movement spilled over to the state-level scene when a federal-based secessionist party – the Bloc Québécois – was created at the beginning of the 1990s and claimed ownership of the national question within the statewide party system. [...] all parties in Quebec feel compelled to address the national question and to take position on this issue. It is a super issue that structures party competition."[2]

Seit Mitte der 2010er Jahre scheint dies nun nicht mehr zu gelten. Das Thema Unabhängigkeit verschwand aus dem Fokus der Öffentlichkeit und bei den Wahlen zum Parlament Québecs im Oktober 2018 spielte es so gut wie keine Rolle mehr. Bedeutet das, wie Jaques Beauchemin (ehemaliger Staatssekretär in der souveränistischen Regierung von Pauline Marois) meint, dass die Québecer der Frage einfach überdrüssig geworden seien?[3] Und dass am Ende die Konflikte zwischen Québec und Ottawa zwar nicht gelöst, aber immer weniger wahrgenommen werden?

„Sans avoir réussi à réconcilier l'irréconciliable, une amnésie politico-constitutionnelle s'installe progressivement, comme si les Québécois s'étaient résignés à accepter leur condition de minoritaires dans la fédération canadienne. De ce fait, la voix du Québec deviendra de plus en plus inaudible dans le concert canadien et la

---

1 Le séparatisme est mort, pense Trudeau, in : Le Devoir vom 11.05.1976.
2 *Bélanger, Eric et al.* 2018: The national question and electoral politics in Québec and in Scotland, Montréal, S. 64, 66.
3 „L'ambiance telle qu'elle s'exprime dans le Québec d'aujourd'hui est moins tourmente que fatigue. Fatigués, nous tournons le dos à nos questions essentielles sans les avoir résolues. Fatigués de nous les poser, nous les laissons se régler toutes seules. Captifs du présent, ne sachant plus interpréter le sens de notre histoire, nous ne savons plus si nous voulons ou non la souveraineté", vgl. *Beauchemin, Jacques* 2015: La souveraineté en héritage, Montréal, S. 135.

173

fracture entre le Québec et le Canada, toujours présent, sera de moins en moins perceptible au sein de la population, toutes deux minées finalement par la lassitude et par l'oubli."[4]

Abb. 1 : Provinzen und Territorien Kanadas – mit Québec/Quebec im Osten

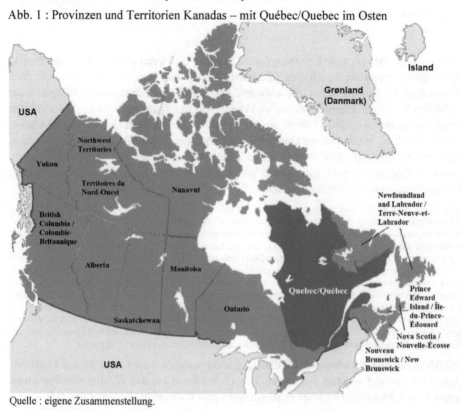

Quelle : eigene Zusammenstellung.

Was sagen Wahlen über den Wunsch nach Unabhängigkeit aus?

Der Wahlsieg des konservativen François Legault im Oktober 2018 läutete insofern eine neue Ära in Québec ein, als mit der Coalition Avenir Québec eine völlig neue politische Formation an die Regierung kam, nachdem seit 1970 die Parti Libéral du Québec und der Parti Québécois abwechselnd die Regierung gestellt hatten. Diese beiden sind die eindeutigen Verlierer dieser Wahl. Die Liberalen büßten gegenüber den Provinzwahlen 2014 16,7 Prozent der Stimmen ein und konnten nur in der Metropolregion Montréal, in der 1,7 Millionen der circa 8,3 Millionen Québecer leben, noch einzelne Bastionen verteidigen. Mit minus 8,3 Prozent halb soviel, aber immer noch deutlich nahmen sich die Verluste des Parti Québécois aus, der auf die traditionellen Hochburgen auf der Gaspésie-Halbinsel schrumpfte.

---

4   *Pelletier, Rejean* 2016: Regard québécois sur la fragmentation Québec-Canada: une analyse des facteurs récents de division, in: *Caron, Jean-François (Hrsg.)* 2016: Les conditions de l'unité politique et de la sécession dans les sociétés multinationales: Catalogne, Écosse, Flandre, Québec, S. 161.

Gewinner der Wahlen zur Québecer Nationalversammlung 2018 waren mit einem Plus von 14,3 Prozent die konservative Coalition avenir Québec, aber auch die linke Québec solidaire mit einem Zugewinn von 8,5 Prozent.

Abb. 2: Parlamentswahlen Québec 2018 – Sitzverteilung

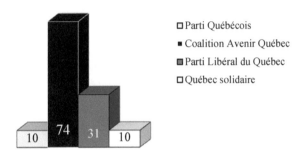

Quelle: eigene Zusammenstellung.

Abb. 3: Parlamentswahlen Québec 2018 – Stimmenanteile

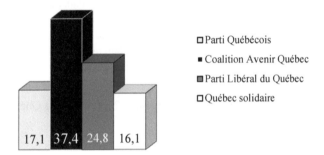

Quelle: eigene Zusammenstellung.

Ausschlaggebend waren im Wahlkampf wirtschafts- und sozialpolitische Themen, aber vor allem die Frage der Begrenzung der Einwanderung und die kulturelle Integration speziell der Muslime. Dabei ergibt sich die merkwürdige Konstellation, dass die Liberalen, die während ihrer Regierung eine eher permissive Politik hinsichtlich von muslimischen Kopftüchern im öffentlichen Dienst verfolgt hatten, sich im gleichen Lager wiederfinden wie die Linken von Québec solidaire, die sogar mit kopftuchtragenden Kandidatinnen antraten. Auf der anderen Seite hatte der konservative Wahlgewinner Legault ein Kopftuchverbot im öffentlichen Dienst auf seine Fahnen geschrieben, für das – anders begründet und weniger diskriminierend – auch der Parti Québécois mit dem Vorschlag einer „Charte des valeurs" eingetreten war und dafür insbesondere in Montréal abgestraft worden war. Eine Gemengelage, die nur noch wenig mit dem zu tun hat, wofür die Souveränisten einst antretenwaren:

„En 1968, si on avait dit à un militant souverainiste que son mouvement débattrait activement du port de la burqa dans les autobus en 2018, il se serait sans doute écroulé de rire, pensant à une mauvaise blague. Pourtant, cinquante ans plus tard, nous y voilà. Et ce n'est pas récent. Ça fait au moins dix ans que la priorité du mouvement souverainiste est moins de faire un pays mais de discuter théologie."[5]

Abb. 4: Parlamentswahlen Québec 2014–2018 – Gewinne / Verluste – Stimmen (in Prozent)

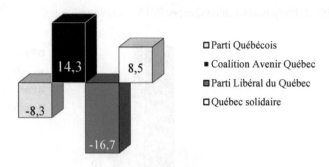

□ Parti Québécois
■ Coalition Avenir Québec
■ Parti Libéral du Québec
□ Québec solidaire

Quelle: eigene Zusammenstellung.

Der Niedergang der Souveränisten auf der Provinzebene hatte sich bereits einige Jahre zuvor im Bundesparlament von Ottawa angekündigt. Lange Zeit hatten die Québecer nämlich mehrheitlich Abgeordnete des Bloc québécois ins kanadische Unterhaus gewählt. Die 1991 gegründete Partei war mit seiner ersten Beteiligung an den Unterhauswahlen von 1993 gleich auf Anhieb die kanadaweit zweitstärkste Partei geworden und spielte die Rolle der traditionell mit einem Sonderstatus ausgestatteten Offiziellen Opposition. Und auch in den folgenden Wahlen hatte der Bloc fast immer zwei Drittel der 75 Abgeordneten gestellt, die der Provinz im Unterhaus zustehen.

Abb. 5: Unterhaus Ottawa – Wahlen 14.10.2008 – Provinz Québec – Sitze

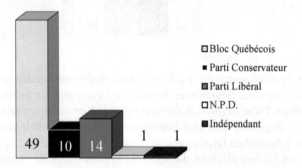

□ Bloc Québécois
■ Parti Conservateur
■ Parti Libéral
□ N.P.D.
■ Indépendant

Quelle: eigene Zusammenstellung.

2011 nun fiel die Zahl der souveränistischen Mandate plötzlich von 49 auf 4 und mit 59 statt bisher einem Abgeordneten schwappte eine Welle von Abgeordneten des Nouveau Parti Démocratique aus Québec nach Ottawa.[6]

---

5   *Boucher, Francis* 2018: La grande déception: dialogue avec les exclus de l'indépendance, Montréal, S. 29.
6   Vgl. *Bories-Sawala, Helga E.* 2011: Québec – immer für eine Überraschung gut und 2011 so anders wie nie, in: „Seinfeld election" oder realignment, Zeitschrift für Kanada-Studien, 31:2, S. 21–27.

Abb. 6: Unterhaus Ottawa – Wahlen vom 02.05.2011 Provinz Québec – Sitze

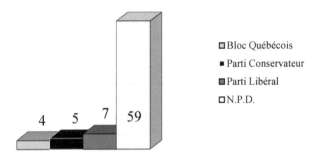

Quelle: eigene Zusammenstellung.

Bei der Wahl 2015, als Justin Trudeau Stephen Harper ablöste, schwächte sich dieser Effekt leicht ab, aber die Neodemokraten blieben eine québeclastige Partei: von den 44 Abgeordneten der NPD stammten über ein Drittel (16) aus Québec. Der Bloc québécois entsandte immerhin wieder nun 10 der 78 Québecer Abgeordneten nach Ottawa, konnte aber an die alte Hegemonie-Position nicht wieder anknüpfen. Schon 2019 lag er indes wieder fast gleichauf mit den Liberalen.

Abb. 7: Unterhaus Ottawa – Wahlen vom 21.10.2019 Provinz Québec – Sitze

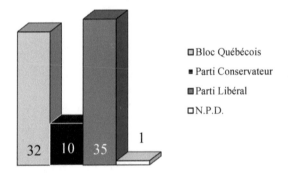

Quelle: eigene Zusammenstellung.

Es wäre dennoch aus mehreren Gründen kurzsichtig, ohne Weiteres von diesen historischen Wahlniederlagen der Souveränisten, auf der Provinzebene wie bundesweit, schon auf das definitive Ende der Unabhängigkeitsoption zu schließen.

Erstens, und das kann nicht genug betont werden, verzerrt das in ganz Nordamerika herrschende Mehrheitswahlrecht[7] nicht nur das Ergebnis von Wahlen, indem die Stimmen der unterlegenen Kandidaten unter den Tisch fallen. So resultierte zum Beispiel der Stimmanteil von 23,4 Prozent für den Bloc Québécois 2011 in nur fünf Prozent der Sitze. Und wie Abbildung 2 und 3 zeigen, führten die 17,1 Prozent der Stimmen für den Parti Québecois bzw. 16,1 Prozent für Québec soldaire zu jeweils nur zehn Sitzen (12,5 Prozent). Aber fast noch

---

7 Québec könnte die erste Gebietskörperschaft sein, die ein Verhältniswahlrecht einführt. Das stand zumindest in den Wahlprogrammen von CAQ, PQ, QS und den Grünen.

wichtiger als dieser Effekt auf das Wahlergebnis ist der Einfluss des Mehrheitswahlrechts auf die Wahlentscheidung selbst. Zum einen tendieren die Wähler in sicheren Hochburgen bestimmter Abgeordneter dazu, erst gar nicht zur Wahl zu gehen, was einer der Gründe für die nach europäischen Maßstäben oft geringe Wahlbeteiligung in Nordamerika ist. Sie lag bei den Wahlen zur Québecer Nationalversammlung von 2018 mit 67 Prozent auf einem historischen Tief seit 1927, nur 2008 unterboten, als ein Wahlsieg der Liberalen so gut wie feststand.[8] Wichtiger ist in unserem Zusammenhang jedoch, dass viele Wähler in diesem System taktisch abstimmen und nicht gemäß ihrer Präferenz. Diesem Kalkül folgten zum Beispiel die Québecer, die bei den Wahlen zum kanadischen Unterhaus 2011 und 2015 auf die souveränistische Option verzichteten und stattdessen mit der NPD die Oppositionspartei unterstützten, der man zutraute, den Sturz des höchst unbeliebten Stephen Harper herbeizuführen.[9]

Was die Parteien auf der Provinzebene angeht, kann man für die Wahlen von 2018 ebenfalls ein in erster Linie taktisches Wahlverhalten beobachten. Wäre es vor allem um Inhalte gegangen, wäre der PQ „Wahl-O-Mat-Sieger" geworden, so der Jean-François Lisée, der glücklose Chef des Parti québécois, in seiner Nachlese der Provinzwahlen.[10]

Abb. 8: Beweggründe für das Abstimmungsverhalten, nach politischer Partei

	Parti libéral du Québec	Parti québécois	Coalition avenir Québec	Québec solidaire
Appréciation générale des politiques et idées ; du chef ; continuité	35,6 %	20,2 %	17,1 %	32,8 %
Par habitude ; mon parti	7,2 %	13,0 %	1,8 %	1,0 %
Le « moins pire » ; contre d'autres partis	12,4 %	9,7 %	8,4 %	6,7 %
Changement ; chasser les libéraux	0,0 %	4,4 %	55,3 %	15,9 %
Candidat local	7,2 %	19,9 %	3,1 %	7,0 %
Économie ; finances	13,0 %	0,0 %	2,9 %	0,0 %
Environnement	0,3 %	2,0 %	0,0 %	20,7 %
Immigration	5,0 %	0,0 %	2,0 %	0,0 %
Question nationale	7,1 %	13,8 %	0,0 %	0,6 %
Tendance idéologique	0,0 %	3,8 %	1,3 %	9,0 %
Droits des anglophones	7,5 %	0,0 %	0,0 %	0,0 %
Valeurs du parti	3,4 %	3,9 %	0,5 %	10,0 %
Autres	5,9 %	12,9 %	12,4 %	14,4 %
Ne sais pas ; aucune	3,1 %	3,8 %	3,5 %	0,0 %
Total	181	100	263	86

Quelle: *Claire Durand*: Québec – les raisons du vote 14.02.2019.
https://policyoptions.irpp.org/fr/magazines/february-2019/quebec-2018-les-raisons-du-vote/ (21.05.2019).

---

8 Vgl. *Schneider, Steffen* 2019: Zurück in die Zukunft? Québec nach den Provinzwahlen vom 1. Oktober 2018, in: Zeitschrift für Kanada-Studien, 39, S. 132.

9 Stephen Harper war schon 2006 von 75 Prozent und 2008 von 78 Prozent der Québecer nicht gewählt worden, die insofern entscheidend dazu beigetragen hatten, dass er zunächst nicht über eine parlamentarische Mehrheit verfügte.

10 „Lorsqu'on présentait aux Québecois, sur l'immigration, la santé, l'éducation, le français, les positions de chacun des partois, mais sans préciser qui proposait quoi, de fortes majorités choisissaient nos positions", *Lisée, Jean-François* 2019: Qui veut la peau du Parti québécois?, Montréal, S. 68–69.

Der Umfrage aus Abbildung 8 zufolge erhielten die Oppositionsparteien PLQ, PQ und QS zwar zu über einem Drittel Stimmen von Wählern, die aus positiver Zustimmung zu ihren Inhalten oder als Stammwähler für sie votierten. Dennoch lag die Zugkraft lokaler Kanndidat_innen beim PQ mit 19,9 Prozent fast dreimal so hoch wie bei den übrigen Parteien. Hingegen war den Wählern der CAQ der/die jeweilige Kandidat_in offenbar fast gleichgültig (3,1 Prozent) und auch bei den inhaltlichen Motivationen konnte die Partei am wenigsten überzeugen. Es ging nämlich 55,3 Prozent (!) ihrer Wähler fast ausschließlich darum, den liberalen Premierminister Philippe Couillard abzulösen. Umfragen vor der Wahl und die Medien trauten dies vor allem der CAQ zu, was ihr, insbesondere in der letzten Phase des Wahlkampfs in Form einer *self-fulfilling prophecy*, die entscheidenden Zuwächse einbrachte.

Schaut man schließlich auf die Frage der Unabhängigkeit Québecs (La question nationale), so war sie nur für wenige Wähler entscheidend, nämlich für weniger als ein Prozent der Wähler von CAQ und QS. 7,1 Prozent der liberalen Wähler haben so entschieden, weil sie die Position der PLQ für den Verbleib in der kanadischen Föderation wichtig finden und 13,8 Prozent der PQ-Wähler legen Wert auf die souveränistische Ausrichtung der Partei. Dies alles belegt unsere Eingangsbeobachtung, dass die Frage der Québecer Unabhängigkeit nicht mehr ausschlaggebend ist.

Ein anderes Bild ergibt sich indessen, wenn nicht mehr nach der Bedeutung der „nationalen Frage" für die Wahlentscheidung gefragt wird, sondern die gleichen Wähler, unabhängig von wahltaktischen Überlegungen, sich grundsätzlich zur Unabhängigkeit äußern sollen. Hier befürworten 32 Prozent aller Wähler die Loslösung Québecs von Kanada. Wie zu erwarten, würden nur fünf Prozent der Wähler der Liberalen Québec lieber unabhängig sehen, aber in den drei anderen Parteien stellen die Souveränisten ein Drittel (CAQ: 33 Prozent), fast die Hälfte (QS: 47 Prozent) bzw. die große Mehrheit dar (PQ: 78 Prozent).[11]

Das historisch schlechteste Ergebnis des Parti Québécois bedeutet allein auch deswegen noch keine Absage an die Unabhängigkeit, als sich die Unabhängigkeitsbefürworter nunmehr auf drei mehr oder weniger deutlich souveränistische Parteien verteilen: 1. den Parti Québécois, der bereits bei der vorherigen Wahl erklärt hatte, dass die Unabhängigkeit zwar ein langfristiges Ziel bleibe, aber, um potentielle Wähler nicht zu verprellen, versprochen hatte, mit einem Referendum zu warten, bis die Zeit dafür reif sei; 2. die 2006 gegründete Québec solidaire, die sich ohne solche Einschränkungen für die Unabhängigkeit ausgesprochen hatte, aber ja nicht in die Lage geraten konnte, dies umsetzen zu müssen; 3. die Coalition Avenir Québec, die 2012 aus der Action démocratique du Québec hervorgegangen war, die das Unabhängigkeitsreferendum von 1995 mit unterstützt hatte. Aus dem Wahlprogramm der CAQ ging nicht hervor, wie sich die Partei zur „nationalen Frage" positioniert. Der Parti Québécois hat also nicht mehr das Monopol im souveränistischen Lager:

„Meanwhile in the provincial party system, the parti Québécois' ownership of the national question is contested by the Coailtion Avenir Québec and Québec Solidaire, especially when it comes to issues of constitutional autonomy and regional identity."[12]

---

11 *Durand Claire*: Québec – les raisons du vote 14.02.2019. https://policyoptions.irpp.org/fr/magazines/february-2019/quebec-2018-les-raisons-du-vote/ (21.05.2019).

12 *Bélanger et al.* 2018 (Fn. 2), S. 65.

Und im Gegensatz zum PQ haben ja die beiden anderen Parteien, die nach wie vor entweder zur Unabhängigkeit stehen (QS), bzw. zumindest für eine Stärkung Québécer Rechte gegenüber Ottawa eintreten (CAQ), Stimmen gewonnen.

Ein Totenschein für die Souvenätitätsoption lässt sich also bei näherer Betrachtung aus den Wahlergebnissen noch nicht ableiten. Ist also eine Trennung von Kanada irgendwann in Zukunft denkbar? Dazu meint der Québécer Soziologe argentinischer Herkunft Victor Armony: „Kann das wirklich passieren? – Wenn du eine kurze Antwort willst, lautet sie ja. Aber für die ausführliche Antwort müssen wir uns erst einmal setzen, denn wir müssen ein paar Jahrhunderte zurückgehen. Denn tatsächlich erklärt sich in Québec die Gegenwart durch die Vergangenheit."[13]

Je me souviens: die Québecer Unabhängigkeit in der *longue durée*

Ein solcher Blick in die Geschichte[14] zeigt zunächst, dass das Bestreben Québecs nach Unabhängigkeit keineswegs eine neue Idee ist. Genau genommen geht ja doch die französische Besiedlung Nordamerikas, Neu-Frankreich, der Gründung der kanadischen Föderation von 1867 lange voraus.[15] Bereits zu Beginn des 17. Jahrhunderts siedeln Franzosen an der Atlantikküste und gründen Akadien, kurze Zeit später entsteht am Sankt-Lorenz-Strom die Stadt Québec 1608, es folgt 1642 Ville-Marie (Montréal). Anfang des 18. Jahrhunderts sind französische Eroberer bis zum Mississippi vorgestoßen und reklamieren unter dem Namen Louisiana den größten Teil des damals bekannten Nordamerikas, von den großen Seen bis La Nouvelle Orléans (New Orleans) im Süden, für ihren König.

Die Atlantikküste ist für die europäische Vorherrschaft strategisch wichtig und Akadien wird im 17. Jahrhundert siebenmal zwischen Frankreich und England hin und her erobert, bis es 1713 definitiv britisch wird. Noch entscheidender ist aber, wer den Zugang über die Mündung des Sankt-Lorenz ins Landesinnere und zu den großen Seen hat, so dass die Ufer des Stroms Schauplatz eines erbitterten Ringens werden, bei dem beide Seiten auch auf die Unterstützung der jeweiligen verbündeten indigenen Nationen angewiesen sind. Vor allem aber ist die Demographie entscheidend. Während Neufrankreich ein Koloss auf tönernen Füßen bleibt, entwickeln sich die englischen Kolonien sehr viel schneller. Einigen Franzosen fehlt zudem – wie Voltaire – die Begeisterung für die unwirtlichen „Schneelandschaften" Kanadas. Nordamerika ist ohnehin für beide Kontrahenten nur ein Nebenschauplatz im Siebenjährigen Krieg (1754–1763). Hier gelten nun die französischsprachigen katholischen Akadier, die, seit sie 1713 zu England gehörten, ein paar friedliche Jahrzehnte erlebt hatten und gern neutral bleiben wollten, als Sicherheitsrisiko. Ab 1755 beginnt ihre Deportation, „ein Typus moderner ethnischer Säuberung mit fließendem Übergang zum kolonialen Genozid"[16]. Von den circa 18.000 Menschen flieht ein Drittel nach Québec oder in die Wälder,

---

13 *Armony, Victor* 2010: Leben in Québec. Soziokulturelle Betrachtungen eines Zugewanderten, Heidelberg, S. 101.

14 Eine gute Übersicht über die Geschichte bieten u. a.: *Lamonde, Yvan* 2016: Histoire sociale des idées au Québec, Nouvelle édition, Anjou (Québec) und *Pelletier* 2016 (Fn. 4), S. 127–165.

15 *Sarra-Bournet, Michel* 2017: L'autre 150e: l'histoire derrière l'anniversaire, Montréal.

16 *Kolboom, Ing /Mann, Roberto* 2005: Akadien. Ein französischer Traum in Amerika. Vier Jahrhunderte Geschichte der Literatur der Akadier, Heidelberg, S. 120.

wo ihnen indigene Verbündete zu Hilfe kommen, ein Drittel wird in die übrigen britschen Kolonien deportiert und überlebt. Viele von ihnen bleiben dauerhaft zum Beispiel in Louisiana, andere kehren später in die kanadischen Atlantikprovinzen zurück. Ein weiteres Drittel kommt um.[17]

Am Sankt-Lorenz hatten sich die Franzosen zunächst länger halten können. Von Québec aus hatte sich – nicht ohne Rückschläge – die französische Kolonie Neufrankreich entwickelt. Ludwig XIV. hatte circa 800 junge ledige Frauen („filles du roi" – Töchter des Königs) auf Kosten der Krone in die Kolonie entsandt, um die Bevölkerungsentwicklung in Gang zu bringen. Aus Franzosen waren Siedler geworden, die sich selbst „habitants" nannten.

1759 erringen die Engländer vor der Stadt Québec den entscheidenden Sieg über Neufrankreich: Es gelingt Wolffe auf den Abraham-Feldern vor der Stadt Québec, seinen Gegner Montcalm zu schlagen. Bei den Friedensverhandlungen in Europa hat Frankreich die Wahl zwischen Kanada und Saint-Domingue und entscheidet sich für die Insel in der Karibik. 40 Jahre später (1804) sollte dann diese nach Sklavenaufständen als Haiti unabhängig werden.

Der britischen Krone ergeht es indes nicht viel besser: Gerade einmal 20 Jahre nach der Eroberung Kanadas findet sie sich ohne die Neu-England-Staaten wieder, die sich 1783 unabhängig erklären. Damit sind die einzigen britischen Untertanen in Nordamerika alle katholisch und französischsprachig: die Canadiens. Um sich auf die Abwehr der Unabhängigkeitsbestrebungen der abtrünnigen Kolonien konzentrieren zu können, hatte England zuvor 1774 in der Québec-Akte seinen neuen französischen Untertanen weitgehende Rücksichten auf ihre Eigenheiten zugestanden, damit wenigstens sie bei der Stange bleiben und sich nicht etwa den rebellischen 13 Kolonien anschließen.

Nach der Gründung der USA wandern die treuen Untertanen ihrer Majestät, die nicht US-Amerikaner werden wollen, die „loyalistes", nordwärts nach Kanada. Um ihre Rechte gegenüber der französischsprechenden Mehrheit zu schützen, teilt man Kanada daher in zwei Provinzen: Oberkanada im Südwesten (am oberen Flusslauf des St-Lorenz, das künftige Ontario) und Unterkanada im Nordosten (das künftige Québec) Nur gegen heftigen Widerstand wird Französisch eine der Amtssprachen im Parlament von Unterkanada.

Das 19. Jahrhundert ist generell geprägt vom Bestreben der Kolonien nach mehr Unabhängigkeit, auch in Kanada. Die Revolte der Patrioten 1837 und 1838 fordert mehr Demokratie und Selbstbestimmungsrechte. In Unterkanada ist die Bewegung radikaler, es gibt auch Forderungen nach einer unabhängigen Republik nach amerikanischem Muster. In einer „Unabhängigkeitserklärung" legt Robert Nelson 1838 den Grundstein für die souveränistische Tradtion, und formuliert: „Le Bas-Canada doit prendre la forme d'un gouvernement républicain et se déclarer, de fait, République."[18] Der neue Staat soll die Gleichheit aller Bürger, Trennung von Kirche und Staat, Pressefreiheit und das Wahlrecht für alle Männer umsetzen. Die katholische Kirche steht dabei auf Seiten der britischen Regierung gegen die Aufständischen. „Les canadiens ‚papistes' de langue française ont été plus fidèles à l'Angleterre que les colons protestants des langue anglaise des Etats-Unis."[19] Die Revolte wird in

---

17 2004 erfolgte eine Bitte um Entschuldigung der britischen Krone und seit 2005 erinnert ein offizieller Gedenktag am 28. Juli an die Deportation.

18 *Lamonde, Yvan (Hrsg.)* 1999: Le rouge et le bleu: une anthologie de la pensée politique au Québec de la Conquête à la Révolution tranquille, Montréal, S. 124.

19 Ebenda, S. 59.

Unterkanada besonders massiv niedergeschlagen, es gibt mehrere Dutzend Tote und Verhaftungswellen sowie öffentliche Hinrichtungen der Anführer. Die britische Krone beschließt nun eine forcierte Assimilierung der Frankophonen und die Zusammenlegung der beiden Provinzen 1840, denn die Anglophonen haben inzwischen die Mehrheit in beiden gemeinsam.

1867 schließlich wird daraus und den Resten des ehemaligen Akadiens (Neuschottland und Neu-Braunschweig) die kanadische Konföderation gegründet, die sich dann im Zuge der Industrialisierung weiter nach Westen in die Prärien ausdehnt. Nach und nach entsteht das Kanada, wie wir es heute kennen, vom Atlantik bis zum Pazifik. In Québec ist der Parti rouge, die Liberalen, gegen die Konföderation: Québec sollte autonome Provinz innerhalb des Empire bleiben. Statt einer Volksabstimmung sollen die Wahlen im September zur nachträglichen Bestätigung dienen. Obwohl die Wahlen nicht geheim sind, und nur Männer ab einem gewissen Einkommen wählen dürfen und überdies 40 Prozent der Wahlberechtigten der Wahl fernbleiben, stimmen immerhin noch 45 Prozent der Frankophonen gegen die Föderation. Darüber, wie es bei einer freien, allgemeinen und geheimen Wahl ausgegangen wäre, kann man nur mutmaßen.

Das 19. Jahrhundert ist die Zeit des Eisenbahnbaus, der Industrialisierung der Landwirtschaft, der Abholzung riesiger Flächen, der massiven Verdrängung der Indigenen aus ihren Lebensräumen und ihrer Zwangsassimilation in den Prärien sowie landesweit ihrer Entrechtung durch das Indian Law. Ein erster Aufstand der Métis um Louis Riel gegen die Landnahme ontarischer Siedler kann die Entwicklung nicht aufhalten – aber immerhin gelingt 1870 die Gründung der Provinz Manitoba. Ein zweiter Aufstand der immer weiter nach Westen abgedrängten Indigenen 1884 in Saskatchewan wird blutig niedergeschlagen und Louis Riel wegen Hochverrats 1885 gehängt. Die frankokanadischen Nationalisten um Mercier, die in Riel ihren „Bruder" sehen, verehren ihn fortan als eine Art frankokanadischer Che Guevara. Die Verbindung von Nationalismus und der Forderung von substanziellen Wirtschafts- und Sozialreformen begründet eine Tradition, die weit ins nächste Jahrhundert reicht: „Cette combinaison refera surface au moment de la Révolution tranquille et s'accentuera avec le Parti québécois."[20]

Der Anteil der Frankokanadier an der kanadischen Bevölkerung sinkt immer mehr, während die Industrie mit englischem Kapital prosperiert. Die Frankokanadier stellen das Proletariat, bleiben von Bildung und Macht weitgehend ausgeschlossen. Die Kindersterblichkeit in Montréal ist eine der höchsten im ganzen Empire. Mehr als eine Million Frankokanadier wandern zwischen 1840 und 1940 in die USA aus.

In Kanada leben die Frankokanadier unter einer doppelten Herrschaft: ökonomisch und politisch unter den Briten, in allen anderen Belangen des täglichen Lebens unter der katholischen Kirche: Gesundheit, Bildung, Seelsorge – ein Staat im Staat, der es aber ermöglicht, in ihrer Sprache und nach ihren Gebräuchen zu leben. Die Kirche federt die Macht der Briten ab und dient als Vermittlungsinstanz und arrangiert sich mit deren politischer Vormachtstellung. Das sollte im Prinzip bis in die 1960er Jahre auch so bleiben. In den übrigen kanadischen Provinzen dagegen geraten die französisch sprechenden Minderheiten immer mehr unter Druck. In Neu-Braunschweig (1871), Manitoba (1890) und den Nord-West-Territorien (1892) wird das Recht auf französischsprachige Schulen beschnitten. 1890 wird in Manitoba

---

20 Edenda, S. 271.

Französich als Amtssprache abgeschafft und 1912 verbannt Ontario es auch aus den Schulen, während der Schutz der englischsprachigen Minderheit in Quebec seinesgleichen sucht: „La protection accordée à la minorité anglophone et protestante au Québec et maintenue jusqu'à ce jour n'a pas eu de reél équivalent dans les autres provinces canadiennes."[21]

Die beiden Weltkriege sind für das Verhältnis von Frankophonen und Anglophonen insofern bedeutsam, als jedesmal bei den Québecern starker Widerstand dagegen besteht, an der Seite der Briten in den Krieg zu ziehen. Als der konservative kanadische Premierminister Borden 1917 ein Wehrpflichtgesetz erlässt, das in Québec von der großen Mehrheit quer durch die politsichen Lager abgelehnt wird, erhält er bei Wahlen im Dezember in der Provinz nur vier Prozent der Stimmen. Der liberale Abgeordnete Francoeur bringt vier Tage später einen Antrag über eine Loslösung aus der Konföderation in die Québecer Nationalversammlung; sie kommt aber nicht zur Abstimmung. Am 5. August 1940 wird der Bürgermeister von Montréal, Camilien Houde, von der kanadischen Bundespolizei GRC festgenommen und für vier Jahre interniert, weil er zum Boykott der Registrierung aufgerufen hatte. Nach seiner Freilassung 1944 wird er mit überwältigender Mehrheit wiedergewählt. Bei der Abstimmung über das Wehrpflichtgesetz am 27.4.1942 stimmen 71,2 Prozent der Québecer (85 Prozent der Frankophonen) mit Nein, 70 Prozent der übrigen Kanadier mit Ja.[22]

1959 stirbt unvermutet der Québecer Premierminister Maurice Duplessis, der im Einvernehmen mit der Kirche über Jahrzehnte regiert hatte, und es kommt zu Neuwahlen. Nachdem es in der Kunst, der Kultur und den sozialen Bewegungen bereits seit einigen Jahrzehnten Ansätze des Aufbegehrens gegeben hatte, eröffnet nun der Wahlsieg der Liberalen den Weg in eine schnelle und tiefgreifende Modernisierung Québecs: die Revolution tranquille. Die „équipe du tonnerre" um Jean Lesage macht sich sofort ans Werk und wird 1962 unter dem Slogan: „Maîtres chez nous" wiedergewählt. Unter dem Energieminister René Lévesque wird die Energiewirtschaft verstaatlicht, das Gesundheits- und Erziehungswesen werden aus der kirchlichen in staatliche Autorität überführt, entsprechende Ministerien eingerichtet. Die Säkularisierung, anderswo ein Prozess von Jahrzehnten, verläuft im Zeitraffer: Der Anteil der Kirchgänger sinkt innerhalb weniger Jahre von 80 auf 20 Prozent. Es gibt nun auch Aufstiegschancen außerhalb der Kirche für die französischsprachigen Mittelschichten. Zuvor, so das Ergebins einer königlichen Enquête-Kommission zur Arbeitswelt (1969) hatte der Verdienst englischsprachiger männlicher Arbeitskräfte in Kanada im Schnitt knapp mehr als 50 Prozent über dem der Québecer insgesamt gelegen, wobei 80 Prozent der Differenz allein auf die Sprache entfallen war. Die Bestverdienenden in ganz Kanada waren einsprachig anglophone Männer in Québec, und sogar anglophone Ukrainer verdienten hier mehr als die einheimischen Frankophonen.[23] Unter den 14 ethnischen Gruppen Kanadas standen die Frankokanadier an zwölfter Stelle.[24]

21 *Pelletier* 2016 (Fn. 4), S. 131.
22 Ebenda, S. 132.
23 *Convey, John F.* 1992: Debts to pay. English Canada and Quebec from the conquest to the referendum, Toronto, S. 73–74.
24 *Boucher* 2018 (Fn. 5), S. 34.

Die Aufbruchstimmung und das neue Selbstbewusstsein der Québecer der 1960er Jahre haben auch eine internationale Kompomente: Man fühlt sich eins mit den Unabhängigkeitsbewegungen in den europäischen Kolonien Afrikas und Asiens, die zeitgleich weltweit gegen die Mutterländer aufbegehren. Einige Québecer bezeichnen sich als „die weißen Neger Amerikas" und streben nun ihrerseits nach Unabhängigkeit. Davon kann René Lévesque seine liberale Partei nicht überzeugen. Er gründet 1968 den Parti québécois, eine sozialdemokratische Partei, die sich von Kanada lösen will. Die Verbindung der souveränistischen Bewegung mit den antikolonialen Befreiungsbewegungen bringt ihr auch über die Frankophonen hinaus Sympathie ein.[25]

Der legendäre Ausruf De Gaulles „Vive le Québec libre" am 23. Juli 1967 vom Balkon des Rathauses vor 15.000 versammelten Bürger von Montréal facht den Willen zur Unabhängigkeit zusätzlich an und führt zu einer empfindlichen Verstimmung zwischen Paris und Ottawa,[26] die sich bei der Gründung der Organisation Internationale de la Francophonie (IOF) (1970) wiederholt.[27] Tatsächlich gelingt es Québec, in der IOF und auch durch die Gründung eigener Vertretungen in Paris (1961) und London (1962) eine eigene Außenpolitik zu betreiben. Inzwischen sind es 32 Vertretungen in 18 Ländern.

Bedeutender sind indes die Verteidigung und Aufwertung der französischen Sprache in Québec selbst. Französisch wird 1974 offizielle Amtssprache der Provinz und mit dem Regierungsantritt des Parti québécois 1976 beschreitet man eine voluntaristische Sprachpolitik, die in Dauerkonflikten mit Ottawa mündet.[28] 1977 erlässt die PQ-Regierung die Charta der französischen Sprache: Französisch wird generelle Unterrichtssprache im Beruf und im Erscheinungsbild (Geschäfte, Verkehrsschilder etc.), außer für die englischsprachige Minderheit (sie behält indes ihre Schulen, Universitäten und Krankenhäuser). Tatsächlich hat die nachhaltige Sprachpolitik dazu geführt, dass sprachbasierte Lohnunterschiede in Québec inzwischen verschwunden sind.

Das Feld der Konflikte um die Sprachpolitik zwischen Québec und Ottawa ist zu komplex, um sie hier abhandeln zu können,[29] ebenso wie die Frage nach dem Platz Québecs in der Föderation. Im Wesentlichen fordert Québec weitgehende Autonomie in den Bereichen Sprachpolitik und Einwanderung und das Recht, aus nationalen Programmen hinsichtlich von Wirtschafts- und Sozialpolitik auszuscheren, basierend auf der Vorstellung, eine von zwei europäischen Gründernationen Kanadas darzustellen. Eine paritätisch besetzte Kommission zum Bilingualismus und Bikulturalismus weist bereits 1965 auf die Notwendigkeit

---

25 So kommt es vor, dass sich sich in den 1960er Jahren Studenten der englischsprachigen Elite-Universität Mc Gill in Montréal für die Unabhängigkeit Québecs aussprechen, was heute undenkbar wäre, vgl. ebenda, S. 36.

26 *De Taillez, Felix* 2011: „Amour sacré de la Patrie" – de Gaulle in Neufrankreich. Symbolik, Rhetorik und Geschichtskonzept seiner Reden in Québec 1967, München.

27 Vgl. *Erfurt, Jürgen* 2007: Frankophonie in Kanada – Kanada und die Francophonie, in: Zeitschrift für Kanada-Studien, 27.01.2007, S. 9–37.

28 Vgl. *Woehrling, José* 1996: Le droit et la législation comme moyens d'intervention sur le français: les politiques linguistiques du Québec, des autorités fédérales et des provinces anglophones; in: *Erfurt, Jürgen (Hrsg.)*: De la polyphonie à la symphonie. Méthodes, théories et faits de la recherche pluridisciplinaire sur le français au Canada, Leipzig, S. 210–232.

29 *Bories-Sawala, Helga E./Schaffeld, Norbert (Hrsg.)* 2012: Wer spricht Kanadisch? Who Speaks Canadian? Qui parle canadien? Vielfalt, Identitäten und Sprachpolitik / Diversity, Identities and Language Policies / Diversité, identités et politiques linguistiques, Bochum.

hin, die Québec-Frage zu lösen, da in ihr Sprengstoff für den Fortbestand der kanadischen Föderation stecke:

„Ce qui est en jeu, c'est l'existence même du Canada. Quel genre de pays sera-t-il ? Va-t-il survivre ? [...] Aujourd'hui le Québec, si nous en croyons les opinions si souvent répétées devant nous, se regarderait lui-même comme une société presque autonome et s'attendrait à être reconnu comme telle. Cette idée se rattache à un espoir traditionnel au Canada français : celui d'être l'égal, comme partenaire, du Canada anglais. Si l'on estime que cette idée est irréalisable parce qu'on ne peut concevoir une telle égalité ou qu'on ne peut l'accepter, nous croyons que de la déception naîtra l'irrémédiable. Une importante fraction du Québec francophone est déjà tentée de faire cavalier seul."[30]

Eine radikale Splittergruppe, die FLQ, will die Unabhängigkeit mit Gewalt erreichen. Im Oktober 1970 entführt sie den britischen Diplomaten James Cross und den Québecer Arbeitsminister Pierre Laporte, der tragischerweise bei der Aktion ums Leben kommt. Die Québecer Regierung ruft die kanadische Armee zu Hilfe. Zehn Wochen lang herrscht Kriegsrecht,[31] Grundrechte werden außer Kraft gesetzt, circa 500 Unabhängigkeitsbefürworter verhaftet, darunter viele Künstler und Schriftsteller, fast alle ohne jede Verbindung zu den Felquisten. Auch wenn die Québecer wenig Sympathien für die Gewalt haben, das militärische Eingreifen der Bundesregierung trägt ihr ebensowenig Sympathien ein, wird bis heute als unverhältnismässig gesehen.[32]

In den 1980er und 1990er Jahren werden zwei Versuche unternommen, die Unabhängigkeit per Volksabstimmung zu erreichen. Nach einer Reihe gescheiterter Verhandlungen zwischen 1960 und 1978 über eine Verfassungsreform, die Québec die Anerkennung als „société distincte" und Kanada eine weitere Emanzipation von London bringen soll, kündigt Premierminister Pierre Trudeau 1976 einen Alleingang an, was in Québec Empörung auslöst und zu einer Wahl des souveränistischen Parti québécois in die Regierung der Provinz führt. Noch 1979 gibt es mit den 75 Vorschlägen der Kommission Pépin-Robarts für einen „asymmetrischen Föderalismus" einen letzten Einigungsversuch. Nachdem dieser von Trudeau abgelehnt wird, kommt es am 20. Mai 1980 zum ersten Referendum über die Unabhängigkeit. Am Vorabend verspricht Trudeau eine Verfassungsreform: „Un NON à la souveraineté, c'est un OUI au renouvellement du fédéralisme."[33] Die Québecer erhoffen sich davon mehr Rücksicht auf die Québécer Forderungen; das Referendum geht bei einer recht hohen Wahlbeteiligung (85,6 Prozent) mit einem deutlichen Nein (NON: 59,56 Prozent OUI: 40,44 Prozent) zur Trennung von Kanada aus.

Allerdings geschieht das genaue Gegenteil: Trudeau plant eine einseitige Repatriierung der Verfassung aus London auf dem Wege einer parlamentarischen Mehrheit in Ottawa und unter Umgehung der Zustimmung der Provinzen, was zunächst im April 1981 zu deren Widerstand

---

30 *Commission royale d'enquête sur le bilinguisme et le biculturalisme* 1978: Rapport préliminaire, Ottawa, 1er février 1965, New York, Art. 131.

31 Trudeau antwortet am 13. Oktober auf CBC auf die Frage, wie weit er zu gehen bereit sei: „Just watch me."

32 Ein amtlicher Bericht kommt zehn Jahre später zu dem Schluss, dass die Bundesregierung die Krise benutzt hat, um der souveränistischen Bewegung zu schaden und die politische Opposition einzuschüchtern und dass die Aufhebung der Grundrechte während des Kriegsrechts unverhältnismäßig gewesen sei, vgl. *Duchaîne, Jean-François* 1980: Rapport sur les événements d'octobre. Québec, ministère de la justice. Ein weiterer Bericht listet eine lange Reihe von gravierenden Rechtsbrüchen durch die Polizei auf, vgl. *Keable, Jean-François* 198: Rapport de la Commission d'enquête sur des opérations policers en territoire québécois, Québec, ministère de la justice.) Niemand von den Verantwortlichen wird indes dafür belangt.

33 Zitiert nach: *Létourneau, Jocelyn* 2006: Que veulent vraiment les Québécois, Montréal, S. 91.

führt. Nach Monaten zäher Verhandlungen einigt sich in der Nacht vom 4./5. November Trudeau mit den anderen Provinzregierungen, an Québec vorbei, auf einen Text, dem Québec nicht zustimmen kann.[34] Die Queen ratifiziert das Dokument, und es ist seither in Kraft.

Ein Gefühl der Demütigung zieht sich durch die öffentliche politische Meinung der Provinz, gleich welcher Couleur. Viele Québecer, die Trudeau vertraut hatten, sehen sich betrogen und sie sind nicht allein: „The pledges of constitutional reform made to the Québec electorate by the federal leaders have not been honored, and it is *not* too much to say that this electorate has been betrayed."[35] Über die „Nacht der langen Messer" sollte John F. Convay später schreiben:

„The energy-producing premiers, including those with off-shore potentials like British Columbia, Newfoundland and Nova Scotia wanted strong constitutional protection of provincial control of resources and an amending formula that would secure the regions' interests in the future. They also wanted a higher price for oil and gas and a better revenue-sharing deal. The premiers were, in fact, for sale. And Ottawa was in the market for as many premiers as it could buy."[36]

Und zum Resultat des Deals: „There was not a crumb for Quebec. None of Quebecs concerns had been adressed."[37]

Québec hat seitdem die kanadische Verfassung von 1982 immer noch nicht unterschrieben, was der damalige kanadische Premierminister Jean Chrétien anlässlich des 25. Jubiläums mit dem Verweis auf Bayern nicht dramatisch findet:

„Le Québec devrait-il signer la Constitution, rapatriée sans son accord? „Ce serait souhaitable, mais ce n'est pas nécessaire absolument" a-t-il déclaré, rappelant au détour que le cas canado-québécois n'était pas unique, la Bavière n'ayant pas signé la constitution allemande."[38]

Das Verhältnis zwischen der Provinz und der kanadischen Föderation war 1982 auf einem Tiefpunkt angelangt. Erst ein Wechsel der Personen ermöglichte eine Rückkehr an den Verhandlungstisch und es gelang tatsächlich ein Kompromiss, der die Zustimmung Québecs zur Verfassung in greifbare Nähe rückte: das Abkommen von Lac Meech von 1987. Die Parlamente von Québec und Ottawa ratifizierten das Abkommen sofort – die anderen Provinzen folgten in den drei Jahren danach – aber in den Parlamenten von Manitoba und Neufundland fiel das Projekt knapp durch und war damit gescheitert, denn es hätte die Zustimmung aller Provinzen ohne Ausnahme gebraucht. Die Fronten verhärteten sich damit auf beiden Seiten und in Québec erreichte die Unabhängigkeitsoption Zustimmungswerte von 70 Prozent (November 1990).[39]

Es gab noch einen weiteren Verständigungsversuch: das Abkommen von Charlottetown 1991, das sich aber als so wenig tragfähig erwies, dass es in einem kanadaweiten Referendum 1992 durchfiel. Bei einer landesweit recht hohen Wahlbeteiligung von 75 Prozent (83

---

34 Zu den Details vgl. *Bories-Sawala, Helga E.* 2010: Die „heimgeholte" kanadische Verfassung von 1982 und warum Québec sie immer noch nicht unterschreibt, in: Zeitschrift für Kanada-Studien 30.1, S. 113–139.

35 *Smiley, Donald* 1983: A dangerous Deed: The Constitution Act 1982, in: *Banting, Keith /Simeon, Richard (Hrsg.)* 1983: And No One Cheered: Federalism, Democracy and The Constitution Act, Agincourt, Methuen, S. 76.

36 *Convey* 1992 (Fn. 23), S. 120.

37 Ebenda, S. 121.

38 Le Devoir vom 17.04.2007.

39 *Pelletier* 2016 (Fn. 4), S. 146.

Prozent in Québec) stimmten 55 Prozent der Kanadier und 57 Prozent der Quebecer dagegen, wenn auch aus völlig entgegengesetzten Gründen: den einen ging es zu weit, den anderen nicht weit genug. Die Hoffnungen, den Verfassungskonflikt auf dem Verhandlungswege zu lösen, erschienen damit ausgereizt, und Quebec wählte nun massiv souveränistische Vertreter ins Parlament: ins Unterhaus in Ottawa, wo der 1991 gegründete Bloc québécois die größte Oppositionspartei wurde, wie auch in der Provinz, wo der Parti québécois erneut die Regierung übernahm und gemeinsam mit weiteren souveränistischen Parteien 1995 ein zweites Referendum über die Unabhängigkeit organisierte. Die Frage lautete:

„Acceptez-vous que le Québec devienne souverain après avoir offert formellement au Canada un nouveau partenariat économique et politique dans le cadre du projet de Loi sur l'avenir du Québec et de l'entente signée le 12 juin 1995?"

Dieser Gesetzentwurf sah im Falle einer Unabhängigkeit folgende Eckpunkte vor: eine eigene Verfassung für Québec, aber eine weiterhin enge Wirtschaftsunion zwischen Kanada und Québec, die Beibehaltung des kanadischen Dollar sowie der internationalen Verträge, die Möglichkeit einer doppelten Staatsangehörigkeit (kombiniert mit der kanadischen oder einer anderen), die Garantie der Rechte der Anglophonen und ihrer Institutionen und das Recht der Indigenen auf Selbstverwaltung in ihren Territorien. Geplant war also eine Eigenstaatlichkeit im Rahmen einer Kooperation, die sehr an die Europäische Union erinnert und sich, von heute aus gesehen, hinsichtlich Rationalität und Besonnenheit sehr vorteilhaft vom 2016 beschlossenen Brexit abhebt.

Bei einer Rekordwahlbeteiligung von 93 Prozent ging die Abstimmung vom 30. Oktober 1995 schließlich denkbar knapp aus: 49,42 Prozent stimmten für, 50,58 Prozent gegen die Unabhängigkeit. Der Verbleib in der kanadischen Föderation wurde damit nur um Haaresbreite gerettet, genau gesagt mit einem Vorsprung von 1,16 Prozent der Stimmen. Exakt 54.288 fehlten den Souveränisten für den Weg in die Québecer Autonomie – ein Ergebnis, das keinen Gewinner hervorbrachte und kein Problem löste.

Die Argumente, die die Debatte pro und kontra Souveränität bestimmten, lassen sich grob so zusammenfassen: Die Befürworter führen ins Feld, die Unabhängigkeit würde das Werk der Stillen Revolution vollenden und all der vorangegangenen Generationen von Québecern, die der Assimilation widerstanden haben. Es wird an das Selbstvertrauen appelliert: Die Québecer seien in der Lage, ihr Schicksal in die eigene Hand zu nehmen. Und schließlich würde man fragen:

„Warum schließt sich das englische Kanada nicht den USA an? Sie sprechen doch die gleiche Sprache, haben die gleichen politischen Überzeugungen und Werte", bekäme man zur Antwort: ‚Weil Kanadier keine US-Amerikaner sind [...]' Aber dann hätten Québecer erst recht Gründe, unabhängig sein zu wollen [...]"

Bei den Kontra-Argumenten spielen mögliche negative Folgen auf dem Arbeitsmarkt, für die Wirtschaft und den Lebensstandard eine Rolle, aber auch positive Bekenntnisse zu Kanada. Warum zerstören, was die Vorfahren aufgebaut haben? Kanada sei das beste Land der Erde. Québec werde mitnichten unterdrückt, es sei eine demokratische und prosperierende Gesellschaft und bedürfe keiner „Befreiung".

Die frankophonen Minderheiten außerhalb Québecs sehen die Unabhängigkeitsbestrebungen übrigens einerseits mit Verständnis und mit Sympathie – die Akadier hatten ihre eigene Stille Revolution erlebt und sich in den 1960er und 1970er Jahren für Gleichberechtigung eingesetzt, ja sogar ein Autonomieprojekt entwickelt – andererseits würden sie sich nach einem Ausscheren Québecs aus der Föderation der Übermacht der Anglophonen allein gegenübersehen. Nicht einmal die kanadische Zweisprachigkeit als Zugeständnis gegenüber Québec, vielen Kanadiern ohnehin ein Dorn im Auge, müsste ja dann auf lange Sicht aufrecht erhalten bleiben…

Interessant ist, dass es sehr viel leichter ist, in Québec Texte mit Argumenten der Pro-Seite zu finden. Auch heute bekennt sich in Québec kaum jemand dazu, mit Nein gestimmt zu haben.

Abb. 9: Le vote inavouable.

Quelle: 101 mots pour comprendre le Québec, L'actualité mars 2006, S. 169.

Warum hat also das Nein knapp gewonnen? Es führt natürlich in der Gruppe der Nicht-Französischsprachigen (zu 90 Prozent): Die Anglophonen wollen nicht in einem neuen Land zur Minderheit werden und die Neuankömmlinge fühlen sich eher als Kanadier. Zahlenmäßig mehr ins Gewicht fällt das Nein der immerhin 40 Prozent Frankophonen, das auf einer Verbundenheit mit Kanada, aber auch der Angst vor wirtschaftlichen Folgen und vor möglichen Reaktionen Kanadas beruht: die Erinnerung an die militärische Besatzung in der Oktoberkrise ist noch präsent.

Es kann aber auch Gründe dafür geben, trotz einer tiefen Verbundenheit mit Kanada für die Unabhängigkeit Québecs zu stimmen, wie Theologe und Wahlquébecer deutscher Abstammung, Gregory Baum, der 1939 über einen „Kindertransport" nach London emigriert war und sein Buch über Nationalismus, Religion und Ethik mit dem Bekenntnis schließt:

„In my opinion, Quebec will be heard only if it speaks from a position of strength. It is ironic that Quebeckers, like myself, who are deeply attached to Canada and desire a more just Canadian Confederation, will have to vote Yes at the next referendum. If there is another way to justice, I am ready to hear it."[40]

Zehn Jahre nach dem Referendum deckt 2005 eine parlamentarische Untersuchungskommission unter anderem auf, dass die Bundesregierung die Kampagne für den Verbleib illegal gefördert hatte. Paul Martin, der damalige Finanzminister, trat daraufhin als Premierminister zurück. Die Empörung in Québec war am Siedepunkt, aber die einmal geschaffenen politischen Fakten haben natürlich Bestand. Und ein neues Referendum ist nur denkbar, wenn in Québec gerade der PQ regiert.[41] Der ehemalige kanadische Premierminister Jean Chrétien findet auch im Nachhinein, dass die Einheit Kanadas den Aufwand aller nur erdenklichen Mittel rechtfertigt.[42]

Im November 2006 erkennt die kanadische Nationalversammlung Québec symbolisch als Nation an. Premierminister Stephen Harper lässt über folgenden Antrag abstimmen:

„Que cette Chambre reconnaisse que les Québécois forment une nation au sein d'un Canada uni" und in der Begründung führt er aus: „La question est simple: est-ce que les Québécois forment une nation au sein d'un Canada uni ? La réponse est oui. Est-ce que les Québécois forment une nation indépendante du Canada ? La réponse est non, et elle sera toujours non."[43]

In Umfragen ist die Zustimmung der frankophonen Québecer zu dieser Formulierung ebenso deutlich wie die Ablehnung durch die Kanadier außerhalb Québecs: jeweils zu drei Vierteln. Für eine Anerkennung Québecs als Nation in der Verfassung wären 2010 laut einer Umfrage 81 Prozent der Québecer gegenüber 38 Prozent der übrigen Kanadier.[44]

Québec – de facto eine Nation

Ganz unabhängig von einer wie immer gearteten Anerkennung durch Kanada steht aber fest, dass Québecer sich bereits de facto als Nation sehen:

„French Quebeckers see themselves as a people, heirs of a long history, located within a given territory, responsible for their society, possessing a government, and attempting to create their own approach to economic development. [...] French Quebeckers see themselves as a people with cultural roots going back three centuries, capable of receiving communities of other origins and embracing them as citizens on an equal footing."[45]

Auch wenn das für Außenstehende schwer zu fassen sein mag:

„Unless one has shared a personal experience of the integral distinctiveness of Québec and personally witnessed the spontaneous self-understanding of Quebeckers as constituting their own society, it is almost impossible [...] to understand what the recognition of nationhood means to Quebeckers."[46]

---

40 *Baum, Gregory* 2001: Nationalism, religion and ethics, Montréal, S. 150.
41 Vgl. eigenes Interview mit Jean-François-Lisée, in: *Bories-Sawala, Helga E.* 2010: Découvrir le Québec. Une Amérique qui parle français, Paderborn, S. 108.
42 Vgl. http://www.radio-canada.ca/nouvelles/special/nouvelles/commandites/200504/14/004-commission Gomery.shtml (21.05.2019).
43 Le Devoir vom 24.11.2006.
44 Sondage Léger marketing für das Secrétariat aux Affaires intergouvernementales canadiennes du Québec, zitiert nach: *Pelletier* 2016 (Fn. 4), S. 159.
45 *Baum* 2001 (Fn. 40), S. 140.
46 Ebenda, S. 148.

Manchmal scheitert eine Anerkennung der Frankokanadier aber auch an Unverständnis trotz gutem Willen. Die folgende kleine Passage aus dem Bericht der Kommission zum Bilingualismus und Bikulturalismus ist so erheiternd wie aufschlussreich:

„Quand, après nos réunions publiques, nous conversions avec des gens de l'endroit, ceux-ci nous racontaient des faits qui traduisent de façon de plus vive encore leur sens du caractère artificiel de la culture non anglaise: Ainsi, par exemple, dans les prairies, un anglophone, entendant des Québécois parler français entre eux, s'en approche et, avec amitié, les interroge sur divers aspects de leur vie. Il dit notamment. « Vos enfants apprennent le français en classe, mais quand ils sortent en récréation, quelle langue parlent-ils? » C'est-à-dire: en classe ils sont bien forcés d'écouter leurs maîtres; mais quand ils sont rendus à la liberté, est-ce qu'ils ne parlent pas anglais comme tout le monde? Ailleurs, des femmes qui ont séjourné dans le Québec s'étonnent d'y avoir entendu de très jeunes enfants s'exprimer en Français: comment, s'étonnent-elles, arrive-t-on à trois ou cinq ans à parler une langue que les adultes (du Canada anglais) ont tant de difficulté à maîtriser?"[47]

Wir sind in Nordamerika: Englisch ist einfach selbstverständlich, *die* Sprache an sich.

Jenseits der Sprache unterscheidet sich Québec grundsätzlich vom übrigen Kanada durch ein spezifisches Geschichtsbild: „L'historiographie canadienne n'a jamais été unifiée, et les deux traditions linguistiques sont aussi différentes l'une de l'autre que des historiographies étrangères. Aucune interprétation n'a jamais réussi à réconcilier tous les Canadiens."[48]

Von der Deportation der Akadier und der britischen Eroberung, über die Niederschlagung des „Patrioten-Aufstands", die Erhängung von Louis Riel und die Behandlung als „weiße Neger Amerikas" führt für das frankokanadischen Kollektivgedächtnis eine lange Serie von Niederlagen, die sich in der als Verrat empfundenen Repatriierung der Verfassung und den beiden verlorenen Referenden fortsetzt, während die gleichen Ereignisse im anglophonen Kanada als Siege der britischen Demokratie über frankokanadische Rückständigkeit und den erfolgreichen Erhalt der Einheit Kanadas gedeutet werden.[49]

Aber auch in Québec gibt es unterschiedliche Geschichtsbilder. Der Selbstwahrnehmung als ewiges Opfer könnte man mit Jocelyn Létourneau entgegen halten, dass sich auf lange Sicht, auch durch den „Eigen-Willen" der Franko-Kanadier, ihre Beharrlichkeit und die Bereitschaft zur Rebellion, manche Niederlagen in Siege verwandeln. Die Demokratie, die die Patrioten Unter-Kanadas vergeblich gefordert hatten, wurde letztlich doch erreicht, die Québecer hätten ihre kulturelle Eigenständigkeit am Ende erfolgreich verteidigt und mussten Kanada, das sie einst gegründet hatten, (noch) nicht aufgeben und anderen überlassen, ihr Einfluss auf die Föderation sei groß, wenn auch vielleicht indirekt. Wäre Kanada schließlich ohne die ständige Herausforderung durch Québec heute zweisprachig, multikulturell und so progressiv?[50]

Die ganz eigene politische Kultur, die sich auch in einem völlig unterschiedlichen Parteiensytem ausdrückt, ist ein weiteres Indiz dafür, dass Québec sich grundsätzlich vom übrigen Kanada unterscheidet: Umweltbewusstsein, Waffengesetze, Pazifismus, Solidarsyste-

---

47 *Commission royale* 1978 (Fn. 30) Art. 40.
48 *Dickinson, John A.* 1996: Historiens Canadiens : agents d'union ou de désunion, in : Revue d'études canadiennes, 31.02.1996, S. 148.
49 Vgl. *Kolboom, Ingo* 1998: Le Québec: lignes de force et enjeux majeurs, in: *Ders. et al. (Hrsg.):* Le Québec: Société et Cultures. Les enjeux d'une francophonie lointaine, Dresden, S. 1326, und *ders.* 1996: Von der Kolonie zur Autonomie: Québec zwischen Dominanz und Integration, in: Dokumente, 4, S. 280–285.
50 *Létourneau, Jocelyn* 2000: Passer à l'avenir: histoire, mémoire, identité dans le Québec d'aujourd'hui, Montréal, S. 146–147.

me, Offenheit für neue Lebens- und Familienformen, Lebenseinstellungen sind Dimensionen, die in Umfragen deutliche Unterschiede zwischen Québecern und Mehrheiten in Kanada aufweisen.[51] Von allen Provinzen glaubt Québec am wenigsten an eine kanadische Wertegemeinschaft.[52]

Abb. 10: Identité des francophones du Québec (1970–2010)

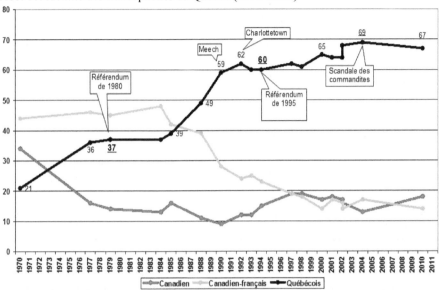

Quelle: *Pinard, Maurice/Drouilly, Pierre*, zitiert nach: L'actualité 07.05.2010. https://lactualite.com/politique/
identite-et-estime-de-soi-piliers-dune-future-majorite-souverainiste/ (21.05.2019)

Als drittes sei das Selbstbild genannt, das sich mit der Zeit verändert hat. Aus den Franzosen,
die einwanderten, wurden in Generationen der im Lande geborenen Habitants, die sich
schließlich selbst als Canadiens, Kanadier bezeichnen. Als durch die Einwanderung nach
der amerikanischen Unabhängigkeit schließlich die Kanadier mehrheitlich englischsprachig
waren, nannten sich die Frankophonen: Canadiens français. Wie diese Bezeichnung Ende
des 20. Jahrhunderts schließlich der Identität als Québécois wich, zeigt Abb. 10.

In der Stillen Revolution der 1970er Jahre bezeichnen sich die Québecer noch in vor
allem als Canadiens Français, in zweiter Linie als Kanadier, kurze Zeit später aber schon als
Quécécois. Die Bezeichnung setzt sich dann im Laufe der Auseinandersetzung mit Ottawa
weiter durch und überholt zwischen den Referenden auch die Canadiens Québécois, das
heißt auch: Die Verbindung mit den frankophonenen Minderheiten in den anderen Provinzen

---

51 Sondage Le Code Québec. Les sept différences qui font de nous un peuple unique au monde.
   http://lecodequebec.com (21.05.2019).
52 La confédération de demain: un sondage des Canadiens (Décembre 2018–Janvier 2019) L'Environics Institute for Survey Research, le Mowat Centre, la Canada West Foundation, le Centre d'analyse politique –
   Constitution et fédéralisme, l'Institute for Research on Public Policy et le Brian Mulroney Institute of
   Government. https://policyoptions.irpp.org/fr/magazines/avril-2019/a-quel-point-sommes-nous-divises-
   au-canada/ (21.05.2019).

lockert sich, man identifiziert sich mehr mit der eigenen Provinz, mit dem eigenen Land, wie schon viele sagen. Seit den 1990er Jahren liegt die Selbstwahrnehmung als Québécois konstant zwischen 60 und 70 Prozent, die als Kanadier oder Frankokanadier unter 20 Prozent.

Ob Québec ein Land im Sinne eines unabhängigen Staats werden sollte, darüber gehen die Meinungen, wie wir gesehen haben, auseinander. Es wäre aber schwierig, in Québec jemanden zu finden, der nicht der Meinung ist, dass Québec eine Nation ist. Aber deswegen sind sie keine Nationalisten im europäischen Sinne, also im politischen Spektrum rechts.

„Nationalism is a confusing historical phenomenon. Those of my generation remember the aggressive, murderous nationalism of Nazi Germany, and some people continue to think of it as a political movement close to fascism. [...] At the same time, history books usually present the American revolution as a nationalist, anti-colonial movement that deserves admiration. [...] Since the nationalist movement in Québec and the demand of the Native peoples are for many Canadians disturbing developments, there is special need for critical thinking."[53]

Ausblick: Wird Québec eines Tages unabhängig?

Wie bereits eingangs deutlich wurde, wird die Frage, ob Québec je unabhängig werden könnte, sehr unterschiedlich beantwortet. Neben der Resignation angesichts der souveränistischen Wahlniederlagen gibt es alternative Deutungen:

„Ein Wiederaufleben des Föderalismus-Separatismus-Konflikts und damit der nationalen Frage scheint möglich – und auch ein Wiedererstarken des PQ, dessen Chef das Thema Sezession 2018 ja selbst heruntergespielt hatte und damit zumindest in den Augen der rank-and-file-Mitglieder seiner Partei einen eklatanten strategischen Fehler begangen haben dürfte."[54]

Auch Jean-François Caron sieht die Frage weiter offen: „Même si le Parti Québécois a perdu le pouvoir en 2014 et que les appuis à la souveraineté semblent décliner, un éventuel troisième référendum sur la souveraineté n'est pas à écarter pour autant."[55]

Nimmt man, wie er, die Entwicklung eines Zugehörigkeitsgefühls zur Föderation als Voraussetzung für den Erhalt derselben: „En vue de maintenir l'unité politique des Etats multinationaux, il y a nécessité de susciter auprès des individus appartenant à la minorité nationale un esprit fédéral."[56], so stehen die Chancen eher schlecht für Kanada, denn:

„Un grand nombre de Québécois ne se reconnaissent pas dans cette vision d'un fédéralisme uniforme, homogénéisant, pancanadien. Ils mettent l'accent sur leur caractère distinctif que ne reflète pas l'égalité des provinces, une langue qu'ils veulent protéger face à l'envahissement de l'anglais, une culture qui ne peut s'accommoder du multiculturalisme, une histoire souvent différente de l'histoire officielle canadienne et un Etat qu'ils contrôlent par leur majorité et qui détient ses propres pouvoirs."[57]

Québec und Canada sind oft mit einem Ehepaar verglichen worden. Auf die Frage „Wollen Sie sich scheiden lassen oder bei ihrem Partner bleiben?" fällt die Antwort anders aus als wenn man fragen würde: Wenn ihr euch morgen kennenlernen würdet, würdet ihr heiraten? Bei einer neueren Umfrage antworten 91 Prozent der anglophonen Kanadier, sie würden

---

53 *Baum* 2001 (Fn. 40), S. 3.
54 *Schneider* 2019 (Fn. 8), S. 135.
55 *Caron* 2016 (Fn. 4), S. 2.
56 Ebenda, S. 3–4.
57 *Pelletier* 2016 (Fn. 4), S. 157.

wieder Kanada beitreten, aber 58 Prozent der Frankophonen würden das nicht tun. Obwohl sich gleichzeitig nur 35 Prozent von Kanada aktiv trennen würden.[58]

In der Wirklichkeit erteilten Québecer in zwei Referenden der Scheidung von Kanada eine Absage. Aber es gab nur wenige Gelegenheiten, sich aktiv für Kanada zu positionieren; weder 1867 bei der Gründung der Föderation noch 1982 bei der neuen kanadischen Verfassung. Das einzige Mal, beim Kompromiss von Charlottetown, waren die Québecer mit 57 Prozent dagegen.

Wie Abbildung 11 zeigt, stützt sich die Souveränitätsoption auf einen relativ stabilen Stamm von unbedingten Unabhängigkeitsbefürwortern, der ebenso wie sein Spiegelbild, die unbedingten Föderalisten, in aller Regel in der Minderheit bleibt. Eine entschiedene Mehrheit für die eine wie die andere Option hängt zum einen von aktuellen Konjunkturen ab, zum anderen aber von einem überzeugenden, mehrheitsfähigen politischen und gesellschaftlichen Projekt, für das es sich lohnen würde, das Abenteuer Unabhängigkeit zu wagen.[59]

Abb. 11: Fédéraliste ou souverainiste? Québec, 2002–2019 (in Prozent)

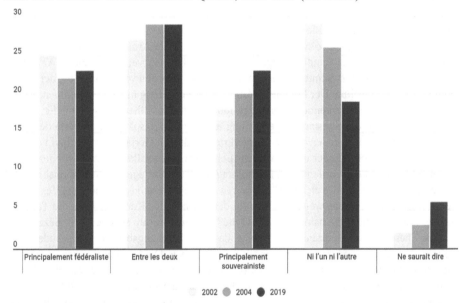

Quelle: *Environics Institute for Survey Research et al.* 2019: Le Canada: rapprochement ou éloignement, La confédétaion de demain, avril 2019; Question 29.

---

58 Sondage CROP 2010, zitiert nach: Le côté obscur de la force d'inertie dans le couple Québec/Canada, in: L'Actualité, 06.06.2010.
59 Vgl. *Aubin, Claire (Hrsg.)* 2018: Le oui des femmes, Montréal, und *Martin, Eric* 2017: Un pays en commun: socialisme et indépendance au Québec, Montréal.

Der Amerikanische Bürgerkrieg als Sezessionskrieg

Georg Schild

I expressed a belief in a letter ... that the South would never go back into the Union. The North think that they can coerce the South, and I am not prepared to say they are right or wrong; but I am convinced that the South can only be forced back by such a conquest as that which laid Poland prostrate at the feet of Russia. It may be that such a conquest can be made by the North, but success must destroy the Union as it has been constituted in times past. William Howard Russell, 1863.[1]

Am 20. Dezember 1860 erklärte der Bundesstaat South Carolina seinen Austritt aus der amerikanischen Union. In den folgenden Wochen und Monaten folgten zehn weitere Staaten des Südens diesem Schritt. Der amerikanische Präsident Abraham Lincoln, der zum Zeitpunkt der Sezession South Carolinas zwar bereits gewählt, aber noch nicht im Amt war, ließ keinen Zweifel daran aufkommen, dass er die Maßnahmen der Südstaaten nicht hinnehmen werde. Die Union war in seinen Augen immerwährend, wie er in seiner Rede zur Amtseinführung unmissverständlich feststellte: *the Union of these States is perpetual.*[2]

Einen Monat nach Lincolns Amtsantritt standen sich die Armeen des Nordens und des Südens zum ersten Mal feindlich gegenüber. Die Südstaaten verlangten einen Abzug der Unionssoldaten aus Fort Sumter, einer Festungsanlage im Hafen von Charleston, der Hauptstadt von South Carolina. Der Präsident wollte dieser Forderung nicht nachkommen, weil er darin eine implizite Anerkennung der Sezession sah. In den frühen Morgenstunden des 12. April 1861 griffen die Südstaaten die Festung an. Zwei Tage später kapitulierte der Kommandant Major Robert Anderson. Der Bürgerkrieg, in dessen vierjährigem Verlauf weit über eine halbe Millionen Männer und Frauen ihr Leben verlieren sollten, hatte begonnen.

Im Mittelpunkt der vorliegenden Darstellung des Bürgerkrieges als Sezessionskrieg stehen drei Fragen: Erstens, welche Gründe waren für die Sezessionsentscheidung des Südens verantwortlich? Zweitens, welche Folgen für den Verlauf des Konflikts hatte die Tatsache, dass es sich um einen Sezessionskrieg handelte? Drittens, warum scheiterte die Sezession?

Die Thesen dieses Beitrages sind erstens, dass der Trennungsbeschluss des Südens kein Zeichen der Stärke, sondern ein Hinweis auf Schwäche war. Die Sezession wurde in dem Moment beschlossen, als der Süden fürchtete, vom bevölkerungsreicheren und wirtschaftlich dynamischeren Norden dominiert zu werden. Damit hätte der Fortbestand der Sklaverei langfristig zur Disposition gestanden, wenngleich der Sklaverei keine unmittelbare Gefahr drohte.

Die zweite These lautet, dass der Sezessionskrieg für den Norden, der die Union erhalten wollte, eine größere militärisch-strategische Herausforderung darstellte als für den Süden. Die Sezessionisten hatten ein klares Ziel proklamiert, das in der Bevölkerung des Südens auf weitgehende Zustimmung stieß. Der Norden sah sich gezwungen, militärisch gegen die Südstaaten vorzugehen, um eine Änderung ihrer Politik durchzusetzen. Der Norden musste den Krieg gewinnen, ohne dabei mit übermäßiger Härte vorzugehen, um die Grundlage für

---

1 *Russell, William Howard* 1863: My Diary North and South, Boston, S. 180.
2 *Lincoln, Abraham* 1953: Rede zur Amtseinführung am 4. März 1861, in: *Basler, Roy (Hrsg.):* Collected Works of Abraham Lincoln [CWAL], New Brunswick, Bd. 4, S. 264.

ein späteres Zusammenleben zwischen Nord und Süd nicht dauerhaft zu gefährden. Militärische Maßnahmen gegen die Zivilbevölkerung und eine Änderung der gesellschaftlichen Verhältnisse des Südens wie die Beseitigung der Sklaverei sollten deshalb vermieden werden. Erst im Verlauf des Konfliktes änderte Präsident Lincoln die Strategie der Union. Das Beharren des Südens auf der Sezession und die lange Dauer des Krieges zwangen den Präsidenten zu einer robusteren Art der Kriegführung, die langfristige Folgen für die politischen und sozialen Verhältnisse im Land hatte.

Abb. 1: Karte der Vereinigten Staaten – Grenzen der Union und der konföderierten Staaten Juni 30, 1861, c1905.

Die Vereinigten Staaten im Bürgerkrieg. Von den 34 Bundesstaaten am Vorabend des Bürgerkriegs erklärten sieben (South Carolina, Mississippi, Florida, Alabama, Georgia, Louisiana und Texas) nach der Wahl Präsident Lincolns im November 1860, aber noch vor seinem Amtsantritt im März 1861 ihren Austritt aus der Union. Nach Beginn der Kampfhandlungen zwischen Norden und Süden erklärten weitere vier Staaten (Virginia, Arkansas, Tennessee und North Carolina) ihren Austritt. Vier weitere sklavenhaltende Staaten (Missouri, Kentucky, Maryland und Delaware) blieben in der Union. Im Verlauf des Krieges spaltete sich ein Teil Virginias ab und gründete den neuen Staat West Virginia.
Quelle: Library of Congress Geography and Map Division Washington, D.C.

Die dritte These dieses Beitrages lautet, dass ein Erfolg der Sezession keineswegs von vornherein ausgeschlossen war. Der Süden konnte auf das Beispiel des amerikanischen Unabhängigkeitskriegs von 1775 bis 1783 verweisen. Damals konnten sich die Amerikaner gegen Großbritannien, die führende Militärmacht der damaligen Zeit, erfolgreich durchsetzen, indem sie die Kosten des Konflikts für die Krone in die Höhe trieben, bis diese schließlich in keinem akzeptablen Verhältnis zum Nutzen einer Wiederherstellung der kolonialen Herrschaft mehr standen. Der Süden strebte im Bürgerkrieg die gleiche Strategie an und wollte die Wiederherstellung der Einheit für den Norden so verlustreich und kostspielig machen, dass dieser das Interesse an einer Wiedervereinigung verlieren würde. Präsident Lincoln war nicht willens, dem Druck des Südens nachzugeben und war stattdessen bereit, jeden Preis für die Einheit zu bezahlen. Hätte er jedoch die Präsidentschaftswahlen im November 1864 gegen George McClellan verloren, hätte dies als Hinweis auf die Kriegsmüdigkeit des Nordens gewertet werden können. McClellan hätte gezwungen sein können, den Südstaaten ihre Unabhängigkeit zuzugestehen.

Wenn man nach den Gründen für die Sezessionsbestrebungen des Südens fragt, dann erscheint an erster Stelle die Sklaverei.[3] Sie hatte in den britischen Kolonien Nordamerikas eine lange Tradition. Die ersten Sklaven wurden im Sommer 1619 in Virginia zum Kauf angeboten. Im Verlauf des 18. und 19. Jahrhunderts dehnte sich die *peculiar institution* allmählich auf alle Kolonien aus. Im Norden konkurrierte die Sklaverei jedoch zunehmend mit der Lohnarbeit in den entstehenden Manufakturen. In den Jahrzehnten nach der Amerikanischen Revolution wurde die Sklaverei im Norden schrittweise beseitigt. Im Süden entwickelte sich im 18. und 19. Jahrhundert hingegen eine großräumige Plantagenwirtschaft für Tabak und Baumwolle, die gewinnbringend nur mit Sklaven bewirtschaftet werden konnte. Die Zukunft der Sklaverei erschien Mitte des 19. Jahrunderts besser als jemals zuvor, nachdem als Folge der Annektion von Texas und dem Sieg über Mexiko 1848 neue Gebiete im Süden für die landwirtschaftliche Nutzung offenstanden. Einige Jahre später erklärte der Supreme Court, dass die Sklaverei mit der Verfassung der Vereingten Staaten in Einklang stand.

Die Sklaverei teilte die Vereinigten Staaten nicht nur in zwei Wirtschaftsblöcke, sondern entwickelte sich zur dominierenden politischen und gesellschaftlichen Auseinandersetzung des Landes. Gegner der Sklaverei wie der Schriftsteller William Lloyd Garrison warfen dem Süden Verrat an den Zielen der Amerikanischen Revolution vor. Garrison, der Herausgeber der Zeitschrift *The Liberator*, schrieb in der ersten Ausgabe im Januar 1831, dass Sklaverei mit den Prinzipien der amerikanischen Unabhängigkeitserklärung nicht zu vereinbaren sei:

„Assenting to the ‚self-evident truth' maintained in the American Declaration of Independence, ‚that all men are created equal [...]' I shall strenuously contend for the immediate enfranchisement of our slave population."

Der Gleichheitsgrundsatz zwinge damit zur Beseitigung der Sklaverei. Der Geistliche George Bourne verurteilte die Sklaverei in seinem 1837 erschienenen Buch *Slavery Illustrated* als Verstoß gegen moralische Vorstellungen:

„ [...] the slave States are one vast brothel, in which multiform incests, polygamy, adultery, and other uncleanness are constantly perpetrated – and there is not a man, or woman, or boy, or girl, or any who has arrived at the age of puberty, that is not acquainted with nearly the whole mass of abominations."[4]

Das wohl bekannteste Buch gegen die Auswüchse der Sklaverei war Harriet Beecher Stowes Roman *Uncle Tom's Cabin* aus dem Jahr 1852. Es verkaufte sich allein im ersten Jahr 300.000 Mal und zwei Millionen Mal innerhalb des ersten Jahrzehnts.

Während Stowes Buch im Norden verehrt wurde, traf es im Süden auf scharfe Kritik. Dort entstand eine regelrechte *Anti-Uncle Tom's Cabin*-Literatur, in der das Leben der Sklaven im Süden mit dem der Arbeiter in den Neuenglandstaaten verglichen wurde. Lohnarbeit wurde als „Lohnsklaverei" (*wage slavery*) bezeichnet und als das härtere Schicksal dargestellt.

---

3   *Sexton, Jay* 2018: A Nation Forged by Crisis, New York, S. 59.
4   *Bourne, George* 1837: Slavery Illustrated in Its Effect Upon Woman and Domestic Society, Boston, S. 27.

Während Südstaatler die Sklaverei Ende des 18. Jahrhunderts nicht selten noch als „notwendiges Übel" (*necessary evil*) bezeichneten, rechtfertigten sie sie in den Jahrzehnten vor dem Bürgerkrieg zunehmend als politisch und moralisch überlegene Gesellschaftsform. So erklärte Alexander H. Stephens, der Vizepräsident der Konföderierten Staaten, im März 1861, dass die politische Ordnung der Südstaaten eine naturgegebene Hierarchie der Rassen widerspiegele:

„Our new Government is founded [...] upon the great truth that the negro is not equal to the white man; that the slavery, subordination to the superior race, is the natural and moral condition."[5]

Und mehr noch, in ihrem eigenen Selbstverständnis stellten die weißen Südstaatler die Elite Amerikas dar. Der *Southern way of life* sei dem des Nordens überlegen. Der *Herald* aus Muscogee, Georgia, schrieb 1856:

„Free society! We sicken at the name. What is it but a conglomeration of greasy mechanics, filthy operatives, small-fisted farmers, and moon-struck theorists? All the northern, and especially the New England states, are devoid of society fitted for well-bred gentlemen. The prevailing class one meets with is that of mechanics struggling to be genteel, and small farmers who do their own drudgery, and yet are hardly fit for association with a southern gentlemen's body servant."[6]

Im Wahlkampf von 1860 kulminierten diese gesellschaftlichen Konflikte. Die Republikanische Partei trat mit Abraham Lincoln an, einem Rechtsanwalt aus Illinois, der sich zwar nicht gegen die Sklaverei an sich aussprach, aber eine Ausdehnung in die neu hinzugewonnenen Territorien strikt ablehnte. Die Demokratische Partei, die von Südstaatlern dominiert wurde, konnte sich nicht auf einen Kandidaten einigen und trat mit den zwei Bewerbern Senator John C. Breckinridge aus Kentucky und Senator Stephen A. Douglas aus Illinois an.

Lincolns Wahlsieg vom November 1860 stellte aus zwei Gründen eine Herausforderung für den Süden dar: Erstens war ein Kandidat, der sich strikt gegen eine Ausdehnung der Sklaverei ausgesprochen hatte, siegreich gewesen. Wichtiger noch war, dass Lincoln gewann, ohne auch nur in einem einzigen Südstaat die Mehrheit der Stimmen erhalten zu haben. Das demographische Übergewicht des Nordens und die Einigkeit der Nordstaatler in der Ablehnung der Sklaverei hatten den Südstaatlern deutlich gemacht, dass sie einem geschlossenen Block von vermeintlichen Gegnern gegenüberstanden und in eine Minderheitenposition geraten waren.

Noch bevor der neue Präsident Lincoln im März 1861 sein Amt antreten konnte, waren insgesamt sieben Südstaaten aus der Union ausgetreten. In der Reihenfolge des Austritts waren dies South Carolina, Mississippi, Florida, Alabama, Georgia, Louisiana und Texas. Führende Publizisten dieser Staaten begründeten diesen Schritt damit, dass der Norden eine neue Gesellschaftsstruktur schaffen wolle, die den amerikanischen Gründungsdokumenten, die die Sklaverei guthießen, widersprachen.

„We are struggling for constitutional freedom", so der Geistliche James H. Thornwell aus South Carolina. „We are upholding the great principles which our fathers bequeathed us [...] We are not revolutionists – we are resisting revolution. We are upholding the true doctrines of the Federal Constitution. We are conservative. Our success is the triumph of all that has been considered established in the past. We can never become aggressive."[7]

---

5   *Moore, Frank (Hrsg.)* 1961–63: The Rebellion Record: A Diary of American Events, Bd. 1, New York, S. 44.
6   Zit. nach *Stampp, Kenneth (Hrsg.)* 1974: The Causes of the Civil War, Englewood Cliffs, S. 159–60.
7   *Thornwell, James* 1862: Our Danger and Our Duty, Columbia, S. 5.

Die Sezessionisten nahmen damit für sich in Anspruch, verfassungsgemäß zu handeln. Die Verfassung spricht die Möglichkeit eines Austritts aus der Union nicht explizit an. Im frühen 19. Jahrhundert existierten zwei Interpretationsstränge des Obersten Gerichtshofs über das Verhältnis von Bundestaat zu Einzelstaaten. Unter Chefrichter John Marshall wurde die Zentralregierung gestärkt; unter seinem Nachfolger Roger B. Taney wurde Regelungskompetenz wieder an die Einzelstaaten delegiert. Das wichtigste Beispiel dafür war die Entscheidung *Dred Scott v. Sandford* aus dem Jahr 1857. Der Sklave Dred Scott hatte seine Freilassung eingeklagt, weil er einige Jahre im Dienst seines *masters* im freien Norden (unter anderem im Gebiet der sogenannten Northwest Ordinance) verbracht hatte. Der Gerichtshof widersprach der Auffassung Scotts. Auch ein Aufenthalt im freien Norden würde einen Sklaven nicht befreien. Dabei beließ es Richter Taney jedoch nicht. Im nächsten Schritt zweifelte er an, dass der Kongress die Kompetenz besessen hätte, Sklaverei im Gebiet der Northwest Ordinance zu verbieten. Das könnten nur die Einzelstaaten. Aus dieser Perspektive erscheint der Sezessionsbeschluss als Verteidigungsmaßnahme der Südstaaten gegen eine verfassungswidrige Bevormundung durch den Bund.

Am 4. Februar 1861 trafen sich Delegierte aus den abtrünnigen Staaten in Montgomery, Alabama und gründeten die Konföderierten Staaten von Amerika. Sie einigten sich am 11. März auf eine Verfassung, die sich am Modell der US-Verfassung orientierte. So begann die Verfassing mit den Worten *„We, the people of the Confederate States, each State acting in its sovereign and independent character* [...]" Die Südstaaten glaubten, dass sie mit dem Rohstoff Baumwolle einen wirtschaftspolitischen Trumpf in Händen hielten, der ihnen die Anerkennung durch die Staaten Westeuropas garantieren würde. Das sollte sich jedoch als Fehleinschätzung erweisen, denn es gelang britischen Textilfabriken recht schnell, Baumwolle aus anderen Teilen des *Empire* zu importieren.

Einen Monat nach der Gründung der Konföderierten Staaten trat Lincoln sein Amt als Präsident der USA an. In seiner Rede zur Amtsübernahme äußerte er sich sehr zurückhaltend zur Frage der Sklaverei. Sein Interesse galt einzig und allein der Frage der Einheit des Staates. Er nannte die Sezession „rechtlich ungültig" (*legally void*) und erklärte, die Union sei unauflöslich. Lincoln sprach offen von der Gefahr eines Krieges. Sollte es zu einem solchen Konflikt kommen, seien die Südstaaten dafür verantwortlich:

„In your hands, my dissatisfied fellow countrymen, and not in mine, is the momentous issue of civil war. The government will not assail you. You can have no conflict without being yourselves the aggressors."

Zum Abschluss der Rede beschwor Lincoln noch einmal die Südstaaten, ihre Entscheidung rückgängig zu machen:

„We are not enemies, but friends. We must not be enemies. Though passion may have strained, it must not break, our bonds of affection. The mystic chords of memory, stretching from every battlefield and patriot grave to every living heart and hearthstone all over this broad land, will yet swell the chorus of the Union, when again touched, as surely they will be, by the better angels of our nature."[8]

Die Südstaaten, die ihre Sezession gegen Ende 1860 und zu Beginn des Jahres 1861 erklärt hatten, bemächtigten sich der in ihren Staaten gelegenen Regierungseinrichtungen, einschließlich der militärischen Festungsanlagen und Waffenarsenale. Die Administration von

---

8   CWAL, Bd. 4, S. 264.

Lincolns Amtsvorgänger James Buchanan hatte sich dem nicht entschieden widersetzt, weil sie gewisse Sympathien für den Süden hegte, aber wohl auch, weil Buchanan seinem Nachfolger Lincoln freie Hand lassen wollte, alle möglichen friedlichen und militärischen Optionen auszunutzen. Eventuell dachte Buchanan auch, dass die „Sezessionitis" des Südens ein Fieber sei, das sich von selbst legen werde. Schließlich hatte es eine Generation zuvor schon einmal eine Drohung South Carolinas gegeben, aus der Union auszutreten. Damals hatte sich das Problem von selbst gelöst, weil sich keine weiteren Staaten anschlossen und sich das isolierte South Carolina dem Druck der Regierung von Präsident Andrew Jackson gebeugt hatte. Gleichzeitig gab es im Norden aber auch resignierende Überlegungen, dass eine Union, die nur mit Gewalt zusammengehalten werden könne, wertlos sei.

Präsident Lincoln machte von Beginn an deutlich, dass die Existenz einer rechtmäßigen Regierung nicht nur in Reden beschworen werden sollte, sondern tagtäglich unter Beweis gestellt werden musste. Mit anderen Worten: Wenn der Norden akzeptieren würde, dass seine Soldaten die Festungen im Süden räumten, hieße das, den Anspruch auf nationale Einheit aufzugeben. Lincoln erklärte deshalb, dass die Bundesregierung auch weiterhin Zollabgaben in allen Häfen des Landes erheben werde. Wenn der Süden dies verweigere, sei ein Konflikt unausweichlich. Lincoln kündigte außerdem an, dass er, anders als Buchanan vor ihm, die noch verbliebenen Forts der Union im Süden mit Lebensmitteln versorgen und militärisch verteidigen werde. Er hoffe allerdings, dass es zu keinem unmittelbaren Konflikt um diese Festungsanlagen kommen werde.

Die Südstaaten argumentierten analog. Wenn man sich für souverän hielt, konnte man keine fremden militärischen Einrichtungen auf dem eigenen Staatsgebiet dulden. Die Regierung der Konföderierten unter Präsident Jefferson Davis erklärte deshalb, dass eine Belieferung der Festungen mit Munition und Lebensmitteln als feindlicher Akt aufgefasst würde.

Zu einer akuten Krise kam es bereits unmittelbar nach Lincolns Amtsübernahme. Major Robert Anderson, der Kommandant von Fort Sumter, teilte Lincoln am Tag nach seiner Amtsübernahme mit, dass die Vorräte zur Neige gingen. Das Fort müsse versorgt oder die dort stationierten Soldaten evakuiert werden. Lincoln beriet über diese Frage Mitte März mit seinem Kabinett. Die meisten Regierungsmitglieder wollten das Fort aufgeben, um eine militärische Konfrontation mit dem Süden zu vermeiden. Generalstabschef Winfield Scott warnte, dass eine direkte militärische Konfrontation für den Norden einstweilen nicht zu gewinnen sei. Dazu bräuchte man 5.000 Soldaten. So viele Truppen ständen jedoch nicht zur Verfügung.

Lincoln wollte das Fort jedoch nicht aufgeben und entsandte ein Schiff, um Proviant zu liefern. Am 6. April 1861 informierte er den Gouverneur von South Carolina, Francis W. Pickens, dass ein unbewaffnetes Versorgungsschiff auf dem Weg zum Fort sei. Die meisten Historiker bewerten dies als genialen Schachzug Lincolns. Indem er ankündigte, dass ein unbewaffnetes Schiff unterwegs sei, zwang er den Süden, den nächsten Schritt zu unternehmen. Hätte der Süden nicht reagiert, wäre die rechtliche Position des Nordens gestärkt worden. Wenn der Süden Gewalt anwenden würde, hätte er den ersten Schuss abgegeben und wäre für den Ausbruch des Krieges verantwortlich gewesen.[9]

---

9 *McPherson, James* 1988: Battle Cry of Freedom, New York, S. 271.

Am 9. April entschied das Kabinett von Präsident Davis, dass dem Norden die Versorgung des Forts nicht gestattet werden sollte. Zwei Tage später forderte der Südstaatengeneral Pierre G. T. Beauregard den Festungskommandanten Anderson zur Kapitulation auf. Anderson lehnte dies ab. Am folgenden Tag begann im Morgengrauen der Beschuss des Forts, der über 30 Stunden andauerte. Am 14. April holte Anderson die Flagge ein und gab die Festung auf.

Am folgenden Tag erklärte Lincoln, dass sich der Süden im „Aufstand" gegen die Regierung befinde. Der Präsident nutzte bewusst den Begriff *rebellion*, weil es sich für ihn nicht um einen „Krieg" handelte. Ein Krieg ist eine Auseinandersetzung zwischen zwei unabhängigen Völkerrechtssubjekten, sprich Staaten. Der Norden sprach dem Süden jedoch die Staatsqualität ab. Da die Sezession ungültig war, gab es auch keinen separaten Südstaat. Die Südstaaten waren dieser Auffassung nach abtrünnige Provinzen. Der Süden, der seine Abspaltung für rechtens und für vollzogen erachtete, sprach hingegen von einem Krieg zwischen Staaten, *a war between the states*.[10]

Als Reaktion auf den Beschuss von Fort Sumter forderte Lincoln alle verbliebenen Bundesstaaten auf, weitere Truppen zu stellen. Daraufhin erklärten vier weitere Staaten – Virginia, Arkansas, Tennessee und North Carolina – ihren Austritt aus der Union. Sie wollten keinen Anteil an der Bekämpfung der Südstaaten haben.

Ohne die offene Gewaltanwendung der Südstaaten auf Fort Sumter im April 1861 wäre es schwer vorstellbar, dass Präsident Lincoln eine einmütige Unterstützung im Kongress oder in der Bevölkerung der Nordstaaten für ein militärisches Vorgehen gegen die Konföderierten erhalten hätte. In den ersten Monaten des Jahres 1861 gab es keine Kriegsbegeisterung im Norden. Der britische Journalist William Howard Russell, der die USA in dieser Zeit bereiste, notierte knapp einen Monat vor dem Beschuss von Fort Sumter über ein Gespräch mit dem früheren Gouverneur von New York, Horatio Seymour, dass dieser der Auffassung war, dass die Regierung in Washington keine Möglichkeit habe, mit Gewalt gegen die Sezession vorzugehen. Erst der Angriff auf Fort Sumter führte in den Nordstaaten zu einem engen Schulterschluss und zu einer emotionalen Reaktion. Das *Markesan Journal* aus Wisconsin schrieb am 15. April, dass jedermann, der das Land liebe, sich zutiefst schämen müsse, dass ein paar Rebellen und Verräter die Armee dazu gezwungen hätten, das Fort aufzugeben. Vier Tage später forderte die Zeitung die Männer der Stadt dazu auf, sich zum Militärdienst zu melden. Die *New York World* schrieb am 19. April, dass „patriotische Hingabe" das vorherrschende Gefühl sei. „Wir haben," so die Zeitung weiter, endlich einen „vereinten Norden". Die *New York Times* erschien am 21. April mit den Überschriften „Union Forever – Riesige Demonstration in der Stadt – Die gesamte Bevölkerung ist auf den Straßen – Mehr als Einhunderttausend Menschen am Union Square – Die Metropole glänzt mit Bannern und Fahnen." Russell, der nach seinem Aufenthalt im Norden in den Süden reiste, beschrieb die Erregung, die auch dort nach der Beschießung von Fort Sumter bestand:

„Der Bahnhof [von Goldsborough], die Hotels, die Straße durch die die Gleise führten, waren voll mit aufgeregten Menschen, alle trugen Waffen, mit Hinweisen hier und dort auf einen Wunsch, eine Uniform zu bekommen."[11]

---

10 *United States. War Dept.* 1895: The War of the Rebellion: A Compilation of the Official Records of the Union and Confederate Armies, Washington, Bd. 46, S. 1037.
11 *Russell* 1863 (Fn. 1), S. 20, 92.

Im Amerikanischen Bürgerkrieg standen sich 23 Nordstaaten mit 22 Millionen Bürgern und elf Südstaaten mit neun Millionen Menschen gegenüber. Von diesen neun Millionen Südstaatlern waren fast vier Millionen Sklaven. Der Norden war demografisch also mehr als zwei zu eins überlegen. Noch größer war der Unterschied in der wirtschaftlichen Leistungsfähigkeit, die im Norden zehnmal höher war als im Süden. Bei militärisch wichtigen Gütern war die Überlegenheit sogar noch ausgeprägter: Der Norden produzierte 97 Prozent aller Feuerwaffen, 94 Prozent der Bekleidung und 93 Prozent des Gusseisens. Der Norden mobilisierte im Krieg über zwei Millionen Soldaten. Ihnen standen etwa 900.000 Südstaatensoldaten gegenüber.

Diese Zahlen haben viele zeitgenössische Beobachter im Norden zu der Einschätzung verleitet, dass der Krieg voraussichtlich sehr schnell mit einem Sieg der Union enden werde. Dass dem nicht so war, hing mit einer Reihe von Faktoren zusammen. So gelang es den Südstaaten trotz einer Seeblockade, im Ausland Waffen zu beschaffen. Der Süden war darüber hinaus zu einer enormen Mobilisierung aller Ressourcen für das Kriegsziel Sezession bereit. Die Soldaten seines Landes werden verbissen kämpfen, so der Präsident der Südstaaten, Jefferson Davis, in einem Gespräch mit Russell im Mai 1861. Es sei eine Tatsache, so Davis, „wir sind ein militärisches Volk." Tatsächlich dienten im Verlauf des Krieges fast achtzig Prozent der weißen männlichen Bevölkerung der Südstaaten in den Streitkräften.[12]

Der Optimismus, den die Südstaatler in den ersten Kriegsmonaten an den Tag legten, beruhte nicht zuletzt auf der Erwartung, dass sie mit der Baumwolle über ein vermeintlich kriegsentscheidendes Gut verfügten. Die europäische Textilindustrie würde sehr schnell die negativen Auswirkungen des Krieges zu spüren bekommen. Um weitere Baumwolllieferungen zu sichern, würden europäische Regierungen – namentlich die britische – um eine diplomatische Anerkennung der Konföderierten Staaten nicht herumkommen. Diese Anerkennung würde die Union davon abhalten, die Südstaaten zu erobern, um keinen Krieg mit England zu riskieren. Davis irrte jedoch auf ganzer Linie. Die Regierung in London dachte gar nicht daran, sich wegen der Baumwolle in den inneramerikanischen Krieg einzumischen. Spätestens nach der Veröffentlichung der Emanzipationsproklamation durch Präsident Lincoln am 1. Januar 1863, der den Krieg zu einer Auseinandersetzung um die Zukunft der Sklaverei machte, war es der britischen Regierung wegen der sklavereikritischen Stimmung im Land auch innenpolitisch unmöglich geworden, auf die Südstaaten zuzugehen und ihnen eine diplomatische Anerkennung anzubieten.[13]

In den ersten zwei Jahren des Krieges gelang es keiner Seite, einen entscheidenden militärischen Erfolg zu erzielen. Dieser Misserfolg des wirtschaftlich überlegenen Nordens hatte auch damit zu tun, dass er eine strategisch-militärisch schwierigere Aufgabe zu meistern hatte als der Süden. Die Südstaaten hatten ihre Rechtsposition bereits mit dem proklamierten Austritt aus der Union und der Gründung der Konföderation deutlich gemacht und wollten den neu geschaffenen Status quo erhalten. Der Süden glaubte, dass die Größe des eigenen Territoriums eine erfolgreiche Unterwerfung durch den Norden unmöglich machen würde. Die Südstaaten waren dünn besiedelt, hatten mit Ausnahme von New Orleans keine

---

12 *McPherson* 1988 (Fn. 9), S. 318–19; *Russell* 1863 (Fn. 1), S. 173–74; *Stoker, Donald* 2010: The Grand Design: Strategy and the U.S. Civil War, New York, S. 24.
13 *Stoker* 2010 (Fn. 12), S. 28 f.

bedeutenden Städte und waren verkehrstechnisch kaum erschlossen. Es gab ein fragmentiertes Eisenbahnnetz von etwa 12.000 Kilometern Länge (verglichen mit fast 35.000 km im Norden), das von über einhundert Gesellschaften betrieben wurde, die wiederum mit acht unterschiedlichen Spurweiten operierten. Viele Straßen und Wege waren im Winter oder bei schwerem Regen kaum passierbar. Der Staat Virginia, wo besonders viele Schlachten stattfanden, war gebirgig, dicht bewaldet und von unzähligen Flüssen durchzogen, die bei starkem Regen unvermittelt zu unüberwindbaren Hindernissen anschwollen. Die Nahrungsmittelproduktion des Südens war gering, so dass sich eine Invasionsarmee nicht darauf verlassen konnte, Getreide und Fleisch aus besetzten Gebieten requirieren zu können. Südstaatenpräsident Davis erklärte noch im November 1864, dass es nicht einen bestimmten Ort gebe, nach dessen Einnahme durch die Union die Südstaaten hätten kapitulieren müssen. Demnach müsse der Norden nicht Richmond oder Charleston einnehmen. Seine Aufgabe sei viel schwieriger: Er müsse den unbesiegbaren Willen des Südens brechen. Auch einige moderne Historiker haben die Auffassung vertreten, dass ein Erfolg des Nordens im Bürgerkrieg keineswegs garantiert gewesen sei. Der Norden musste den Süden erobern, so der Historiker Bell Irvin Wiley, während der Süden durch eine Verzögerungsstrategie den Norden nur davon überzeugen musste, dass ein Erfolg unmöglich oder zu teuer sei.[14]

Worum ging es im Bürgerkrieg? Für den Süden ist die Frage recht leicht zu beantworten. Man strebte die Unabhängigkeit von der amerikanischen Union an. Man tat dies jedoch nicht um abstrakte politische Ziele wie die Rechte der Einzelstaaten umzusetzen, sonden um an der Sklaverei festhalten zu können, die man in der Union als bedroht ansah. Ein junger Arzt aus Kentucky meldete sich als Freiwilliger zum Militärdienst mit dem Argument, „the vandals of the North [...] are determined to destroy slavery [...] We must fight, and I choose to fight for southern rights and southern liberty." Der Gebrauch des Wortes *liberty* mag an dieser Stelle überraschen. In der Zeit der Amerikanischen Revolution war ein Freiheitsgedanke entstanden, der ökonomisch bestimmt war. Derjenige war nicht frei, der nicht über die Früchte seiner Arbeit verfügen konnte. Die Sklaven zu befreien bedeutete, die Sklavenbesitzer um die Früchte der Arbeit ihrer Sklaven zu bringen. Ein Offizier des 28. Regiments aus Mississippi schrieb 1863 über seinen Heimatstaat: „This country without slave labor would be completely worthless. We can only live and exist by that species of labor: and hence I am willing to fight to the last." Als zu Beginn des Jahres 1865 in den Südstaaten eine Debatte darüber aufkam, ob Sklaven befreit und am Krieg gegen die Nordstaatler beteiligt werden sollten, reagierten viele ideologische Väter der Sezession mit Empörung. Der Herausgeber des Charleston *Mercury*, Robert Barnwell Rhett, schrieb, dass South Carolina wegen der Gefahr für die Institution Sklaverei aus der Union ausgetreten sei. Es könne nicht sein, dass der Süden, nachdem er 30.000 seiner besten Männer verloren habe, auf diese Weise der Forderung des Nordens nachgebe.[15]

---

14 *Wiley, Bell Irvin* 1994: The Road to Appomattox, Baton Rouge, S. 77.
15 *McPherson* 1988 (Fn. 9), S. 271; William Nugent an seine Frau, 7. September 1863, in: *Nugent, William* 1977: My Dear Nellie, Civil War Letters of William Nugent, Jackson, S. 132; *Huebner, Timothy S.* 2016: Liberty and Union: The Civil War Era and American Constitutionalism, New York, S. 327.

Aber aus welchem Grund führte der Norden Krieg? In seiner Studie über die Motivation von Rekruten *For Cause and Comrades: Why Men Fought in the Civil War* schrieb der Historiker James McPherson, dass nur sehr wenige Soldaten des Nordens den Kampf gegen die Sklaverei als Grund für ihren Eintritt in die Armee angaben. Stattdessen herrschte im Jahr 1861 das Ziel vor, die „verfluchte Rebellion" (*wicked rebellion*), so ein Kriegsfreiwilliger aus Iowa, zu bekämpfen.[16] Konnte die Wiederherstellung einer politischen Union aber dauerhaft die Bevölkerung für die Opfer des Krieges mobilisieren?

Präsident Lincoln tat sich anfangs schwer, Kriegsziele zu formulieren. Seine ersten Äußerungen waren nicht an die Bewohner des Nordens, sondern an die Menschen des Südens gerichtet. Er forderte sie in seiner Rede zur Amtseinführung auf, sich wieder der Union anzuschließen. Er erklärte, dass die Regierung der Vereinigten Staaten nicht beabsichtige, die Sklaverei in den Südstaaten einzuschränken: „I have no purpose, directly or indirectly, to interfere with the institution of slavery in the States where it exists. I believe I have no lawful right to do so, and I have no inclination to do so."[17] Was wäre jedoch passiert, wenn der Süden auf das Angebot eingegangen wäre? Die USA hätten mit den gleichen gesellschaftlichen Spannungen wie zuvor leben müssen. Und mehr noch, der Norden hätte dem Süden noch einmal bestätigt, dass die Sklaverei mit den gesellschaftlichen Vorstellungen Amerikas kompatibel war.

Die Südstaaten gingen auf Lincolns Angebot jedoch nicht ein. Damit zwangen sie den Präsidenten zu einer Kursänderung. Lincoln wandte sich nun an die Bewohner der Nordstaaten mit der Aufforderung, für die Wiederherstellung der Einheit zu kämpfen. Dieser Aufforderung kamen die Menschen zunächst in großer Zahl nach. Im Verlauf der Jahre 1862 und 1863 wurde es jedoch immer schwerer, neue Truppen zu rekrutieren. Lincoln sah sich gezwungen, auch die Kriegsziele prägnanter zu formulieren. Damit wurde die Vorstellung einer Weiterführung der Sklaverei nach Kriegsende obsolet. Die Union konnte nicht Krieg gegen Sklavenhalter im Süden führen und gleichzeitig die Sklaverei unangetastet lassen. Am 1. Januar 1863 verkündete der Präsident die Emanzipationsproklamation, in der er die Sklaven der Südstaaten (aber nicht die der fünf zur Union gehörenden Sklavenstaaten) für frei erklärte. Damit hatte Lincoln den Charakter des Krieges geändert. Auch nach der Verkündung der Proklamation stilisierte sich Lincoln jedoch nicht als großer Emanzipator, zu dem ihn erst spätere Generationen gemacht haben. Stattdessen suchte er nach weiteren Kriegszielen jenseits der Sklavenbefreiung. Am 18. November 1863 hielt er anlässlich der Einweihung des Soldatenfriedhofs von Gettysburg eine Ansprache, in der er den Krieg als Konflikt über die Zukunft der Demokratie definierte.

Die Kriegsziele des Nordens verschärften sich im Verlauf des Konfliktes in Reaktion auf die Weigerung der Südstaaten, auf die Union zuzugehen. Ähnliches gilt für die Art der Kriegführung. Zunächst hatte Lincoln versucht, die Auswirkungen des Konfliktes auf die Bevölkerung so gering wie möglich zu halten. Der erste konkrete Kriegsplan war nach der Würgeschlange Anaconda benannt. Der Norden wollte die Südstaaten einkreisen, von jeder Art des Warenaustausches abschneiden und von der Peripherie ins Zentrum des Feindes vorrücken. Der Plan war darauf ausgerichtet, Verluste auf beiden Seiten möglichst gering zu

---

16 *McPherson, James* 1997: For Cause and Comrades: Why Men Fought in the Civil War, New York, S. 19.
17 CWAL, Bd. 4, S. 263.

halten. Diese Strategie, die große Feldschlachten hätte vermeiden können, musste jedoch verworfen werden, weil sie zu lange gedauert hätte.

Stattdessen griff der Norden wiederholt den Süden an. Die erste Feldschlacht in Manassas, Virginia (First Battle of Bull Run), unweit der Hauptstadt Washington, ging im Sommer 1861 zu Gunsten des Südens aus. Auch ein groß angelegter Feldzug mit fast 100.000 Soldaten in Richtung Richmond, der Hauptstadt von Virginia, endete im Folgejahr in einem Fiasko. Der Oberbefehlshaber der Army of Northern Virginia, General Robert E. Lee, sah sich sogar zwei Mal in der Lage, selbst nach Norden vorzustoßen. Im Sommer 1862 kam es zur Schlacht von Antietam, Maryland, und ein Jahr später zur Schlacht von Gettysburg, Pennsylvania. Beide Feldzüge sollten dem Norden vor Augen führen, dass der Süden noch unbesiegt war und dass die Kosten eines Erfolges unkalkulierbar seien. Im Sommer 1863 wurde deutlich, dass die Hoffnungen des Südens, die Kriegsbegeisterung des Nordens würde sich bald legen, nicht ganz unbegründet waren, als es in New York zu Aufständen gegen Zwangsrekrutierungen kam (*draft riots*), die von der Armee blutig niedergeschlagen wurden.

Erst im Herbst 1864, wenige Wochen vor den Präsidentschaftswahlen vom November, gelang es dem Norden, seine Übermacht an Menschen und Material in entscheidende militärische Erfolge umzusetzen. Im September 1864 wurde Atlanta, Georgia, eingenommen. Danach zog General William T. Sherman bis zur Atlantikküste vor und hinerließ einen 300 Meilen langen Streifen der Verwüstung. Diese bewusste Zerstörung der Infrastruktur des Südens stand im Gegensatz zur Kriegführung der Jahre 1861 und 1862.

Anfang April 1865 war die Niederlage des Südens nicht mehr aufzuhalten. Nach fast genau vier Jahren des Krieges unterzeichnete General Lee am 9. April 1865 die Kapitulationsurkunde. Die Union wurde wiederhergestellt, die Sklaverei wurde im Dezember mit der Annahme des 13. Verfassungszusatzes endgültig aufgehoben.

Auf Seiten des Nordens starben etwa 140.000 Mann unmittelbar auf dem Schlachtfeld, weitere 220.000 starben später, knapp 300.000 Soldaten überlebten verwundet. Für den Süden liegt die Zahl der unmittelbar Getöteten bei 80 bis 90.000, der später Verstorbenen bei 160.000 und der verwundeten Soldaten bei 200.000.

Unmittelbar nach Kriegsende begann der schwierige Prozess der Wiedereingliederung (*reconstruction*) der Südstaaten in die amerikanische Nation. Die Südstaaten wurden zunächst unter Militärkontrolle des Kongresses gestellt. Im Verlauf der 1870er Jahre wurden sie wieder in den Staatsverband integriert, nachdem sie in ihren Verfassungen die Sklaverei beseitigt hatten. Weitaus schwieriger war die Bestimmung der gesellschaftlichen und politischen Rolle der freien Schwarzen. Das Ende der Sklaverei bedeutete nicht, dass die Weißen ihre rassistischen Vorurteile aufgegeben hatten. Das erklärt, dass der amerikanische Präsident Lyndon B. Johnson noch einhundert Jahre nach dem Bürgerkrieg ein Bürgerrechtsgesetz durch den Kongress bringen musste, um Schwarzen grundlegende demokratische Mitwirkungsrechte zu garantieren.

Der Amerikanische Bürgerkrieg kann höchst unterschiedlich interpretiert werden. Er war ein Krieg zur Beseitigung der Sklaverei und zur Erneuerung der Demokratie. Wenn man den Aspekt des Sezessionskrieges in den Vordergrund stellt, ist ein Vergleich mit dem amerikanischen Unabhängigkeitskrieg instruktiv. Damals kämpften amerikanische Kolonisten gegen die britische Herrschaft in Nordamerika. Die amerikanischen Kolonisten waren erfolgreich, die südstaatlichen Sezessionisten scheiterten hingegen. Wie ist das zu erklären? Im Unabhängigkeitskrieg der 1770er Jahre versuchte eine aus wenigen tausend Soldaten bestehende Kolonialmacht ein riesiges Flächenland zu kontrollieren. Das erwies sich in dem Moment als unmöglich, da die amerikanische Bevölkerung, wenn nicht einhellig, so doch in ihrer Mehrzahl, für die Loslösung von England die Waffen erhob. Die amerikanischen Kolonisten waren in ihrem Unabhängigkeitsstreben erfolgreich, aber sie hatten Großbritannien nicht militärisch besiegt. Nach den Schlachten von Saratoga (September und Oktober 1777) und Yorktown (Oktober 1781) erschien der englischen Krone einzig der Preis für die Wiedergewinnung der Kolonien zu hoch.

Achtzig Jahre nach der Schlacht von Yorktown verfolgten die Südstaaten die gleiche Strategie, die die Kolonisten zuvor angewandt hatten. Der Süden wusste, dass er den Norden militärisch nicht würde besiegen können. Es kam darauf an, die Kosten des Konfliktes für die Union so zu erhöhen, dass die Kriegsbereitschaft im Norden abnahm. Unruhen in der Stadt New York im Juli 1863 machten deutlich, dass die Südstaaten dabei keineswegs erfolglos waren. Wenn sich neben den elf Sezessionsstaaten auch die übrigen Sklavenhalterstaaten Kentucky, Missouri, Delaware und Maryland dem Aufstand angeschlossen hätten, wäre ein Sieg für den Norden aller Voraussicht nach unmöglich gewesen.

Anders als die britische Regierung 1781, war die Lincoln-Administration während des Bürgerkrieges jedoch bereit, jeden Preis für die Wiederherstellung der Einheit des Landes zu tragen. In seiner Rede zum zweiten Amtsantritt im März 1865 machte der Präsident dies deutlich, als er den Konflikt als apokalyptische Auseinandersetzung darstellte, die auch dann noch geführt würde, wenn dies den völligen wirtschaftlichen Zusammenbruch zur Folge hätte:

„Fondly do we hope, fervently do we pray, that this mighty scourge of war may speedily pass away. Yet, if God wills that it continue until all the wealth piled by the bondsman's two hundred and fifty years of unrequited toil shall be sunk, and until every drop of blood drawn with the lash shall be paid by another drawn with the sword, as was said three thousand years ago, so still it must be said – the judgments of the Lord are true and righteous altogether".[18]

Es war diese Bereitschaft des Präsidenten, Amerikas gesamte militärische und wirtschaftliche Leistung in den Dienst der Wiederherstellung der Union zu stellen, die die Sezession abwendete.

Weiterführende Literatur

James McPherson 2007: This Mighty Scourge: Reflexions on the Civil War, New York.

Georg Schild 2009: Lincoln: Eine politische Biographie, Paderborn.

Georg Schild 2017: Gettysburg 1863: Lees gescheiterte Invasion, Paderborn.

James F. Simon 2006: Lincoln and Chief Justice Taney: Slavery, Secession, and the President's War Powers, New York.

---

18 CWAL, Bd. 8, S. 332–333.

Die Auswirkung von Separation und Sezession auf die EU-Mitgliedschaft des Rest- und Neustaats (am Beispiel Schottlands und Kataloniens)[1]

Markus D. W. Stoffels

1 Einleitung und Problemaufriss

Zwar stand mit dem Brexit[2] in letzter Zeit eher der Austritt eines gesamten Mitgliedstaats aus der Europäischen Union (EU) im Vordergrund (was nicht Thema dieses Beitrags sein soll). Gleichwohl ist daran zu erinnern, dass davor eigentlich eine andere Frage die Debatte um die EU-Mitgliedschaft bestimmte: Am 18. September 2014 hielten die Schotten ein Unabhängigkeitsreferendum ab. Eine wichtige, aber entscheidende und vollkommen umstrittene Frage war damals, ob Schottland im Falle einer Unabhängigkeit in der EU geblieben wäre, oder – zu welchen Bedingungen auch immer – hätte anschließend neu beitreten müssen. Während die britische Regierung und die EU damals die Ansicht vertraten, Schottland müsse erst ausscheiden und dann als Neustaat einen jahrelangen Beitrittsprozess durchlaufen, versprach die schottische Regionalregierung hingegen das „Beste aus zwei Welten", indem die EU-Mitgliedschaft nicht nur für Schottland erhalten werden könne, sondern zudem auch die britischen Sonderausnahmen hinsichtlich der Euroeinführung und Mitgliedschaft in der Schengenzone.[3] Pikant ist in diesem Zusammenhang, dass die britische EU-Mitgliedschaft damals ein Hauptargument der britischen Regierung gegen die schottische Unabhängigkeit war, ganz nach dem Motto: „Wenn ihr das UK verlasst, verlasst ihr auch die EU, und seid vorerst auf Jahre auf euch allein gestellt." Diese Taktik wirkt aus heutiger Sicht nahezu grotesk, wenn man bedenkt, dass nur acht Monate nach dem schottischen „Nein" zur Unabhängigkeit vom UK im United Kingdom der Gesetzesentwurf über die Abhaltung eines Referendums über die EU-Mitgliedschaft des UK eingebracht wurde.[4] Der Ausgang ist bekannt: Während insgesamt knapp 52 Prozent über das gesamte Land für den Ausstieg votierten, stimmten die Schotten mit 62 Prozent für den Verbleib.[5] Geht man davon aus, dass eine nicht unerhebliche Anzahl der Schotten den garantierten EU-Verbleib durch den Verbleib im UK damals als wichtiges Argument gegen die Unabhängigkeit Schottlands angesehen haben dürfte, so ist das Fordern eines neuen Unabhängigkeitsreferendums zumindest nachvollziehbar, da einem unabhängigen Schottland im Falle eines Brexit eine EU-Mitgliedschaft nun umgekehrt gerade ermöglichen würde. Wie sich auch in jüngster Zeit gezeigt hat,

---

1 Diesem Beitrag liegt meine Dissertation zugrunde: *Stoffels, Markus D.W.* 2017: EU-Mitgliedschaft und Abspaltung, Baden-Baden. Für tiefere Analysen wird bereits einleitend allgemein hierauf verwiesen, an den entsprechenden Stellen folgen auch spezielle Verweise.

2 Das UK ist am 31.1.2020 um 24 Uhr MEZ aus der EU ausgetreten. Der Stand dieses Beitrags ist Januar 2020. Stand jetzt soll die Übergangszeit (in welcher die Rechtslage im Grundsatz unverändert bleiben soll) bis zum 31.12.2020 24 Uhr MEZ andauern, eine Verlängerung ist aber denkbar.

3 Vgl. zu diesen Ansichten später unten Kapitel 4.1.

4 European Union Referendum Act, Erste Lesung im britischen Unterhaus am 28.05.2015.

5 Detaillierte Wahlergebnisse unter https://www.electoralcommission.org.uk/find-information-by-subject/ elections-and-referendums/past-elections-and-referendums/eu-referendum/eu-referendum-result-visualisations (07.04.2019).

hat sich die Frage einer schottischen Unabhängigkeit nicht erledigt, sondern wurde durch den Brexit nur noch befeuert. Darüber hinaus wird die Forderung nach einer katalanischen Unabhängigkeit seit Jahren immer lauter. Diese beiden Beispiele sollen dazu dienen, sich dem Thema EU-Mitgliedschaft des Rest- und Neustaats nach einer Abspaltung anschaulich zu nähern und dies zu erläutern.

2   Begrifflichkeiten, Zulässigkeit der Abspaltung und Übergangszeit

Im Folgenden wird der Oberbegriff der Abspaltung sowohl für den Fall verwendet, dass sich eine Region mit Zustimmung des Gesamtstaats abspaltet (im Folgenden „Separation", dies hätte auf Schottland nach positivem Unabhängigkeitsreferendum 2014 zugetroffen), als auch jene Fälle, bei denen dies unilateral ohne Zustimmung erfolgen soll (im Folgenden: Sezession, ständig diskutiert in Bezug auf Katalonien). Eine Abspaltung definiert sich wie folgt:[6] Erstens muss die sich abspaltende Region zusammen mit dem (zukünftigen) Reststaat vor der Abspaltung einen Gesamtstaat gebildet haben. Zweitens muss die abgespaltene Region – jedenfalls vorübergehend – einen neuen Staat bilden statt etwa an einen anderen Staat „abgetreten" zu werden (Unterschied zur Gebietszession). Drittens muss nach der Abspaltung der zurückgelassene Reststaat weiterhin subjektidentisch sein mit dem vorigen Gesamtstaat, also noch „derselbe Staat" sein (Unterschied zur Dismembration/Zerfall).[7]

Obwohl hier nicht Schwerpunkt, soll zum Verständnis noch ein kurzer Überblick über die juristische Zulässigkeit einer Abspaltung gegeben werden: Für die Zulässigkeit einer Separation ist meines Erachtens die Zustimmung des Gesamtstaats selbst die Rechtsgrundlage der Separation. Es ist nicht einzusehen, warum dies an den strengeren völkerrechtlichen Voraussetzungen einer Sezession gemessen werden soll, wenn doch der Gesamtstaat seine territoriale Integrität zulässigerweise selbst einschränken bzw. sogar teilweise aufheben will.[8] Bei einer Sezession[9] ist zwar auch zunächst auf das nationale Verfassungsrecht abzustellen. Ist darin bereits ein Sezessionsrecht enthalten, dessen Voraussetzungen nicht höher sind als die des Völkerrechts und welches auch durchsetzbar ist, richtet sich die Sezession nach nationalem Verfassungsrecht.[10] Ansonsten – auch bei nationalverfassungsrechtlichem Ausschluss eines solchen Rechts – wird die Zulässigkeit einer Sezession nach Völkerrecht als allgemeinem Mindeststandard beurteilt.[11]

---

6   Vgl. hierzu im Einzelnen *Stoffels* 2017 (Fn. 1), S. 71–73.
7   Vgl. zur Abgrenzung der Abspaltung zur Dismembration später Kapitel 3.
8   *Stoffels* 2017 (Fn. 1), S. 74–76.
9   Vgl. vertiefend und zusammentragend zur Zulässigkeit einer Sezession: ebenda, S. 76–106.
10   *Ott, Martin* 2008: Das Recht auf Sezession als Ausfluss des Selbstbestimmungsrechts der Völker, Berlin (zugl. Dissertation, Berlin, Humboldt Universität, 2007/2008, S. 171–178; *Doehring, Karl* 2004: Völkerrecht. Ein Lehrbuch, 2. Aufl., Heidelberg, S. 31.
11   *Sauer, Heiko/Wagner, Niclas* 2007: Der Tschetschenien-Konflikt und das Völkerrecht – Tschetscheniens Sezession, Russlands Militärintervention und die Reaktion der Staatengemeinschaft auf dem Prüfstein des internationalen Rechts, Archiv des Völkerrechts 2007, Tübingen, S. 53–83 (58).

Zwar bringt ein großer Teil der völkerrechtlichen Literatur vor, ein Sezessionsrecht sei jedenfalls als letztes Mittel zuzugestehen, wenn eine umfassende Abwägung im Einzelfall zwischen territorialer Integrität des Gesamtstaats und dem Selbstbestimmungsrecht des (Regional-)Volkes ein Überwiegen des letzteren ergebe, wie etwa bei ethnischen Säuberungen.[12] Gesichert ist dies in der Praxis der Staaten und internationalen Organisationen indes nicht.[13] Dies liegt schon daran, dass bereits umstritten ist, ob es hierzu seit Beginn der neuen Weltordnung im zweiten Halbjahr 1945 überhaupt je einen Präzedenzfall gegeben hat (allenfalls Bangladesch). Anerkennungen unilateraler Sezessionen erfolgten mehrheitlich eher nach Jahren feststellend und aktuell dahingehend, dass sich dann effektiv eine neue Staatsgewalt durchgesetzt habe, als mit dem konstitutiven Inhalt, es habe damals ein Sezessionsrecht bestanden.[14] Vom Grundsatz der Unzulässigkeit unilateraler Sezessionen sind danach allenfalls drei Ausnahmefälle auszumachen:[15] Erstens Fälle der Dekolonialisierung, weil das Mutterland nie einen legitimen Gebietstitel besessen habe.[16] Zweitens Fälle der Sezession als „Wiederloslösung" ehemals rechtswidrig annerktierter Staaten wie etwa der baltischen Staaten oder Osttimors.[17] Schließlich Sezessionen, welche zu einem Zeitpunkt erfolgen, als der Gesamtstaat sich bereits in einem fortgeschrittenen Zerfallsprozess (Dismembration) befand, welche nicht durch die in Frage stehende Dismembration ausgelöst wurde, da bereits kein Gesamtstaat und damit auch keine territoriale Integrität mehr besteht, welche verletzt werden könnte.[18]

Wesentlich für die folgenden Überlegungen in den Kapiteln 3 und 4 ist der Gedanke, dass es in beiden Fällen der Abspaltung eine Übergangszeit gibt:[19] Bei der Separation liegen meist mehrere Monate oder Jahre zwischen einem positiven Ergebnis eines Unabhängigkeitsreferendums und dem tatsächlichen Unabhängigkeitstag, damit ausreichende tatsächliche und rechtliche Vorbereitungen getroffen werden können. Aber auch im Falle der einseitigen Sezession ist insoweit von einer faktischen Übergangszeit auszugehen, als zwischen der (gegen den Willen des Gesamtstaats abgesetzten) Unabhängigkeitserklärung und der effektiven Durchsetzung der neuen Staatsgewalt meist mehrere Jahre vergehen.

---

12 Vgl. statt vieler nur *Buchheit, Lee C.* 1978: Secession – The Legitimacy of Self-Determination, New Haven/Lonson, S. 221–224; *Oeter, Stefan* 1992: Selbstbestimmungsrecht im Wandel – Überlegungen zur Debatte um Selbstbestimmung, Sezessionsrecht und „vorzeitige" Anerkennung, Zeitschrift für ausländisches und öffentliches Recht und Rechtsvergleichung (ZaöRV) 1992, S. 741 (756 f) sowie *Heintze, Hans-Joachim* in: *Ipsen, Knut (Hrsg.)* 2014: Völkerrecht, § 8 Rn. 50.

13 *Stoffels* 2017 (Fn. 1), S. 95–100.

14 Vgl. ähnlich *Bindschedler, Rudolf L.* 1961: Die Anerkennung im Völkerrecht, Verhandlung der 7. Tagung der Deutschen Gesellschaft für Völkerrecht in Frankfurt/Main am 13. und 14. April 1961, Berichte der Deutschen Gesellschaft für Völkerrecht, Heft 4, Karlsruhe, S. 19 f.

15 Vgl. zusammenfassend *Stoffels* 2017 (Fn. 1), S. 96–98.

16 Vgl. nur *Murswiek, Dietrich* 1984: Offensives und defensives Selbstbestimmungsrecht – Zum Subjekt des Selbstbestimmungsrechts der Völker, Der Staat 1984, Berlin, S. 523 (541 f).

17 Vgl. nur *Gusy, Christoph* 1992: Selbstbestimmung im Wandel – Von der Selbstbestimmung durch den Staat zur Selbstbestimmung im Staat, Archiv des Völkerrechts (AVR) 1992, Tübingen, S. 385 (401 f); *Murswiek, Dietrich* 1993: Die Problematik eines Rechts auf Sezession – neu betrachtet, Archiv des Völkerrechts (AVR) 1993, Tübingen, S. 307 (321).

18 Vgl. *Murswiek* (Fn. 17), S. 307 (321); *Stoffels* 2017 (Fn. 1), S. 95–100.

19 Zur Übergangszeit in beiden Fällen der Abspaltung siehe *Stoffels* 2017 (Fn. 1), S. 116 f.

3   EU-Mitgliedschaft des Reststaates

Die folgenden Ausführungen zur EU-Mitgliedschaft des Reststaats gelten unterschiedslos sowohl für Separation als auch die Sezession.[20] Rechtlicher Einstieg ist hier Art. 52 des Vertrags über die Europäische Union (EUV), welcher durch Aufzählung aller Mitgliedstaaten des räumlichen Geltungsbereich des Unionsrechts definiert („Die Verträge gelten für [Aufzählung aller 28 Mitgliedstaaten]"). Die Behandlung vergangener Fälle[21] wird überwiegend dahin gedeutet, dass insoweit der „Grundsatz der beweglichen Vertragsgrenzen" Anwendung findet.[22] Dies bedeutet, dass ein aktueller EU-Mitgliedstaat, welcher sich flächenmäßig vergrößert oder verkleinert, erstens grundsätzlich auch danach EU-Mitgliedstaat bleibt und zweitens sich der Geltungsbereich des Unionsrechts mit der Flächenänderung des Mitgliedstaats automatisch ebenfalls entsprechend erweitert oder verringert.

Das bedeutet zwar, dass der zurückbleibende Reststaat nach einer Abspaltung in seinen kleineren Grenzen EU-Mitglied bliebe. Dies setzt aber voraus, dass der Reststaat nach der Abspaltung auch derselbe Staat bleibt, das heißt ein – freilich bis zur Wirksamkeit des Brexit – kleineres UK ohne Schottland hätte damals nach einer schottischen Abspaltung noch rechtlich dasselbe UK sein müssen, das es mit Schottland war. Es ist also zu prüfen, ob die (neutral gesagt) „Trennung einer Region" von einem Staat nur dazu führt, dass der Reststaat zwar kleiner wird, aber weiter „derselbe" Staat bleibt, der subjektidentisch mit dem vorigen Gesamtstaat bleibt. Falls ja, liegt eine Abspaltung vor, sodass der subjektidentische Reststaat verkleinert automatisch in der EU bleibt. Alternativ könnte die Trennung aber auch dazu führen, dass der Gesamtstaat zerfällt und der zurückgelassene Rest ebenfalls ein neuer Staat wird. Dann läge eine sogenannte Dismembration vor, welche nicht dazu führt, dass der Rest als ebenfalls neuer Staat automatisch in der EU bliebe, sondern im Ausgangspunkt genauso wie der sich abgetrennt habende (andere) Neustaat behandelt werden müsste.

Die Abgrenzung zwischen beiden Fallgruppen ist mitunter schwierig und erfordert es, sich die Behandlung solcher „Trennungsfälle" der letzten Jahrzehnte durch die Staatenpraxis anzuschauen, und hiervon induktiv auf gültige Völkerrechtssätze zu schließen. Nach Würdigung der relativ eindeutigen Abspaltungen[23], der relativ eindeutigen Dismembrationen[24], aber auch der bis heute besonders umstrittenen Grenzfälle[25], haben sich folgende Abgrenzungskriterien zur Beurteilung des Einzelfalles herausgebildet: Demnnach spricht es eher für eine Abspaltung, wenn der Reststaat einerseits den überwiegenden Teil der Staatsfläche behält sowie der Bevölkerung, die Hauptstadt, Staatssymbole und Flagge. Ergänzend kön-

---

20 Vgl. zur EU-Mitgliedschaft des Reststaates umfassend *Stoffels* 2017 (Fn. 1), S. 133–217.
21 Etwa Eingliederung des Saarlands in die BRD 1957, Abspaltung Algeriens von Frankreich 1962, Statusänderung Grönlands 1985, Eingliederung der DDR in die BRD 1990 oder die Statusänderungen verschiedener französischer Überseegebiete.
22 Vgl. etwa *Schmalenbach Kirsten*, in: *Calliess, Christian/Ruffert, Matthias (Hrsg.)* 2016: EUV/AEUV – Das Verfassungsrecht der Europäischen Union mit Europäischer Grundrechtecharta (Kommentar, 5. Aufl. 2016), München, Art. 52 EUV Rn. 7; *Dör, Oliver* in: *Grabitz, Eberhard/Hilf, Meinhard/Nettesheim, Martin (Hrsg.)* 2018: Das Recht der Europäischen Union (Kommentar 65. EL 2018), München, Art. 52 EUV Rn. 20.
23 Vgl. etwa Abspaltung Osttimors von Indonesien 2002 sowie Südsudans vom Sudan 2011.
24 Vgl. etwa der Zerfall der Tschechoslowakei mit Wirkung zum 01.01.1993.
25 Einerseits der „Zerfall" Jugoslawiens, andererseits aber mehr noch der „Zerfall" der Sowjetunion.

nen historische Gesichtspunkte zu berücksichtigen sein wie der Erhalt des historisches Kernlands des Gesamtstaats sowie die Entstehungsgeschichte des Staates (objektive Abgrenzungskriterien).[26] Andererseits ist zusätzlich zu beachten, wie die beteiligten Einheiten sowie Drittstaaten und internationale Organisationen den Fall behandelt wissen wollen oder behandelt haben (subjektive Abgrenzungskriterien).[27] Da meist nicht alle objektiven und subjektiven Elemente gleich laufen, findet sich das Ergebnis durch eine wertende Gesamtabwägung im Einzelfall mit der Prüffrage, ob ein subjektidentischer Reststaat objektiv in der Lage wäre, alle Rechte und insbesondere Pflichten des Vorgängergesamtstaats fortzuführen.[28] Nur wenn Zweifel vorliegen, welche nachweislich nicht ausgeräumt werden können, greift (zugunsten der internationalen Gemeinschaft) die positive Vermutung, dass dies so ist und damit eine Abspaltung vorliegt (sogenannter „Grundsatz der größtmöglichen Kontinuität"[29]).

Nach diesen Kriterien wäre eine „Abtrennung" Kataloniens unstreitig als Abspaltung anzusehen. In Bezug auf Schottland war dies umstritten[30], aber die herrschende Auffassung kommt zum selben Ergebnis. Damit würde ein Rest-Spanien ebenso wie ein Rest-UK subjektidentisch mit dem jeweiligen Gesamtstaat bleiben, und über diesen Weg automatisch (verkleinert) EU-Mitglieder bleiben; das UK freilich nur bis zur Wirksamkeit des Brexit. Das politische und gegebenenfalls auch rechtliche Gewicht würde zwar sinken[31], etwaige Sonderregelungen und Opt-outs blieben dem Reststaat jedoch rechtlich zunächst erhalten.[32]

4   EU-Mitgliedschaft des Neustaates

4.1   Darstellung der bislang vertretenen Ansichten zur Separation

Im Wesentlichen wurden im Zuge des schottischen Unabhängigkeitsreferendums damals vier verschiedene Meinungen zum Schicksal einer EU-Mitgliedschaft eines unabhängigen Schottlands vertreten, welche zunächst kurz dargestellt werden sollen. Die ersten beiden Lösungen sind darauf gerichtet, automatisch eine EU-Mitgliedschaft des Neustaats zu garantieren, während hingegen die anderen beiden Lösungen Verhandlungslösungen sind.

---

26 Vgl. zu den objektiven Abgrenzungskriterien *Stoffels* 2017 (Fn. 1), S. 173–178.
27 Vgl. zu den subjektiven Abgrenzungskriterien: ebenda, S. 178.
28 *Zimmermann, Andreas* 2000: Staatennachfolge in völkerrechtliche Verträge, Berlin, S. 69–79.
29 Vgl. nur *Epping, Volker* in: *Ipsen (Hrsg.)* (Fn. 12), § 5 Rn. 206; *Schweisfurth, Theodor* 2006: Völkerrecht, Tübingen, Rn. 195.
30 Eine Mindermeinung argumentiert mit der Entstehungsgeschichte des UK: Da sich die Staaten England und Schottland mit dem Unionsvertrag 1707 als gleichberechtigte Staaten erstmals zum UK zusammengeschlossen hätten, führte eine entsprechende Trennung auch im 21. Jahrhundert als sogenannte „actus contrarius" zum Zerfall des heutigen UK, wobei einige vom Entstehen zweier Neustaaten England und Schottland auszugehen scheinen, während andere auf ein Wiederaufleben der Altstaaten England und Schottland vor dem Unionsvertrag abstellen. Vgl. zum Ganzen ausführlich *Stoffels* 2017 (Fn. 1), S. 182–205 m.w.N.
31 Zu den Folgen der Zusammensetzung der EU-Organe siehe ebenda, S. 206–214.
32 Zu den Sonderregelungen und Opt-Outs vgl. ebenfalls ebenda, S. 214–216.

4.1.1 Automatische Rechtsnachfolge in die EU-Mitgliedschaft des Gesamtstaats

Nach der ersten Auffassung führe ein unabhängiger Neustaat die EU-Mitgliedschaft des Gesamtstaates automatisch im Wege der sogenannten Rechtsnachfolge fort.[33] Diese Auffassung ist aber abzulehnen:[34] Zunächst gibt es bereits keinen Präzedenzfall einer Rechtsnachfolge eines von einem EU-Mitgliedstaat abgespaltenen Neustaats, aus der sich Gewohnheitsrecht ableiten lassen könnte.[35] Dogmatisch ist die zu beurteilende Frage nicht abstrakt nach Staatennachfolgerecht, sondern nach dem Binnenrecht der konkreten Organisation zu prüfen, deren Mitgliedschaft zu beurteilen ist.[36] In aller Regel[37] lassen auch andere Organisationen keine Rechtsnachfolge von abgespaltenen Neustaaten in deren Mitgliedschaften zu, etwa die UN.[38] Dies liegt daran, dass die Mitgliedschaft (welche gewisse Rechte und Pflichten begründet) ein höchstpersönliches Recht ist,[39] und sich Organisationen in aller Regel selbst vorbehalten wollen, über die Aufnahme von Neumitgliedern zu entscheiden, anstatt sich diese extern aufdrängen zu lassen.

Eher im Gegenteil wirkt in Bezug auf eine EU-Mitgliedschaft der oben zugunsten des Reststaats anwendbare Grundsatz der beweglichen Vertragsgrenzen über Art. 52 EUV vorliegend gleichzeitig zulasten des abgespaltenen Neustaats, welcher automatisch den Geltungsbereich der EU-Verträge verlässt.[40] Zudem könnte die EU nach geltendem Recht (also

---

33 Für die alte Ansicht der schottischen SNP und der schottischen Regionalregierung: Alte Ansicht der Scottish National Party (SNP), The Parliament and Constitution of an independent Scotland, Februar 1997, S. 18, Tz. 6. http://www.constitutionalcommission.org/production/byre/images/assets/file/Resources%20Folder/citizens%20not%20subjects.pdf (07.04.2019); in diese Richtung auch das Weißbuch "Choosing Scotland's Future", August 2007, S. 22 f, Rn. 3.18 und 21, siehe https://www2.gov.scot/resource/doc/194791/0052321.pdf (07.04.2019), in dem als Verhandlungsmasse nur (noch) die Mitgliedschaftsbedingungen, nicht mehr die Mitgliedschaft an sich bezeichnet wird; dies wiederum bestätigend damals noch Deputy First Minister *Nicola Sturgeon* vor dem Ausschuss für Europäische und Auswärtige Beziehungen des schottischen Parlaments am 11.12.2007, Official Report, S. 231–235. Für die (allerdings von einer durch eine Loslösung Schottlands ausgelöste Dismembration des UK ausgehende) Literatur etwa *Scott, Paul H.* 1992: Scotland in Europe – Dialogue with a Sceptical Friend, Edinburgh, S. 41 f, *MacCormick, Neil* 2000: Is there a constitutional path to Scottish independence?, in: Parliamentary Affairs (PA) 2000, Bd. 53, H. 4, S. 721 (735) sowie *O'Neill, Aidan* 2011: A Quarrel in a faraway country. https://eutopialaw.com/2011/11/14/685/ (07.04.2019).

34 Vgl. im Einzelnen *Stoffels* 2017 (Fn. 1), S. 223–268.

35 Ebenda, S. 255–258.

36 Vgl. etwa *Bühler, Konrad G.* 2001: State Succession and Membership in International Organizations – Legal Theoriesa versus Politcal Pragmatism, Den Haag (zugl. Dissertation Wien 1999), S. 290 f; *Crawford, James/Boyle, Alan* 2012: Opinion: Referendum on the Independence of Scotland, International Law Aspects, Rn. 123, 125. https://assets.publishing.service.gov.uk/government/uploads/system/uploads/attachment_data/file/79408/Annex_A.pdf (10.04.2019).

37 Allenfalls einige wenige internationale Organisationen mit flacher Organisationsstruktur und/oder sehr speziellem Anwendungsbereich ließen bislang ausnahmsweise einzele aus Abspaltungen hervorgegangene Neustaaten in Rechtsnachfolge zu, etwa die WIPO, IWF, IBRD, IFC oder IDA, vgl. *Mikulka, Vaclav* 1993: State Succession and its impact on the nationality of natural and legal persons and State Succession in respect of membership of international organizations, Yearbook of the international Law Commission. 1993, Bd. 2, New York/Genf, S. 220 (223) Tz. 35 sowie *Bühler* 2001 (Fn. 36), S. 288, Tz. 6.4.

38 Vgl. eingehend *Bühler* 2001 (Fn. 36), S. 37–283, welcher aber nicht auf eine EU-Mitgliedschaft eingeht, sowie *Stoffels* 2017 (Fn. 1), S. 236–250.

39 Vgl. etwa *Epping, Volker* 2014 in: *Ipsen, Knut (Hrsg.)*: Völkerrecht, 6. Aufl, München, § 6 Rn. 40–42; *O'Connell, Daniel Patrick* 1956: The Law of State Succession, Cambridge, S. 65.

40 *Stoffels* 2017 (Fn. 1), S. 260 f.

ohne Vertragsänderung) eine Rechtsnachfolge in ihre Mitgliedschaft nicht einmal dann erlauben, wenn sie es wollte: Die Vorschrift zum regulären Beitrittsprozess in Art. 49 Abs. 2 EUV ordnet an, dass

„[d]ie Aufnahmebedingungen und die durch eine Aufnahme erforderlich werdenden Anpassungen der Verträge, auf denen die Union beruht, [...] durch ein Abkommen zwischen den Mitgliedstaaten und dem antragstellenden Staat geregelt [werden]. Das Abkommen bedarf der Ratifikation durch alle Vertragsstaaten gemäß ihren verfassungsrechtlichen Vorschriften".

Aus dieser Vorschrift können drei Folgerungen gegen eine automatische Rechtsnachfolge in die EU-Mitgliedschaft gezogen werden:[41] Zunächst ist zu betonen, dass das Unionsrecht überhaupt eine einstimmige Vertragsänderung für die Abwicklung des Beitritts eines Neumitglieds erfordert (anders als etwa die UN).[42] Zweitens stellt die EU eine der strengsten Beitrittskriterien aller Organisationen weltweit auf, was durch eine Rechtsnachfolge ad absurdum geführt würde.[43] Schließlich gilt das Argument der höchstpersönlichen EU-Mitgliedschaft bei der politisch und wirtschaftlich äußerst weit integrierten EU erst recht.[44]

4.1.2 Automatischer Verbleib über den „bundesstaatlichen Verbleibegrundsatz"

Ganz vereinzelt wurde in der Literatur angebracht, ein neu abgespaltener Staat verbleibe bereits deswegen automatisch in der EU, weil dies dem sogenannten „bundesstaatlichen Verbleibegrundsatz" entspreche.[45] Begründet wird dies mit folgendem Dreischritt: Zunächst sei unbestritten, dass, wenn sich ein Teil von einem Gliedstaat abspalte (etwa Franken von Bayern), dies nur zur Folge habe, dass der Gliedstaatsteil den Gliedstaat verlasse (im Beispiel: Bayern), nicht aber auch den Bundesstaat (im Beispiel: Deutschland). In einem zweiten Schritt wird wertend festgestellt, dass die EU eher einem Bundesstaat entspreche als einem losen Staatenbund. Als Folge wird geschlossen, dass ein etwa von Deutschland abgespaltenes Bayern genauso in der EU verbliebe, wie ein von Bayern abgespaltenes Franken in Deutschland verbliebe.[46]

Diese Meinung ist jedoch ebenso abzulehnen: Zwar kann durchaus für die Existenz eines „bundestaatlichen Verbleibegrundsatzes" argumentiert werden, da bundesstaatliche Verfassungen entweder explizit oder stillschweigend anordnen können, dass eine Neugliederung der Bundesstaaten (etwa auch durch Abspaltung) nicht zur Folge habe, dass ein Gebiet aus dem Bund ausscheide.[47] Dieser Grundatz hat aber keine eigenständige rechtliche Bedeutung, da er nur das grundsätzliche Sezessionsverbot in Bundesstaaten beschreibt. Zudem könnte

---

41 Ebenda, S. 261 f.
42 Ebenso *Happold, Matthew* 2000: In or out of Europe? An independent Scotland and the European Union, in: International and Comparative Law Review 2000, Bd. 49, Nr. 1, S. 15 (31).
43 In diese Richtung auch *Chamon, Merijn/van der Loo, Guillaume* 2014: The Temporal Paradox of Regions in the EU Seeking Independence: Contraction and Fragmentation versus Widening and Deepening?, in: European Law Journal 2014, Bd. 20, H. 5, S. 613 (618).
44 *Stoffels* 2017 (Fn. 1), S. 262.
45 Insbesondere *von Rochow, Moritz* 2014: Der „Eurpäische Schlammspringer" – Wes Wesens er ist, entscheidet sich in Schottland. https://www.juwiss.de/43-2014/ (09.04.2019). Wesentlich vorsichtiger *Martini, Mario/Damm, Matthias* 2014: Succession of States in the EU, Ancilla Iuris 2014, S. 159 (171–175). http://www.uni-speyer.de/files/de/Lehrst%C3%BChle/Martini/PDF%20Dokumente/eigene%20Texte/2 014AncillaIuris_SuccessionofStates_mitDamm.pdf (09.04.2019).
46 *von Rochow* 2014 (Fn. 45). Wesentlich vorsichtiger: *Martini/Damm*, 2014 (Fn. 45), S. 171–175.
47 Vgl. die Untersuchung von *Stoffels* 2017 (Fn. 1), S. 270–275.

von einem Automatismus bereits insoweit nicht die Rede sein, als eine Neugliederung eines Bundesgebiets in aller Regel durch ein konstitutives Neugliederungsgestez des Bundes wirksam würde.[48] Darüber hinaus vermengt diese Betrachtung zwei unterschiedlich und nacheinander zu betrachtende und bewertende Abspaltungsvorgänge, nämlich den vom Gliedstaat und den vom Bundesstaat.[49] Schließlich mangelte es einem solchen Grundsatz innerhalb der EU an einer Rechtsgrundlage.[50]

Damit kann als Zwischenergebnis festgehalten werden, dass der Neustaat nicht automatisch nach der Separation in der EU verbleiben kann, weder durch Rechtsnachfolge noch durch einen bundesstaatlichen Verbleibegrundsatz. Somit wäre eine weitere EU-Mitgliedschaft von Verhandlungslösungen abhängig, auf welche im Folgenden kurz eingegangen wird.

4.1.3 Verhandelter regulärer Beitritt nach Art. 49 EUV

Für den regulären Beitritt eines Drittstaats zur EU regelt Art. 49 EUV:

„Jeder europäische Staat, der die in Artikel 2 genannten Werte achtet und sich für ihre Förderung einsetzt, kann beantragen, Mitglied der Union zu werden. Das Europäische Parlament und die nationalen Parlamente werden über diesen Antrag unterrichtet. Der antragstellende Staat richtet seinen Antrag an den Rat; dieser beschließt einstimmig nach Anhörung der Kommission und nach Zustimmung des Europäischen Parlaments, das mit der Mehrheit seiner Mitglieder beschließt. Die vom Europäischen Rat vereinbarten Kriterien werden berücksichtigt. Die Aufnahmebedingungen und die durch eine Aufnahme erforderlich werdenden Anpassungen der Verträge, auf denen die Union beruht, werden durch ein Abkommen zwischen den Mitgliedstaaten und dem antragstellenden Staat geregelt. Das Abkommen bedarf der Ratifikation durch alle Vertragsstaaten gemäß ihren verfassungsrechtlichen Vorschriften."

Die Aufnahmebedingungen bestehen also darin, (i) ein europäischer Staat zu sein, (ii) die in Art. 2 EUV genannten Ziele (Menschenwürde, Freiheit, Demokratie, Gleichheit, Rechtsstaatlichkeit, Menschen- und Minderheitenrechte) zu achten und zu fördern und darüber hinaus (iii) die sogenannten vier „Kopenhagener Kriterien" zu erfüllen, das heißt (1) institutionelle Stabilität, (2) wettbewerbsfähige Marktwirtschaft, (3) Übernahmefähigkeit und -bereitschaft des bestehenden Unionsrechts sowie (4) Aufnahmefähigkeit der EU.[51] Bei Erfüllung dieser Voraussetzungen besteht jedoch unstreitig kein Anspruch auf Beitritt.[52] Während einige einen Anspruch dahingehend erkennen, eine ermessensfehlerfreie Aufnahmeentscheidung zu treffen[53], halten andere die Vorschrift ausschließlich für eine politische[54], wobei es weitere Zwischenmeinungen[55] gibt.

Die formellen Voraussetzungen der Vorschrift bestehen aus einer Antragstellung, der Einhaltung des in der Vorschrift genannten Verfahrens und schließlich der Ratifikation des Beitrittsvertrags durch den beitretenden Staat als auch alle EU-Mitgliedstaaten. Dass ein von

---

48 Vgl. zu beiden Argumenten: ebenda, S. 275 f.
49 Ebenda, S. 277.
50 Ebenda, S. 278–284.
51 Zu den Kopenhagener Kriterien vgl. Europäischer Rat Kopenhagen, 21.–22. Juni 1993, Schlussfolgerungen des Vorsitzes, SN 180/1/93, 13 Tz. 7.A.iii.
52 Vgl. statt vieler *Ohler, Christoph*, in: *Grabitz et al.* 2018 (Fn. 22), Art. 49 EUV Rn. 3.
53 Vgl. etwa, *Zeh, Juli* 2002: Recht auf Beitritt? Ansprüche von Kandidatenstaaten gegen die Europäische Union, Baden-Baden, S. 74–76.
54 Vgl. statt vieler *Meng, Werner* in: *von der Groeben, Hans/Schwarze, Jürgen/Hatje, Armin (Hrsg.)*: Europäisches Unionsrecht (Kommentar, 7. Aufl. 2015), Art. 49 EUV Rn. 6; *Stoffels* 2017 (Fn. 1), S. 502–504.
55 Dies soll hier nicht weiter vertieft werden, dargestellt bei *Stoffels* 2017 (Fn. 1), S. 501 f.

einem EU-Mitgliedstaat abgespaltener Neustaat dieses langwierige und reguläre Aufnahmeverfahren durchlaufen müsse, hat sich als offizielle Meinung der Unionsorgane[56] und jener Mitgliedstaaten, die von Abspaltungsprozessen betroffen waren oder sind[57], etabliert, allem voran damals des UK selbst.[58] Indem der Neustaat, welcher als Teil eines Mitgliedstaats jahrzehntelang Teil der EU war, gleich einem Drittstaat, welcher noch nie in der EU war, behandelt wird, bedeutete diese rabiate – wohl abspaltungsabschreckend gemeinte – Haltung, dass man dem abgespaltenen Neustaat erst als neu etablierter Staat die Möglichkeit einräumte, einen Beitrittsantrag zu stellen, und ihn so aus der EU in ein unter Umständen jahrelanges Dasein außerhalb der EU zwingt, in welchem der reguläre Beitrittsprozess durchlaufen werden müsste. Teilweise wurde – schwer nachvollziehbar – sogar geäußert, ein unabhängiges Schottland müsse sich für den EU-Beitritt gar hinter den Westbalkanstaaten einreihen.[59] Man ignorierte damit also die Übergangsfrist zwischen positivem Referendumsergebnis und Unabhängigkeitstag, indem man diese „sehenden Auges" verstreichen ließe.[60]

4.1.4 Verhandelte reguläre Vertragsänderung nach Art. 48 EUV

Insbesondere die schottische[61] und – zurückhaltender – die katalanische[62] Regionalregierung sowie manche Stimmen der Literatur[63] wollen für den Fall der Begründung einer EU-Mitgliedschaft des separierten Neustaats das reguläre ordentliche Vertragsänderungsverfahren in Art. 48 EUV heranziehen, welches ebenfalls Einstimmigkeit voraussetzt. In dieser Konstellation wird von den Vertretern – vage, und teils eher durch Behauptungen als durch Begründungen – versucht, eine Vertragsänderung „von innen" einzuleiten.

---

56 Vgl. die ehemaligen Kommissionspräsidenten *Romano Prodi* (Schriftliche Anfrage P-0524/04 samt Antwort im ABl. CE 84, S. 421 vom 03.04.2004), Antwortschreiben *José Manuel Barrosos* an *Lord Christopher Samuel Tugendhat* vom 10.12.2012. https://www.parliament.uk/documents/lords-committees/economic-affairs/ScottishIndependence/EA68_Scotland_and_the_EU_Barroso%27s_reply_to_Lord_Tugendhat_101212.pdf (10.04.2019); sowie EU-Ratspräsident *Herman Van Rompuy* zu Katalonien, EUCO 267/13. https://www.consilium.europa.eu/uedocs/cms_data/docs/pressdata/en/ec/140072.pdf (10.04.2013).

57 Vgl. etwa die Aussagen des ehemaligen spanischen Außenministers *José Manuel Garciá-Margallo* oder des ehemaligen spanischen Ministerpräsidenten *Mariano Rajoy*, abgedruckt bei *Stoffels* 2017 (Fn. 1), S. 300 f.

58 Vgl. Weißbuch der britischen Regierung, Scotland Analysis, EU and international issues, Januar 2014, Rn. 3.9–3.28. https://assets.publishing.service.gov.uk/government/uploads/system/uploads/attachment_data/file/271794/2901475_HMG_Scotland_EUandInternational_acc2.pdf (10.04.2019) sowie noch radikaler der ehemalige britische Premierminister David Cameron.

59 Ehemaliger Premierminister David Cameron, Aussage abgedruckt u.a. bei *Stoffels* 2017 (Fn. 1), S. 300.

60 Zu dieser anfänglichen Kritik an dieser Auffassung vgl. ebenda, S. 301 f.

61 Weißbuch der schottischen Regionalregierung, Scotland in the European Union, November 2013, S. iii–v, 1 f., 80–86. https://www2.gov.scot/Resource/0043/00439166.pdf (10.04.2019).

62 Katalanische Regionalregierung, Die Wege der Integration Kataloniens in die Europäische Union, Oktober 2014, S. 21–27, 68–72. http://presidencia.gencat.cat/web/.content/ambits_actuacio/consells_assessors/catn/informes/inf_6_alemany.pdf (10.04.2019).

63 Vgl. nur *Douglas-Scott, Sionaidh* 2014: How easily could an independent Scotland join the EU? Oxford Legal Studies Research Paper No. 46/2014, S. 16, 24 f. https://papers.ssrn.com/sol3/papers.cfm?abstract_id=2462227 (10.04.2019); *Kenealy, Daniel* 2014: How do you solve a problem like Scotland? A proposal regarding 'Internal Enlargement', Journal of European Integration 2014, S. 585 (595–597).

4.2 Eigener Ansatz durch materiell-zielgerichtete andere Herangehensweise bei der Separation

4.2.1 Hintergrund und Hinführung auf Notwendigkeit einer anderen Herangehensweise

Oben wurden beide Lösungswege eines automatischen Verbleibs des abgespaltenen Neustaats in der EU bereits abgelehnt. Die Verhandlungslösungen über Art. 48 und 49 EUV wurden lediglich dargestellt, ohne bislang abgelehnt worden zu sein. An dieser Stelle soll kurz zusammenfassend[64] herausgestellt werden, warum auch diese Konzepte nicht tauglich sind, die vorliegende Problematik zu lösen, und es stattdessen eines komplett neuen Ansatzes bedarf.

Die beiden Verhandlungsansätze über Art. 48 und 49 EUV stellen einen direkten und formellen Einstieg über im Vertrag existierende Normen dar. Dieser Ansatz ist für vorliegende Zwecke aber aus mehreren Gründen nicht zielführend: Zum einen regeln diese Normen gerade nur den normalen Beitritt und die herkömmliche Vertragsänderung, und gerade nicht den Sonderfall der Abspaltung. Wollte man diese Normen hierfür analog heranzuiehen, so müsste man methodisch jedoch erst die Folgen einer Abspaltung des Neustaats auf dessen EU-Mitgliedschaft kennen. Zudem liegt diesen Ansätzen insoweit ein unzutreffendes Normenverständnis zu Grunde, als teilweise voreilige Schlüsse gezogen werden. So wird etwa die eine Norm als einzige anwendbare Alternative angesehen, da die andere Norm aus bestimmten Gründen nicht greifen könne. Schließlich blenden die meisten Autoren vor allem das zeitliche Problem aus, dass es bei der Separation eine Übergangszeit zwischen Referendum und Unabhängigkeitstag gibt, welche zur Verhinderung von Schutzlücken am Unabhängigkeitstag proaktiv genutzt werden könnte.[65] Insgesamt werden also formelle Vorschriften, welche den Fall ohnehin eigentlich nicht regeln, mehr oder weniger blind trotzdem darauf angewendet, ohne zu hinterfragen, dass das sich hieraus resultierende Ergebnis aus anderen Gründen unzulässig sein könnte.

Der andere und meines Erachtens zutreffendere Ansatz besteht demgegenüber in einer materiell-zielgerichteten Herangehensweise als folgender Dreischritt: In einem ersten Schritt ist zu prüfen, ob sowohl für die abspaltungswillige Region als auch deren dort lebende Staatsangehörige eines EU-Mitgliedstaats (entweder des Gesamtstaats oder eines der anderen 27 bzw. nach dem Brexit 26 Mitgliedstaaten) als Unionsbürger eine Schutzlücke entstünde, falls der Neustaat am Unabhängigkeitstag nach dem oben nachgewiesenen Grundsatz der beweglichen Vertragsgrenzen aus dem Anwendungsbereich des Unionsrechts ausscheidet. Dies wäre der Fall, wenn das Entstehen solcher Schutzlücken unionsrechtlich zulässig oder verboten wäre. Im letzteren Fall wäre zu untersuchen, wie genau das Entstehen einer verbotenen Schutzlücke konkret verhindert werden kann, was im Ergebnis einer Lösung des Falles entspräche.[66]

---

64 Dieser neue Ansatz wurde in der Dissertation von *Stoffels* 2017 (Fn. 1), S. 307–535 auf nahezu 230 Seiten ausführlich herausgearbeitet, worauf für Details verwiesen wird. Es liegt auf der Hand, dass die Darstellung innerhalb dieses kurzen Beitrags nur eine kurze Zusammenfassung hiervon sein kann.

65 Zur Kritik an diesen normverhafteten Ansätzen vgl. *Stoffels* 2017 (Fn. 1), S. 307–312.

66 Ebenda, S. 312 f.

4.2.2 Objektive unionsrechtliche Schutzlücke für die abspaltungswillige Region

Nach dem vorgenannten Grundsatz der beweglichen Vertragsgrenzen fiele der Neustaat gleich mit seiner Entstehung am Unabhängigkeitstag um 0:00 Uhr aus dem Geltungsbereich der Unionsverträge heraus. Der Neustaat wäre damit kein eigenes EU-Mitglied, er hätte keine Stimmrechte in den EU-Organen. Zudem würden unmittelbar geltende EU-Verordnungen auf seinem Gebiet nicht mehr gelten. Die in nationales Recht umgesetzten EU-Richtlinien bestünden zwar vorerst noch weiter, wenn der Neustaat übergangsweise das Recht des Gesamtstaates fortführte. Eine Umsetzungspflicht der EU-Richtlinien exisitiert für den Neustaat fortan aber nicht mehr, sodass sich die Rechtsordnungen auseinander entwickeln würden, wenn der Neustaat diese nicht weiter freiwillig umsetzte.[67] Folgende aus dem Unionsrecht entlehnte Argumente sprechen dafür, die Entstehung dieser Schutzlücke für die abspaltungswillige Region und den späteren Neustaat zu verhindern:[68] Nach Art. 4 Abs. 2 EUV hat die EU zwar sowohl die nationale Identität als auch die territioriale Unversehrtheit ihrer Mitgliedstaaten zu achten. Da vorliegend aber die einverständliche Separation untersucht wird, kann dies dem Neustaat nicht entgegengehalten werden, da der EU-Gesamtmitgliedstaat der Abstimmung ja zuvor zugestimmt hat.[69]

Zudem können Rückschlüsse aus Art. 50 Abs. 2 und 3 EUV geschlossen werden, jener Norm also, die im Zuge des Brexit Anwendung gefunden hat. Zwar kann ein Mitgliedstaat auch ohne Austrittsabkommen einseitig austreten.[70] Gleichwohl ergibt sich aber aus der Norm, dass versucht werden soll, als schonendere Alternative ein Austrittsabkommen zu erzielen. Wenn dies schon für einen freiwillig aus der EU austretenden Mitgliedstaat „als Ganzes" gilt, so sollten Verhandlungen im Hinblick auf eine schonende Lösung erst recht mit einem Teil eines Mitgliedstaats geführt werden, der unfreiwillig gegen seinen Willen die EU verlassen würde.[71] Darüber hinaus sagt die Norm, auch die zukünftigen Beziehungen des ausgetretenen Staats seien im Rahmen das Austrittsabkommens zu berücksichtigen. Sollte die abspaltungswillige Region direkt nach dem positiven Referendumsergebnis mitteilen, dass man beabsichtige, der EU schnellstmöglich beizutreten, so wäre eine EU-Vollmitgliedschaft gerade die zukünftige Beziehung des Neustaats zur EU, sodass hierüber frühestmöglich für einen schonenden Übergang verhandelt werden sollte.[72]

Nach Art. 7 EUV kann ein EU-Mitgliedstaat selbst bei schwersten Pflichtverletzungen nicht zwanghaft gegen seinen Willen aus der EU ausgeschlossen werden.[73] Wenn also ein rechtlicher Ausschluss eines Mitglieds trotz Pflichtverletzungen nicht möglich ist, so sollte auch ein faktischer Ausschluss eines unabhängig werdenden Teils eines EU-Mitgliedstaats

---

67 Vgl, hierzu ebenda, S. 318 f.
68 Vgl. für eine detaillierte rechtliche Untersuchung ebenda, S. 322–352.
69 Ebenda, S. 324 f.
70 Vgl. nur *Streinz, Rudolf* 2018: in: *Streinz, Rudolf (Hrsg.)*: EUV/AEUV (Kommentar 3. Aufl. 2018), München, Art. 50 EUV, Rn. 3.
71 *Stoffels* 2017 (Fn. 1), S. 326 f; in diese Richtung auch *Tierney, Stephen/Boyle, Katie* 2014: An Independent Scotland: The Road to Membership of the European Union, ESRC Scottish Centre of Constitutional Change Briefing Paper: 20 August 2014, S. 19. https://www.centreonconstitutionalchange.ac.uk/sites/default/files/papers/Tierney%20and%20Boyle%20Scotland%20and%20EU%20paper%2020%20Aug%202014_0.pdf (10.04.2019).
72 *Stoffels* 2017 (Fn. 1), S. 327 f.
73 H.M., vgl. nur *Schorkopf, Frank* in: *Grabitz et al.* 2018 (Fn. 22), Art. 7 Rn. 54 f.

durch schlichtes und (absichtlich) ungenutztes Verstreichenlassen der Übergangsfrist rechts-widrig sein.[74] Weiter kann geschlossen werden, dass sich aus dieser Vorschrift und dem Austrittsrecht in Art. 50 EUV der Grundsatz ergibt, dass die EU-Mitgliedschaft kein Zwang ist, sondern sich zusammensetzt aus einem freiwilligen Beitritt sowie der freiwilligen tag-täglichen Entscheidung, diese nicht wieder zu verlassen. Wenn es also keinen Zwang zum Verbleib gibt, so sollte es erst recht oder umgekehrt auch keinen Zwang zum Ausscheiden geben, obwohl die Region in der EU verbleiben will. Folglich habe die Bevölkerung des neuen Staats über die EU-Mitgliedschaft auch in Zukunft zu entscheiden, und nicht das Uni-onsrecht automatisch anlässlich der Abspaltung.[75] Das Argument, die Region habe ein Aus-scheiden aus der EU als ungewollten Preis der Unabhängigkeit in Kauf nehmen müssen, greift in diesem Zusammenhang nicht, da das Freiwilligkeitsprinzip besagt, dass das Uni-onsrecht für die Unabhängigkeit eines Teils eines EU-Mitgliedstaats gerade keinen Preis des EU-Ausschlusses fordern darf.[76]

Demokratie ist ein grundlegender Wert der EU nach Art. 2f., 10f., 49 EUV. Die EU ach-tet und respektiert danach die demokratisch zustande gekommenen Entscheidungen in den Mitgliedstaaten. Hierunter fällt meines Erachtens auch ein – in Abstimmung mit dem Mit-gliedstaat – durchgeführtes Unabhängigkeitsreferendum. Wenn nun aber jedenfalls aus den Umständen hervorgeht, dass der neue Staat die EU nicht verlassen will, so muss die EU diesen Willen zur Kenntnis nehmen, darf das automatische Herausfallen der Region nicht als Preis der demokratisch herbeigeführten Unabhängigkeit verlangen, sondern muss sich darum bemühen, das Ziel der baldigen EU-Mitgliedschaft des Neustaats zu erreichen.[77]

„Nach dem Grundsatz der loyalen Zusammenarbeit achten und unterstützen sich die Union und die Mitgliedstaaten gegenseitig bei der Erfüllung der Aufgaben, die sich aus den Verträgen ergeben", lautet Art. 4 Abs. 3 EUV. Der europäische Binnenmarkt nach Art. 3 Abs. 3 EUV ist solch ein Ziel. Der Neustaat wird früher oder später wieder EU-Mitglied sein. Jedenfalls ein absichtliches Verstreichenlassen der Übergangsfrist „sehenden Auges" würde den Binnenmarkt erheblich stören, sodass keine loyale Zusammenarbeit vorläge.[78] Gerade in Extrem- und Notfällen wird diese Loyalität nötig und wichtig.[79] Da die loyale Zusammenarbeit stets „auf die Union als Ganzes" gerichtet ist, muss auch berücksichtigt werden, dass ein Herausfallen des Neustaats aus der EU auch den Binnenmarkt in den ande-ren EU-Staaten beeinträchtigen wird, was zu vermeiden ist.[80]

Schließlich kann man auch die „föderalen Grundsätze" der EU für eine baldige EU-Neu-mitgliedschaft des Neustaates mit folgendem Argument anführen: Genau genommen würde die EU durch eine Mitgliedschaft des Neustaates weder bevölkerungs- noch flächenmäßig

---

74 *Stoffels* 2017 (Fn. 1), S. 330.
75 *Nicolaidis, Kalypso* 2014: Scotland and the EU. https://verfassungsblog.de/scotland-eu-comment-kalypso -nicolaidis-2/ (09.04.2019).
76 *Stoffels* 2017 (Fn. 1), S. 331.
77 Ebenda, S. 332–341.
78 *De Witte, Bruno* 2014: Scotland and the EU. https://verfassungsblog.de/scotland-eu-comment-bruno-de-witte-2/ (09.04.2019); *Stoffels* 2017 (Fn. 1), S. 342.
79 Verallgemeinernd, aber zu anderen Fällen vgl. etwa EuGH, Urteile vom 15.01.1986, 52/84, Slg. 1986, 89 (105) sowie vom 14.04.2011, C-331/09, Slg. 2011, I-2933 (2950).
80 *Stoffels* 2017 (Fn. 1), S. 343.

größer, sondern bliebe insofern gleich. Sie bestünde nur aus einem Mitgliedstaat mehr. Deshalb wurde die innerunionale Abspaltung zutreffender auch als schlichte Neugliederung bezeichnet ("internal enlargement"[81]/"fragmentation"[82]). Der „Aufnahmeaufwand" der EU hielte sich also (im Vergleich zum echten Beitritt eines Drittstaats von außen) in Grenzen, und die Nachteile des Neustaats außerhalb der EU stünden hierzu außer Verhältnis.[83] Damit sprechen viele objektive Grundsätze des Unionsrechts dafür, den Neustaat nicht mit seiner Unabhängigkeit zwangsweise aus der EU fallen zu lassen, sondern ihm eine Mitgliedschaft zum Unabhängigkeitstag einzuräumen.

4.2.3 Subjektive unionsrechtliche Schutzlücke für die Unionsbürger

Jeder Staatsangehörige eines EU-Mitgliedstaats ist zusätzlich auch Unionsbürger. Die Unionsbürgerschaft tritt zur nationalen Staatsangehörigkeit hinzu, ersetzt sie aber nicht.[84] Aus ihr ergeben sich verschiedene Rechte, auf welche sogleich näher eingegangen wird. Sofern der Neustaat mit Unabhängigkeit neues EU-Mitglied würde, ergäben sich keinerlei Schutzlücken für Bürger: Die Bürger des Neustaates (etwa Schotten) blieben Unionsbürger, da der Neustaat EU-Mitglied wäre, und könnten so EU-weit ihre Rechte ausüben. Umgekehrt könnten alle Staatsangehörigen aller anderen EU-Mitgliedstaaten ihre Unionsbürgerrechte weiter ungeschmälert im Neustaat ausüben, da dieser weiter zum Geltungsbereich des Unionsrechts gehörte.

Würde der Neustaat jedoch nicht sogleich mit Unabhängigkeit auch EU-Mitglied werden, ergäben sich folgende Schutzlücken: Die Staatsangehörigen anderer EU-Mitgliedstaaten im Neustaat könnten in diesem – da in diesem fortan kein Unionsrecht mehr gälte – ihre wichtigsten ortsbezogenen Unionsbürgerrechte nicht mehr ausüben, wie insbesondere das Freizügigkeitsrecht[85], das Wahlrecht in Kommunalwahlen[86] und zum Europaparlament im Neustaat[87], sowie das allgemeine Diskriminierungsverbot aufgrund der Staatsangehörigkeit[88]. Nimmt man allein das Unionsrecht, wäre nun plötzlich von „illegalen Einwanderern"[89] auszugehen, die nicht wählen und aufgrund ihrer Staatsangehörigkeit diskriminiert werden dürfen. Diese Schutzlücken könnte der Neustaat zwar versuchen, durch nationales Recht zu schließen. Das Schutzniveau bliebe aber hinter Unionsrecht zurück, denn (i) der Neustaat

---

81 Vgl. nur *Douglas-Scott* 2014 (Fn. 63), S. 15, 34; *Kenealy* 2014 (Fn. 63), S. 585.
82 Etwa *Chamon/van der Loo* 2014 (Fn. 43), S. 614.
83 *Stoffels* 2017 (Fn. 1), S. 348.
84 Zu den Rechtsgrundlagen vgl. Art. 9 EUV und Art. 20 AEUV.
85 Art. 20 Abs. 2 Satz 2 lit. a EUV, 21 AEUV und 45 GRCh.
86 Art. 20 Abs. 2 Satz 2 lit. b Alt. 2 EUV, 22 Abs. 1 AEUV und 40 GRCh.
87 Art. 20 Abs. 2 Satz 2 lit. b Alt. 1 EUV, 22 Abs. 2 AEUV und 39 GRCh. Hier ist im Einzelnen freilich vieles komplizierter, da jeder EU-Mitgliedstaat seinen Staatsangehörigen nach nationalen Wahlrechtsvorschriften zum Europäischen Parlament auch in Drittstaaten ermöglichen kann, an den Wahlen teilzunehmen. Damit reduziert sich die Schutzlücke darauf, die „Wahlinfrastruktur" des Neustaats hierfür nicht in Anspruch nehmen zu können, da der Neustaat gerade nicht mehr an Europawahlen teilnimmt. Vgl. im Einzelnen hierzu *Stoffels* 2017, S. 357 f.
88 Art. 18 AEUV.
89 Vgl. auch *Douglas-Scott* 2014 (Fn. 63), S. 13.

wäre hierzu nicht verpflichtet, sondern im „Ob" und „Wie" völlig frei, (ii) eine solche unilaterale Gesetzgebung wäre nicht in allen Bereichen möglich (zum Beispiel Europawahl) und (iii) dieses Recht wäre nicht vor dem Europäischen Gerichtshof (EuGH) durchsetzbar.[90]

Die Staatsangehörigen des Neustaats hingegen verlören grundsätzlich die Unionsbürgerschaft, da sie keine Staatsangehörigen eines EU-Mitgliedstaats mehr wären. Solche Neustaatsangehörigen, die im Gebiet der (fortan um den Neustaat verkleinerten) EU leben – und dazu gehört auch der Reststaat nach Abspaltung – verlören die vorgenannten Rechte (Freizügigkeit, Kommunalwahlen, Europawahlen, Diskriminierungsverbot) grundsätzlich ebenso in der Rest-EU. Sofern die betreffenden Personen daneben die Staatsangehörigkeit eines (anderen) EU-Mitgliedstaats (einschließlich des Reststaats) halten oder erwerben würden, blieben sie weiter Unionsbürger, womit sie – nicht im Neustaat selbst, in dem Unionsrecht ja nicht mehr gilt, aber wo sie vermutlich als Neustaatsangehörige ausreichend anderweitig geschützt wären – im Rest der EU wieder die Unionsbürgerrechte ausüben könnten (insbesondere Freizügigkeitsrecht, Kommunalwahlrecht und Diskriminierungsschutz aufgrund der Staatsangehörigkeit). Der Reststaat wäre zwar rechtlich frei darin zu entscheiden, den Neustaatsangehörigen „seine" Staatsangehörigkeit zu belassen. Allerdings entspräche dies nicht seinem Interesse: Warum sollte er Millionen Personen, die nun in einem anderen Staat leben und sich im Rahmen des Unabhängigkeitsreferendums gerade von ihm abspalten wollten und illoyal zeigten, weiterhin die Staatsangehörigkeit belassen, welche oft weitere Rechte garantiert wie zum Beispiel die Teilnahme an Wahlen im Reststaat?[91]

Erwähnenswert ist, dass die EU-Kommission dem Problem der entfallenden Unionsbürgerschaft infolge innerunionaler Abspaltung stets aus dem Weg ging und ausweichend antwortete.[92] Der Ausgangspunkt muss sein, dass die Unionsbürgerschaft zwar nicht „plötzlich" – aber immerhin – nach Ablauf der Übergangszeit zwischen positivem Referendumsergebnis und Unabhängigkeitstag verloren ginge, da sie abhängig vom Bestehen der Staatsangehörigkeit eines (aktuellen) EU-Mitgliedstaates ist („Bestandsakzessorietät"). Folgende Gründe aus der Unionsbürgerschaft können jedoch für eine EU-Mitgliedschaft des abgespaltenen Neustaats ins Feld geführt werden:

Zum einen ist denkbar, nicht zur Abspaltung ergangene EuGH-Rechtsprechung zur Unionsbürgerschaft auf die Abspaltung zu übertragen: So kann der Fall Rottmann *auf die Staatsangehörigen des abgespaltenen Neustaats* übertragen werden, welche ihre Unionsbürgerschaft verlieren würden. Dem Fall *Rottmann*[93] lag der Sachverhalt zugrunde, dass der Österreicher *Rottmann* seinen Wohnsitz von Österreich nach Deutschland verlegte, und später die deutsche Staatsangehörigkeit erhielt, weswegen er nach österreichischem Recht die österreichische verlor. Die Staatsangehörigkeit wurde ihm jedoch vom Freistaat Bayern wieder

90 *Hofmeister, Hannes* 2013: Was bedeutet Schottlands Unabhängigkeit für die Mitgliedschaft in der EU?, Europarecht 2013, H. 6, S. 711 (716 f); *Stoffels* 2017 (Fn. 1), S. 359.

91 Siehe detaillierter *Stoffels* 2017 (Fn. 1), S. 361–367.

92 Vgl. nur Parlamentarische Anfrage E-7459/2012 vom 25.07.2012 und Antwort Barrosos vom 28.08.2012, ABl. C 228E, S. 256 vom 07.08.2013. Vgl. zudem das Ablehnungsschreiben der Kommission vom 30.05.2012 auf die diesbezügliche Bürgerinititative „Fortalecimiento de la participación ciudadana en la toma de decisiones sobre la soberanía colectiva" vom 01.04.2012, abrufbar unter http://ec.europa.eu/citizens-initiative/public/initiatives/non-registered/details/469?lg=de (10.04.2019).

93 EuGH, Urteil vom 02.03.2010, C-135/08, Slg. 2010, I-1449.

entzogen, da er bei seiner Einbürgerung verschwiegen hatte, dass in Österreich vor seinem Umzug ein Ermittlungsverfahren gegen ihn lief und ein Haftbefehl erlassen worden war. Diese Frage wurde dem EuGH vorgelegt, da im Falle der Rechtmäßigkeit der Entziehung *Rottmann* nicht nur die deutsche Staatsangehörigkeit verlöre, sondern auch die österreichische nicht wiedererlangen würde, und er deswegen staatenlos würde und mangels Staatsangehörigkeit eines EU-Staats zudem auch die Unionsbürgerschaft verlöre. Der EuGH entschied zunächst, dass er die Frage beantworten dürfe, auch wenn die Frage des Erwerbs und Verlusts der Staatsangehörigkeit in die ausschließliche Zuständigkeit der Mitgliedstaaten und nicht der EU falle. „Es liegt auf der Hand", dass dies auch den Erwerb und Verlust der Unionsbürgerschaft zur Folge habe und somit Unionsrecht betroffen sei. In einem zweiten Schritt prüfte der EuGH, ob der so eingetretene Verlust der Unionsbürgerschaft *Rottmanns* verhältnismäßig sei, wenn man die Schwere des Vorwurfs und Möglichkeit des Betroffenen berücksichtige, seine ursprüngliche österreichische Staatsangehörigkeit wiederzuerlangen. Im konkreten Einzelfall sei der Entzug durch Deutschland rechtmäßig gewesen. Es kann gut argumentiert werden, dass dieser Fall wie folgt Auswirkungen auf die Abspaltung hat: Trotz gewisser Unterschiede ist die Abspaltungskonstellation insoweit mit dem *Rottmann*-Fall vergleichbar, als durch den unmittelbaren Verlust der nationalen Staatsangehörigkeit mittelbar auch die Unionsbürgerschaft entfällt. Darüber hinaus enthält das Urteil die verallgemeinerbare, bewusste, gewollte und zukunftsoffene „Mindestkernaussage", dass jeder wie auch immer erfolgte unfreiwillige Verlust der Unionsbürgerschaft niemals unionsrechtlich irrelevant sein kann. Dies gilt erst recht bei massenhaftem Verlust nach Abspaltung.[94]

Der anderen Fallgruppe der *Unionsbürger der (fortan verkleinerten) EU, welche im abgespaltenen Neustaat leben*, kann hingegen durch Übertragung der „Kernbestandsrechtsprechung" des EuGH geholfen werden: Jene wurde erstmals im Fall *Zambrano*[95] entwickelt, dem folgender Sachverhalt zugrunde lag: Die fünfköpfige Familie *Zambrano* lebte in Belgien. Während die Eltern und ältestes Kind „lediglich" die kolumbianische Staatsangehörigkeit besaßen, waren die beiden jüngsten Kinder laut belgischem Recht ausschließlich Belgier, die Belgien zudem noch nie verlassen hatten. Die Eltern wehrten sich dagegen, dass Belgien ihnen (das heißt nicht den beiden jüngsten Kindern) die Erteilung eines Aufenthaltstitels versagte. Der EuGH leitete im vorgenannten Urteil erstmals aus der Unionsbürgerschaft der beiden jüngsten Kinder direkt ein abgeleitetes Aufenthaltsrecht der Eltern ab, da den Kindern ansonsten

„der tatsächliche Genuss des Kernbestands der Rechte, die ihnen der Unionsbürgerstatus verleiht, verwehrt wird [Verweis auf Rottmann]. Eine derartige Auswirkung liegt vor, wenn einer einem Drittstaat angehörenden Person in dem Mitgliedstaat, in dem ihre minderjährigen Kinder, die diesem Mitgliedstaat angehören und denen sie Unterhalt gewährt, der Aufenthalt [...] verweigert [wird]. [Dies] hat nämlich zur Folge, dass die genannten Kinder – Unionsbürger – gezwungen sind, das Gebiet der Union zu verlassen, um ihre Eltern zu begleiten [...]. Unter derartigen Umständen wäre es den genannten Unionsbürgern unmöglich, den Kernbestand der Rechte, die ihnen der Unionsbürgerstatus verleiht, tatsächlich in Anspruch zunehmen."

---

94 Vgl. zum Rottmann-Fall, dessen Richtigkeit und Übertragbarkeit auf die Abspaltungskonstellation detailliert *Stoffels* 2017 (Fn. 1), S. 382–399.
95 EuGH, Urteil vom 08.03.2011, C-34/09, Slg. 2011, I-1177.

Diese Rechtsprechung ist auf andere Konstellationen generell übertragungs*fähig*, da der EuGH diese noch sehr vage formulierte Kernbestandsdoktrin in ihrer inhaltlichen Reichweite noch bewusst zukunfts- und entwicklungsoffen hielt. Der Verweis auf *Rottmann* rückt die Rechtsprechung zur Unionsbürgerschaft in einen größeren Gesamtzusammenhang, und nachfolgende Urteile haben gezeigt, dass der EuGH diese Doktrin tatsächlich weiter fortentwickelt und präzisiert.[96]

Darüber hinaus ist die Kernbestandsrechtsprechung auch auf vorliegenden Fall übertragbar, da im Falle einer nicht unmittelbaren EU-Mitgliedschaft des Neustaats am Unabhängigkeitstag den dort lebenden Unionsbürgern aus anderen EU-Mitgliedstaaten ebenfalls *„der tatsächliche Genuss des Kernbestands der Rechte, die ihnen der Unionsbürgerstatus verleiht, verwehrt wird"*, womit sie „de facto gezwungen [wären], das Gebiet der Union als Ganzes zu verlassen". Das Gezwungensein zum Verlassen des Neustaats kann man sich dann nicht so vorstellen, dass mobile Bürger einen statischen Staat verlassen müssten (wie im *Zambrano*-Fall), sondern dass „statische Unionsbürger" (da diese im Neustaat weiterhin leben wollen), durch den erzwungenen EU-Austritt des Neustaats mit Unabhängigkeit als Verkleinerung der EU quasi „das Gebiet der EU unter ihren Füßen weggezogen bekämen". Ein im Sinne der Kernbestandsrechtsprechung „De-facto-Zwang" läge insoweit vor, als die Unionsbürger im Neustaat zwar theoretisch die Möglichkeit hätten, „der Rest-EU hinterherzulaufen", wenn also etwa ein Deutscher nach einem gedacht erfolgreichen schottischen Unabhängigkeitsreferendum am Unabhängigkeitstag nach England, das damals (unterstellt: Die Wirksamkeit der schottischen Unabhängigkeit läge zeitlich vor Wirksamkeit des Brexit) weiter in der EU geblieben wäre, oder zurück nach Deutschland gezogen wäre.[97] Diese Umsiedlung wird von manchen unter Umständen als den Unionsbürgern zumutbares Opfer dargestellt.[98] Dies übersieht meines Erachtens aber, dass der Neustaat – sofern er dies will, was hier unterstellt wird – ohnehin irgendwann wieder EU-Mitglied sein wird, was es unverhältnismäßig erscheinen ließe, dieses Opfer zu verlangen. Zudem wurde bereits oben angesprochen, dass die EU keinen Preis für die „Nur-Unabhängigkeit" des Neustaats vom Mitgliedstaat verlangen sollte, welcher trotzdem in der EU bleiben will.

Unabhängig von der Übertragung der EuGH-Rechtsprechung können noch zwei weitere subjektive Argumente angebracht werden, die zum Schutz der Unionsbürger eine EU-Mitgliedschaft des Neustaats erfordern: Zum einen ist seit spätestens 1963 klar, dass neben den Mitgliedstaaten auch deren Bürger das zweite gleichwertige und wichtige Rechts- und Legitimationssubjekt der EU und deren Vorläuferorganisationen sind.[99] Dies kann bei einer

---

96 Im Ausgangspunkt ebenso *Nettesheim, Martin* 2011: Der Kernbereich der Unionsbürgerschaft – vom Schutz der Mobilität zur Gewährleistung eines Lebensumfelds, Juristenzeitung 2011, Bd. 66, Nr. 21, S. 1030 (1033 f); zur generellen Übertragungsfähigkeit darüber hinaus *Stoffels* 2017 (Fn. 1), S. 422 f.

97 Vgl. zur Kernbestandsrechtsprechung. deren Richtigkeit und Übertragbarkeit auf die Abspaltungskonstellation detailliert *Stoffels* 2017 (Fn. 1), S. 399–426.

98 *von Rochow, Moritz* 2014: Dreams of Peace and of Freedom, so smile in your sleep, bonny baby!. https://www.juwiss.de/112-2014/ (09.04.2019).

99 Vgl. die EuGH-Entscheidung zu Van Gend & Loos, Urteil vom 05.02.1963, 26/62, Slg. 1963, 1 (25).

innerunionalen Abspaltung nicht unberücksichtigt bleiben.[100] Die EU hat also – entgegen der vorgenannten Kommissionsauffassungen[101] – ihre Unionsbürger zu schützen. Dies gilt gerade dann, wenn wie vorliegend ausnahmsweise sogar auch einmal die Exekutive und Legislative der EU selbst in der Lage sind, diese Schutzfunktion auszuüben.[102]

Zweitens kann auch wie bereits oben das Loyalitätsgebot aus Art. 4 Abs. 3 EUV mit Blick auf die EU als Ganzes in den Blick genommen werden: Verlören die Staatsangehörigen des Neustaats, welche in der verkleinerten Rest-EU lebten, ihre Unionsbürgerschaft, würden die EU-Mitgliedstaaten vor die rechtliche und faktische Herausforderung gestellt, den Aufenthaltsstatus von bis zu abertausenden Neustaatsangehörigen in ihrem Staat legislativ und exekutiv in den Griff zu bekommen. Auch dies könnte vor dem Hintergrund der wahrscheinlich zukünftig ohnehin eigenen EU-Mitgliedschaft des Neustaats unverhältnismäßig sein.[103] Zudem: Es ist auf der einen Seite anerkannt, dass das massenhafte Verleihen von eigenen Staatsbürgerschaften an reiche Drittstaater gegen Investitionen im eigenen Land illoyal und damit unionsrechtswidrig ist, weil der jeweilige Staat verantwortungs- und rücksichtslos ohne Abstimmung insoweit die Massenimmigaration der Neu-Unionsbürger in die Rest-EU ermöglicht (Problem der „käuflichen Unionsbürgerschaft" oder „golden passports" durch etwa Malta und Zypern).[104] Konsequenterweise muss es dann im umgekehrten Fall ebenso illoyal und unionsrechtswidrig sein, falls die EU im Falle einer innerunionalen Abspaltung den unkoordiniert-massenhaften Verlust der Unionsbürgerschaft der Neustaatsangehörigen ohne Weiteres zuließe, da die Mitgliedstaaten sich massenhaft für das Bleiberecht ihrer Bürger im Neustaat einsetzen müssten und ebenso massenhaft das Bleiberecht der Neustaatsangehörigen in ihrem Gebiet regeln müssten.[105]

Schließlich sei erwähnt, dass der weniger streitige Verlust der Unionsbürgerschaft aller Staatsangehörigen eines Mitgliedstaats, welcher „als Ganzes" nach Art. 50 EUV die EU verlassen will (zum Beispiel Brexit), aus zwei Gründen nicht auf die vorliegende Konstellation übertragen werden kann:[106] Zum einen wird die innerunionale Abspaltung nicht über Art. 50 EUV geregelt, welcher nur den freiwilligen Austritt eines gesamten Mitgliedstaats regelt, sondern über den räumlichen Geltungsbereich der Verträge in Art. 52 EUV (siehe oben).

---

100 So auch: *Lane, Robert* 1991: Scotland in Europe: An independent Scotland and the European community, in: *Finnie, Wilson/Himsworth, Christopher /Walker, Neil (Hrsg.)*: Edinburgh Essays in Public Law, Edinburgh, S. 143 (153); *Fassbender, Bardo* 2013, in: Frankfurter Allgemeine Zeitung vom 05.04.2013, S. 7; *Kenealy* 2014 (Fn. 63), S. 585 (590–592); *Edward, David* 2013: EU law and the separation of member states, Fordham Journal of International Law 2013, Bd. 36, H. 5, S. 1151 (1162).

101 Siehe oben Kapitel 4.1.3.

102 Ansonsten geschieht dies überwiegend nur durch die Judikative, also EuGH-Rechtsprechung. Vgl. zu diesem Argument auch *Stoffels* 2017 (Fn. 1), S. 427–429.

103 Ebenda, S. 431.

104 Zur Unionsrechtswidrigkeit dieses Vorgehens vgl. nur Entschließung des Europäischen Parlaments vom 16.01.2014 (2013/2995 (RSP)) sowie Generalanwalt *Maduro, Miguel Poiares* in seinen Schlussanträgen zur Rottmann-Entscheidung vom 30.09.2009, Slg. 2010, I-1449 (1463 f) Rn. 30.

105 Diesen Vergleich zieht *Stoffels* 2017 (Fn. 1), S. 431–435.

106 So aber etwa *de Waele, Henri* 2014: Secession and Succession in the EU Fuzzy Logic – Granular Outcomes?, in: *Brölmann, Catherine/Vandamme, Thomas (Hrsg.)* 2014: Secession within the Union - Intersection points of International and European Law, think Piece, Amsterdam Centre for European Law and Governance, 23.05.2014, S. 34 (37).

Die Annahme, die Neustaatsangehörigen verlören nach unionsinterner Abspaltung ihre Unionsbürgerschaft, da der Neustaat nach dem Grundsatz der beweglichen Vertragsgrenzen den räumlichen Geltungsbereich der Verträge verlasse, stellte an dieser Stelle insoweit einen Zirkelschluss dar, als hier gerade erst untersucht werden soll, ob Unionsrecht gebietet, entstandene Schutzlücken zu vermeiden. Zudem stimmt die Bevölkerung beim EU-Ausstieg eines gesamten Mitgliedstaats (Brexit) bewusst dafür, dass Unionsrecht und damit auch die Unionsbürgerschaft nicht mehr gelten solle, während für innerunionale Abspaltungen vorliegend davon ausgegangen wird, die Bevölkerung wolle nur den Nationalstaat verlassen, nicht aber die EU.[107]

Zusammenfassend ist festzuhalten, dass die vorstehende subjektivrechtliche Argumentation aus der Unionsbürgerschaft zwar weder in der Lage ist, (i) den Reststaat zu verpflichten, den Neustaatsangehörigen ihre Staatsangehörigkeit zu belassen, noch (ii) individuelle Ansprüche einzelner Unionsbürger irgendwelcher Art begründen kann, noch (iii) zu einer automatischen EU-Mitgliedschaft des abgespaltenen Neustaats führen kann.[108] Stattdessen erfordern diese subjektivrechtlichen Argumente aus der Unionsbürgerschaft jedoch gleichgewichtig neben und gemeinsam mit den vorgenannten objektivrechtlichen Argumenten das Finden einer unionsrechtlich gebotenen Lösung. Es steht damit fest, dass etwas getan werden muss.

4.2.4 Rechtsfolge: Unionsrechtlicher Anspruch auf Verhandlungen

Das Ergebnis dieser Zusammenschau aller objektiv- und subjektivrechtlichen Argumente ist, dass die abspaltungswillige Region unmittelbar nach positivem Unabhängigkeitsreferendum und Mitteilung an die EU, zum Unabhängigkeitstag EU-Mitglied zu werden, einen unionsrechtlichen Anspruch gegen die EU und alle Mitgliedstaaten hat, bereits unmittelbar nach dem abgehaltenen Referendum in Verhandlungen in gutem Glauben und loyaler Zusammenarbeit einzutreten, mit dem Ziel, zum Unabhängigkeitstag eine EU-Vollmitgliedschaft zu begründen.[109] Die Begründung und Rechtsqualität des Anspruchs ergibt sich aus einer Zusammenschau aller zuvor erwähnten Prinzipien mit Rechtsqualität, welche auf die Abspaltungskonstellation übertragen wurden. Als Anspruchsgrundlage dient die bereits oben in beiden Varianten angesprochene allgemeine Loyalitäts- und Solidaritätsnorm in Art. 4 Abs. 3 EUV.[110] Zwar ergibt sich aus diesem Anspruch keine Erfolgsgarantie der Beitrittsverhandlungen, aber die (nachprüfbare) Pflicht der EU und der Mitgliedstaaten, in aufrechter und ehrlicher Zusammenarbeit und gutem Glauben alles Mögliche zu tun, um den Beitrittsverhandlungen zum Erfolg zu verhelfen.

---

107 Vgl. zur Unvergleichbarkeit und Unübertragbarkeit des Austritts eines gesamten Mitgliedstaats auf innerunionale Abspaltungen *Stoffels* 2017 (Fn. 1), S. 429 f.

108 Vgl. zu diesen nicht einschlägigen Rechtsfolgen samt Begründung ebenda, S. 435–442.

109 Dies nur zurückhaltend andeutend im Jahr 1991 *Lane* (Fn. 100), etwas konkreter aber immer noch vorsichtig *Edward, David* 2012: Scotland and the European Union, Tz. 19 und 24. https://www.scottishconstitutionalfutures.org/OpinionandAnalysis/ViewBlogPost/tabid/1767/articleType/ArticleView/articleId/852/ David-Edward-Scotland-and-the-European-Union.aspx (09.04.2019) sowie in ähnlicher Form *Edward* 2013 (Fn. 100), S. 1167. Zur umfassenden und aufführlichen Herleitung und Ausführung dieses Ansatzes vgl. *Stoffels* 2017 (Fn. 1), S. 443–519.

110 *Stoffels* 2017 (Fn. 1), S. 445–447.

Als Anspruchsvoraussetzungen muss der Neustaat zwar auch im Grundsatz die – inhaltlichen – Beitrittskriterien des Art. 49 EUV erfüllen. Er muss als europäischer Staat also die Werte des Art. 2 EUV und die Kopenhagener Kriterien beachten,[111] da dies schließlich auch von aktuellen EU-Mitgliedstaaten und von nach einem Austritt wiederbeigetretenen Staaten (Art. 50 Abs. 5 EUV) gefordert wird. Zudem ist Loyalität und guter Glaube keine Einbahnstraße, sondern der Neustaat muss sich diese erst erarbeiten. Es sind jedoch vereinzelte Privilegierungen gegenüber einem von außen beitretenden Drittstaat anzuerkennen. Zum einen kann nicht gefordert werden, dass der Neustaat diese Beitrittskriterien erst über Jahre als unabhängiger Neustaat erfüllen muss, da dies eine zwingende Schutzlücke außerhalb der EU zur Folge hätte. Stattdessen genügt eine Prüfung der konkret geplanten neuen Rechts- und Verfassungsordnung, die sich der zukünftige Neustaat in der Übergangszeit zwischen Referendum und Unabhängigkeitstag gegeben hat. Darüber hinaus kann das letzte Kopenhagener Kriterium der „Aufnahmefähigkeit der Union" deswegen keine Anwendung finden, da sich bei einem „internal enlargement" Gebiet und Bevölkerung der EU nicht vergrößern. Dass diese nun aus einem Mitgliedstaat mehr besteht, ist einer Abspaltung immanent und daher in diesem Zusammenhang hinzunehmen.[112]

Verhandlungsführer für die Beitrittsverhandlungen zwischen Referendumsergebnis und Unabhängigkeit ist die (noch) nicht unabhängige Region selbst als „Neustaat in Gründung", und nicht der Gesamtstaat. Dies erfordert bereits die effektive Durchsetzung des Verhandlungsanspruchs aus Art. 4 Abs. 3 EUV, da nur die Region in der Lage ist, die Interessen des späteren Neustaats quasi als bereits ihre eigenen zukünftigen Interessen maximal wahrzunehmen. Denn der Gesamtstaat befindet sich nach dem Referendum in einem Interessenkonflikt dergestalt, dass er in erster Linie seine eigenen Interessen (des zukünftigen subjektidentischen Reststaats) wahrnehmen muss, die denen des Neustaats durchaus widersprechen könnten. Die Verhandlungsführung durch den Neustaat ist auch sowohl für den Reststaat besser, der sich weder einem Generalverdacht noch der Gefahr falscher Rücksichtnahme ausgesetzt sehen müsste, als auch für die EU insgesamt, da zwei selbständige Verhandlungspartner zielfördernder sind als ein innerlich zerrissener.[113]

Der Anspruch der Region als Neustaat in Gründung richtet sich sowohl gegen die EU-Mitgliedstaaten als auch die EU selbst: Die Mitgliedstaaten, und darunter auch der aktuelle Gesamtstaat als zukünftiger mit letzterem subjektidentische Reststaat, können die Beitrittsverhandlungen nicht wie eine reguläre Vertragsänderung nach Art. 48 EUV oder einen regulären Beitritt von außen mehr oder weniger nach Belieben blockieren. Sie dürfen im Rahmen der Beitrittsverhandlungen inhaltlich nichts entgegnen, was einer Obstruktion, einem Rechtsmissbrauch, einer Umgehung oder Hintertreibung des Unionsrechts gleichkäme. Ausgeschlossen sind damit sowohl Punkte, die gerade den Privilegien in den Beitrittsverhandlungen entsprechen (etwa: zusätzlicher Organisationsaufwand durch einen Mitgliedstaat mehr, Nichterfüllung der Beitrittsvoraussetzungen durch einen unabhängigen Staat über mehrere Jahre sowie die vermeintliche Nichtaufnahmefähigkeit der EU), sowie ein Veto

---

111 Siehe zu den Beitrittsvoraussetzungen bereits oben Kapitel 4.1.3.
112 Vgl. zu diesen Anspruchsvoraussetzungen *Stoffels* 2017 (Fn. 1), S. 454–459.
113 Vgl. zur Verhandlungsführerschaft detailliert: ebenda, S. 459–480.

welches gedacht ist zur repressiven Bestrafung (oder jedenfalls: „Nichtbelohnung") der Region für die – mit dem betroffenen EU-Gesamtmitgliedschaft vereinbarte (!) – innerunionale Abspaltung, oder ein Veto zwecks präventiver Vermeidung eines Präzendenzfalls „zu leicht gesicherte EU-Mitgliedschaft" eines abgespaltenen Neustaats und damit zwecks Vermeidung einer Abspaltung selbst. Zulässig wären jedoch Einwände, dass der zukünftige Neustaat die vorgenannten – wenn auch privilegierten – Beitrittsvoraussetzungen nicht erfüllen könne, wie etwa Demokratie, Rechtsstaat und Übernahme des Unionsrechtsstands. Selbst diese zulässigen Einwände greifen aber nur unter zwei weiteren Bedingungen: Zum einen müssen sich diese Punkte eines Mitgliedstaats gegen den Beitritt des abgespaltenen Neustaats materiell in einer Gesamtabwägung im Einzelfall gegen die ebenso sachlichen Gründe anderer Mitgliedstaaten oder der EU für eine solche Mitgliedschaft durchsetzen, da ansonsten selbst sachlich vorgetragene Gründe eines Mitgliedstaats faktisch ein – immer noch relativ freies – Vetorecht bedeuten würden. Zweitens dürfen solche sachlichen Bedenken, selbst wenn sie sich in einer solchen Abwägung durchgesetzt haben, formell immer nur unter stichhaltiger und umfangreicher Begründung vorgebracht werden, mit der Zielsetzung der Problemlösung in einem konstruktiven Dialog. Keinesfalls dürfen daher umgekehrt die Beitrittsverhandlung endgültig abgebrochen oder auch nur vorläufig – über eine angemessene Reflektionszeit hinaus – ausgesetzt werden.[114]

Darüber hinaus stellen sich weitere interessante Folgefragen, für die aus Platzgründen auf meine Dissertation verwiesen wird: So etwa, über welche formelle Norm die Begründung der EU-Mitgliedschaft des Neustaats letztlich etabliert werden kann (sowohl Vertragsänderung von innen nach Art. 48 als auch der Beitritt von außen nach Art. 49 EUV). Die EU hat alles in ihrer Macht Stehende zu tun, um dem Neustaat die Mitgliedschaft zum Unabhängigkeitstag nach der gewählten Norm zu ermöglichen.[115] Neben der Vertretung des neuen EU-Staats in den EU-Organen[116] stellt sich schließlich die Frage, ob und in welchem Umfang der Neu(mitglied)staat Sonderregelungen in Anspruch nehmen kann, welche dem Gesamtstaat zustanden, wie etwa ein Opt-out hinsichtlich der Einführung des Euro, Schengens oder anderer Bereiche.[117]

Trotz aller Bemühenspflichten begründet der vorgenannte Anspruch keine Erfolgspflicht, sodass immer die Möglichkeit besteht, dass die Verhandlungen bis zum geplanten Unabhängigkeitstermin nicht abgeschlossen und der Beitrittsvertrag allseits ratifiziert wurde. In diesem Fall wäre zur Vermeidung der dargestellten Schutzlücken die Umsetzung einer Art Not- oder Übergangslösung zu erwägen, welche etwa bestehen könnte in (i) der sofortigen und vorläufigen Wirksamkeit des Änderungsvertrags ab Unabhängigkeit, sofern lediglich die Ratifizierungen nicht rechtzeitig erfolgt sein sollten, (ii) dem Hinausschieben oder

---

114 Zur Anspruchsgegenerschaft und zum Anspruchsinhalt gegenüber den Mitgliedstaaten als Verneinung eines freien politischen Vetorechts siehe insgesamt *Stoffels* 2017 (Fn. 1), S. 481–514.

115 Zu den letztlich rechtlich und politisch möglichen Wegen und dem Anspruchsinhalt gegenüber der EU vgl. ebenda, S. 519–535.

116 Vgl. hierzu im Einzelnen ebenda, S. 535–537.

117 Vgl. hierzu im Einzelnen ebenda, S. 537–576.

der Bedingung der Unabhängigkeit, (iii) der Einrichtung einer Art „EU-Passivmitgliedschaft" nach Art. 50 Abs. 3 EUV erst recht mit Beobachterstatus oder (iv) eines Alternativmodells zur EU-Mitgliedschaft wie das „Norwegenmodell" aus EWR plus Schengen.[118]

4.3 Keine Übertragung dieser Lösung auf die unilaterale Sezession

Die noch ausstehende Frage ist, ob die vorgenannt erarbeitete Lösung eines Anspruchs auf Beitrittsverhandlungen zur EU vor Unabhängigkeit des Neustaates von einer einvernehmlichen Separation auf eine unilaterale Sezession gegen den Willen des Neustaats übertragen werden könnte.

Für den Fall einer *rechtswidrigen* Sezession ist die Frage ganz klar zu verneinen. Vor allem greift das wesentliche Argument für die Separation, dass die territoriale Integrität des betreffenden Mitgliedstaats wegen dessen Verzichts darauf nicht verletzt sei, hier nicht ein. Zudem: Wenn weder die EU noch ihre Mitgliedstaaten die unilateral sezedierende Einheit anerkennen – und sich die Region darüber hinaus nicht über Jahre effektiv als Neustaat etabliert hat – gibt es schlicht keinen neuen Staat. Die Region bleibt für alle (anderen) Beteiligten Teil des EU-Gesamtmitgliedstaats, und damit nach Art. 52 EUV im Geltungsbereich der Unionsverträge. Im Ergebnis existiert damit – zumindest aus Sicht der EU und den anderen Mitgliedstaaten – zwar noch kein Neustaat, der eine EU-Mitgliedschaft anstreben könnte, aber es existiert eben auch keine unionsrechtliche Schutzlücke, da die Region weiter Teil der EU bleibt.[119]

Aber selbst für den Fall einer *rechtmäßigen* Sezession treten erhebliche Probleme bei der Übertragbarkeit der Lösung zur Separation auf:[120] Abgesehen davon, dass eine rechtmäßige Sezession nach Völkerrechtslage und Praxis der absolute – in Europa zudem aktuell nicht ersichtliche – Ausnahmefall ist[121], könnte man im Ausgangspunkt zwar annehmen, dass die Lösung zur EU-Mitgliedschaft für eine Separation und eine rechtmäßige Sezession prinzipiell die gleiche sein müsste. Dem sind aber folgende Punkte zu entgegnen: Erstens ist die bereits für die Separation schwere, aber gelingende Prüfung zwischen Recht und Politik bei der Sezession nahezu unmöglich, sodass der Status einer Region, welche sich – wenn auch rechtmäßig – für unabhängig erklärt hat, wohl bestenfalls als unklar bezeichnet werden kann. Zweitens greifen wesentliche Argumente für eine – wenn auch rechtmäßige – Sezession nicht mehr, die bei der Separation noch zur Anspruchsbegründung herangezogen wurden: Abgesehen davon, dass das Demokratieargument nicht schwer wiegt, da der Abspaltung kein vom Gesamtstaat anerkanntes Referendum zugrunde lag, ist der wesentliche Gedanke, auf dem die Lösung für die Separation basiert, nicht auf die Sezession übertragbar: Eine Verhandlungsführung in gutem Glauben und loyaler Zusammenarbeit – die allen Beteiligten zugemutet und zugetraut werden kann, wenn ein EU-Mitgliedstaat die Abspaltung einer seiner Regionen explizit erlaubt – ist für den Fall der unilateralen Sezession schlichtweg nicht

---

118 Vgl. zu Zulässigkeit, Vor- und Nachteilen sowie Zweckmäßigkeit einzelner Not- und Übergangslösungen im Detail ebenda, S. 576–582.
119 Vgl. *Stoffels* 2017 (Fn. 1), S. 584 f.
120 Vgl. zur Übertragbarkeit der Verhandlungslösung auf die rechtmäßige Sezession ebenda, S. 585–592.
121 Zu den Voraussetzungen der Sezession vgl. bereits oben Kapitel 2.

vorhanden bzw. undenkbar. Die Spannungen zwischen Gesamtstaat und der Region und gegebenenfalls auch dem Gesamtstaat und den anderen Mitgliedstaaten wird lähmend über dem gesamten Prozess liegen. Die Ratifikation des Reststaats wird nicht erlangt und wohl auch nicht verlangt werden können – wäre für die EU-Mitgliedschaft des rechtmäßig sezedierten Neustaats aber unumgänglich, und weder erzwingbar noch fingierbar. Damit wäre die Verhandlungslösung zur einverständlichen Separation nicht einmal auf eine rechtmäßige Sezession übertragbar. Es bestünde ein Umfeld der Unsicherheit, und allenfalls die zuvor angesprochenen Not- und Übergangslösungen kämen in Betracht.

Letztlich ist die Frage der EU-Mitgliedschaft einer unilateral rechtmäßig sezedierenden Region vermutlich aber auch nicht praxisrelevant, da sie bereits für die sezedierende Region sekundär ist. Letzterer geht es in erster Linie um die Erlangung der eigenen Staatlichkeit und deren Anerkennung durch die Staaten und internationalen Organisationen weltweit. Die Frage einer EU-Mitgliedschaft wird demgegenüber zunächst überhaupt nicht in Erscheinung treten, sondern allenfalls in den nächsten Jahren und Jahrzehnten.

How do International Actors Respond to Unilateral Secession and De Facto States?

Sebastian Relitz

Introduction

Secession movements in Europe and the world are a central challenge for multi-ethnic states, international organisations and the international system as a whole. Interestingly and often forgotten, national self-determination and secession is the primary way to state-formation.[1] In an almost wholly nationalised world, new countries can evolve mainly due to secession or state dissolution. Secession efforts also often trigger state dissolution and lead to the disintegration of a state on whose territory entities claim their statehood.[2] Secession is "an attempt by an ethnic group claiming a homeland to withdraw with its territory from the authority of a larger state of which it is a part".[3] Christine Haverland formulates that secession is "the separation of part of the territory of a State carried out by the resident population with the aim of creating a new independent State or acceding to another existing state".[4] Here an additional distinction is made between the goal of independence and the integration into an existing state (irredentism). Since the First World War, the pursuit of self-determination has led to the disintegration of empires and states, as well as decolonization, and the emergence of many new states. Approximately half of the currently existing states and the majority of the fifty-one founding members of the United Nations have emerged from imperial or national fragmentation.[5] As Griffiths[6] prominently framed it, we seem to live in an age of secession and "if the rate of state birth were to continue at its current, there would be 260 countries in the world by 2050 and 354 by the end of the twenty-first century" (1). The composition of the majority of modern nation-states makes it unlikely that this trend is going to stop soon. Over ninety per cent of the states are multi-ethnic, and in approximately one-third of these cases, the largest ethnic group does not constitute the majority of the population.[7]

---

1   *Marshall, Monty G.* 2005: Global Trends in Violent Conflict, in: *Gurr, Ted Robert (ed.)*: Peace and Conflict 2005, College Park, MD, pp. 11–15.
2   *Ott, Martin* 2008: Das Recht auf Sezession als Ausfluss des Selbstbestimmungsrechts der Völker, Berlin; *Schaller, Christian* 2009: Sezession und Anerkennung. Völkerrechtliche Überlegungen zum Umgang mit territorialen Abspaltungsprozessen, SWP-Studie S33, Berlin. https://www.swp-berlin.org/fileadmin/contents/products/studien/2009_S33_slr_ks.pdf.
3   *Horowitz, Donald* 1992: Irredentas and Secessions. Adjacent Phenomena, Neglected Connections, in: Internationale Journal of Comparative Sociology 33 (1–2), pp. 118–130 (119).
4   *Haverland, Christine* 2000: Secession, in: Encyclopaedia of Public International Law, edited by *Bernhard, Rudolf,* Amsterdam, pp. 354–356 (354).
5   *Doyle, Don (ed.)* 2010: Secession as an International Phenomenon. From America's Civil War to Contemporary Separatist Movements, Athens, p. 4.
6   *Griffiths, Ryan D.* 2016: Age of Secession: The International and Domestic Determinants of State Birth, Cambridge.
7   *Ker-Lindsay, James* 2012: The Foreign Policy of Counter Secession, Oxford, p. 5.

Secession is not only the primary way of state creation, but it is also a critical source of conflict. Since the end of the Cold War, secession conflicts have been the primary type of conflict within the international system.[8] A brief look at recent European history displays its dominant role in violent conflict. The Balkans and the post-Soviet region are unique in the world in terms of the density of secession conflicts and the high number of successful separations.[9] Similar to the Western Balkans, which saw the demise of a multinational state (Yugoslavia), the conflicts from Eastern Europe are secessionist by nature. The concentration of secessionist conflicts in a confined space and the high number of state breakdowns make both of these regions unique. In the post-Soviet space, various and mostly ethnic groups were able to break away from their parent state, for example in Abkhazia (Georgia), South Ossetia (Georgia), Nagorno-Karabakh (Azerbaijan) and Transnistria (Moldova), similar to Kosovo (Serbia) and former Republika Srpska Krajina (Croatia) in the Balkans. The 'People's Republics' of Donetsk and Lugansk in Ukraine could now also follow this path. However, conflicts about secession and territorial self-determination are by no means a European phenomenon; they occur in the Global South as well as in the Global North.

Secession conflicts are a global phenomenon. Worldwide, about one-hundred self-determination movements of ethnic, linguistic and religious groups exist.[10] In more than a dozen African countries, we can identify significant secession movements and likewise, in over twenty European states.[11] Catalonia, Corsica and Scotland are just three of the most famous examples. However, only very few secession movements achieve a degree of territorial control that enables them to permanently evade the claim to power of their internationally recognized metropolitan state. The secession of the former republics of the Soviet Union and Yugoslavia in 1991/1992 is the exception rather than the rule. Even if self-determination movements manage to escape permanently the territorial control of their metropolitan states, this does not mean state independence. This applies to two dozen entities that have emerged since the end of the Second World War: so-called de facto states.

De facto states are a specific phenomenon of the contemporary international system and a stimulating topic for scholars of international relations (IR) in that they challenge traditional views of sovereignty and statehood. These entities look like states and operate as such without being widely recognised as states within the international system. Confronted with de facto states, students of IR tend to assess them either as an anomaly[12] or as a specific –

---

8   *Coppieters, Bruno* 2010: Secessionist Conflicts in Europe, in: *Doyle, Don H. (ed.)*: Secession as an International Phenomenon. From America's Civil War to Contemporary Separatist Movements, Athens, pp. 237–258.

9   *Biermann, Rafael* 2014: Coercive Europeanization. The EU's Struggle to Contain Secessionism in the Balkans, in: European Security 23 (4), pp. 484–508 (452–456).

10 *Gurr, Ted R.* 2005: Self-Determination Movements and Their Outcomes, in: Peace and Conflict 2005, edited by *Marshall, Monty G./Gurr, Ted R.*, College Park, MD, pp. 21–27; *Armitage. David* 2008: The Declaration of Independence. A Global History, Cambridge.

11 *Chijioke Njoku, Raphael* 2010: Nationalism, Separatism, and Neoliberal Globalism: A Review of Africa and the Quest for Self-Determination since the 1940s, in: *Doyle, Don H. (ed.)*: Secession as an International Phenomenon: From America's Civil War to Contemporary Separatist Movements, Athens, pp. 338–360.

12 *Caspersen, Nina* 2009: Playing the Recognition Game. External Actors and De Facto States, in: The International Spectator 44 (4), pp. 47–60.

often imperfect, limited or illegitimate – form of statehood.[13] Both current political developments in these contested regions and recent research have shown that despite their enduring non-recognition, de facto states are not temporary anomalies but a lasting phenomenon.[14] A phenomenon, which poses a severe challenge to the stability of the international system.

De facto states and the unresolved territorial conflicts around them pose a serious challenge to regional and, through the involvement of various external actors, international stability. The international community is struggling to find adequate answers to the various challenges around de facto states and the underlying secessionist conflicts.[15] Despite initial research on this topic,[16] both analytical and empirical knowledge on international engagement with de facto states remain limited. Even though the main actors of the international system generally oppose unilateral secession, they actively seek to engage de facto states on various levels and are very hesitant to support military actions of recognised states to restore their territorial integrity. International organisations like the United Nations (UN), the Organisation for Security and Cooperation in Europe (OSCE), the European Union (EU) and member states of these organisations have been very active in the conflict management processes around Abkhazia, South Ossetia, Transnistria and Nagorno-Karabakh for decades without much progress.

A look into the European neighbourhood makes it clear that dealing with de facto states poses great challenges to the international community. To address this issue, the chapter asks how the international community responds to de facto states and why does it struggle to deal with them efficiently. The article will show that international actors are trying to respond to these challenges with different strategies. However, the disputed status of the entities, the specific structure of the protracted secessionist conflicts, and the potential for regional and international destabilisation limits the scope for action for international actors. As a result, they often act ambiguously and hesitantly towards de facto states.

De Facto States as a Permanent Feature of the International System

De facto states look remarkably similar to recognised countries. Both kinds of entities typically make use of the same symbols and have the same attributes, such as a state flag, a national anthem, holidays, security forces, governmental structures and often a national currency. As Geldenhuys[17] insists, de facto states "deserve to be called states because nearly all of them satisfy the basic, formal requirements of statehood in international law […], and

---

13 *Dembinska, Magdalena/Campana, Aurélie* 2017: Frozen Conflicts and International Dynamics of De Facto States. Perspectives and Directions for Research, in: International Studies Review 19 (2), pp. 254–278.

14 *Relitz, Sebastian/Biermann, Rafael* 2017: Raus aus dem Schatten. Stand und Perspektiven der Forschung zu De-facto-Staaten, in: ZeFKo Zeitschrift für Friedens- und Konfliktforschung 6 (2), pp. 207–113.

15 *Relitz, Sebastian* 2016: De Facto States in the European Neighbourhood. Between Russian Domination and European (Dis)Engagement: The Case of Abkhazia, in: EURINT Proceedings 3, pp. 96–113.

16 *Berg, Eiki/Toomla, Raul* 2009: Forms of Normalisation in the Quest for De Facto Statehood, in: The International Spectator 44 (4), pp. 27–45; *Lynch, Dov* 2004: Engaging Eurasia's separatist states. Unresolved conflicts and de facto states, Washington; *Pegg, Scott* 1998: De Facto States in the International System, The University of British Colombia (Institute of International Relations, Working Paper 21). http://www.liu.xplorex.com/sites/liu/files/Publications/webwp21.pdf.

17 *Geldenhuys, Deon* 2009: Contested States in World Politics, Basingstoke, pp. 26.

they in many ways act like typical states". They fulfil the basic criteria of statehood expressed by Article I of the Montevideo Agreement on the Rights and Duties of States of 1933. Thus, Jellinek's[18] triad of state people, national territory and state power is also applicable to de facto states. However, de facto states lack widespread international recognition. Consequently:

"A de facto state is a political entity that is not effectively recognised as an independent state by the international community but actively strives for independence and recognition. It exercises durable territorial control over a defined territory, provides vital governmental services for its population and enjoys substantial internal sovereignty and legitimacy. However, its external sovereignty is limited and contested."[19]

Table 2: De facto states since 1945

De facto state	Metropolitan state	Time	Scenario
Abkhazia	Georgia	Since 1993	3
Anjouan	Comoros	1997–2002	1
Biafra	Nigeria	1967–1970	1
Bangladesh	Pakistan	1971–1974	2
Bougainville	Papua New Guinea	1975–2002	1
Eritrea	Ethiopia	1991–1993	2
Gagauzia	Moldova	1991–1994	1
Herceg-Bosna	Bosnia and Herzegovina	1993–1996	1
Katanga	Congo	1960–1963	1
Kosovo	Serbia	Since 1999	3
Kurdistan	Iraq	Since 1991	3
Nagorno-Karabakh	Azerbaijan	Since 1994	3
Eastern and Western Slavonia	Croatia	1995–1996	1
Palestine	Israel	1988–2012	2
Republika Srpska	Bosnia and Herzegovina	1992–1995	1
Republika Srpska Krajina	Croatia	1991–1995	1
Rhodesia	Great Britain	1965–1980	1
Somaliland	Somalia	Since 1991	3
South Ossetia	Georgia	Since 1992	3
Tamil Eelam	Sri Lanka	1986–2009	1
Taiwan	China	Since 1971	3
Transnistria	Moldova	Since 1991	3
Chechnya	Russia	1991–1994, 1996–1999	1
Northern Cyprus	Cyprus	Since 1974	3
Western Sahara	Morocco	Since 1976	3

Source: own compilation.

18 *Jellinek, Georg* 1960: Allgemeine Staatslehre, 3rd edition, 7th reprint, Darmstadt, pp. 394–395.
19 *Relitz, Sebastian* 2019: The stabilisation dilemma: conceptualising international responses to succession and de facto states, in: East European Politics. DOI: 10.1080/21599165.2019.1580191, p. 313.

Students of international relations have long viewed de facto states as temporal anomalies.[20] This assessment seems to be only partly right. The definition developed fits 25 de facto states since 1945 (Table 2). Each has had one of three fates: scenario 1 (in white), reintegration into the metropolitan state; scenario 2 (in black) gaining international recognition; or scenario 3 (in grey), long-term existence as a consolidated de facto state. A dozen of the states experienced scenario 1, generally after existing for only a few years, although Bougainville (22 years), Rhodesia (15 years), and Tamil Eelam (23 years) had longer existences. Only three cases – Bangladesh, Eritrea, and Palestine – have gained widespread recognition and joined the United Nations, at least as an observer state. The remaining ten cases continue in scenario 3 as established de facto states. This overview shows that despite extensive non-recognition and the conventual wisdom, de facto states seem to be not temporary anomalies but a permanent part of the international system. The group of contemporary de facto states consists of ten cases. On average, these ten states have existed for 30 years in this legal limbo by 2018; Taiwan, Northern Cyprus, and Western Sahara have done so for more than 40 years.

The table shows that the lack of international recognition has a range of adverse consequences. At one extreme, non-recognition increases the likelihood of a de facto state's extinction. International law does not protect de facto states from external and internal takeovers linked to recognition. In the modern international system, sanctions against foreign seizures and "encroachment on the territorial integrity of all recognized states are so powerful that even the weakest are guaranteed a continued life".[21] De facto states, by contrast, do not possess this protection because their right to territorial integrity is not recognised. Recognition and non-recognition matter, therefore, when it comes to the legal protection against external intervention and the likelihood of long-term survival of an entity. The most substantial "threat" is the metropolitan state, which is often actively combating the de facto state's existence and trying to restore its territorial integrity with the help of military means.[22]

Nevertheless, the current existence of ten established de facto states that have lasted more than thirty years on average belies this idea of transience. As Blakkisrud and Kolstø concluded: "it seems that the de facto states have come to stay".[23] It is unlikely, that once established, de facto states will collapse due to internal factors such as a lack of political legitimacy, state capacities, and economic development. The internal legitimisation of their rule is a vital component for states. It is even more critical for de facto states, who lack international recognition and external legitimisation. Their endurance primarily depends on input and output legitimacy of the political system. To secure input legitimacy, the strengthening of social cohesion through means of identity and nation-building, and the promotion of political participation and reforms is crucial for local elites. To ensure output legitimacy, de facto states must provide internal and external security, develop administrative capacities, and promote economic development. The findings on the nature of non-recognised statehood

20 *Kolstø, Pal* 2006: The Sustainability and Future of Unrecognized Quasi-States, in: Journal of Peace Research 43 (6), pp. 723–740 (735).
21 Ibid.
22 *Lynch* 2004 (fn. 16).
23 *Blakkisrud, Helge/Kolstø, Pal* 2012: Dynamics of De Facto Statehood. The South Caucasian De Facto States between Secession and Sovereignty, in: Southeast European and Black Sea Studies 12 (2), pp. 281–298 (293).

are inconsistent, as de facto states have developed into surprisingly well-functioning, democratic and stable political entities as well as into mostly disordered, captured and exclusive ones. Research suggests that there is no clear connection between (non-)recognition and the development of state structures, administrative capacities and the political system. Indeed, long-term survival after unilateral secession and without widespread international recognition is possible. De facto states, therefore, are a group of entities that is permanently part of the international system, and simultaneously a symptom and a cause of the destabilisation of the international system.

De Facto States as a Challenge for the International System

De facto states are challenging the stability of the international system. Geldenhuys[24] points out that among de facto states, even though their origins differ considerably, unilateral secession from their metropolitan states is a frequent commonality. Although most recognised states also evolved through unilateral secession, the situation of de facto states is different:[25] The international community does not recognise their existence as states and regards them as unlawful entities that violate international law and the territorial integrity of recognised states.[26] Subsequently, they are often portrayed as illegitimate; a source of instability and a threat to regional and international security.[27] Nevertheless, contemporary de facto states show that long-term survival after unilateral secession and without widespread international recognition is possible.

Because successful secessions can trigger imitating effects and thus future secessions (domino theory), de facto states are perceived as a threat to the international order.[28] Such a chain reaction could eventually lead to further fragmentation of the international system.[29] Sometimes, apocalyptic scenarios are envisioned:

"Once emboldened, secessionist movements threaten to rip apart every state, particularly those whose provenance is already based on shaky colonial foundations. Ultimately, the entire international system could founder".[30]

Even if these extreme scenarios are highly overplayed, de facto states seem to be a particular expression of the progressive fragmentation and destabilisation of the international system.[31] They challenge the territorial integrity of recognised states, which is a significant

---

24 *Geldenhuys* 2009 (fn. 17), p. 44.
25 *Crawford, James* 2006: The Creation of States in International Law, Oxford.
26 *Bartmann, Barry* 2004: Political Realities and Legal Anomalies. Revisiting the Politics of International Recognition, in: *Bahcheli, Tozun/Bartmann, Barry/Srebrnik, Henry F. (eds.)*: De Facto States. The Quest for Sovereignty, London, pp. 13–32.
27 *Kolstø, Pal* 2006: The Sustainability and Future of unrecognized Quasi-States, in: Journal of Peace Research 43 (6), pp. 723–740, p. 735; *Steinsdorff, Silvia v.* 2012: Incomplete State Building – Incomplete Democracy? How to Interpret Internal Political Development in the Post-Soviet De Facto States, in: Communist and Post-Communist Studies 45 (1–2), pp. 201–206 (201).
28 *Biermann* 2014 (fn. 9); *Forsberg, Erika* 2013: Do Ethnic Dominoes Fall? Evaluating Domino Effects of Granting Territorial Concessions to Separatist Groups, in: International Studies Quarterly 57: pp. 329–340.
29 *Dietrich, Frank* 2010: Sezession und Demokratie. Eine Philosophische Untersuchung, Berlin, pp. 377–379.
30 *Mylonas, Harris/Ahram, Ariel I.* 2015: De Facto States Unbound, in: PONARS Eurasia Policy Memo 374. https://www2.gwu.edu/~ieresgwu/assets/PONARS_374_Mylonas-Ahram_August2015_0.pdf, p. 1.
31 *Dietrich* 2010 (fn. 29).

cornerstone of the international system. The desire for stable states and a steady international system promotes the preservation of the current order at the expense of national self-determination. States, as the main components of the international system, have decision-making power regarding the question of de facto states' recognition and states undoubtedly favour territorial integrity over self-determination. Caspersen summarised this situation as follows: "The right to self-determination runs up against the principle of territorial integrity, and it usually loses out; sovereignty trumps self-determination".[32] The primacy of territorial integrity promotes the preservation of the status quo and stability of the international system.

Notwithstanding the international community's tendency to support the reintegration of de facto states, the nature of the conflicts between metropolitan states and de facto states makes it very unlikely negotiation will lead to the reintegration of de facto states once established. These conflicts share many common characteristics.[33] They are typically long-lasting and develop a chronic, intergenerational character through conflict socialisation in the affected communities. They develop an identity-defining nature, which leads to the segregation and stereotyping of the other. Secessionist conflicts often progress into a zero-sum game, in which the underlying positions of both sides are incompatible: they perceive the object of the conflict, the affiliation of a territory, as indivisible.

Furthermore, most of these conflicts exist at various interlinked levels – local, regional and international. Especially in the post-Soviet area, the renewed East-West confrontation added new dynamics and layers to the conflicts. Because the clashing interests of the metropolitan and de facto states are opposed (a zero-sum conflict), the chances for peaceful conflict resolution are low, mainly if the unilateral secession happened after military conflict. Additionally, interests and spoilers develop on both sides of the divide, which favours the continuation of the struggle. International mediators have a poor record of producing resolution in such conflicts.[34] Undoubtedly, the stabilisation of the international system through the peaceful reintegration of de facto states is unlikely, due to the multi-layer and multi-actor protracted conflicts.

The small number of de facto states in which sustainable, peaceful reintegration and conflict transformation has succeeded, is striking (figure 1). In the list of contemporary cases, we can identify four cases of reintegration by treaty: Ajouan, Bougainville, Gagauzia, Eastern and Western Slavonia. However, of these four, Bougainville is likely to vote for independence in June 2019, and between 2007 and 2008, the conflict around Ajouan re-escalated

32 *Caspersen, Nina* 2008: From Kosovo to Karabakh. International responses to de facto states, in: Südosteuropa 56 (1), pp. 58–83, p. 60; similarly *Fabry, Mikulas* 2012: The contemporary practice of state recognition. Kosovo, South Ossetia, Abkhazia, and their aftermath, in: Nationalities Papers 40 (5), pp. 661–676 (665).

33 Based on *Broers, Laurence* 2014: From "Frozen Conflict" to Enduring Rivalry. Reassessing the Nagorny Karabakh Conflict, in: Nationalities Papers 43 (4), pp. 556–576; *Cordell, Karl/Wolff, Stefan* 2010: Ethnic Conflict. Causes, Consequences, and Responses, Cambridge; *Bercovitch, Jacob* 2005: Mediation in the Most Resistant Cases, in: *Crocker, Chester A./Hampson, Fen O./Aall, Pamela (eds.)*: Grasping the Nettle. Analyzing Case of Intractable Conflict, Washington DC, pp. 99–121; *Kriesberg, Louis* 2005: Nature, Dynamic, and Phases of Intractability, in: *Crocker, Chester A,/Hamson, Fen O./Aall, Pamela (eds.)*: Grasping the Nettle. Analyzing Cases of Intractable Conflict, Washington DC, pp. 65–97; *Zartman, William I.* 2005: Analyzing Intractability, in: *Crocker, Chester A,/Hamson, Fen O./Aall, Pamela (eds.)*: Grasping the Nettle. Analyzing Cases of Intractable Conflict, Washington DC, pp. 47–64.

34 *Bercovitch* 2005 (fn. 33); *Crocker, Chester A./Hampson, Fe O./Aall, Pamela (eds.)* 2005: Grasping the Nettle. Analyzing Cases of Intractable Conflict, Washington DC; *Zartman* 2005 (fn. 33), p. 53.

into a full-blown war. Therefore, the remaining peaceful reintegrations are Eastern and Western Slavonia and Gagauzia[35]. Likewise, widespread international recognition of de facto states has only occurred three times (Palestine, Bangladesh and Eritrea) during the last seven decades, with Palestine is still struggling to gain UN membership. These ambiguous results illustrate the protracted nature of the conflicts around de facto states, particularly in light of the large numbers of consolidated (ten) and forcefully re-integrated de facto states (eight).

Figure 1: De facto states' evolution since 1945

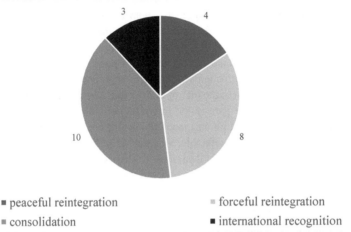

- peaceful reintegration
- consolidation
- forceful reintegration
- international recognition

Source: own graphical account.

Re-integration by force can lead to discriminative violence, massive human suffering, a loss of confidence and the destruction of the social relationship between the conflicting groups. One of the most recent examples is the forceful reintegration of Tamil Eelam in 2009. After more than twenty years of intensive fighting, the Sri Lankan army defeated the Tamil Tigers in a brutal military campaign that barely considered the civilian population on either side. The defeat of the Tamil Tigers was synonymous with the end of Tamil Eelam and the restoration of Sri Lanka's territorial integrity. However, the conflict has not been resolved, and the destructive effects of this reintegration by force make the development of stable post-conflict societies highly unlikely. Due to the interdependencies between different levels of conflict and the involvement of influential external stakeholders, reintegration by military means can exacerbate the destabilisation of the international system and even intensify a power rivalry.[36] Therefore, attempts to stabilise the international system through the restoration of the territorial integrity of the recognised state in question in most cases seem to be either inefficient (through negotiations) or profoundly destabilising and destructive (through force).

---

35 Even after peaceful reintegration, the functionality and effectiveness of regional autonomy in Gagauzia is contested, see *Antohi, Elena* 2018: Understanding the Centrifugal Forces in Asymmetric Power-Sharing Arrangements: The Case of Georgia, in: *Relitz, Sebastian (ed.)*: Obstacles and Opportunities for Dialogue and Cooperation in Protracted Conflicts, Regensburg: Leibniz Institute for East and Southeast European Studies.
36 *Relitz/Biermann* 2017 (fn. 14).

International Responses towards De Facto States

It became clear that the most common approach to dealing with contemporary de facto states is widespread non-recognition, yet they do not exist outside the international system and are linked in multiple ways to the international community.[37] This finding indicates that the international community reactions towards de facto states are diverse. However, what are the policies and strategies of international actors – both states and international organisations – towards de facto states? At first glance, it is possible to identify three basic strategies for dealing with de facto states: "Actively opposing them through the use of embargoes and sanctions; generally ignoring them; and coming to some limited acceptance and acknowledgement of their presence".[38] Lynch[39] supplemented these three strategies for states affected by secession with an additional option: actively opposing them by military means. Furthermore, states can choose to recognise a de facto state and establish complete diplomatic relations without the consent of the metropolitan state. Therefore, it is possible to identify five central responses on the part of the international community to de facto states: fighting, isolating, ignoring, engaging and recognising (Figure 2). For de facto states, the first of these reactions is the least preferable, whereas all policies aimed at the further acceptance of their presence are the most desirable.[40] This continuum enables us to paint a more detailed picture of international responses, even though the lines between those strategies are not clear-cut. In the following section, these various approaches will be explained.

Figure 2: International approaches to de facto states

Source: own graphic account.

Fighting De Facto States

Actively fighting de facto states using force is a policy mainly applied by metropolitan states. First of all, for the metropolitan state, de facto statehood means the loss of a territory, which is often not only of considerable economic importance but also plays a central role in the construction of historical, cultural and religious identities. In research on the political-psychological aspects of zero-sum conflicts, the underlying assumption is often that the indivisibility of such territories has a symbolic or even transcendent meaning.[41] Paired with more rationalist motives such as the return of conflict-related internally displaced people (IDP)

---

37 *Berg/Toomla* 2009 (fn. 16).
38 *Pegg* 1998 (fn. 16), p. 4.
39 *Lynch* 2004 (fn. 14).
40 *Geldenhuys* 2009 (fn. 17), p. 46.
41 See *Mor, Ben D.* 2003: The Onset of Enduring Rivalries. A Progress Report, in: International Politics 40 (1), p. 29–57 (43); *Toft, Monica D.* 2005: The Geography of Ethnic Violence. Identity, Interests, and the Indivisibility of Territory, Princton.

metropolitan states often use force to counter secession for fear of follow-up secessions on the part of other regions or groups and the loss of domestic support.[42]

Military action is a common approach to handling unilateral secession, as evidenced by countless historical examples, such as the American Civil War and the Eelam Wars, as well as the recent Georgian military campaign against South Ossetia in 2008 and the ongoing military struggle in Eastern Ukraine. The use of force against the own population which seeks self-determination and independence, as well as against those outside forces that supports such movements often receives backing from the titular nation. The strong opposition to unilateral secession and the primacy of territorial integrity to self-determination can also generates support within the international community. The most radical form of external support is military intervention, used by the metropolitan state to restore its territorial integrity, either unilaterally or under the umbrella of a multinational coalition or IO.[43] A rare exception to this rule is the international military intervention on behalf of a secessionist movement in the case of Kosovo. This intervention by NATO did not aim to restore the territorial integrity of the Federal Republic of Yugoslavia; in contrary, it supported the unilateral secession of Kosovo. Although it was officially a humanitarian intervention to prevent mass atrocities, the Kosovo case created a precedent for military intervention on behalf of a self-determination movement. A precedent, which Russian officials often referring to regarding South Ossetia, Crimea and a lesser extend Donbass.[44] Alternative methods of supporting the active fighting of secession include the supplying of weapons, infrastructure, training or intelligence. The conflict around Biafra (1967–1970) provides an example of strong external support for military actions against unilateral secession: Great Britain, the United States, the Soviet Union, and Israel supported Nigeria to restore the status quo.[45]

Fighting de facto states leads to violence and human suffering. Moreover, such an attempt to stabilise the international system could lead to regional and international destabilisation and the spread of violence. In particular, when a swift victory is not possible, because of the metropolitan state's weakness and/or external support for the de facto state. Thus, the policy of actively fighting by force leads to immense human, political and financial costs, as well as their potential multiplication through regional destabilisation. Because of this enormous downside, this strategy is mainly used by metropolitan states. The international community, in contrast, mostly aims to contain the use of force and its destabilising consequences. International actors are reluctant to engage in military conflict unless they have a justified interest and the political costs are limited. Consequently, due to the potential of wider conflict escalation and spill-over effects the international community refuses any direct military intervention in support of the Ukrainian government's attempts to forcefully reintegrate Donetsk and Luhansk. Likewise, IOs, such as the UN, the Organization for Security and Co-operation in Europe (OSCE), the EU, the African Union (AU), and regional

---

42 *Ker-Lindsay* 2012 (fn. 7).
43 *Geldenhuys* 2009 (fn. 17), p. 47.
44 *Oeter, Stefan* 2015: The *Kosovo* Case – An Unfortunate Precedent, in: Zeitschrift für ausländisches Recht und Völkerrecht 75, pp. 51–74.
45 *Stremlau, John J.* 1977: The International Politics of the Nigerian Civil War, 1967–1970, Princeton.

security actors invest their resources to pacify conflicts, establish ceasefire agreements and thus stabilise the situation.[46]

Isolating De Facto States

One of the dominant policies towards contemporary de facto states is isolation. Isolation can accompany a metropolitan state's military response to secession, or it can be pursued as an alternative to the use of force.[47] This strategy can be applied in the political, economic and social spheres. Political isolation seems to be the most straightforward ramification of non-recognition. Diplomatic disregard is the predominant approach that most countries adopt toward de facto states.[48] Although this policy primarily refers to the actions of states, it concerns international organisations as well. The UN and the OSCE have played crucial roles in implementing political isolation due to their widespread refusal to grant political integration or legitimacy.[49] Political isolation is an attempt to stabilise the international system and support the metropolitan state's claim of territorial integrity. International actors that apply the isolation strategy strive not to display any acknowledgement and legitimisation of the de facto state and its political elites. They deem elections and referenda illegal and illegitimate, avoid official contacts with senior political leaders, sign no bilateral treaties, and block the de facto state's membership of international organisations.

Often, political isolation is closely linked with economic isolation. Economic isolation typically involves a variety of mechanisms – from trade blockades and economic sanctions to financial embargos – which aim to restrict the flow of goods, technology and capital between a de facto state and the outside world.[50] As a result, de facto states are highly unlikely to attract considerable foreign investment and are blocked from receiving international assistance and loans.[51] Economic isolation implies no engagement on the part of international financial institutions, which limits access to foreign exchange markets and restricts business opportunities in de facto states.[52] In several cases, economic sanctions have been deployed to limit trade. International organisations can authorize such policies and instruments. This occurred in the case of the UN-backed sanctions against Rhodesia from 1965 to 1979 or the economic sanctions by the Commonwealth of Independent States against Abkhazia between 1996 and 2008, or by individual countries, such as in the case of the US economic sanctions against Palestine from 2006 to 2007, after the Hamas won the elections in Gaza. Similarly, political isolation can also lead to socio-cultural isolation. In most cases, passports and other legal documents are not recognised outside of these entities. This makes travel abroad very complicated and, in some cases, nearly impossible. For those living in de facto states, this also impedes participation in cultural exchange programmes, travel for business, visits to

---

46 *Relitz/Biermann* 2017 (fn. 14).
47 *Geldenhuys* 2009 (fn. 17), p. 47.
48 *Hoch, Thomas* 2011: EU Strategy towards Post-Soviet De Facto States, in: Journal of Contemporary European Studies 6 (2), pp. 69–85 (73).
49 *Berg/Toomla* 2009 (fn. 16), p. 28.
50 *Geldenhuys* 2009 (fn. 17), p. 47.
51 *Caspersen* 2009 (fn. 12), p. 49.
52 *Hoch* 2011 (fn. 48), p. 73.

relatives and study abroad. Social isolation constrains not only the mobility of the people living in the disputed entity but also the information exchange with the outside world. Thus, it can also create obstacles for conflict management, dialogue facilitation and direct people-to-people contact over the divide. Social isolation can also target more specifically the elites in breakaway territories and beyond.

Metropolitan states have helped to drive de facto states into political, economic and socio-cultural isolation.[53] In many cases, they have attempted to seal the border hermetically and cut off secessionist authorities, businesses and communities from the rest of the world.[54] International actors and metropolitan states, in particular, apply and enforce political, economic and socio-cultural isolation to pressure de facto states' governments to accept political concessions and to weaken their positions vis-a-vis these metropolitan states.[55] Furthermore, international isolation is a chief obstacle to development within the entities in question, and it negatively affects living conditions in these de facto states. It also punishes people for the decision of elites, such as the decision to enact comprehensive sanctions. The main aim of international isolation is to limit the development possibilities of the de facto state and thus make reunification through negotiations or force more likely in the future. However, applying such an isolation strategy can lead to the severe separation of entire societies from the outside world.[56] The isolation of the communities living in de facto states limits the possibilities for dialogue and knowledge exchange with people from the outside, encourages rallying around the flag and can thus limit the possibility of conflict settlement. Therefore, the isolation of de facto states can further deepen the conflict divide, decrease chances for reintegration and prolong international destabilisation.

Ignoring De Facto States

Most de facto states are not high on the international agenda; the international community deems them too small, unimportant and lacking in resources. Consequently, many states merely ignore these contested entities. Ignoring is a policy option situated towards the middle of the continuum of international responses to de facto states. In addition to this disinterest, international actors often lack knowledge about the regions and the complex conflict environment.[57] Once a violent period of conflict around a de facto state ends, the focus of the international community gradually shifts to other regions.[58] Thus, a typical approach is to neither enact any punitive measures against de facto states nor seek any meaningful political, economic or social engagement. Countries that are geographical, politically and economically distant from and have no great interest in the concerned regions often use this

---

53 *Bartmann* 2004 (fn. 26).
54 *Berg, Eiki* 2018: Bridging the Divide between Parent States and Secessionist Entities: A New Perspective for Conflict Management?, Space and Polity. DOI: 10.1080/13562576.2018.1457341, p. 2.
55 *Hoch* 2011 (fn. 48), p. 73.
56 *Frear, Thomas* 2015: The Foreign Policy Options of a Small Unrecognised State. The Case of Abkhazia, in: Caucasus Survey 1 (2), pp. 83–107 (102).
57 *King, Charles* 2001: The Benefits of Ethnic War: Understanding Eurasia's Unrecognized States, in: World Politics 53 (4), pp. 524–552 (550).
58 *Biermann, Rafael* 2006: Lehrjahre im Kosovo. Das Scheitern der internationalen Krisenprävention vor Kriegsausbruch, Paderborn.

approach. Furthermore, ignoring is common in stable conflict settings because only (potential) violence drives international attention, international engagement and money. Nevertheless, ignoring de facto states and their unresolved conflicts is rare. The potentially destabilising effects of renewed warfare and regional spill-overs seem to attract some attention, as numerous international conflict settlement initiatives show.

Engaging De Facto States

Even though the principle of territorial integrity shapes international responses to de facto states, other interests and needs sometimes prevail and lead to substantial engagement with de facto states. Engagement on the part of external states can be motivated by strategic and security considerations, economic interests, domestic politics or ethnic, cultural and religious bonds.[59] Usually, international engagement with de facto states is only undertaken upon the approval of and in the areas approved by the metropolitan state.[60] The significant exceptions are patron and keen states, which often heavily engage de facto states without the consent of their metropolitan states or any fear of resistance. In contrast, in most cases, engagement is deliberate, tentative and restricted because it is always a balancing act, one that the metropolitan state views suspiciously. Indeed, international engagement implies the acknowledgement and acceptance of the de facto state.[61] Consequently, the metropolitan state often blocks and opposes political and diplomatic engagement because it seems to imply recognition or at least international legitimisation. However, even without the consent of the metropolitan states, political engagement, the establishment of government-to-government talks, and the opening of reciprocal liaison offices are possible.[62] This becomes apparent when the capacities to oppose outside engagement are limited. In the case of Somaliland, for example, broad international engagement can be identified due to its strategic location on the Horn of Africa and the lack of opposition from Mogadishu.[63] The EU even ran a regional office in Hargeisa to coordinate its activities on the ground. Another example is a project on sustainable land management in Somaliland, which also includes policy-advising and capacity-building components overseen by the German Development Agency (GIZ). These examples show that international engagement with de facto states can assume various forms and is not as depoliticised as is often proclaimed.

International engagement often takes place under the thematic umbrella of conflict settlement, confidence building and humanitarian assistance. Representatives of international organisations and officials from international embassies regularly travel to de facto states and meet with local officials. De facto states represent key veto players in any peace talks, even when they are not directly represented, such as in the case of Nagorno-Karabakh. The

---

59 *Geldenhuys* 2009 (fn. 17), p. 47.
60 *Caspersen* 2008 (fn. 32), p. 69.
61 *Pegg* 1998 (fn. 16), p. 180.
62 *Geldenhuys* 2009 (fn. 17), p. 48.
63 *Caspersen* 2008 (fn. 32), p. 70.

entities and their domestic elites cannot be ignored, even if they are not recognised.[64] While international organisations (IOs) may not officially recognise de facto states and their officials, they nevertheless engage in various activities in the field of conflict management.[65] The UN, OSCE, EU, Commonwealth of Independent States (CIS) and AU, for instance, facilitate dialogue between de facto state and metropolitan state authorities to manage the related conflicts.[66] These activities cover a broad scope of action, such as the monitoring of ceasefire agreements, the facilitation of negotiations and the funding and implementation of confidence-building measures (CBMs).

Economic engagement through trade, direct investments and international loans seem to be 'relatively uncontentious'.[67] However, some metropolitan states apply political pressure on companies investing in de facto states, forcing them to stop or withdraw their investments. Others may be more open towards international economic engagement, aiming to end the economic isolation of the de facto state as a means of conflict resolution. The extent to which a de facto state experiences socioeconomic integration depends very much on the policies applied by the metropolitan state. Nevertheless, several other parameters – both internal and external – have a decisive influence on de facto states' economic engagement. The intensity of the secession conflict, the degree of internal stability and confidence in the legal environment shape the assessment of business risks. In addition, external factors such as economic sanctions or trade blockades can increase costs for businesses.[68] Many states adopt a hands-off approach toward the business activities of their companies and citizens with regard to de facto states, allowing such engagement at these parties' own risk. The economic engagement of de facto states depends crucially on how international economic players evaluate business risks and opportunities.

Those considering social engagement with de facto states face similar obstacles. Non-recognition limits opportunities for travel because passports from de facto states are generally not recognised, which limits possibilities for academic exchange, training and civil society dialogue.[69] IOs and international NGOs attempt to facilitate the participation of students, academics and civil society activists in such activities. However, this occurs mostly within the framework of dialogue. Confronted with the destabilising effects of de facto states, international actors engage in a wide range of activities. These actors very carefully consider the implications of their actions to avoid any sign of recognition and legitimisation.

---

64 *Caspersen, Nina/Herrberg, Antje* 2010: Engaging Unrecognised States in Conflict Resolution. An Opportunity or Challenge for the EU?, Crisis Management Initiative, p. 9. http://www.themediateur.eu/resources/publications/item/download/21_c084880e838ce2ee1c58a2e3b934153c (20.11.2019).

65 *Berg, Eiki* 2012: Parent States Versus Secessionist Entities: Measuring Political Legitimacy in Cyprus, Moldova, and Bosnien and Hercegovina, in: Europe-Asia Studies 64 (7), pp. 1271–1296.

66 *Axyonova, Vera/Gawrich, Andrea* 2018: Regional Organizations and Secessionist Entities: Analyzing Practices of the EU and the OSCE in Post-Soviet Protracted Conflict Areas, in: Ethnopolitics 17 (4), 2018, pp. 408–425 (410).

67 *Geldenhuys* 2009 (fn. 17), p. 48.

68 *Sandschneider, Eberhard* 2010: Doing Business in Disputed Regions. A Proposal for a New Focus on Private Sector Support for State Building, Deutsche Gesellschaft für Auswärtige Politik, DGAPanalyse Nr. 4. https://dgap.org/de/article/getFullPDF/17757.

69 *Tamminen, Tanja/Relitz, Sebastian/Jüngling, Konstanze* 2016: New Corridors of Dialogue. Strengthening Durable Formats for Engagement across the Protracted Conflict Zones. http://www.ios-regensburg.de/fileadmin/doc/publikationen/Tamminen_Relitz_Juengling_New_Corridors_of_Dialogue.pdf.

Direct engagement with de facto states may serve the interests of international actors in areas such as (human) security, economic development and conflict management. However, engagement also supports development in disputed regions and often contributes to their stabilisation and, ultimately, the prolongation of these entities.

International engagement can lead to a normalisation of external relation and go as far as everything but recognition; it may mean active and intensive economic, technological, cultural and political cooperation without recognition.[70] Even without recognising a de facto state, strong economic and cultural ties can be forged. International engagement can go as far as signing bilateral cooperation agreements, establishing cooperation offices, recognising official documents such as passports and allowing the entity's participation in international organisations.[71] It can result in engagement and cooperation "in a manner that amounts to recognition in all but name" (Ker-Lindsay 2015, 269).[72] The phenotypical example of this approach is Taiwan. Representatives of 47 countries that do not recognise Taiwan as an independent state are located in Taipei, and the country itself runs embassies in every state that recognises it and also has other institutionalised forms of representation in 59 countries.[73] Taiwan is a member of the International Olympic Committee, the Asian Development Bank and the World Trade Organisation and it has signed numerous bilateral treaties on economic, cultural and even military cooperation with countries that do not recognise it. The normalisation of external relations acknowledges that the territorial integrity of the metropolitan state is nearly irretrievable and can only be restored at enormous costs. It could also be seen as an acknowledgement that the prevailing international approach of maintaining and promoting "multi-ethnic states encompassing mutually hostile populations" has failed.[74] Nevertheless, normalisation through extensive international engagement would mean, that the external recognition of an entity's sovereignty becomes less important. Thus, the current international order of recognised nation-states could be questioned and further destabilised. Consequently, this approach is used very cautiously.

Recognising De Facto States

If actively fighting de facto states to restore the territorial integrity of the metropolitan state is one extreme international response, recognising them is the opposite extreme. Through the recognition of de facto states, states can support the stabilisation of the entity, open new opportunities for development and support the normalisation and improvement of living con-

---

70 *Hoch* 2011 (fn. 48), p. 81.
71 *Bradbury, Mark* 2008: Becoming Somaliland, London; *Glaser, Bonni S.* 2013: Taiwan's Quest for Greater Participation in the International Community, Washington DC, Center for Strategic and International Studies. http://csis.org/files/publication/131121_Glaser_TaiwansQuest_WEB.pdf; *Ker-Lindsay* 2012 (fn. 7); *Young, Jason* 2014: Space for Taiwan in Regional Economic Integration: Cooperation and Partnership with New Zealand and Singapore, in: Political Science 66 (1), pp. 3–22.
72 *Ker-Lindsay, James* 2015: Engagement Without Recognition: The Limits of Diplomatic Interaction with Contested States, in: International Affairs 91 (2) pp. 267–285 (269).
73 *Berg/Toomla* 2009 (fn. 16), p. 34.
74 *Bahcheli, Tozun/Bartmann, Barry/Srebrnik, Henry F. (eds.)* 2004: De facto states. The quest for sovereignty, London, p. 253.

ditions. Recognition, mostly followed by the establishment of diplomatic relations, can provide an additional live line. Recognition by a powerful external actor or patron can also serve as a security guarantee for the de facto state. It can change the power asymmetry between the metropolitan state and the secessionist in favour of the later. Thus, recognition can discourage the metropolitan to use force against the de facto state to restore its territorial integrity. Therefore, the recognition by powerful states can facilitate domestic and regional stabilisation. However, it also legitimises unilateral secession and can therefore, contribute to the further destabilisation and fragmentation of the international system. Such a recognition would, at least indirectly, legitimate unilateral secession; which is one of the primary sources for violent conflict and the main driving force of the progressive fragmentation of the international system. To prevent further fragmentation of the international system, the primary political response to de facto states is non-recognition; which reflects the state's desire for international stability.[75] However, the reality is more complicated than this, and there are recent exceptions to the well-developed approach of non-recognition.

In several instances, states have chosen to recognise de facto states for various reasons. Recognition can be described as a continuum, with the extremes being full international recognition and complete repudiation. Within this continuum, the position of contemporary de facto states varies considerably. Entities such as Kurdistan, Nagorno-Karabakh, Somaliland and Transnistria are entirely unrecognised and have no diplomatic relations with any UN member state. On the other extreme of the continuum, we find Kosovo, which is recognised by 102 UN member states, Western Sahara (recognised by 45 UN member states) and Taiwan (recognised by 19 UN member states). Between the two extremes, we find cases that are recognised only by their kin state, such as Northern Cyprus (Turkey), or by their patron and a few others, as in the cases of Abkhazia and South Ossetia. Thus, the degree of international recognition differs considerably among the various cases; even though de facto states are characterised by limited international recognition, the level of recognition varies.

The most prominent example of widespread recognition is Kosovo. After the unilateral declaration of independence in 2008, up to 113 countries choose to recognise Kosovo. By the beginning of 2019, this number went down to 102 after some countries did withdraw their recognition. This development illustrates that recognition is not static, and states can decide to recognise an entity and to withdraw this recognition at any time. De facto states can gradually move towards the recognition end – like Kosovo until 2018 – or towards the opposite end and complete non-recognition – like Taiwan. Some scholars argue that the process of partial recognition in the Kosovo case already weakened the non-recognition approach.[76] The following recognition of South Ossetia and Abkhazia by seven[77] UN-member states since 2008 indicates such weakening. Such recognition of de facto states can serve the strategic interest of external powers, can be an attempt to support the desired outcome within a conflict settlement process, or can be a result of extensive political and financial lobbying

---

75 *Oeter* 2015 (fn. 44), p. 52.
76 Ibid.
77 Of this seven states, Vanuatu and Tuvalu indicated that they have withdrawn their recognition even though the de facto authorities in Sukhumi/i and Tskhinvali disputed this.

by the de facto states or its patron. Taiwan's earlier attempts to support its struggle for independence through extensive development programs in exchange for international recognition are a rare example for strong agency on the side of the de facto state.[78]

It becomes clear, that in the absence of a binding legal framework for recognition the decision to recognise an entity or not is based on the competing norms of self-determination and territorial integrity, as well as political, ideological and economic considerations. Even though recent developments around Kosovo have shown some the willingness of states to recognise unilateral secessions, this has not translated into a broader recognition process for de facto states. The same is true for evolving de facto states. Although the Russian Federation subsequently increased the support for the anti-government insurgencies in Donbas gradually,[79] it does not recognise the self-proclaimed independence of DNR and LNR. It seems that the fear of global destabilisation and further fragmentation of the international system, and the political cost of recognising de facto states are so high, that states pursue this strategy only under exceptional conditions. Thus, due to states' desire for stability and fear of encouraging secessionist movements around the globe, the primary response to de facto states is non-recognition. Nevertheless, the de-stabilising effects of the unresolved conflicts around de facto states on regional level demonstrate an urgency for international actors to engage with de facto states in order to prevent the re-escalation of violence and to support peaceful conflict resolution.

Conclusion

De facto states illustrate that long-term survival after unilateral secession and without widespread international recognition is possible but contested. This article identifies a total of 25 de facto states created since 1945 (table 2), of which eight have been forcefully reintegrated and ten continue to exist as consolidated de facto states. It is striking how few examples of peaceful reintegration (four) and widespread international recognition (three) there are. The historical overview shows that consolidated de facto states are not going to disappear anytime soon due to internal reasons. They appear to be a permanent feature on the edge of the international system, simultaneously an outcome and cause of the progressive fragmentation of the international system. This lesson is crucial for the evolving de facto states. If it is not possible to reintegrate secessionist entities swiftly, it becomes likely that they develop into established de facto states and exist permanently.

Furthermore, de facto states and the underlying secessionist conflicts are a challenge for international and domestic stability. The international community struggles to address these challenges. The article identifies two critical goals for international responses to de facto states: the stabilisation of the international system through reintegration and the stabilisation of the situation on the ground through international engagement. Thereby, the international community faces a major dilemma in their responses to de facto states: policies and actions

---

78 Rich, Timothy S. 2009: Status for Sale. Taiwan and the Competition for Diplomatic Recognition, in: Issues & Studies 45: 4, pp. 159–188.

79 Malyarenko, Tatyana/Wolff, Stefan 2018: The logic of competetive influence-seeking: Russia, Ukraine, and the conflict in Donbas, in: Post-Soviet Affairs 34 (4), pp. 191–212.

directed towards one goal often have unintended and negative consequences regarding the achievement of the other. On the one hand, the containment of unilateral secession through the de facto states' reintegration would stabilise the international system. However, due to the specifics of the protracted conflicts, peaceful reintegration is unlikely, whereas forceful reintegration leads to massive human suffering and regional destabilisation. On the other hand, limiting the negative consequences of conflict and building new relations over the divide through engagement would stabilise the situation on the ground. However, engagement also normalise the situation, limit the negative consequences of non-recognition and finally support development in de facto states. Confronted with this dilemma, IOs and states strive to strike a balance between maintaining the stability of the international system and stabilising the situation on the ground. These goals often contradict each other and lead to inconclusive, diffuse and ambiguous responses to de facto states.

It is possible to identify five core responses to de facto states: fighting, isolating, ignoring, engaging and recognising. This continuum enables us to paint a more detailed picture of international responses, even though the lines between those strategies are not clear-cut. The analyses showed that each strategy has negative consequences for at least one goal – international or regional stability. Fighting de facto states lead to domestic, regional and often international destabilisation, as well as to massive human, political and financial costs, especially when a swift victory is not possible. The Georgian military campaign against South Ossetia in 2008 highlighted two points. First, hasty military actions can severely damage or even destroy the chances for peaceful conflict settlement. Second, any military conflict resolution for the post-Soviet de facto states against Russian interest is highly unlikely. Furthermore, any substantial direct military intervention from the international community is unrealistic and dangerous due to the potential destabilising and spill-over effect.

Isolation may intend to pressure and weaken a de facto state; however, it can also deepen the conflict, decrease the chances of reintegration, and prolong international destabilisation. The experience from early international and Georgian approaches towards Abkhazia suggests that international isolation does not lead to positive change and conflict resolution. In contrast, isolation limits the possibilities for direct people-to-people, fosters rally round the flag effects and deepens the divide. Furthermore, isolation has severe negative consequences for the people living on the ground, constrains rehabilitation, and facilitates the self-isolation of communities. It is vital to address and counter such politics of isolation and self-isolation swiftly to prevent further alienation of the conflict affected societies.

Engagement may facilitate domestic stabilisation, (human) security, economic development and confidence-building across the divide. However, international engagement also supports development in disputed regions and often contributes to their stabilisation. Furthermore, international engagement suffers from structural limitations. It is often characterised by a high degree of informality, politicisation and operational constraints. Nevertheless, international engagement is possible and can take place in various fields. Indeed, international engagement and de-isolation appear to be the only opportunity for IOs to secure limited influence in de facto states and exert some impact on the conflict settlement process. Lastly, the recognition of de facto states may support the stabilisation of the entity, opens new opportunities for development and serves the strategic interest of the recognising state.

However, it also legitimises unilateral secession and can therefore contribute to the further destabilisation and fragmentation of the international system. To avoid further international and regional destabilisation, the international community mostly hesitates to pursue radical strategies like actively fighting or unilaterally recognising de facto states. Rather, international actors seem to be pursuing a diffuse mix of isolating, ignoring and engaging. The development of de facto states indicates that this diffuse mix contributes to their persistence.

AutorInnen und HerausgeberInnen

Dr. Elisabeth Alber: Senior Researcher, Institut für Vergleichende Föderalismusforschung, Eurac Research, Bozen, Italien.

Prof. Dr. Heinz-Jürgen Axt: Institut für Politikwissenschaft, Universität Duisburg-Essen und Gastprofessor an der Universität des Saarlandes.

Prof. em. Dr. Helga E. Bories-Sawala: Bremer Institut für Kanada- und Québec-Studien, Universität Bremen; Professeure associée Université de Montréal.

Dr. Frédéric Falkenhagen: Koordinator Qualitätsmanagement und Struktur im Lehramt am Zentrum für Lehrerbildung und Bildungsforschung der Universität Siegen.

Prof. em. Dr. Dr. h.c. mult. Horst Förster: Mitglied des Vorstandes des EZFF; Geographisches Institut, Universität Tübingen; Leiter der Zweigstelle Tübingen der Südosteuropa-Gesellschaft.

Dr. Martin Große Hüttmann: geschäftsführendes Mitglied des Vorstandes des EZFF; Akademischer Oberrat, Institut für Politikwissenschaft, Universität Tübingen.

Prof. em. Dr. Rudolf Hrbek: Mitglied des Vorstandes des EZFF; Institut für Politikwissenschaft, Universität Tübingen.

Lukas Mariacher M.A.: Doktorand an der Fakultät für Soziale und Politische Wissenschaften der Universität Innsbruck, Österreich.

Dr. Simon Meisch: Internationales Zentrum für Ethik in den Wissenschaften, Universität Tübingen.

Prof. em. Dr. Peter Pawelka: Institut für Politikwissenschaft, Universität Tübingen.

Sebastian Relitz M.A.: Doktorand, Institut für Politikwissenschaft, Friedrich-Schiller-Universität Jena; Direktor, Corridors – Dialogue through Cooperation gUG.

Prof. Dr. habil. Sabine Riedel: Wissenschaftlerin der Stiftung Wissenschaft und Politik in Berlin und außerplanmäßige Professorin für Politikwissenschaft an der Universität Magdeburg.

Prof. Dr. Georg Schild: Professor für Nordamerikanische Geschichte an der Universität Tübingen.

Prof. Dr. Gunter Schubert: Mitglied des Vorstandes des EZFF; Asien-Orient-Institut, Abteilung für Sinologie, Universität Tübingen.

Dipl.-Finw. (FH) Dr. Markus D. W. Stoffels, LL.M.: Rechtsanwalt im Bereich Steuerrecht, Düsseldorf.

Dr. Carmen Thamm: Wissenschaftliche Koordinatorin des EZFF, Universität Tübingen.